高等院校经济管理类基础平台课程系列

经 济 法 学

曾章伟◎主编

Economic Law

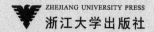
ZHEJIANG UNIVERSITY PRESS
浙江大学出版社

图书在版编目(CIP)数据

经济法学/曾章伟主编. —杭州：浙江大学出版社,2018.8(2023.3重印)

ISBN 978-7-308-18272-0

Ⅰ.①经… Ⅱ.①曾… Ⅲ.①经济法—法的理论—中国 Ⅳ.①D922.290.1

中国版本图书馆 CIP 数据核字 (2018) 第 114863 号

经济法学

曾章伟　主编

责任编辑	曾　熙	
责任校对	高士吟	
封面设计	卓义云天	
出版发行	浙江大学出版社	
	（杭州市天目山路 148 号　邮政编码 310007）	
	（网址：http://www.zjupress.com）	
排　　版	杭州林智广告有限公司	
印　　刷	广东虎彩云印刷有限公司绍兴分公司	
开　　本	787mm×1092mm　1/16	
印　　张	26	
字　　数	600 千	
版 印 次	2018 年 8 月第 1 版　2023 年 3 月第 4 次印刷	
书　　号	ISBN 978-7-308-18272-0	
定　　价	59.00 元	

前言

FOREWORD

1949 年中华人民共和国成立后，为促进国民经济发展，我国陆续颁行一些经济法律法规。1978 年党的十一届三中全会作出改革开放的决定，我国开始以经济建设为中心，推动发展有计划的商品经济，同时越来越注重经济立法，将经济导入法制轨道。党的十四大明确提出建立社会主义市场经济体制，建立健全宏观经济调控体系，加快经济立法，建立适应社会主义市场经济的法律体系。1993 年，我国修订宪法，明确规定国家实行社会主义市场经济，国家加强经济立法，完善宏观调控，国家依法禁止任何组织或者个人扰乱社会经济秩序。从此，我国经济立法进入了快车道，逐步形成了较完善的有中国特色的社会主义经济法律体系。1997 年，党的十五大提出依法治国，市场经济是法治经济，科学立法、严格执法、公正司法、全民守法成为社会主义新时代的法治要求，指导经济法的不断创新、发展和完善。党的二十大报告指出，在法治轨道上全面建设社会主义现代化国家。经济法已经成为为市场经济保驾护航的重要部门法，为国家的经济治理、人民生活幸福、社会和谐作出了巨大的贡献。

本教材对经济法学的基本理论和经济法律规范的基本内容作了系统介绍，注重理论体系和经济法律体系的完整性，对市场主体法、市场规制法、宏观调控法作了较为详细的解读，在内容上有鲜明的财经特色。本教材注重创新，在内容上按照最新的法律法规规定编写，将涉及网络经济的法律也纳入进来，在体例上按照新类型教材编写，在每个章节后面列出了网络资源，以便于网络传播和网络学习。经济法学是具有很强实践性的学科，经济法在国家治理和各行各业都广泛运用，本教材注重实用性，对实际工作中应用较多的经济法律作较多的介绍，主要解读经济法的法律条文规定，对应用性较强的经济法学理论也作了完整的介绍，所以本教材也适合社会各行业的人士选用。

鉴于本教材主要适用于非法学专业的学生，编写者将经济法学理论知识和经济法律知识尽量写得深入浅出，简明易懂，便于各种专业学生选用并学习。本教材考虑非法学专业学生步入社会，参加的各种资格考试较多，如会计职称、注册会计师资格、金融从业资格、建造师资格等考试，这些考试都要考经济法的内容，编写者将本教材与各类资格考试的教材进行接轨,对各类资格考试都涉及的经济法内容作了详尽的解析。本教材对经济法学和经济法律规范作了较完整的介绍,对法律职业资格考试涉及的主要经济法律也有详尽解读,因此法学专业学生也可以选用。

本教材由吴伟达、田东奎、曾章伟、杨琴、魏腊云、张蹇、孟涛、曹璋、姜渊、朱晶晶参与编写。各章节的分工如下:曾章伟编写第一章、第九章、第十一章、第十二章、第十三章、第十四章、第十五章、第十六章、第十七章、第十八章,姜渊编写第二章,魏腊云编写第三章,吴伟达编写第四章,张蹇编写第五章,杨琴编写第六章,朱晶晶编写第七章,曹璋编写第八章,田东奎编写第十章,孟涛编写第十九章。本教材由曾章伟担任主编,杨琴、曹璋担任副主编。

经济法学理论内涵丰富,经济法律繁多且修订频次高,本教材难免存在疏漏与不足之处,恳请学界同行和教材使用者体谅宽容并不吝赐教和指正。

本教材得到了全体编写教师的大力支持,在此表示由衷的感谢!本教材在编写过程中,得到了浙江财经大学的领导及法学院、教务处等职能部门,兄弟院校的同仁和浙江大学出版社的大力支持和帮助,在此表示衷心的谢意!

编者

2023 年 3 月

目 录
CONTENTS

第一章 导 论

■■■ **本章教学目标**

通过学习,了解法的概念、特征、部门法。了解经济法的概念、特征、调整对象,掌握经济法的渊源,掌握经济法律体系框架,了解经济法的制定和实施;知晓经济法律关系的概念、构成要素,掌握经济法律关系的主体、内容、客体,重点关注经济法主体的类型、经济权利、客体的分类;了解经济法律事实的概念和分类,掌握民事法律行为、经济法律行为,掌握代理的种类、委托代理和法定代理的基本规定,掌握诉讼时效的法律规定。

第一节 经济法概述

一、 法的概念和特征

法是体现统治阶级意志的,由国家制定或者认可,以权利义务为内容,并以国家强制力保证实施的行为规范。法的目的是协调社会关系,维护社会秩序。

法是一种意志,属于上层建筑的范畴。法是意志的体现,受世界观和价值观的影响,也反映客观规律。法在本质上是统治阶级意志的体现。法体现了统治阶级的整体意志和一般意志,体现的是统治阶级的整体利益,并非统治者某个体的个人意志。统治阶级的意志并不必然是法,统治阶级的意志只有上升为国家意志才会成为法,即统治阶级的意志由国家立法机关通过法定程序成为国家意志并以特定形式成为渊源才会成为法。中国不存在统治阶级,人民当家作主,一切权力属于人民。中国的法体现的是广大人民群众的意志,是广大人民群众意志的国家意志形态。从法的内容上看,法的内容是由物质生活条件所决定的,具有物质制约性。

法对人的社会行为进行规范,是一种行为规范,具有规范性。法在一国管辖域内对所有人都有约束力,具有普遍性。法通过规定人们的权利和义务的方式来调整人的行为,调整机制上具有权利义务性。法不同于道德等行为规范,法是由国家强制力保证实施的,具有强制性。

⁇ 思考题:法的本质和特征有哪些?

二、 法律体系

我国以调整对象、调整原则、调整方法为标准,将法律规范划分为若干个部门法。以一个国家现有的法律规范为基础、以宪法为统帅、以部门法为主体形成的有机整体就构成了一国的法律体系。

我国社会主义法律体系包括了宪法、刑法、行政法、民商法、经济法、社会法、诉讼与非诉讼程序法等七大部门法。经济法是我国社会主义法律体系中重要的一个部门法。

（一）宪法

宪法是国家的根本大法，宪法是法律体系的统帅。从部门法的角度理解，宪法性规范包括宪法、立法法、选举法、国家机关组织法、民族区域自治法、特别行政区基本法、监察法、法官法、检察官法等。

（二）刑法

刑法是最古老的传统法律门类。刑法古今中外都是法律体系的一个基本部门法。刑法是规定犯罪和刑罚的法律。刑法部门法是一国刑法规范的总称。刑法规范包括刑法典、各个具体法律中的刑事规范等。

（三）行政法

行政法是调整国家行政管理活动中的社会关系的法律规范的总称。行政法规范，包括了公务员法、行政许可法、行政复议法、行政处罚法、国家赔偿法等。

（四）民商法

民商法是民法和商法的合称，是调整平等民事主体和商事主体的民事关系和商事关系的法律规范的总称。民商法规范，包括了民法总则、婚姻法、继承法、收养法、物权法等。

（五）经济法

经济法是调整国家调控和规制市场主体及其行为中出现的社会关系的法律规范的总称。相对于刑法、民商法等其他部门法，经济法是个年轻的部门法，又是快速发展和不断完善健全的部门法。经济法规范，包括反垄断法、反不正当竞争法、产品质量法、消费者权益保护法、计划法、财税法、金融法等。

（六）社会法

社会法是调整劳动关系、社会保障关系等社会关系的法律规范的总称。社会法规范，包括劳动法、劳动合同法、社会保险法、未成年人保护法、老年人权益保障法等。

（七）诉讼与非诉讼程序法

诉讼与非诉讼程序法是调整诉讼和非诉讼活动中的社会关系的法律规范的总称。诉讼与非诉讼程序法包括民事诉讼法、行政诉讼法、刑事诉讼法、仲裁法、劳动争议调解仲裁法等。

❓ 思考题：我国有哪些部门法？

三、经济法的概念与特征

（一）经济法的产生与发展

1755 年，法国的摩莱里在《自然法典》一书中第一次提出了经济法一词。1890 年，美国通过谢尔曼法案，标志着现代意义的经济法律的诞生。1919 年，德国颁布了《煤炭经济法》和《钾盐经济法》，这是第一次将经济法作为法律的名称。捷克斯洛伐克制定了世界上第一部《经济法典》。世界各国根据本国经济发展的需要，颁行了大量的经济法律。

我国经济法律体系是伴随社会主义市场经济体制的逐步确立和完善而发展和完善起来的。中华人民共和国成立初期，在有法可依、有法必依、执法必严、违法必究的方针指导下，我国陆续颁行了一些经济法律法规。党的十一届三中全会以后，中国在改革开放的过程中,颁行了不少经济法律,推动了有计划的商品经济的发展。党的十四大明确提出建立社会主义市场经济体制,建立健全宏观经济调控体系,加快经济立法,建立适应社会主义市场经济的法律体系。1993 年,我国修订宪法,明确规定国家实行社会主义市场经济,国家加强经济立法,完善宏观调控,国家依法禁止任何组织或者个人扰乱社会经济秩序。从此,我国经济立法进入了快车道,逐步形成了完善的社会主义经济法律体系。1997 年,党的十五大提出依法治国方略,科学立法、严格执法、公正司法、全民守法成为社会主义新时代的法治要求,指导经济法的不断创新、发展和完善。经济法在宏观调控、规制市场主体及其行为等方面发挥了巨大的作用,成为推动市场经济有序发展的最重要的部门法。

（二）经济法的概念

从经济法产生的社会和经济背景看,经济法是各国为了应对市场失灵和政府失灵的过程中,通过国家对市场进行干预而逐步发展和完善起来的。

各国对市场资源配置,常常将市场调节的无形之手和国家干预的有形之手结合使用。市场经济是以自由竞争为原则,市场主体意思自治自由参与市场竞争,无形之手发挥作用,进行资源配置。市场主体进行市场行为,形成平等的私人经济关系,国家颁行合同法、担保法、知识产权法等法律对私人平等经济关系进行调整。追逐个体利益的市场主体非规范化运作,实施垄断、不正当竞争等行为,侵害消费者权益,扰乱市场秩序,加之市场本身的局限性,无形之手有时就难以发挥效用,就会出现市场调节失灵。市场调节失灵是国家干预的有形之手介入市场的原因。国家颁布反垄断法、反不正当竞争法、消费者权益保护等法律依法对市场主体及其行为进行规制,对市场主体竞争中产生的社会关系进行调整。

市场主体往往注重个体利益而忽略总体的经济平衡,国家还有必要动用计划、财税、金融等手段对市场进行调控。国家在对市场经济干预的过程中,既有可能出现干预过多过度,也有可能政府为了部门利益和地方利益忽视整体的经济公平与总体平衡,从而出现不利于市场经济运行的政府失灵现象。国家制定计划法、财税法、金融法等法律对政府干预行为加以规范,既依法调控经济,又对政府宏观调控中产生的社会关系进行调整,以利于社会主义市场经济健康有序发展。

这些对市场失灵和政府失灵进行救济的相应法律就构成了经济法。可见,经济法是调整国家在对市场主体及其行为进行规制、对市场进行宏观调控过程中产生的社会关系的法律规范的总称。

思考题：经济法该如何定义？

（三）经济法的特征

经济法作为部门法,既具有法的国家意志性、普遍性、权利义务性、强制性等一般属性,也具有经济性、调制性、公私交错性等特征。

1. 经济法的经济性

经济法作用于市场经济,遵从经济规律,体现经济政策,健全经济体制,运用经济手段依法对经济关系进行调整,节约社会经济成本,从总体上实现经济平衡,目的是为了市场经济的法治化和秩序化,具有明显的经济性特征。

2. 经济法的调制性

在微观上,经济法对市场主体及其行为进行规制,保证市场主体在准入、组织机构、内部管理、市场活动、退出市场等方面行为规范化。在宏观上,经济法对市场经济进行调控,实现经济总量平衡,优化经济结构,推动经济总体协调发展。经济法具有鲜明的调制性。

3. 经济法的公私交错性

市场经济关系本身是私人利益与公共利益交织形成的,私中有公,公中有私,市场经济关系本身具有公私交错性。市场主体属于私主体,逐私利,自由参与市场竞争,参与市场行为,往往是私行为,依据的是私法规范。市场主体在追求私利的过程中,如果实施不正当竞争行为,不仅会侵犯竞争者的权利,也会侵害消费者等主体的权益,更可能形成垄断等危害市场整体环境的境况,甚至会危及国家经济的总体平衡,国家便会动用公法手段干预私人行为。国家交叉运用公法、私法规范干预私人行为形成了经济法的公私交错性。

？思考题:经济法的特征有哪些?

四、 经济法的调整对象

经济法的调整对象是经济法区别于其他部门法的主要标准。经济法的调整对象也就是经济法调整的社会关系。经济法是调整国家在对市场主体及其行为进行规制、对市场进行宏观调控过程中产生的社会关系的法律规范的总称。

市场经济活动是由市场主体进行的,市场主体有序进入市场并实行优胜劣汰,是市场秩序化的前提。有进有退,能进能退,是市场规律作用的必要要求和结果,但国家不规范市场主体的准入、行为、退出,市场主体乱入、滥退、懒退,市场主体生死两难现象就会出现,市场主体的行为会失范。因此,依法对市场主体进行规范就有必要,规定市场主体的准入、组织机构、市场活动、退出的法律形成了市场主体法,国家依法鼓励市场主体进入市场,规范市场主体的行为,引导市场主体有序从市场退出。国家对市场主体准入、组织机构、市场活动、退出进行规制过程中产生的社会关系就成为经济法调整对象的一部分。

市场竞争自由,往往形成垄断、不正当竞争、消费者权益受损等不公平现象,国家通过反垄断法、反不正当竞争法、产品质量法、消费者权益保护法等法律,对市场主体的不规范行为进行规制,在对市场主体经营行为规制过程中出现的社会关系也就进入经济法的调整视野。国家对经营者与经营者之间、经营者与消费者之间及其他各类市场主体之间的行为进行规制,督促和引导市场主体在市场竞争中行为规范化,在对市场主体的微观市场活动干预过程中就形成了市场规制关系,市场规制关系是经济法调整对象的重要组成部分。

市场失灵往往导致宏观失衡,对经济的宏观调控尤有必要,国家通过政府对市场进行调控,也会出现政府行为越过必要限度而侵害市场主体权益和调控失衡现象,国家一方面要让政府调控市场有据可依,同时也要规范调控市场的政府主体,抑制政府调控行为的恣意妄为,在宏观方面对市场调控和对政府主体调控行为进行规范化就产生了宏观调控关系。国家颁行的计划法、财税法、金融法等法律进行宏观调控和规范调控行为,就是调整宏观调控关系。

对市场主体及其行为的规制关系、宏观调控关系都是经济法要调整的社会关系。经济法的调整对象就是调整国家在对市场进行宏观调控、对市场主体及其行为进行规制过程中产生的社会关系。

💬 思考题：经济法的调整对象有哪些？

五、 经济法的渊源

经济法的渊源就是经济法的表现形式。我国的经济法渊源表现为各有权机关制定的成文法形式。

（一）宪法

宪法是国家的根本大法，具有最高的法律效力。宪法中有许多关于经济法律规范的规定，如"社会主义经济制度的基础是生产资料的社会主义公有制""国有经济，即社会主义全民所有制经济，是国民经济中的主导力量。国家保障国有经济的巩固和发展""在法律规定范围内的个体经济、私营经济等非公有制经济，是社会主义市场经济的重要组成部分""国家实行社会主义市场经济""国家加强经济立法，完善宏观调控""国家依法禁止任何组织或者个人扰乱社会经济秩序"，等等。这些宪法性规范是具有最高法律效力的经济法律规范，指导我国经济法律的制定。

（二）法律

法律是由全国人大及其常委会制定的规范性法律文件。经济法律是指由全国人大及其常委会制定的规范性经济法律文件。经济法律，包括反垄断法、反不正当竞争法、消费者权益保护法、预算法、政府采购法、个人所得税法、企业所得税法、税收征收管理法、中国人民银行法、商业银行法、保险法、证券法、票据法、会计法、城乡规划法、建筑法、食品安全法、药品管理法等法律。经济法律的效力仅次于宪法，是制定行政法规的依据之一。经济法律是我国经济法的主要渊源之一。

（三）行政法规

行政法规是由最高行政机关即国务院制定的规范性文件，依据宪法和法律制定，其效力次于宪法和法律。行政法规往往以条例的形式出现，如《中华人民共和国预算法实施条例》《中华人民共和国个人所得税法实施条例》《中华人民共和国外资银行管理条例》《中华人民共和国国库券条例》《中华人民共和国人民币管理条例》《中华人民共和国外汇管理条例》等。

（四）地方性法规

地方性法规是指有立法权的省、自治区、直辖市等地方人民代表大会及其常委会制定的规范性文件。有立法权的地方人大及其常委会包括省、自治区、直辖市人大及其常委会，较大市的人大及其常委会。较大市，是指省、自治区人民政府所在地的市，经济特区所在地的市和经国务院批准的较大市。地方性法规，如《浙江省产品质量监督条例》《浙江省广告管理条例》等。

（五）政府规章

政府规章是由国务院各部委及地方人民政府制定的规范性文件。政府规章分为部委规章和地方政府规章。部委规章是由国务院各部、委员会、行、署等机构制定的规范性文件。地方政府规章则指省、自治区、直辖市人民政府和较大的市的人民政府所制定的规范性文件。经济法的渊源大量体现为政府规章。

（六） 自治条例与单行条例

民族自治地方的人民代表大会及其常委会,有权依据宪法、民族区域自治法等法律,根据民族自治地方的实际情况,制定自治条例和单行条例。民族自治地方颁行的地方性经济法法规是我国经济法的重要渊源之一。

（七） 特别行政区法

我国实行一国两制,设立香港、澳门特别行政区,特别行政区享有立法权。特别行政区立法会制定的法律也是我国经济法的渊源。

（八） 国际条约

国际条约也是我国经济法的渊源。国际条约指我国与外国缔结和参加的双边、多边的条约、协定和其他条约性文件。如 WTO 一揽子协议、国际货币基金组织公约等国际条约,只要我国缔结和参加的,即在我国发生法律效力。

（九） 法律解释

法律解释是就现有的法律规范及其实施作出的解释。目的是为了弥补立法的不足,便于法的实施。对经济法律规范作出的法律解释有立法解释、行政解释、司法解释。立法解释是国家立法机关对经济法律规范作出的解释。行政解释一般指最高行政机关即国务院作出的解释。司法解释则是最高人民法院就经济法律规范在司法活动中的适用作出的解释。对经济法律规范作出的立法解释、行政解释、司法解释都是法定的有权机关作出的解释,在经济法律规范的实施中都可以作为适用的法律依据,也是经济法的渊源之一。

思考题：经济法的渊源有哪些？

六、 经济法律体系

经济法律体系是由市场主体法、市场规制法、宏观调控法等法律规范构成的一个有机整体。市场主体法、市场规制法、宏观调控法是经济法的三大组成部分,每一部分又由若干子部门法律组成。

（一） 市场主体法

市场主体法是对市场主体的设立、内部关系、变更、终止的关系进行调整的法律规范。市场主体法包括个人独资企业法、合伙企业法、公司法、国有企业法、外商投资企业法等法律规范。

（二） 市场规制法

市场规制法是对市场规制关系进行调整的法律规范。市场规制法,包括对市场规制关系进行调整的反垄断法、反不正当竞争法、产品质量法、消费者权益保护法、房地产法、广告法、食品安全法、药品管理法等法律规范。

（三） 宏观调控法

宏观调控法是调整宏观调控关系的法律规范。宏观调控法,包括计划法、财税法、金融法、会计法、能源法等法律规范。计划法包括计划法、规划法等法律规范。财税法由预算法、国债法、政府采购法、个人所得税法、企业所得税法、税收征收管理法等法律规范构成。金融法则包括中国人民银行法、商业银行法、证券法、保险法、证券投资基金法、票据法等法律规范。

（四）涉及经济调制关系的相关法

经济法具有公私交错性。国家对市场经济关系的调制，涉及合同法、物权法、担保法、知识产权法、劳动法、劳动合同法等法律。一方面，市场主体从事市场活动，基于合同法、物权法、担保法、知识产权法等法律形成了私人的经济关系，市场主体从事市场经济活动要遵守合同法、物权法、担保法、知识产权法等法律规范。另一方面，这些法律也有诸多的条款是国家为调制市场主体行为而制定的。因此，合同法、物权法、担保法、知识产权法等法律涉及经济调制关系的条款也是经济法律体系的构成部分。此外，经济纠纷的解决还要适用仲裁法、诉讼法的相关规定。

❓ 思考题：如何理解经济法律体系？

七、　经济法的制定

经济法的制定是指国家机关依据法定职权和法定程序创设并颁行经济法律规范的活动。在我国，有权制定经济法律规范的国家机关有全国人大及其常委会，国务院，国务院各部委，省、自治区、直辖市地方人大及其常委会，省、自治区、直辖市地方人民政府等。经济法的基本性法律是由全国人大及其常委会制定的，全国人大及其常委会制定的经济法律形成了经济法的基本框架。

1949—1979 年，我国已经制定了不少涉及经济法的规范性文件。1979 年以后，随着改革开放的不断深入，经济法的立法步伐逐步加快，这一时期市场主体的立法较多。1983年以后，我国进行税制改革，税收法律规范大量颁行，逐步形成了财税法律体系。1993 年以后，社会主义市场经济体制开始确立，与市场经济配套的市场规制法律大量出台。1995年以后，国家逐步颁行金融法律规范，形成了金融法律体系。2003 年我国提出完善社会主义市场经济体制之后，经济法的立法步伐更是加快，这一时期对已有的经济法律规范进行适时修订，新的经济法律规范不断颁行。经过不懈地努力建设，我国已经形成了完善的经济法律体系。根据科学立法的要求，我国将继续对经济法律进行修订和创新，不断健全经济法律体系。

涉及市场主体方面的法律主要有：《全民所有制企业法》《企业国有资产法》《中外合资经营企业法》《中外合作经营企业法》《外资企业法》《乡镇企业法》《个人独资企业法》《合伙企业法》《公司法》《企业破产法》《中小企业促进法》。

涉及市场规制方面的法律主要有：《反垄断法》《反不正当竞争法》《产品质量法》《消费者权益保护法》《城市房地产管理法》《广告法》《农产品质量安全法》《食品安全法》《药品管理法》等。

涉及宏观调控方面的法律主要有：《预算法》《政府采购法》《企业所得税法》《个人所得税法》《车船税法》《环境保护税法》《烟叶税法》《税收征收管理法》《会计法》《审计法》《统计法》《中国人民银行法》《商业银行法》《保险法》《证券法》《价格法》《再生能源法》《循环经济促进法》《电力法》等。我国还在土地调控、自然资源调控、煤炭调控等方面颁布了诸多的宏观调控法律规范。

涉及调制关系的相关法律有：《合同法》《物权法》《担保法》《著作权法》《专利法》《商标法》《劳动法》《劳动合同法》《社会保险法》《仲裁法》《民事诉讼法》等。

❓ 思考题：经济法的制定有哪些成果？

八、 经济法的实施

经济法的实施是指经济法主体实际施行经济法的活动。经济法的实施包括经济法的守法、执法、司法等三个方面。

（一）经济法的守法

经济法的守法是指经济法主体遵守经济法的活动。经济法主体对经济法的遵从，是全民守法的要求，也是经济法主体自觉实施经济法的活动，如若经济法主体都能依照经济法，市场经济的法治化才能达到较高的水平，市场经济是法治经济才会变成现实。经济法的守法，要求市场主体的市场活动要遵从经济法，企业、公司等市场主体要依法公平、公正竞争，不侵害消费者利益，自觉维护市场秩序，积极与违反经济法的现象作斗争。

（二）经济法的执法

经济法的执法是指经济法的执法机关，即宏观调控部门和市场规制部门，严格依照法定职权和法定程序执行经济法律规范的活动。执法不严、违法不究现象在经济法的执法中还不同程度存在，以言代法、以权压法、执法犯法等现象也屡有出现。执法必严，严格执法，是社会主义法治的要求，这也是经济法执法的总要求。严格执法要求经济法的调制主体依法进行宏观调控和市场规制，不越权、不滥权、不弃权，严格按照法定程序，切实履行宏观调控职责，严格依法对市场主体进行规制，坚持违法必究，绝不松懈。

（三）经济法的司法

经济法的司法是指司法机关严格依照法定职权和法定程序处理经济案件的活动。司法机关积极推动司法改革，建立经济审判机关，实行经济案件审理的专门化和专业化。司法机关要公开、公正地独立严格按照诉讼法规定程序及时审理案件，让经济法主体在每一个案件中都能感受公正。

思考题：如何理解经济法的实施？

第二节　经济法律关系

经济法律关系是经过经济法调整而在经济法主体之间形成的、具有权利义务内容的关系。经济法律关系由主体、内容、客体三个要素构成。

一、 经济法律关系的主体

（一）经济法律关系主体的概念和分类

经济法律关系的主体是参与经济法律关系并依法享有权利和承担义务的组织或者自然人。经济法律关系的主体又称经济法的主体，包括了自然人、法人、非法人组织。

1. 自然人

自然人指的是生物学意义上的个人，包括本国人、外国人、无国籍人。自然人从事工商业经营，经依法登记，为个体工商户。农村集体经济组织的成员，依法取得农村土地承包经营权，从事家庭承包经营的，为农村承包经营户。这类主体是经济法主体中数量最多的。

自然人从出生时起到死亡时止，具有民事权利能力，依法享有民事权利，承担民事义务。不满 8 周岁的未成年人为无民事行为能力人,由其法定代理人代理实施民事法律行为。不能辨认自己行为的成年人也为无民事行为能力人,由其法定代理人代理实施民事法律行为。8 周岁以上的未成年人为限制民事行为能力人,实施民事法律行为由其法定代理人代理或者经其法定代理人同意、追认,但是可以独立实施纯获利益的民事法律行为或者与其年龄、智力相适应的民事法律行为。不满 18 周岁的自然人为未成年人。18 周岁以上的自然人为成年人。成年人为完全民事行为能力人,可以独立实施民事法律行为。16 周岁以上的未成年人,以自己的劳动收入为主要生活来源的,视为完全民事行为能力人。

2. 法人

(1) 法人的定义和设立

法人是具有民事权利能力和民事行为能力,依法独立享有民事权利和承担民事义务的组织。

法人应当依法成立。法人应当有自己的名称、组织机构、住所、财产或者经费。法人成立的具体条件和程序,依照法律、行政法规的规定。设立法人,法律、行政法规规定须经有关机关批准的,依照其规定。法人的民事权利能力和民事行为能力,从法人成立时产生,到法人终止时消灭。法人以其全部财产独立承担民事责任。

依照法律或者法人章程的规定,代表法人从事民事活动的负责人,为法人的法定代表人。法定代表人以法人名义从事的民事活动,其法律后果由法人承受。法人章程或者法人权力机构对法定代表人代表权的限制,不得对抗善意相对人。法定代表人因执行职务造成他人损害的,由法人承担民事责任。法人承担民事责任后,依照法律或者法人章程的规定,可以向有过错的法定代表人追偿。

(2) 法人的分类

法人可以分为营利性法人、非营利性法人、特别法人三类。

①营利性法人

以取得利润并分配给股东等出资人为目的成立的法人,为营利性法人。营利法人包括有限责任公司、股份有限公司和其他企业法人等。

②非营利性法人

为公益目的或者其他非营利目的成立,不向出资人、设立人或者会员分配所取得利润的法人,为非营利法人。非营利法人包括事业单位、社会团体、基金会、社会服务机构等。具备法人条件,为适应经济社会发展需要,提供公益服务设立的事业单位,经依法登记成立,取得事业单位法人资格;依法不需要办理法人登记的,从成立之日起,具有事业单位法人资格。具备法人条件,基于会员共同意愿,为公益目的或者会员共同利益等非营利目的设立的社会团体,经依法登记成立,取得社会团体法人资格;依法不需要办理法人登记的,从成立之日起,具有社会团体法人资格。具备法人条件,为公益目的以捐助财产设立的基金会、社会服务机构等,经依法登记成立,取得捐助法人资格。依法设立的宗教活动场所,具备法人条件的,可以申请法人登记,取得捐助法人资格。

③特别法人

机关法人、农村集体经济组织法人、城镇农村的合作经济组织法人、基层群众性自治组织法人,为特别法人。

经济法主体中,机关法人是最为特殊的一类主体。在国家对经济活动的调控和规制过程中,政府的经济职能部门及机关是主要的调控和规制主体,依照法定的经济职权对市场主体及其行为进行调控和规制,处于经济法主体中主动调制的一方,其行为往往具有经济性和行政性的双重性。

3. 非法人组织

非法人组织是不具有法人资格,但是能够依法以自己的名义从事民事活动的组织。非法人组织包括个人独资企业、合伙企业、不具有法人资格的专业服务机构等。

（二）经济法主体的经济法特征

经济法是调整国家在对市场进行宏观调控、对市场主体及其行为进行规制过程中产生的社会关系的法律规范的总称。经济法一方面维护市场主体之间的平等竞争,另一方面也体现国家对经济的干预。经济法主体在地位上具有复杂性,有地位平等的时候,也有地位具有隶属性的不平等的时候。譬如,经营者和经营者之间、经营者和消费者之间的地位就平等,而政府机关等调制主体对市场主体及其行为进行调制的时候与市场主体之间就具有隶属性和不平等性。

经济法是对经济活动进行调控和规制的法律,在经济法对市场活动调制的过程中,经济法主体就分为调制主体和被调制主体。

1. 调制主体

对市场进行调控和规制的主体,就是调控主体和规制主体,简称调制主体。调制主体主要是政府机关,尤其是政府机关中具有调制权的职能部门。如中华人民共和国国家发展与改革委员会、中国人民银行、中华人民共和国国家财政部等部委主要是进行宏观调控的主体,就是调控主体。市场监督管理等部门主要是对市场主体及其行为进行规制,则是规制主体。有些主体如税务局,既在宏观上进行调控,又可以对市场主体及其行为进行规制,则既是调控主体又是规制主体,具有双重性。

2. 被调制主体

被调制主体主要是具有平等地位的自然人、营利性法人、非营利性法人、部分特别法人、非法人组织,在经济法上体现为竞争者、经营者、消费者等,称之为市场活动主体。被调制主体在参与市场竞争活动时,具有平等性、积极性、主动性,但在其不规范行为,尤其是市场行为触犯法律时,接受规制主体规制时具有被动性,而当国家宏观调控时,调控主体依法进行调控,被调制主体则都具有被动性接受的一面,当然,被调制主体也可积极主动应对和适从,这种应对和适从是基于政府的强力依法调控而做出的对策。

🐢 思考题：经济法律关系的主体有哪些？

二、经济法律关系的内容

经济法律关系的内容就是经济法律关系主体依法享有的权利和依法应承担的义务。经济法律关系内容体现的权利和义务,以民商法、行政法上的权利与义务为基础,更多地表现为经济权利和经济义务,具有经济性的特点。

（一）经济法律关系主体的权利

1. 民商法上的权利

市场主体在民商法上既具有人身权利,又有财产权利。

（1）人身权利

自然人享有生命权、身体权、健康权、姓名权、肖像权、名誉权、荣誉权、隐私权、婚姻自主权、婚姻家庭权、继承权、个人信息权等权利。法人、非法人组织享有名称权、名誉权、荣誉权等权利。

（2）财产权利

财产权利包括了物权、债权、知识产权、投资权、数据权、网络虚拟财产权、其他权利。

物权是权利人依法对特定的物享有直接支配和排他的权利，包括所有权、用益物权和担保物权。所有权包括国家所有权、集体所有权、私人所有权。用益物权包括土地承包经营权、建设用地使用权、宅基地使用权、地役权。担保物权则包括抵押权、质押权、留置权。物权可分为不动产物权和动产物权。物权的种类和内容，由法律规定。为了公共利益的需要，依照法律规定的权限和程序征收、征用不动产或者动产的，应当给予公平、合理的补偿。

债权是因合同、侵权行为、无因管理、不当得利以及法律的其他规定，权利人请求特定义务人为或者不为一定行为的权利。债可以分为合同之债、侵权之债、无因管理之债、不当得利之债和其他债。

知识产权是权利人依法就下列客体享有的专有的权利：作品，发明、实用新型、外观设计，商标，地理标志，商业秘密，集成电路布图设计，植物新品种，法律规定的其他客体。

投资性权利是主体因权益性投资、债券性投资等投资行为而享有的权利，如股权、合伙人权利等。数据权、网络虚拟财产权则是大数据时代和互联网时代主体对数据、网络虚拟财产拥有的权利，是全新的权利类型。

2. 经济法上的权利

市场主体在民商法上既具有人身权利，又有财产权利，在经济法上则表现为经济权利。经济权利是经济法律关系主体以其意志和行为参与经济活动的一种自由。经济法律关系主体的权利在经济法上体现为经济性特征，也体现为调制性特征。

（1）市场权利

经济法主体，如自然人、法人、非法人组织，具有参与市场活动的权利，这些权利可以分为竞争权、消费者权等权利。竞争权体现为经营者的市场参与权、平等竞争权、竞争自由权、经济公平权、正当竞争权等权利。消费者权利则是消费者享有的安全权、知情权、选择权、索赔权等权利。

（2）调制权

调制权是指调制主体的宏观调控权和市场规制权。宏观调控主体和市场规制主体主要是政府机关和法律授权的主体，具有行政性，其享有的宏观调控权和市场规制权相对于被调制主体的市场权利而言具有隶属性、平等性，调制权的实质是调制主体的经济职权。调制权对于调制主体而言，既是权利，又是义务，不得放弃也不得越权，还要遵从职权法定原则，法不授权不可为，法律授权必须为。调制权包括了调制立法权、调制执法权等。

（二）经济法律关系主体的义务

经济法律关系主体的义务是经济法律关系主体依法必须作出行为或者不作出行为的责任。经济法律关系主体的义务分为调制主体的义务和被调制主体的义务。

1. 调制主体的义务

调制主体,不论是宏观调控主体还是市场规制主体,主要是政府职能部门,尤其是政府经济职能部门,其义务主要是依法进行宏观调控和市场规制,依法履行其职权,贯彻职权法定原则,法不授权不可为,法律授权必须为。调制主体要依法尽职履行宏观调控和市场规制的职责,无论是实体上还是程序上,都严格遵守经济法律的规定,积极履行调制职责,固守严格执法的原则。调制主体有消极行为将要承担法律责任。

2. 被调制主体的义务

被调制主体的义务可以分为经营者的义务和消费者的义务,主要是经营者的义务。与消费者相比,经营者处于相对强势,经济法对经营者规定的义务相对比较多。相对于对消费者的间接调制而言,调制机关对经营者的调制更加直接。经营者的义务主要是依法公平竞争的义务、依法正当竞争的义务、保护消费者的义务、依法接受调制机关调制的义务。

❓思考题:经济法律关系的内容有哪些?

三、 经济法律关系的客体

经济法律关系的客体是经济法律关系主体权利义务指向的对象。经济法律关系客体随着经济法的不断发展完善而出现了客体范围不断变化扩大的趋势。经济法律关系的客体可以分为以下几类。

（一） 物

物是指可以为人们支配和利用,具有一定经济价值的客观物体。只有可以为人们控制和支配利用并具有经济价值的物才可以成为经济法律关系的客体,大部分物都可以成为客体。物包括了自然物、产品、货币、有价证券等。不能为人们控制和支配利用的物则不能成为客体,如空气、阳光、地球外的天体等。只有法律许可流通的物才能成为客体。法律禁止流通的物不能作为客体,如枪械等军事武器、毒品、禁止流通的文物等就不能作为客体。

（二） 行为

组织或者个人的行为也可以成为客体。经济管理行为、生产经营行为、提供劳务行为、完成工作的行为都可成为经济法律关系的客体。如建设工程合同的客体就是工程建设行为、承揽合同的客体就是承揽行为、运输合同的客体就是运输劳务行为。

（三） 智力成果

智力成果又称精神产品、无形财产,是人们通过智力劳动形成的精神财产。智力成果包括技术、信息、数据、设计、图形、商业秘密、著作等。智力成果上附着的权利就是无形财产权,无形财产权也可以成为客体,如专利权、著作权、商标权、土地使用权等,如土地使用权出让和转让合同的客体就是土地使用权。

❓思考题:经济法律关系的客体有哪些?

第三节　经济法律事实

一、 经济法律事实的概念

经济法律事实是能引起经济法律关系发生、变更、终止的客观情况。经济法律事实是经济法律关系发生、变更、终止的前提和条件。

二、 经济法律事实的分类

经济法律事实按照是否以人的意志为转移，可以分为事件和行为两大类。

（一）事件

事件是不以人的意志转移的、能引起经济法律关系发生、变更、终止的客观情况。事件又可分为自然事件和社会事件。

1. 自然事件

又称为绝对事件，就是绝对与人的意志与行为无关的、纯自然的现象。自然事件包括地震、洪水、冰雹、海啸、雪崩等自然现象。时效的经过也是引起法律关系发生、变更、终止的自然事件。

2. 社会事件

又称为相对事件，通常是指与人有关系但某个个人无法控制的社会现象。社会事件包括动乱、暴动、战争、罢工等社会现象。

（二）行为

行为是人的有意识的活动。行为可以是作为，也可以是不作为。行为可以是合法行为，也可以是违法行为。行为既可以是善意行为，也可以是恶意行为。民事法律行为、行政行为、经济法律行为等行为都可以引起经济法律关系的发生、变更、终止。

🤔 思考题：经济法律事实有哪些？

三、 法律行为

（一）民事法律行为

1. 民事法律行为的概念和形式

民事法律行为是民事主体通过意思表示设立、变更、终止民事法律关系的行为。民事法律行为可以基于双方或者多方的意思表示一致成立，也可以基于单方的意思表示成立。法人、非法人组织依照法律或者章程规定的议事方式和表决程序作出决议的，该决议行为成立。

民事法律行为可以采用书面形式、口头形式或者其他形式；法律、行政法规规定或者当事人约定采用特定形式的，应当采用特定形式。

2. 民事法律行为的效力

民事法律行为自成立时生效，但是法律另有规定或者当事人另有约定的除外。行为人非依法律规定或者未经对方同意，不得擅自变更或者解除民事法律行为。

民事法律行为依照效力可以分为有效行为、效力待定行为、可撤销行为、无效行为。

（1）有效行为

具备下列条件的民事法律行为有效：行为人具有相应的民事行为能力；意思表示真实；不违反法律、行政法规的强制性规定，不违背公序良俗。

（2）效力待定行为

首先是限制民事行为能力人实施的部分行为。限制民事行为能力人实施的纯获利益的民事法律行为或者与其年龄、智力、精神健康状况相适应的民事法律行为有效；实施的其他民事法律行为经法定代理人同意或者追认后有效。相对人可以催告法定代理人自收到通知之日起 1 个月内予以追认。法定代理人未作表示的,视为拒绝追认。民事法律行为被追认前,善意相对人有撤销的权利。撤销应当以通知的方式作出。

其次是无权代理人实施的行为。行为人没有代理权、超越代理权或者代理权终止后,仍然实施代理行为,未经被代理人追认的,对被代理人不发生效力。相对人可以催告被代理人自收到通知之日起 1 个月内予以追认。被代理人未作表示的,视为拒绝追认。行为人实施的行为被追认前,善意相对人有撤销的权利。撤销应当以通知的方式作出。行为人实施的行为未被追认的,善意相对人有权请求行为人履行债务或者就其受到的损害请求行为人赔偿,但是赔偿的范围不得超过被代理人追认时相对人所能获得的利益。相对人知道或者应当知道行为人无权代理的,相对人和行为人按照各自的过错承担责任。

（3）可撤销行为

基于重大误解实施的民事法律行为,行为人有权请求人民法院或者仲裁机构予以撤销。一方以欺诈手段,使对方在违背真实意思的情况下实施的民事法律行为,受欺诈方有权请求人民法院或者仲裁机构予以撤销。第三人实施欺诈行为,使一方在违背真实意思的情况下实施的民事法律行为,对方知道或者应当知道该欺诈行为的,受欺诈方有权请求人民法院或者仲裁机构予以撤销。一方或者第三人以胁迫手段,使对方在违背真实意思的情况下实施的民事法律行为,受胁迫方有权请求人民法院或者仲裁机构予以撤销。一方利用对方处于危困状态、缺乏判断能力等情形,致使民事法律行为成立时显失公平的,受损害方有权请求人民法院或者仲裁机构予以撤销。

有下列情形之一的,撤销权消灭:当事人自知道或者应当知道撤销事由之日起 1 年内、重大误解的当事人自知道或者应当知道撤销事由之日起 3 个月内没有行使撤销权;当事人受胁迫,自胁迫行为终止之日起 1 年内没有行使撤销权;当事人知道撤销事由后明确表示或者以自己的行为表明放弃撤销权。当事人自民事法律行为发生之日起 5 年内没有行使撤销权的,撤销权消灭。

（4）无效行为

无民事行为能力人实施的民事法律行为无效。

行为人与相对人以虚假的意思表示实施的民事法律行为无效。以虚假的意思表示隐藏的民事法律行为的效力,依照有关法律规定处理。

行为人与相对人恶意串通,损害他人合法权益的民事法律行为无效。

3. 民事法律行为无效或被撤销的后果

无效的或者被撤销的民事法律行为自始无效。民事法律行为部分无效,不影响其他部分效力的,其他部分仍然有效。

民事法律行为无效、被撤销或者确定不发生效力后,行为人因该行为取得的财产,应当予以返还;不能返还或者没有必要返还的,应当折价补偿。有过错的一方应当赔偿对方由此所受到的损失;各方都有过错的,应当各自承担相应的责任。法律另有规定的,依照其规定。

（二）经济法律行为

经济法律行为是经济法主体实施的、体现经济意志的法律行为。经济法律行为会引起经济法律关系的发生、变更、终止。

经济法律行为可以分为市场主体的市场行为和调制主体的调制行为。

1. 市场主体的市场行为

这是市场主体参与市场活动的行为,包括市场竞争行为、产品生产和销售行为、调制接受行为、调制应对行为、金融行为等。

2. 调制主体的调制行为

根据调制实施主体的不同,调制主体的调制行为可以分为宏观调控行为和市场规制行为。宏观调控行为是具有宏观调控权的机关作出的行为,如计划行为、财税调控行为、金融调控行为等。市场规制行为则是具有市场规制权的机关作出的行为,如对企业的准入登记行为、对企业失范行为的规制行为、反垄断行为、对不正当竞争行为的规制行为、对产品质量的监管行为等。

❓ 思考题:经济法律行为有哪些?

四、代理

经济法主体可以通过代理人实施经济法律行为。在市场经济活动中,市场主体除了自己作出行为外,往往借助他人的智慧和力量通过代理的方式作出行为,代理是市场主体广泛采用的一种法律行为。经济法上的代理行为适用《中华人民共和国民法总则》的规定。代理人在代理权限内,以被代理人名义实施的经济法律行为,对被代理人发生效力。当然,调制主体采用代理方式授权是受法律严格限制的,调制主体不依法履责,随意授权他人代理,将构成违法行为。

(一)代理的概念

代理是指代理人接受被代理人的委托,以被代理人的名义从事行为,而行为后果由被代理人承担的一种行为。

代理人的代理权利来自于被代理人的授权,被代理人的授权是代理人从事代理的前提。代理人接受授权后,并非为了代理人的利益而行为,不是以代理人的名义对外活动,而是为了被代理人的利益以被代理人的名义对外作出行为。代理人在代理权限范围内有决定权,在代理权限范围内独立向第三人进行意思表示并行为。代理行为是为了被代理人的利益而基于被代理人的授权而作出的,代理人的代理行为后果直接由被代理人承担。

代理包括委托代理和法定代理。委托代理人按照被代理人的委托行使代理权。法定代理人依照法律的规定行使代理权。代理人不履行或者不完全履行职责,造成被代理人损害的,应当承担民事责任。代理人和相对人恶意串通,损害被代理人合法权益的,代理人和相对人应当承担连带责任。

(二)委托代理

1. 代理的授权

委托代理授权采用书面形式的,授权委托书应当载明代理人的姓名或者名称、代理事项、权限和期间,并由被代理人签名或者盖章。数人为同一代理事项的代理人的,应当共同行使代理权,但是当事人另有约定的除外。

2. 自己代理和双方代理

自己代理,代理人不得以被代理人的名义与自己实施民事法律行为,但是被代理人同意或者追认的除外。双方代理,代理人不得以被代理人的名义与自己同时代理的其他人实施民事法律行为,但是被代理的双方同意或者追认的除外。

3. 转代理

代理人需要转委托第三人代理的,应当取得被代理人的同意或者追认。转委托代理经被代理人同意或者追认的,被代理人可以就代理事务直接指示转委托的第三人,代理人仅就第三人的选任以及对第三人的指示承担责任。转委托代理未经被代理人同意或者追认的,代理人应当对转委托的第三人的行为承担责任,但是在紧急情况下代理人为了维护被代理人的利益需要转委托第三人代理的除外。

4. 无权代理

行为人没有代理权、超越代理权或者代理权终止后,仍然实施代理行为,未经被代理人追认的,对被代理人不发生效力。相对人可以催告被代理人自收到通知之日起 1 个月内予以追认。被代理人未作表示的,视为拒绝追认。行为人实施的行为被追认前,善意相对人有撤销的权利。撤销应当以通知的方式作出。行为人实施的行为未被追认的,善意相对人有权请求行为人履行债务或者就其受到的损害请求行为人赔偿,但是赔偿的范围不得超过被代理人追认时相对人所能获得的利益。相对人知道或者应当知道行为人无权代理的,相对人和行为人按照各自的过错承担责任。

5. 表见代理

行为人没有代理权、超越代理权或者代理权终止后,仍然实施代理行为,相对人有理由相信行为人有代理权的,代理行为有效,这就是表见代理的规定。表见代理制度的设立目的是为了保护第三人的权益。

6. 代理的效力与责任

代理人知道或者应当知道代理事项违法仍然实施代理行为,或者被代理人知道或者应当知道代理人的代理行为违法未作反对表示的,被代理人和代理人应当承担连带责任。

执行法人或者非法人组织工作任务的人员,就其职权范围内的事项,以法人或者非法人组织的名义实施民事法律行为,对法人或者非法人组织发生效力。法人或者非法人组织对执行其工作任务的人员职权范围的限制,不得对抗善意相对人。

（三）法定代理

与委托代理的意定代理不同,法定代理是基于法律规定直接产生的代理。法定代理主要是为了保护未成年人和行为能力缺损的成年人的权益,是为无民事行为能力人和限制民事行为能力人设立。

无民事行为能力人、限制民事行为能力人的监护人是其法定代理人。不满 8 周岁的未成年人为无民事行为能力人,由其法定代理人代理实施民事法律行为。8 周岁以上的未成年人为限制民事行为能力人,实施民事法律行为由其法定代理人代理或者经其法定代理人同意、追认,但是可以独立实施纯获利益的民事法律行为或者与其年龄、智力相适应的民事法律行为。不能辨认自己行为的成年人为无民事行为能力人,由其法定代理人代理实施民事法律行为。不能完全辨认自己行为的成年人为限制民事行为能力人,实施民事法律行为由其法定代理人代理或者经其法定代理人同意、追认,但是可以独立实施纯获利益的民事法律行为或者与其智力、精神健康状况相适应的民事法律行为。

（四）代理的终止

有下列情形之一的,委托代理终止:代理期间届满或者代理事务完成,被代理人取消委托或者代理人辞去委托,代理人丧失民事行为能力,代理人或者被代理人死亡,作为代理人或者被代理人的法人、非法人组织终止。

被代理人死亡后,有下列情形之一的,委托代理人实施的代理行为有效:代理人不知道并且不应当知道被代理人死亡;被代理人的继承人予以承认;授权中明确代理权在代理事务完成时终止;被代理人死亡前已经实施,为了被代理人的继承人的利益继续代理。作为被代理人的法人、非法人组织终止的,参照适用这些规定。

有下列情形之一的,法定代理终止:被代理人取得或者恢复完全民事行为能力,代理人丧失民事行为能力,代理人或者被代理人死亡,法律规定的其他情形。

❓ 思考题:委托代理的基本规定有哪些?

五、 诉讼时效

（一）诉讼时效的概念

法定的事实状态在法定期间内的持续存在,从而产生与该事实状态相适应的法律效力,这里的法定期间就是时效,就是时间流逝会在法律上产生一定的效力,引发法律关系的发生、变更、终止。时效的经过也会引起经济法律关系的发生、变更、终止,时效也是经济法律事实的一种。

（二）诉讼时效的分类

时效可以分为取得时效和消灭时效。取得时效是指在占有人善意、公开地持续占有财产达到一定的期限即可取得该财产的所有权。消灭时效是权利人在规定的时间内不行使权利,权利即归于消灭。我国没有规定取得时效,只规定了消灭时效,诉讼时效就是消灭时效。诉讼时效是指权利人在规定的时间内不行使诉讼请求权,该权利即归于消灭,权利人就丧失了胜诉权,但不消灭实体权利。诉讼时效的期间、计算方法以及中止、中断的事由由法律规定,当事人约定无效。当事人对诉讼时效利益的预先放弃无效。

司法实务中,经济案件和民事案件适用同样的诉讼时效制度。诉讼时效可以分为一般诉讼时效、特殊诉讼时效和最长诉讼时效三类。一般诉讼时效期间为 3 年。特殊诉讼时效为 4 年,如进出口买卖合同、技术进出口合同就适用 4 年的特殊诉讼时效。最长诉讼时效则为 20 年,自权利受到损害之日起超过 20 年的,人民法院不予保护;有特殊情况的,人民法院可以根据权利人的申请决定延长。

诉讼时效期间自权利人知道或者应当知道权利受到损害以及义务人之日起计算。法律另有规定的,依照其规定。当事人约定同一债务分期履行的,诉讼时效期间自最后一期履行期限届满之日起计算。无民事行为能力人或者限制民事行为能力人对其法定代理人的请求权的诉讼时效期间,自该法定代理终止之日起计算。未成年人遭受性侵害的损害赔偿请求权的诉讼时效期间,自受害人年满 18 周岁之日起计算。

诉讼时效期间届满的,义务人可以提出不履行义务的抗辩。诉讼时效期间届满后,义务人同意履行的,不得以诉讼时效期间届满为由抗辩;义务人已自愿履行的,不得请求返还。人民法院不得主动适用诉讼时效的规定。

(三) 诉讼时效的中止

诉讼时效的中止是指诉讼时效期间的最后 6 个月内,因不可抗力或者其他障碍等事由导致时效暂停,待阻碍事由消失后,诉讼时效继续计算。

在诉讼时效期间的最后 6 个月内,因下列障碍,不能行使请求权的,诉讼时效中止:不可抗力;无民事行为能力人或者限制民事行为能力人没有法定代理人,或者法定代理人死亡、丧失民事行为能力、丧失代理权;继承开始后未确定继承人或者遗产管理人;权利人被义务人或者其他人控制;其他导致权利人不能行使请求权的障碍。

自中止时效的原因消除之日起满 6 个月,诉讼时效期间届满。

(四) 诉讼时效的中断

诉讼时效的中断是指因为权利人请求、义务人同意履行义务等事由的发生,已经经过的诉讼时效全归于无效,待事由结束后,诉讼时效重新开始计算。

有下列情形之一的,诉讼时效中断,从中断、有关程序终结时起,诉讼时效期间重新计算:权利人向义务人提出履行请求,义务人同意履行义务,权利人提起诉讼或者申请仲裁,与提起诉讼或者申请仲裁具有同等效力的其他情形。

(五) 不适用诉讼时效规定的情形

下列请求权不适用诉讼时效的规定:请求停止侵害、排除妨碍、消除危险,不动产物权和登记的动产物权的权利人请求返还财产,请求支付抚养费、赡养费或者扶养费,依法不适用诉讼时效的其他请求权。

思考题:诉讼时效的中止与中断有什么区别?

本章引用法律资源:

1.《中华人民共和国民法总则》。

2.《中华人民共和国刑法》。

3.《中华人民共和国行政处罚法》。

本章参考文献:

1. 李昌麒. 经济法学[M]. 北京:法律出版社,2016.

2. 漆多俊. 经济法学[M]. 北京:高等教育出版社,2010.

3. 杨紫煊,徐杰. 经济法学[M]. 北京:北京大学出版社,2015.

4. 张守文. 经济法学[M]. 北京:高等教育出版社,2016.

本章网站资源:

1. 中国人大网:www. npc. gov. cn。

2. 中国政府网:www. gov. cn。

3. 中华人民共和国最高人民法院网站:www. court. gov. cn。

4. 中华人民共和国最高人民检察院网站:www. spp. gov. cn。

第二章 个人独资企业法

■■■ **本章教学目标**

通过学习,掌握个人独资企业法的基本内容。了解个人独资企业的含义;知晓个人独资企业法的立法概况、调整对象和适用范围;明确个人独资企业的设立条件与程序,了解个人独资企业的事务管理,掌握个人独资企业的解散与清算;了解个体工商户的概念、特征,掌握个体工商户的登记程序,了解个体工商户的监督管理。

第一节 个人独资企业

一、个人独资企业的概念

个人独资企业,又称个人企业,是指依法在中国境内设立的,由一个自然人投资,财产为投资人个人所有,投资人以其个人财产对企业债务承担无限责任的经营实体。

个人独资企业的投资主体单一,投资者只能是一个自然人,即该企业是由一个人出资设立的,而且该自然人不能是法律禁止从事经济活动的主体。个人独资企业与一个人公司虽然在人数上相同,但二者却是截然不同的两种企业形式。个人独资企业是非法人企业,企业没有独立的财产,投资者对企业债务承担无限责任。投资者从事的经营活动不能完全独立于企业,因而其财产往往与企业的财产混同。财产的不独立导致个人独资企业无法以自己的财产独立承担企业的债务。但由于个人独资企业经营活动的需要,法律赋予其相对的独立性。个人独资企业可以领取营业执照,可以以企业的名义提起诉讼,可以以企业的名义订立合同,从而使经营活动正常进行。另外,企业主对于个人独资企业有完全支配的权利,企业主既可以自己管理企业事务,也可以聘任管理人员,但经营管理人员的权限来自于企业主的委托和授权。

❓ 思考题:什么是个人独资企业?

二、个人独资企业法

个人独资企业法是调整个人独资企业设立、变更、终止以及投资人权利义务关系的法律规范的总称。狭义上的个人独资企业法是指第九届全国人民代表大会常务委员会第十一次会议于 1999 年 8 月 30 日通过、2000 年 1 月 1 日起实施的《中华人民共和国个人独资企业法》。

个人独资企业作为最早的企业形态一直存在并不断发展着,而相关的个人独资企业法律制度也在不断建立和完善。1998 年 6 月国务院颁布的《中华人民共和国私营企业暂行条例》第 7 条规定:独资企业是指一个人投资经营的企业。1999 年 3 月第九届全国人民代表大会第二次会议通过的《中华人民共和国宪法修正案》第 16 条规定:在法律规定范围内的个体经济、私营经济等非公有制经济,是社会主义市场经济的重要组成部分。从宪法角度明确了个人独资企业的地位,并提出对其合法权益进行保障。第九届全国人大常委会第十一次会议于 1999 年通过的《中华人民共和国个人独资企业法》(以下简称《个人独资企业法》)是我国第一部关于独资企业的立法,该法共 6 章 48 条,主要规定了个人独资企业的设立、个人独资企业的事务管理、个人独资企业的解散和清算、个人独资企业的法律责任等。该法的颁布与实施,对于保护个人独资企业的合法权益,加强国家对个人独资企业的管理起到了积极的规范作用。

思考题:个人独资企业的调整对象是什么?

三、 个人独资企业设立的条件

(一) 投资人为一个自然人

个人独资企业作为自然人从事商事活动的主要形式,属于自然人企业,且投资人数量仅为一人,因此将自然人以外的法人、其他组织等民事主体排除在外。自然人要成为个人独资企业的投资者,必须具备以下条件:一是具有完全民事行为能力;二是不能是法律禁止从事营利性活动的个人,例如国家公务员;三是负有竞业禁止义务的自然人,在其任职期间不得设立与其所任职公司同类性质的个人独资企业。

(二) 有合法的企业名称

名称是企业之间加以区别的称谓,是企业设立的必备条件。一个个人独资企业只能有一个名称。企业名称一般由行政区划、字号、经营范围及企业类型四部分构成,个人独资企业名中不能出现"公司""有限责任"等字样。企业在企业获得登记时取得企业名称权,企业名称可以与企业一起转让。

(三) 有投资人申报的出资

资本是任何一种企业存在都需要的物质基础,个人独资企业的设立同样需要有资本。但《个人独资企业法》只要求个人独资企业的设立有资本,而未对资本作最低资本额的要求。这是因为企业财产不足以偿还企业债务时,由投资人的财产予以偿还。

(四) 有固定的生产经营场所和必要的生产经营条件

固定的生产经营场所和必要的生产经营条件是个人独资企业开展经营活动的基本物质条件。经营场所主要是企业办事机构所在地,其存在意义在于:便于企业的登记与管理,便于确定诉讼管辖,便于确定相应的准据法。

(五) 有必要的从业人员

人员是企业生产活动中最关键的生产要素,个人独资企业必须要有与其经营规模相适应的人员规模,但人员数量由企业自行决定,法律不作硬性要求。

思考题:个人独资企业的成立需要什么条件?

四、 个人独资企业设立的程序

(一) 设立申请

申请设立个人独资企业,应当由投资人或者其委托的代理人向个人独资企业所在地的登记机关提出申请。申请时应当提交设立申请书、投资人身份证明、生产经营场所使用证明等文件。如果委托代理人申请设立登记,还应当出具投资人的委托书和代理人的合法证明。设立申请书应当载明以下事项:企业名称和住所,投资人的姓名和住所,投资人的出资额和出资方式,经营范围。

（二）审批

个人独资企业不得从事法律、行政法规等禁止从事经营的业务,从事法律、行政法规规定必须经有关部门审批的业务,应当在申请设立登记时提交有关部门的批准文件。

（三）登记注册

登记机关应在受到投资人或其委托代理人的设立申请文件之日起 15 日内,对符合《个人独资企业法》规定条件的,予以登记,发给营业执照。对不符合《个人独资企业法》规定条件的,不予以登记,并应当给予书面答复,说明理由。

（四）成立

个人独资企业营业执照签发之日为个人独资企业成立的日期。在领取个人独资企业营业执照之前,投资人不得以个人独资企业的名义从事经营活动。

（五）分支机构

个人独资企业设立分支机构的,应当由投资人或者委托代理人向分支机构所在地的登记机关申请登记,领取营业执照。分支机构经核准登记后,应将登记情况报该分支机构隶属的企业的登记机关备案。分支机构的民事责任由设立该分支机构的个人独资企业承担。

🤔 **思考题**：个人独资企业的设立需要经过什么程序?

五、 个人独资企业的事务管理

（一）个人独资企业的自行管理

由于个人独资企业由投资人出资,投资人收益,投资人自己承担责任,因此,原则上由投资人自行管理。管理的主要内容包括:依法设置会计账簿,进行会计核算;招用职工的,应当依法与职工签订劳动合同,保障职工的劳动安全,按时、足额发放职工工资;按照国家规定参加社会保险,为职工缴纳社会保险费,如养老保险、工伤保险、医疗保险等;可以依法申请贷款、取得土地使用权,并享有法律赋予的其他权利;任何单位和个人不得违反法律规定,以任何方式强制个人独资企业提供财力、物力、人力,对于违法强制提供的要求,个人独资企业有权拒绝。

🤔 **思考题**：个人独资企业的自行管理主要包括哪些内容?

（二）个人独资企业的委托管理

个人独资企业的投资人也可以委托或聘用其他人负责企业事务的管理。投资人委托或者聘用他人管理企业事务的,应当与受托人或被聘用人签订书面合同,明确委托的具体内容和授予的权利范围。但投资人对受托和聘用人职权的限制,不得对抗善意第三人。

受托人或被聘用人在管理企业事务中,应当承担相应的义务与责任:一是依照委任或聘用合同的规定,履行管理者勤勉、诚信、忠实的义务。二是不得从事以下行为,包括不得利用职务优势取得个人利益,不得擅自处分企业财产,不得擅自泄露企业秘密,不得使自身置身于与企业的利益冲突之中,其他有损企业利益的行为。三是管理人员违反法律或者合同规定应承担相应法律责任。受托人或被聘用人在管理企业事务的过程中违反上述义务与责任的,侵犯个人独资企业财产权益的,责令退还侵占的财产;给企业造成损失的,依法承担赔偿责任;有违法所得的,没收违法所得;构成犯罪的,依法追究刑事责任。

思考题:个人独资企业受托人或被聘用人应承担哪些义务与责任?

六、 个人独资企业的终止

(一) 个人独资企业的解散

个人独资企业有下列原因之一时,应当解散:投资人决定解散;投资人死亡或被宣告死亡,无继承人或继承人决定放弃继承;被依法吊销营业执照;法律法规规定的其他情形。

思考题:个人独资企业解散的原因有哪些?

(二) 个人独资企业的清算

企业清算是企业处理企业事务,终止企业法人资格的行为。首先,成立清算组。个人独资企业解散由投资人自行清算或者债权人申请人民法院指定清算人进行清算。其次,通知或公告债权人。投资人自行清算的,应当在清算前15日内书面通知债权人,无法通知的,应当予以公告。债权人自接到通知之日起30日内,未接到通知的应当在公告之日起60日内,向投资人申报其债权。再次,清偿顺序。个人独资企业解散的,财产应当按照以下顺序清偿:所欠职工的工资和社会保险费用,所欠税款,其他债务。最后,注销登记。个人独资企业清算结束后,投资人或人民法院指定的清算人应当编制清算报告,并于15日内到登记机关办理注销登记。

思考题:个人独资企业的清算程序是怎么样的?

(三) 个人独资企业的债务承担

个人独资企业的债务由其投资人承担无限责任。具体而言,个人独资企业对其债务应当先以其全部财产进行清偿,企业财产不足以清偿债务的,投资人应当以其个人的其他财产予以清偿。

个人独资企业解散后,原投资人对个人独资企业存续期间的债务仍应承担偿还责任,但债权人在5年内未向债务人提出偿债请求的,该责任消灭。

思考题:个人独资企业的债务应由谁承担?

第二节 个体工商户

1987年8月5日国务院发布《城乡个体工商户管理暂行条例》,自1987年9月1日起施行。国务院于2011年3月30日通过《个体工商户条例》,自2011年11月1日起施行。制定《个体工商户条例》的目的是为了保护个体工商户的合法权益,鼓励、支持和引导个体工商户健康发展,加强对个体工商户的监督、管理,发挥其在经济社会发展和扩大就业中的重要作用。2011年9月30日,国家工商行政管理总局①发布《个体工商户登记管理办

---

① 2018年国务院机构调整后,原国家工商行政管理总局、国家质量监督检验检疫总局、国家食品药品监督管理总局重新组建为国家市场监督管理总局,但因法律条文中并未作调整,因此,暂时保留原机构名称,全书同此。

法》，并于 2014 年修订该办法。

一、个体工商户的概念

有经营能力的公民，依照《个体工商户条例》规定经工商行政管理部门登记，从事工商业经营的，为个体工商户。个体工商户可以个人经营，也可以家庭经营。香港特别行政区、澳门特别行政区永久性居民中的中国公民，台湾居民可以按照国家有关规定，申请登记为个体工商户。

个体工商户是改革开放过程中出现的一类市场主体。个体工商户不具有法人资格，从业者为个人或者家庭，个体工商户经营者承担无限连带责任，个人经营的，以个人财产承担责任，家庭经营的，以家庭财产承担责任。个体工商户和个人独资企业一样都不缴纳企业所得税，都是缴纳个人所得税，且适用同样的税目、税率和应纳税计算方法。从其法律性质上看，个体工商户实际上就是个人独资企业，只是因为一开始叫个体工商户，尊重历史和实际，沿袭"个体工商户"名称至今。

个体工商户从事经营活动，应当遵守法律、法规，遵守社会公德、商业道德，诚实守信，接受政府及其有关部门依法实施的监督。个体工商户的合法权益受法律保护，任何单位和个人不得侵害。

⁇ 思考题：个体工商户如何定义？

二、个体工商户的登记

有经营能力的公民经工商行政管理部门登记，领取个体工商户营业执照，依法开展经营活动。

（一）市场准入原则

国家对个体工商户实行市场平等准入、公平待遇的原则。申请办理个体工商户登记，申请登记的经营范围不属于法律、行政法规禁止进入的行业的，登记机关应当依法予以登记。

登记机关和有关行政机关应当在其政府网站和办公场所，以便于公众知晓的方式公布个体工商户申请登记和行政许可的条件、程序、期限、需要提交的全部材料目录和收费标准等事项。登记机关和有关行政机关应当为申请人申请行政许可和办理登记提供指导和查询服务。

申请注册、变更登记的经营范围涉及国家法律、行政法规或者国务院决定规定在登记前须经批准的项目的，应当在申请登记前报经国家有关部门批准，并向登记机关提交相关批准文件。申请注册登记或者变更登记的登记事项属于依法须取得行政许可的，应当向登记机关提交许可证明。

（二）登记和监管机关

1. 登记机关

工商行政管理部门是个体工商户的登记管理机关。国家工商行政管理总局主管全国的个体工商户登记管理工作。省、自治区、直辖市工商行政管理局和设区的市（地区）工商行政管理局负责本辖区的个体工商户登记管理工作。县、自治县、不设区的市工商行政管理局以及市辖区工商行政管理分局为个体工商户的登记机关（以下简称登记机关），负责本辖区内的个体工商户登记。登记机关按照国务院工商行政管理部门的规定,可以委托其下属工商行政管理所办理个体工商户登记。

2018年国家工商行政管理部门并入市场监督管理部门,个体工商户的登记机关随之变为市场监督管理部门。

2. 监管和服务机关

市场监督管理部门和县级以上人民政府其他有关部门应当依法对个体工商户实行监督和管理。地方各级人民政府和县级以上人民政府有关部门应当采取措施,在经营场所、创业和职业技能培训、职业技能鉴定、技术创新、参加社会保险等方面,为个体工商户提供支持、便利和信息咨询等服务。个体工商户申请转变为企业组织形式,符合法定条件的,登记机关和有关行政机关应当为其提供便利。

3. 行业协会

依法成立的个体劳动者协会在工商行政管理部门指导下,为个体工商户提供服务,维护个体工商户合法权益,引导个体工商户诚信自律。个体工商户自愿加入个体劳动者协会。个体劳动者协会实行行业自律管理。

思考题:个体工商户的登记和监管机关有哪些?

(三) 登记事项

个体工商户的登记事项包括以下内容。

1. 名称

个体工商户使用名称的,名称作为登记事项。个体工商户申请使用名称的,应当按照《个体工商户名称登记管理办法》办理。

2. 经营者姓名和住所

经营者姓名和住所,是指申请登记为个体工商户的公民姓名及其户籍所在地的详细住址。

3. 组成形式

组成形式,包括个人经营和家庭经营。家庭经营的,参加经营的家庭成员姓名应当同时备案。

4. 经营范围

经营范围,是指个体工商户开展经营活动所属的行业类别。登记机关根据申请人申请,参照《国民经济行业分类》中的类别标准,登记个体工商户的经营范围。

5. 经营场所

经营场所,是指个体工商户营业所在地的详细地址。个体工商户经登记机关登记的经营场所只能为一处。

思考题:个体工商户的登记事项有哪些?

(四) 登记申请

个体工商户的登记分为设立登记、变更登记和注销登记。

1. 设立登记

(1) 申请人

个人经营的,以经营者本人为申请人;家庭经营的,以家庭成员中主持经营者为申请人。委托代理人申请注册、变更、注销登记的,应当提交申请人的委托书和代理人的身份证明或者资格证明。

（2）登记地点

申请个体工商户登记,申请人或者其委托的代理人可以直接到经营场所所在地登记机关登记;登记机关委托其下属工商所办理个体工商户登记的,到经营场所所在地工商所登记。

（3）申请方式

申请个体工商户注册登记,应当提交下列文件:申请人签署的个体工商户注册登记申请书,申请人身份证明,经营场所证明,国家工商行政管理总局规定提交的其他文件。

申请人或者其委托的代理人可以通过邮寄、传真、电子数据交换、电子邮件等方式向经营场所所在地登记机关提交申请。通过传真、电子数据交换、电子邮件等方式提交申请的,应当提供申请人或者其代理人的联络方式及通信地址。对登记机关予以受理的申请,申请人应当自收到受理通知书之日起 5 日内,提交与传真、电子数据交换、电子邮件内容一致的申请材料原件。

2. 变更登记

个体工商户登记事项变更的,应当向登记机关申请办理变更登记。个体工商户变更经营者的,应当在办理注销登记后,由新的经营者重新申请办理注册登记。家庭经营的个体工商户在家庭成员间变更经营者的,依照前述规定办理变更手续。

申请个体工商户变更登记,应当提交下列文件:申请人签署的个体工商户变更登记申请书;申请经营场所变更的,应当提交新经营场所证明;国家工商行政管理总局规定提交的其他文件。

3. 注销登记

个体工商户不再从事经营活动的,应当到登记机关办理注销登记。

申请个体工商户注销登记,应当提交下列文件:申请人签署的个体工商户注销登记申请书,个体工商户营业执照正本及所有副本,国家工商行政管理总局规定提交的其他文件。

✎✎ 思考题:个体工商户的设立申请方式有哪些?

（五）受理、审查和决定、办理营业执照

1. 受理

登记机关收到申请人提交的登记申请后,对于申请材料齐全、符合法定形式的,应当受理。申请材料不齐全或者不符合法定形式,登记机关应当当场告知申请人需要补正的全部内容,申请人按照要求提交全部补正申请材料的,登记机关应当受理。申请材料存在可以当场更正的错误的,登记机关应当允许申请人当场更正。

登记机关受理登记申请,除当场予以登记的外,应当发给申请人受理通知书。对于不符合受理条件的登记申请,登记机关不予受理,并发给申请人不予受理通知书。申请事项依法不属于个体工商户登记范畴的,登记机关应当即时决定不予受理,并向申请人说明理由。

2. 审查和决定

申请人提交的申请材料齐全、符合法定形式的,登记机关应当当场予以登记,并发给申请人准予登记通知书。

根据法定条件和程序,需要对申请材料的实质性内容进行核实的,登记机关应当指派两名以上工作人员进行核查,并填写申请材料核查情况报告书。登记机关应当自受理登记申请之日起 15 日内作出是否准予登记的决定。

对于以邮寄、传真、电子数据交换、电子邮件等方式提出申请并经登记机关受理的,登记机关应当自受理登记申请之日起 15 日内作出是否准予登记的决定。

登记机关作出准予登记决定的,应当发给申请人准予个体工商户登记通知书,并在 10 日内发给申请人个体工商户营业执照。不予登记的,应当发给申请人个体工商户登记驳回通知书。

3. 办理营业执照

个体工商户领取营业执照之日就是个体工商户成立之时。个体工商户营业执照分为正本和副本,载明个体工商户的名称、经营者姓名、组成形式、经营场所、经营范围、注册日期和注册号、发照机关及发照时间信息,正、副本具有同等法律效力。国家推行电子营业执照。电子营业执照与纸质营业执照具有同等法律效力。

营业执照正本应当置于个体工商户经营场所的醒目位置。个体工商户变更登记涉及营业执照载明事项的,登记机关应当换发营业执照。营业执照遗失或毁损的,个体工商户应当向登记机关申请补领或者更换。营业执照遗失的,个体工商户还应当在公开发行的报刊上声明作废。

(六) 税务登记

个体工商户在领取营业执照后,应当依法办理税务登记。个体工商户税务登记内容发生变化的,应当依法办理变更或者注销税务登记。

(七) 登记的撤销

有下列情形之一的,登记机关或其上级机关根据利害关系人的请求或者依据职权,可以撤销个体工商户登记:登记机关工作人员滥用职权、玩忽职守作出准予登记决定的;超越法定职权作出准予登记决定的;违反法定程序作出准予登记决定的;对不具备申请资格或者不符合法定条件的申请人准予登记的;依法可以撤销登记的其他情形。申请人以欺骗、贿赂等不正当手段取得个体工商户登记的,应当予以撤销。依照前述的规定撤销个体工商户登记,可能对公共利益造成重大损害的,不予撤销。

登记机关作出撤销登记决定的,应当发给原申请人撤销登记决定书。依照规定撤销个体工商户登记,经营者合法权益受到损害的,行政机关应当依法给予赔偿。

思考题:个体工商户的登记程序有哪些?

三、 个体工商户的权利

个体工商户的权利主要体现在以下方面。

(一) 拒绝集资、摊派权

任何部门和单位不得向个体工商户集资、摊派,不得强行要求个体工商户提供赞助或者接受有偿服务。

(二) 场地使用权

地方各级人民政府应当将个体工商户所需生产经营场地纳入城乡建设规划,统筹安排。个体工商户经批准使用的经营场地,任何单位和个人不得侵占。

（三）贷款权

个体工商户可以凭营业执照及税务登记证明，依法在银行或者其他金融机构开立账户，申请贷款。金融机构应当改进和完善金融服务，为个体工商户申请贷款提供便利。

（四）招聘权

个体工商户可以根据经营需要招用从业人员。个体工商户应当依法与招用的从业人员订立劳动合同，履行法律、行政法规规定和合同约定的义务，不得侵害从业人员的合法权益。

　　思考题：个体工商户的权利有哪些？

四、个体工商户的监督管理

（一）年报制度

个体工商户应当于每年 1 月 1 日至 6 月 30 日，向登记机关报送年度报告。个体工商户应当对其年度报告的真实性、合法性负责。个体工商户年度报告办法由国务院工商行政管理部门制定。

登记机关将未按照规定履行年度报告义务的个体工商户载入经营异常名录，并在企业信用信息公示系统上向社会公示。登记机关接收个体工商户年度报告和抽查不得收取任何费用。

（二）登记管理信息公示、公开

登记机关应当在登记场所及其网站公示个体工商户登记的以下内容：登记事项，登记依据，登记条件，登记程序及期限，提交申请材料目录及申请书示范文本，登记收费标准及依据。登记机关应申请人的要求应当就公示内容予以说明、解释。个体工商户登记管理材料涉及国家秘密、商业秘密和个人隐私的，登记机关不得对外公开。

（三）信息查询

工商行政管理部门以及其他有关部门应当加强个体工商户管理工作的信息交流，逐步建立个体工商户管理信息系统。公众查阅个体工商户的下列信息，登记机关应当提供：注册、变更、注销登记的相关信息，国家工商行政管理总局规定公开的其他信息。

本章引用法律资源：

1.《中华人民共和国个人独资企业法》。

2. 全国人民代表大会《中华人民共和国个人独资企业法》条文释义。

3.《个体工商户条例》。

4.《个体工商户登记管理办法》。

本章参考文献：

1. 史际春. 企业与公司法［M］. 北京：中国人民大学出版社，2014.

2. 张士元. 企业法［M］. 北京：法律出版社，2007.

本章网站资源：

1. 国家市场监督管理总局：www. samr. saic. gov. cn。

2. 国家企业信用信息公示系统：www. gsxt. gov. cn。

第三章 合伙企业法

■■■ **本章教学目标**

通过学习,明白合伙企业法的基本内容。了解合伙企业的含义,明晰普通合伙企业和有限合伙企业的区别;知晓合伙企业法的立法概况、调整对象和适用范围;了解特殊普通合伙企业,明确普通合伙企业制度和有限合伙企业制度的具体内容;重点掌握普通合伙人的无限连带责任和有限合伙人的特殊规定。

第一节 合伙企业法概述

一、合伙企业的概念与分类

(一)合伙企业的概念

合伙企业是指在中国境内设立的由各合伙人订立合伙协议,共同出资、合伙经营、共享收益、共担风险,并对合伙企业债务承担无限连带责任或有限责任的营利性组织。

《合伙企业法》第 2 条规定,合伙企业,是指自然人、法人和其他组织依照合伙企业法在中国境内设立的普通合伙企业和有限合伙企业。

思考题:什么是合伙企业?

(二)合伙企业的分类

合伙企业可以分为普通合伙企业和有限合伙企业两类。

普通合伙企业由普通合伙人组成,合伙人对合伙企业债务承担无限连带责任。合伙企业法对普通合伙人承担责任的形式有特别规定的,从其规定。

有限合伙企业由普通合伙人和有限合伙人组成,普通合伙人对合伙企业债务承担无限连带责任,有限合伙人以其认缴的出资额为限对合伙企业债务承担责任。

二、合伙企业法

合伙企业法是调整合伙企业设立、经营、变更、终止过程中产生的社会关系的法律规范的总称。

(一)合伙企业的立法

1997 年 2 月 23 日,《中华人民共和国合伙企业法》(以下简称《合伙企业法》)经第八届全国人民代表大会常务委员会第二十四次会议通过,自 1997 年 8 月 1 日起施行。2006 年 8 月 27 日,《合伙企业法》由第十届全国人民代表大会常务委员会第二十三次会议修订通过,自 2007 年 6 月 1 日起施行。

(二)合伙企业法的适用范围

目前我国已有大量会计师事务所、资产评估事务所等以专业知识和专门技能为客户提供有偿服务,并承担相应法律责任的专业服务机构。这些机构中有的已经登记为合伙企业,有的登记为有限责任公司,还有的按照其他法律登记为合伙制事务所。在《合伙企业法》修订过程中,有的专业服务机构和行业协会要求合伙企业法适用于所有合伙制的专业服务机构。考虑到合伙企业法只是一种企业组织法,投资人可以在遵守行业管理的前提下,依法自主选择组建公司或者合伙企业,另外,不同专业服务机构的性质认定还存在分歧意见。为此,修订后的《合伙企业法》未直接规定依照其他法律设立的合伙事务所适用合伙企业法。

但是,《合伙企业法》第2章第6节专门规定了特殊的普通合伙企业。《合伙企业法》第55条规定,以专业知识和专门技能为客户提供有偿服务的专业服务机构,可以设立为特殊的普通合伙企业。特殊的普通合伙企业是指合伙人依照《合伙企业法》第57条的规定承担责任的普通合伙企业。特殊的普通合伙企业适用第6节规定;第6节未作规定的,适用《合伙企业法》第2章第1节至第5节的规定。就是说,依照《合伙企业法》设立为特殊的普通合伙企业的合伙制事务所适用《合伙企业法》的规定。

此外,《外国企业或者个人在中国境内设立合伙企业管理办法》和《外商投资合伙企业登记管理规定》等规范规定了外商投资合伙企业。外商投资合伙企业是指两个以上外国企业或者个人在中国境内设立的合伙企业,以及外国企业或者个人与中国的自然人、法人和其他组织在中国境内设立的合伙企业。

思考题:《合伙企业法》的适用范围有哪些?

三、 合伙企业设立和经营原则

（一） 书面协议原则

合伙企业基于合伙人的共同意愿设立,合伙企业是合伙人合意的结果,合伙人设立合伙企业的意愿在合伙协议中集中体现,合伙协议是合伙企业设立的法律基础,没有合伙协议就难以确定合伙人之间的权利义务。合伙企业法规定,合伙协议依法由全体合伙人协商一致、以书面形式订立。

（二） 自愿、平等、公平、诚信原则

订立合伙协议、设立合伙企业,应当遵循自愿、平等、公平、诚实信用原则。自愿原则是指合伙人是出于自己的内心意愿自愿订立合伙协议、设立合伙企业,并非受迫于任何组织或者个人的强制。平等、公平原则是指合伙人的地位平等,待遇公平,合伙人共同出资、共同经营、共享收益、共担风险。诚实信用原则是指合伙人订立合伙协议、设立合伙企业过程中,坦诚相待,共守信用,严格按照合伙协议履行自己的义务。

（三） 依法纳税原则

合伙企业不缴纳企业所得税,合伙企业的生产经营所得和其他所得,按照国家有关税收规定,由合伙人分别缴纳所得税。合伙企业按照"先分后税"的原则,将合伙企业所得分给合伙人。合伙人是自然人的,其所得缴纳个人所得税;合伙人是法人和其他组织的,其所得缴纳企业所得税。

（四） 遵法守德原则

合伙企业及其合伙人必须遵守法律、行政法规,遵守社会公德、商业道德,承担社会责

任。合伙企业及其合伙人在设立和经营过程中要依法行为,不得违背社会公德、商业道德,承担就业、纳税、保护环境等社会责任。

（五）保护合伙企业及其合伙人合法权益原则

合伙企业及其合伙人的合法财产及其权益受法律保护。合伙企业是依照中国法律设立的市场主体,在设立和经营过程中获得的合法财产权益受法律保护。合伙人作为投资人,投资合伙企业,在合伙企业中的投资人权益受法律保护,从合伙企业获得的合法财产权益也受法律保护。

四、合伙企业的登记

工商行政管理部门是合伙企业登记机关（以下简称企业登记机关）。国务院工商行政管理部门负责全国的合伙企业登记管理工作。市、县工商行政管理部门负责本辖区内的合伙企业登记。合伙企业的设立、变更、终止都要向工商行政管理机关办理登记。2018年以后,工商行政管理机关被并入国家市场监督管理机关,合伙企业的登记工作转归市场监督管理机关负责。

2021年发布的《市场主体登记管理条例》又规定了合伙企业的登记程序。合伙企业的登记分为设立登记、变更登记、注销登记。

（一）设立登记

1. 申请

设立合伙企业,应当由全体合伙人指定的代表或者共同委托的代理人向企业登记机关申请设立登记。

申请设立合伙企业,应当向企业登记机关提交下列文件:全体合伙人签署的设立登记申请书,全体合伙人的身份证明,全体合伙人指定代表或者共同委托代理人的委托书,合伙协议,全体合伙人对各合伙人认缴或者实际缴付出资的确认书,主要经营场所证明,国家工商行政管理部门规定提交的其他文件。法律、行政法规或者国务院规定设立合伙企业须经批准的,还应当提交有关批准文件。合伙企业的经营范围中有属于法律、行政法规或者国务院规定在登记前须经批准的项目的,应当向企业登记机关提交批准文件。

全体合伙人决定委托执行事务合伙人的,应当向企业登记机关提交全体合伙人的委托书。执行事务合伙人是法人或者其他组织的,还应当提交其委派代表的委托书和身份证明。

以实物、知识产权、土地使用权或者其他财产权利出资,由全体合伙人协商作价的,应当向企业登记机关提交全体合伙人签署的协商作价确认书;由全体合伙人委托法定评估机构评估作价的,应当向企业登记机关提交法定评估机构出具的评估作价证明。

法律、行政法规规定设立特殊的普通合伙企业,需要提交合伙人的职业资格证明的,应当向企业登记机关提交有关证明。

2. 登记并签发营业执照

申请人提交的登记申请材料齐全、符合法定形式,企业登记机关能够当场登记的,应予当场登记,发给营业执照。除应予当场登记情形外,企业登记机关应当自受理申请之日起 20 日内,作出是否登记的决定。予以登记的,发给营业执照;不予登记的,应当给予书面答复,并说明理由。

合伙企业的登记事项应当包括：名称，主要经营场所、执行事务合伙人、经营范围、合伙企业类型，合伙人姓名或者名称及住所、承担责任方式、认缴或者实际缴付的出资数额、缴付期限、出资方式和评估方式。合伙协议约定合伙期限的，登记事项还应当包括合伙期限。执行事务合伙人是法人或者其他组织的，登记事项还应当包括法人或者其他组织委派的代表。

合伙企业的营业执照签发日期，为合伙企业成立日期。合伙企业领取营业执照前，合伙人不得以合伙企业名义从事合伙业务。

合伙企业设立分支机构，应当向分支机构所在地的企业登记机关申请登记，领取营业执照。

？思考题：申请设立合伙企业分支机构，是否需要申请设立登记？

（二）变更登记

合伙企业登记事项发生变更的，执行合伙事务的合伙人应当自作出变更决定或者发生变更事由之日起 15 日内，向原企业登记机关申请办理变更登记。

合伙企业申请变更登记，应当向原企业登记机关提交下列文件：执行事务合伙人或者委派代表签署的变更登记申请书；全体合伙人签署的变更决定书，或者合伙协议约定的人员签署的变更决定书；国务院工商行政管理部门规定提交的其他文件。法律、行政法规或者国务院规定变更事项须经批准的，还应当提交有关批准文件。

申请人提交的申请材料齐全、符合法定形式，企业登记机关能够当场变更登记的，应予当场变更登记。除应予当场变更登记情形外，企业登记机关应当自受理申请之日起 20 日内，作出是否变更登记的决定。予以变更登记的，应当进行变更登记；不予变更登记的，应当给予书面答复，并说明理由。

合伙企业变更登记事项涉及营业执照变更的，企业登记机关应当换发营业执照。

（三）注销登记

合伙企业解散，依法由清算人进行清算。清算人应当自被确定之日起 10 日内，将清算人成员名单向企业登记机关备案。合伙企业依照合伙企业法的规定解散的，清算人应当自清算结束之日起 15 日内，向原企业登记机关办理注销登记。

合伙企业办理注销登记，应当提交下列文件：清算人签署的注销登记申请书；人民法院的破产裁定，合伙企业依照合伙企业法作出的决定，行政机关责令关闭、合伙企业依法被吊销营业执照或者被撤销的文件；全体合伙人签名、盖章的清算报告；国务院工商行政管理部门规定提交的其他文件。

合伙企业办理注销登记时，应当缴回营业执照。经企业登记机关注销登记，合伙企业终止。

第二节　普通合伙企业

一、普通合伙企业的概念与特征

（一）普通合伙企业的概念

普通合伙企业由普通合伙人组成，合伙人对合伙企业债务承担无限连带责任。合伙企业法对普通合伙人承担责任的形式有特别规定的,从其规定。

(二) 普通合伙企业的特征

1. 普通合伙企业是非法人组织

民法总则规定,非法人组织包括个人独资企业、合伙企业、不具有法人资格的专业服务机构等。普通合伙企业是非法人组织,不具有法人资格,但是能够依法以自己的名义从事民事活动。

2. 普通合伙人对合伙企业债务承担无限连带责任

无限责任,就是普通合伙人在合伙企业财产不足以偿还合伙企业债务时要以其个人财产偿还合伙企业债务。连带责任,就是普通合伙人对合伙企业债务负有同等的责任,合伙企业的债权人在合伙企业财产不足以偿还合伙企业债务时,可以向合伙人中的一人或者数人追偿,任何一个合伙人都有义务偿还合伙企业的债务。

💬 思考题:普通合伙企业的特征有哪些?

二、 合伙企业的设立条件

设立合伙企业,应当具备下列条件。

(一) 有两个以上合伙人

合伙企业的投资人可以是自然人、法人和其他组织。合伙人为自然人的,应当具有完全民事行为能力。法人可以是营利性法人、非营利性法人、特别法人,但特别法人中的国家机关等依照规定不能成为合伙企业的投资人。国有独资公司、国有企业、上市公司以及公益性的事业单位、社会团体不得成为普通合伙人。法律没有禁止国有独资公司、国有企业、上市公司以及公益性的事业单位、社会团体成为有限合伙人。

(二) 有书面合伙协议

合伙协议是合伙人协商一致订立的确定合伙人权利义务的协议。合伙人之间必须签订书面的合伙协议。

合伙协议应当载明下列事项:合伙企业的名称和主要经营场所的地点,合伙目的和合伙经营范围,合伙人的姓名或者名称、住所,合伙人的出资方式、数额和缴付期限,利润分配、亏损分担方式,合伙事务的执行,入伙与退伙,争议解决办法,合伙企业的解散与清算,违约责任。

合伙协议经全体合伙人签名、盖章后生效。合伙人按照合伙协议享有权利,履行义务。修改或者补充合伙协议,应当经全体合伙人一致同意;但是,合伙协议另有约定的除外。合伙协议未约定或者约定不明确的事项,由合伙人协商决定;协商不成的,依照合伙企业法和其他有关法律、行政法规的规定处理。

(三) 有合伙人认缴或者实际缴付的出资

合伙人可以用货币、实物、知识产权、土地使用权或者其他财产权利出资,也可以用劳务出资。合伙人以实物、知识产权、土地使用权或者其他财产权利出资,需要评估作价的,可以由全体合伙人协商确定,也可以由全体合伙人委托法定评估机构评估。合伙人以劳务出资的,其评估办法由全体合伙人协商确定,并在合伙协议中载明。以非货币财产出资的,依照法律、行政法规的规定,需要办理财产权转移手续的,应当依法办理。

合伙人应当按照合伙协议约定的出资方式、数额和缴付期限,履行出资义务。

（四）有合伙企业的名称和生产经营场所

合伙企业设立要有自己的名称,合伙企业名称中应当标明"普通合伙"字样。生产经营场所是合伙企业经营的物质场所,设立合伙企业要有生产经营场所,申请登记时,合伙人要提供生产经营场所证明。

（五）法律、行政法规规定的其他条件

如法律、行政法规有其他规定,则应当满足其他相关条件。

思考题：设立普通合伙企业,需要满足哪些条件?

三、合伙企业财产

（一）合伙企业财产的构成

合伙人的出资、以合伙企业名义取得的收益和依法取得的其他财产,均为合伙企业的财产。

1. 合伙人的出资

合伙人的出资是指合伙人投入合伙企业的货币、实物、劳务、知识产权、土地使用权或者其他财产权利。合伙人的出资是合伙企业财产的主要来源,合伙人的出资也是合伙企业设立和运营的资本基础和物质基础。没有合伙人的出资,合伙企业无以建立,无法运行。

2. 合伙收益

合伙企业作为市场主体,运用合伙企业的财产进行生产经营或者提供服务,经营所得超过出资的部分就是合伙企业的收益,合伙企业的财产增值部分也是合伙企业财产。合伙企业是通过合伙企业的财产不断增值而成长发展的。

3. 其他财产

合伙企业从事社会公益事业或者从事法律规定的业务,可能会得到国家的财政补贴和财政补助,也有可能会从其他组织或者个人处接受捐赠,这些合伙企业依法取得的财产也是合伙企业财产的构成部分。

思考题：普通合伙企业财产由哪些部分构成?

（二）合伙企业财产的性质

合伙企业财产与合伙人财产不同。合伙人财产的所有权是归属于合伙人的。合伙人将合伙人的财产投入合伙企业后,合伙人的财产办理财产权转移手续后,合伙人的财产权即与合伙人分离,合伙人的财产转归合伙企业所有,构成合伙企业的资本的一部分,合伙企业对合伙企业的财产拥有完整的财产所有权,合伙企业对合伙企业的财产具有占有、使用、收益、处分的权利。合伙人对合伙企业仅有合伙人权利,这种合伙人权利是投资者权利,类似股东权利,合伙人享有参与合伙人会议、获得合伙收益等权利。

合伙企业对合伙企业财产享有所有权,合伙企业财产独立于合伙人的财产,合伙人不可随意支配、处分合伙企业财产。合伙人在合伙企业清算前,不得请求分割合伙企业的财产;但是,合伙企业法另有规定的除外。

合伙人在合伙企业清算前私自转移或者处分合伙企业财产的,合伙企业不得以此对抗善意第三人。

（三）合伙人财产份额的转让

1. 合伙人财产份额在合伙人之间的转让

合伙人之间转让在合伙企业中的全部或者部分财产份额时,应当通知其他合伙人。合伙企业是人合企业,是基于合伙人个人信用而成立的,合伙人是基于对其他合伙人的信任才投资合伙企业的。基于这种信任,合伙人之间转让财产属于内部流转,无须其他合伙人同意,但作为合伙人,其他合伙人具有知情权,所以合伙人向合伙人转让在合伙企业中的全部或者部分财产份额时,应当通知其他合伙人。

2. 合伙人财产份额向合伙人以外的人转让

除合伙协议另有约定外,合伙人向合伙人以外的人转让其在合伙企业中的全部或者部分财产份额时,须经其他合伙人一致同意。合伙人向合伙人以外的人转让其在合伙企业中的全部或者部分财产份额时,合伙协议约定了转让的规定的,以合伙协议的约定为准办理。如果合伙协议对向合伙人以外的人转让其在合伙企业中的全部或者部分财产份额没有作出约定的,合伙人向合伙人以外的人转让其在合伙企业中的全部或者部分财产份额时,须经其他合伙人一致同意。

3. 合伙人的优先购买权

合伙人向合伙人以外的人转让其在合伙企业中的财产份额的,在同等条件下,其他合伙人有优先购买权;但是,合伙协议另有约定的除外。合伙协议对合伙人转让财产份额作出约定的,比如约定合伙人无优先购买权或者其他约定,合伙人向合伙人以外的人转让其在合伙企业中的财产份额的,都以合伙协议约定为准办理,体现约定优先原则。只有在合伙协议没有约定的情况下,其他合伙人才有优先购买权,而且只有在同等条件下,其他合伙人才有优先购买权,如果条件不是同等的,比如合伙人以外的人出的条件比合伙人优惠,则其他合伙人也没有优先购买权。

4. 合伙人财产份额的转让手续

合伙人以外的人依法受让合伙人在合伙企业中的财产份额的,经修改合伙协议即成为合伙企业的合伙人,依照合伙企业法和修改后的合伙协议享有权利,履行义务。

❓ 思考题:合伙人的财产份额如何进行转让?

（四）合伙人财产份额的出质

出质是指合伙人将其财产份额对应的合伙人权利对外提供质押。合伙人以其在合伙企业中的财产份额出质的,须经其他合伙人一致同意;未经其他合伙人一致同意,其行为无效,由此给善意第三人造成损失的,由行为人依法承担赔偿责任。

四、 合伙事务执行

（一）合伙事务执行的同等权

普通合伙企业的合伙人承担无限连带责任,责任的无限性和连带责任的平等性,决定了合伙人对执行合伙事务享有同等的权利。基于同等权利,合伙事务可以由全体合伙人共同执行。

（二）合伙事务的委托执行与监督

按照合伙协议的约定或者经全体合伙人决定,可以委托一个或者数个合伙人对外代表合伙企业,执行合伙事务。作为合伙人的自然人执行合伙事务的,由自然人自己执行合伙企业事务。作为合伙人的法人、其他组织执行合伙事务的,由其委派的代表执行。合伙企业委托一个或者数个合伙人执行合伙事务的,其他合伙人不再执行合伙事务。

不执行合伙事务的合伙人有权监督执行事务合伙人执行合伙事务的情况。

❓ 思考题：合伙事务执行的形式有哪些?

（三）合伙人对事务执行的知情权与查阅权

由一个或者数个合伙人执行合伙事务的,执行事务合伙人应当定期向其他合伙人报告事务执行情况以及合伙企业的经营和财务状况,其执行合伙事务所产生的收益归合伙企业,所产生的费用和亏损由合伙企业承担。

合伙人为了解合伙企业的经营状况和财务状况,有权查阅合伙企业会计账簿等财务资料。

（四）合伙人的异议权与撤销权

合伙人分别执行合伙事务的,执行事务合伙人可以对其他合伙人执行的事务提出异议。提出异议时,应当暂停该项事务的执行。如果发生争议,依照《合伙企业法》第30条规定作出决定。就是说,在合伙企业事务执行发生争议时,合伙协议对事务执行的有关事项有约定的,全体合伙人按照约定表决决定,合伙协议对合伙事务执行的相关事项未约定或者约定不明确的,实行合伙人一人一票并经全体合伙人过半数通过的表决办法,合伙企业法对合伙企业事务执行的表决办法另有规定的,从其规定。

受委托执行合伙事务的合伙人不按照合伙协议或者全体合伙人的决定执行事务的,其他合伙人可以决定撤销该委托。

（五）合伙人对合伙企业有关事项的表决办法

按照合伙企业法的规定,合伙人对合伙企业有关事项的决议有三种表决办法。

1. 约定表决

合伙人对合伙企业有关事项作出决议,按照合伙协议约定的表决办法办理。合伙协议可以约定按照合伙人的出资比例分配,也可以约定一人一票,也可以约定其他的表决办法。有约定按照约定的表决办法表决合伙事务。

2. 一人一票表决

合伙协议未约定或者约定不明确的,实行合伙人一人一票并经全体合伙人过半数通过的表决办法。普通合伙人承担责任的无限性和连带性,意味着全体普通合伙人的责任是同等的,对应的是,普通合伙人的表决权利也是平等的。在合伙协议没有约定时,合伙人实行一人一票表决办法,合伙事务经全体合伙人过半数通过才能付诸执行。

3. 法定表决

合伙企业法对合伙企业的表决办法另有规定的,从其规定。《合伙企业法》第25条规定,合伙人以其在合伙企业中的财产份额出质的,须经其他合伙人一致同意;未经其他合伙人一致同意,其行为无效,由此给善意第三人造成损失的,由行为人依法承担赔偿责任。《合伙企业法》第31条规定,除合伙协议另有约定外,合伙企业的下列事项应当经全体合伙人一致同意：改变合伙企业的名称,改变合伙企业的经营范围、主要经营场所的地点,处分合伙企业的不动产,转让或者处分合伙企业的知识产权和其他财产权利,以合伙企业名义为他人提供担保,聘任合伙人以外的人担任合伙企业的经营管理人员。

思考题：合伙事务执行的决议办法有哪些?

(六) 合伙人的竞业限制

合伙人不得自营或者同他人合作经营与本合伙企业相竞争的业务。

除合伙协议另有约定或者经全体合伙人一致同意外,合伙人不得同本合伙企业进行交易。

合伙人不得从事损害本合伙企业利益的活动。

(七) 合伙企业的利润分配

合伙企业的利润分配、亏损分担,按照合伙协议的约定办理;合伙协议未约定或者约定不明确的,由合伙人协商决定;协商不成的,由合伙人按照实缴出资比例分配、分担;无法确定出资比例的,由合伙人平均分配、分担。

合伙协议不得约定将全部利润分配给部分合伙人或者由部分合伙人承担全部亏损。

思考题：合伙人如何进行利润分配和亏损分担?

(八) 合伙企业的出资增减

合伙人按照合伙协议的约定或者经全体合伙人决定,可以增加或者减少对合伙企业的出资。

(九) 聘任式的经营管理

被聘任的合伙企业的经营管理人员应当在合伙企业授权范围内履行职务。

被聘任的合伙企业的经营管理人员,超越合伙企业授权范围履行职务,或者在履行职务过程中因故意或者重大过失给合伙企业造成损失的,依法承担赔偿责任。

(十) 合伙企业的财务会计制度

合伙企业应当依照法律、行政法规的规定建立企业财务、会计制度。

思考题：合伙人在执行合伙事务中的权利和义务分别有哪些?

五、 合伙企业与第三人关系

(一) 合伙企业与善意第三人的关系

合伙企业对合伙人执行合伙事务以及对外代表合伙企业权利的限制,不得对抗善意第三人。合伙企业对合伙人执行合伙事务以及对外代表合伙企业权利的限制,是合伙人之间的限制,是内部事务,内部限制一般仅在合伙人之间产生效力,不对外产生效力,否则就会侵害合伙企业的外部人的合法权益,不利于保护合伙企业债权人等外部人的利益。恶意在法律上一般是指知情的意思,善意一般是指不知情的意思。知情就是知道合伙企业对合伙人执行合伙事务以及对外代表合伙企业权利的限制,善意就是不知道合伙企业对合伙人执行合伙事务以及对外代表合伙企业权利的限制。第三人与通过权利受限的合伙人与合伙企业发生各种法律关系,第三人是诚信、善意且是出于内心的意愿的,那么第三人的合法权益就应该得以保护,合伙企业与第三人之间确立的法律关系就要得到法律确认,合伙企业就不能对抗第三人。如果第三人明知与合伙企业对合伙人执行合伙事务以及对外代表合伙企业权利的限制,仍与该合伙人串通,损害合伙企业利益,则属于恶意情形,合伙企业就可以对抗第三人。

❓思考题:合伙企业的对外代表权及其限制是怎样的?

（二）合伙企业与合伙人的债务清偿

合伙企业对其债务,应先以其全部财产进行清偿。合伙企业不能清偿到期债务的,合伙人承担无限连带责任。

合伙企业的债务分担,按照合伙协议的约定办理;合伙协议未约定或者约定不明确的,由合伙人协商决定;协商不成的,由合伙人按照实缴出资比例分担;无法确定出资比例的,由合伙人平均分担。合伙企业的财产不足以偿还其债务的,合伙人承担无限连带责任。合伙人由于承担无限连带责任,清偿数额超过合伙企业法规定或约定的其亏损分担比例的,有权向其他合伙人追偿。

合伙人发生与合伙企业无关的债务,相关债权人不得以其债权抵销其对合伙企业的债务;也不得代位行使合伙人在合伙企业中的权利。

合伙人的自有财产不足清偿其与合伙企业无关的债务的,该合伙人可以以其从合伙企业中分取的收益用于清偿;债权人也可以依法请求人民法院强制执行该合伙人在合伙企业中的财产份额用于清偿。

人民法院强制执行合伙人的财产份额时,应当通知全体合伙人,其他合伙人有优先购买权;其他合伙人未购买,又不同意将该财产份额转让给他人的,依照合伙企业法第51条的规定为该合伙人办理退伙结算,或者办理削减该合伙人相应财产份额的结算。

❓思考题:合伙企业和合伙人的债务如何清偿?

六、入伙、退伙

（一）入伙

新合伙人入伙,除合伙协议另有约定外,应当经全体合伙人一致同意,并依法订立书面入伙协议。订立入伙协议时,原合伙人应当向新合伙人如实告知原合伙企业的经营状况和财务状况。

入伙的新合伙人与原合伙人享有同等权利,承担同等责任。入伙协议另有约定的,从其约定。新合伙人对入伙前合伙企业的债务承担无限连带责任。

❓思考题:合伙企业存续期间,新入伙的合伙人有哪些权利和责任?

（二）退伙

1. 退伙的形式

合伙人退伙可以分为自愿退伙和法定退伙两类。

（1）自愿退伙

自愿退伙分为协商退伙和通知退伙两种。

其一,协商退伙。协商退伙一般适用于约定了合伙期限的合伙企业。《合伙企业法》第45条规定,合伙协议约定合伙期限的,在合伙企业存续期间,有下列情形之一的,合伙人可以退伙:合伙协议约定的退伙事由出现,经全体合伙人一致同意,发生合伙人难以继续参加合伙的事由,其他合伙人严重违反合伙协议约定的义务。

其二，通知退伙。通知退伙一般适用于没有约定合伙期限的合伙企业。《合伙企业法》第46条规定，合伙协议未约定合伙期限的，合伙人在不给合伙企业事务执行造成不利影响的情况下，可以退伙，但应当提前30日通知其他合伙人。

合伙人违反合伙企业法第45条、第46条的规定退伙的，应当赔偿由此给合伙企业造成的损失。

（2）法定退伙

法定退伙分为当然退伙和除名两类。

其一，当然退伙。合伙人有下列情形之一的，当然退伙：作为合伙人的自然人死亡或者被依法宣告死亡；个人丧失偿债能力；作为合伙人的法人或者其他组织依法被吊销营业执照、责令关闭、撤销，或者被宣告破产；法律规定或者合伙协议约定合伙人必须具有相关资格而丧失该资格；合伙人在合伙企业中的全部财产份额被人民法院强制执行。

合伙人被依法认定为无民事行为能力人或者限制民事行为能力人的，经其他合伙人一致同意，可以依法转为有限合伙人，普通合伙企业依法转为有限合伙企业；其他合伙人未能一致同意的，该无民事行为能力或者限制民事行为能力的合伙人退伙。

退伙事由实际发生之日为退伙生效日。

其二，除名。合伙人有下列情形之一的，经其他合伙人一致同意，可以决议将其除名：未履行出资义务；因故意或者重大过失给合伙企业造成损失，执行合伙事务时有不正当行为，发生合伙协议约定的事由。

对合伙人的除名决议应当书面通知被除名人。被除名人接到除名通知之日，除名生效，被除名人退伙。

被除名人对除名决议有异议的，可以自接到除名通知之日起30日内，向人民法院起诉。

❓ 思考题：退伙的原因有哪些？

2. 退伙的后果

（1）合伙人财产份额的继承

合伙人死亡或者被依法宣告死亡的，对该合伙人在合伙企业中的财产份额享有合法继承权的继承人，按照合伙协议的约定或者经全体合伙人一致同意，从继承开始之日起，取得该合伙企业的合伙人资格。

有下列情形之一的，合伙企业应当向合伙人的继承人退还被继承合伙人的财产份额：继承人不愿意成为合伙人；法律规定或者合伙协议约定合伙人必须具有相关资格，而该继承人未取得该资格；合伙协议约定不能成为合伙人的其他情形。

合伙人的继承人为无民事行为能力人或者限制民事行为能力人的，经全体合伙人一致同意，可以依法成为有限合伙人，普通合伙企业依法转为有限合伙企业。全体合伙人未能一致同意的，合伙企业应当将被继承合伙人的财产份额退还该继承人。

（2）退伙的结算

合伙人退伙，其他合伙人应当与该退伙人按照退伙时的合伙企业财产状况进行结算，退还退伙人的财产份额。退伙人对给合伙企业造成的损失负有赔偿责任的，相应扣减其应当赔偿的数额。退伙时有未了结的合伙企业事务的，待该事务了结后进行结算。

退伙人在合伙企业中财产份额的退还办法,由合伙协议约定或者由全体合伙人决定,可以退还货币,也可以退还实物。

（3）退伙人的责任

退伙人对基于其退伙前的原因发生的合伙企业债务,承担无限连带责任。

合伙人退伙时,合伙企业财产少于合伙企业债务的,退伙人应当依照合伙企业法规定分担亏损。合伙企业的亏损分担,按照合伙协议的约定办理;合伙协议未约定或者约定不明确的,由合伙人协商决定;协商不成的,由合伙人按照实缴出资比例分担;无法确定出资比例的,由合伙人平均分担。

思考题：退伙的后果如何?

七、 特殊的普通合伙企业

以专业知识和专门技能为客户提供有偿服务的专业服务机构,可以设立为特殊的普通合伙企业。特殊的普通合伙企业是指合伙人依照《合伙企业法》第57条的规定承担责任的普通合伙企业。特殊的普通合伙企业适用《合伙企业法》第2章第6节的规定;第6节未作规定的,适用《合伙企业法》第2章第1节至第5节的规定。

以专业知识和专门技能为客户提供有偿服务的专业服务机构是指律师事务所、会计师事务所、资产评估事务所、设计师事务所等机构,这些机构可以按照合伙企业法的规定设立为特殊的普通合伙企业。特殊的普通合伙企业名称中应当标明"特殊普通合伙"字样。

（一） 特殊的普通合伙企业合伙人的责任

一个合伙人或者数个合伙人在执业活动中因故意或者重大过失造成合伙企业债务的,应当承担无限责任或者无限连带责任,其他合伙人以其在合伙企业中的财产份额为限承担责任。

合伙人在执业活动中非因故意或者重大过失造成的合伙企业债务以及合伙企业的其他债务,由全体合伙人承担无限连带责任。

合伙人执业活动中因故意或者重大过失造成的合伙企业债务,以合伙企业财产对外承担责任后,该合伙人应当按照合伙协议的约定对给合伙企业造成的损失承担赔偿责任。

（二） 特殊的普通合伙企业的风险防范

特殊的普通合伙企业应当建立执业风险基金、办理职业保险。

执业风险基金用于偿付合伙人执业活动造成的债务。执业风险基金应当单独立户管理。具体管理办法由国务院规定。

思考题：特殊的普通合伙企业的责任形式有哪几种?

第三节 有限合伙企业

一、 有限合伙企业的概念与特征

（一） 有限合伙企业的概念

有限合伙企业由普通合伙人和有限合伙人组成,普通合伙人对合伙企业债务承担无限连带责任,有限合伙人以其认缴的出资额为限对合伙企业债务承担责任。

有限合伙企业及其合伙人适用《合伙企业法》第 3 章规定;第 3 章未作规定的,适用《合伙企业法》第 2 章第 1 节至第 5 节关于普通合伙企业及其合伙人的规定。

(二) 有限合伙企业的特征

1. 有限合伙企业是非法人组织

民法总则规定,非法人组织包括个人独资企业、合伙企业、不具有法人资格的专业服务机构等。民法总则规定的合伙企业,包括普通合伙企业和有限合伙企业。有限合伙企业也是非法人组织,不具有法人资格,但是能够依法以自己的名义从事民事活动。

2. 合伙人责任承担的特殊性

有限合伙企业由普通合伙人和有限合伙人组成。

(1) 普通合伙人对合伙企业债务承担无限连带责任

无限责任,就是普通合伙人在合伙企业财产不足以偿还合伙企业债务时要以其个人财产偿还合伙企业债务。连带责任是指普通合伙人对合伙企业债务负有同等的责任,合伙企业的债权人在合伙企业财产不足以偿还合伙企业债务时,可以向合伙人中的一人或者数人追偿,任何一个合伙人都有义务偿还合伙企业的债务。

(2) 有限合伙人对合伙企业债务承担有限责任

有限合伙人以其认缴的出资额为限对合伙企业债务承担责任。

(三) 有限合伙企业与普通合伙企业的区别

有限合伙企业与普通合伙企业是合伙企业的两种类型,两者之间存在不少的区别。有限合伙企业与普通合伙企业的区别主要有以下几方面。

1. 合伙人的人数限制不同

普通合伙企业的合伙人人数要求 2 人以上,没有上限。有限合伙企业要求合伙人是 2 个以上 50 个以下,最高不能超过 50 人,有上限。

2. 合伙人的性质与责任不同

普通合伙企业的合伙人全部都是普通合伙人,合伙人对合伙企业债务承担无限连带责任。有限合伙企业由普通合伙人和有限合伙人组成,普通合伙人对合伙企业债务承担无限连带责任,有限合伙人以其认缴的出资额为限对合伙企业债务承担责任。

3. 合伙企业的事务执行不同

普通合伙企业的合伙人都是普通合伙人,都可以执行合伙事务。有限合伙企业由普通合伙人和有限合伙人组成,合伙事务只能由普通合伙人执行,有限合伙人不得执行合伙事务。

4. 合伙人财产份额的质押规定不同

普通合伙企业的合伙人全部都是普通合伙人,合伙人以其在合伙企业中的财产份额出质的,须经其他合伙人一致同意;未经其他合伙人一致同意,其行为无效,由此给善意第三人造成损失的,由行为人依法承担赔偿责任。有限合伙企业中,有限合伙人可以将其在有限合伙企业中的财产份额出质;但是,合伙协议另有约定的除外。

5. 利润分配的规定不同

普通合伙企业合伙协议不得约定将全部利润分配给部分合伙人或者由部分合伙人承

担全部亏损。有限合伙企业不得将全部利润分配给部分合伙人;但是,合伙协议另有约定的除外。

6. 同业竞争的限制不同

普通合伙企业合伙人不得自营或者同他人合作经营与本合伙企业相竞争的业务。在有限合伙企业中,有限合伙人可以自营或者同他人合作经营与本有限合伙企业相竞争的业务;但是,合伙协议另有约定的除外。

7. 与本企业的关联交易规定不同

在普通合伙企业中,除合伙协议另有约定或者经全体合伙人一致同意外,合伙人不得同本合伙企业进行交易。有限合伙企业的有限合伙人可以同本有限合伙企业进行交易;但是,合伙协议另有约定的除外。

8. 合伙人财产份额的转让规定不同

在普通合伙企业中,除合伙协议另有约定外,合伙人向合伙人以外的人转让其在合伙企业中的全部或者部分财产份额时,须经其他合伙人一致同意。在有限合伙企业中,有限合伙人可以按照合伙协议的约定向合伙人以外的人转让其在有限合伙企业中的财产份额,但应当提前 30 日通知其他合伙人。

❓ 思考题:有限合伙企业与普通合伙企业有哪些区别?

二、 有限合伙企业的设立条件

设立有限合伙企业,应当具备下列条件。

(一) 有 2 个以上 50 个以下合伙人

有限合伙企业由 2 个以上 50 个以下合伙人设立;但是,法律另有规定的除外。有限合伙企业至少应当有一个普通合伙人,也至少要有一个有限合伙人。

有限合伙企业的投资人可以是自然人、法人和其他组织。合伙人为自然人的,应当具有完全民事行为能力。法人可以是营利性法人、非营利性法人、特别法人,但特别法人中的国家机关等依照规定不能成为合伙企业的投资人。国有独资公司、国有企业、上市公司以及公益性的事业单位、社会团体不得成为普通合伙人。法律没有禁止国有独资公司、国有企业、上市公司以及公益性的事业单位、社会团体成为有限合伙人。

(二) 有书面合伙协议

合伙协议应当载明下列事项:合伙企业的名称和主要经营场所的地点,合伙目的和合伙经营范围,合伙人的姓名或者名称、住所,合伙人的出资方式、数额和缴付期限,利润分配、亏损分担方式,合伙事务的执行,入伙与退伙,争议解决办法,合伙企业的解散与清算,违约责任。合伙协议除前述条款外,还应当载明下列事项:普通合伙人和有限合伙人的姓名或者名称、住所,执行事务合伙人应具备的条件和选择程序,执行事务合伙人权限与违约处理办法,执行事务合伙人的除名条件和更换程序,有限合伙人入伙、退伙的条件、程序以及相关责任,有限合伙人和普通合伙人相互转变程序。

合伙协议经全体合伙人签名、盖章后生效。合伙人按照合伙协议享有权利,履行义务。修改或者补充合伙协议,应当经全体合伙人一致同意;但是,合伙协议另有约定的除外。合伙协议未约定或者约定不明确的事项,由合伙人协商决定;协商不成的,依照合伙企业法和其他有关法律、行政法规的规定处理。

（三）有合伙人认缴或者实际缴付的出资

有限合伙企业登记事项中应当载明有限合伙人的姓名或者名称及认缴的出资数额。

普通合伙人可以用货币、实物、知识产权、土地使用权或者其他财产权利出资，也可以用劳务出资。有限合伙人可以用货币、实物、知识产权、土地使用权或者其他财产权利作价出资。有限合伙人不得以劳务出资。

合伙人以实物、知识产权、土地使用权或者其他财产权利出资，需要评估作价的，可以由全体合伙人协商确定，也可以由全体合伙人委托法定评估机构评估。以非货币财产出资的，依照法律、行政法规的规定，需要办理财产权转移手续的，应当依法办理。合伙人以劳务出资的，其评估办法由全体合伙人协商确定，并在合伙协议中载明。

合伙人应当按照合伙协议约定的出资方式、数额和缴付期限，履行出资义务。有限合伙人应当按照合伙协议的约定按期足额缴纳出资；未按期足额缴纳的，应当承担补缴义务，并对其他合伙人承担违约责任。

（四）有合伙企业的名称和生产经营场所

有限合伙企业设立要有自己的名称，有限合伙企业名称中应当标明"有限合伙"字样。生产经营场所是有限合伙企业经营的物质场所，设立合伙企业要有生产经营场所，申请登记时，合伙人要提供生产经营场所证明。

（五）法律、行政法规规定的其他条件

如法律、行政法规有其他规定，则应当满足其他相关条件。

🤔 思考题：有限合伙企业的设立条件有哪些？

三、有限合伙企业的事务执行

（一）普通合伙人执行合伙事务

有限合伙企业由普通合伙人执行合伙事务。执行事务合伙人可以要求在合伙协议中确定执行事务的报酬及报酬提取方式。

（二）有限合伙人不执行事务

有限合伙人不执行合伙事务，不得对外代表有限合伙企业。

有限合伙人的下列行为，不视为执行合伙事务：参与决定普通合伙人入伙、退伙；对企业的经营管理提出建议；参与选择承办有限合伙企业审计业务的会计师事务所；获取经审计的有限合伙企业财务会计报告；对涉及自身利益的情况，查阅有限合伙企业财务会计账簿等财务资料；在有限合伙企业中的利益受到侵害时，向有责任的合伙人主张权利或者提起诉讼；执行事务合伙人怠于行使权利时，督促其行使权利或者为了本企业的利益以自己的名义提起诉讼；依法为本企业提供担保。

（三）有限合伙企业的损益分配

有限合伙企业的利润分配、亏损分担，按照合伙协议的约定办理；合伙协议未约定或者约定不明确的，由合伙人协商决定；协商不成的，由合伙人按照实缴出资比例分配、分担；无法确定出资比例的，由合伙人平均分配、分担。

有限合伙企业不得将全部利润分配给部分合伙人；但是，合伙协议另有约定的除外。

（四）有限合伙人的竞业规定

有限合伙人可以同本有限合伙企业进行交易；但是，合伙协议另有约定的除外。

有限合伙人可以自营或者同他人合作经营与本有限合伙企业相竞争的业务；但是，合伙协议另有约定的除外。

❓ 思考题：有限合伙人与普通合伙人的竞业限制有什么不同？

（五）有限合伙人财产份额的出质与转让

有限合伙人可以将其在有限合伙企业中的财产份额出质；但是，合伙协议另有约定的除外。

有限合伙人可以按照合伙协议的约定向合伙人以外的人转让其在有限合伙企业中的财产份额，但应当提前 30 日通知其他合伙人。

❓ 思考题：有限合伙人的财产份额是否可以出质与转让？

（六）有限合伙人的债务清偿

有限合伙人的自有财产不足清偿其与合伙企业无关的债务的，该合伙人可以以其从有限合伙企业中分取的收益用于清偿；债权人也可以依法请求人民法院强制执行该合伙人在有限合伙企业中的财产份额用于清偿。

人民法院强制执行有限合伙人的财产份额时，应当通知全体合伙人；在同等条件下，其他合伙人有优先购买权。

第三人有理由相信有限合伙人为普通合伙人并与其交易的，该有限合伙人对该笔交易承担与普通合伙人同样的责任。

有限合伙人未经授权以有限合伙企业名义与他人进行交易，给有限合伙企业或者其他合伙人造成损失的，该有限合伙人应当承担赔偿责任。

（七）入伙与退伙

1. 入伙

入伙的新合伙人与原合伙人享有同等权利，承担同等责任。入伙协议另有约定的，从其约定。

新入伙的普通合伙人对入伙前合伙企业的债务承担无限连带责任。新入伙的有限合伙人对入伙前有限合伙企业的债务，以其认缴的出资额为限承担责任。

2. 退伙

（1）有限合伙人的当然退伙

有限合伙人有下列情形之一的，当然退伙：作为合伙人的自然人死亡或者被依法宣告死亡；作为合伙人的法人或者其他组织依法被吊销营业执照、责令关闭、撤销，或者被宣告破产；法律规定或者合伙协议约定合伙人必须具有相关资格而丧失该资格；合伙人在合伙企业中的全部财产份额被人民法院强制执行。

（2）作为有限合伙人的自然人丧失民事能力的退伙问题

作为有限合伙人的自然人在有限合伙企业存续期间丧失民事行为能力的，其他合伙人不得因此要求其退伙。

（3）有限合伙人权利的继承

作为有限合伙人的自然人死亡、被依法宣告死亡或者作为有限合伙人的法人及其他组织终止时,其继承人或者权利承受人可以依法取得该有限合伙人在有限合伙企业中的资格。

（4）退伙人的责任

普通合伙人对基于其退伙前的原因发生的合伙企业债务,承担无限连带责任。有限合伙人退伙后,对基于其退伙前的原因发生的有限合伙企业债务,以其退伙时从有限合伙企业中取回的财产承担责任。

（5）合伙人的身份转换与责任

除合伙协议另有约定外,普通合伙人转变为有限合伙人,或者有限合伙人转变为普通合伙人,应当经全体合伙人一致同意。

有限合伙人转变为普通合伙人的,对其作为有限合伙人期间有限合伙企业发生的债务承担无限连带责任。

普通合伙人转变为有限合伙人的,对其作为普通合伙人期间合伙企业发生的债务承担无限连带责任。

❓思考题:有限合伙人与普通合伙人在入伙与退伙的条件上有何异同?

第四节　合伙企业的解散与清算

一、合伙企业的解散

合伙企业有下列情形之一的,应当解散:合伙期限届满,合伙人决定不再经营;合伙协议约定的解散事由出现;全体合伙人决定解散;合伙人已不具备法定人数满30天;合伙协议约定的合伙目的已经实现或者无法实现;依法被吊销营业执照、责令关闭或者被撤销;法律、行政法规规定的其他原因。

❓思考题:合伙企业解散的法定事由有哪些?

二、合伙企业的清算

（一）合伙企业的清算人

1. 清算人的选任与指定

合伙企业解散,应当由清算人进行清算。

清算人由全体合伙人担任;经全体合伙人过半数同意,可以自合伙企业解散事由出现后15日内指定一个或者数个合伙人,或者委托第三人,担任清算人。

自合伙企业解散事由出现之日起15日内未确定清算人的,合伙人或者其他利害关系人可以申请人民法院指定清算人。

2. 清算人执行的事务

清算人在清算期间执行下列事务:清理合伙企业财产,分别编制资产负债表和财产清单;处理与清算有关的合伙企业未了结事务;清缴所欠税款;清理债权、债务;处理合伙企业清偿债务后的剩余财产;代表合伙企业参加诉讼或者仲裁活动。

（二）清算通知与债权申报

清算人自被确定之日起 10 日内将合伙企业解散事项通知债权人,并于 60 日内在报纸上公告。债权人应当自接到通知书之日起 30 日内,未接到通知书的自公告之日起 45 日内,向清算人申报债权。

债权人申报债权,应当说明债权的有关事项,并提供证明材料。清算人应当对债权进行登记。

清算期间,合伙企业存续,但不得开展与清算无关的经营活动。

（三）清算顺序

合伙企业财产在支付清算费用和职工工资、社会保险费用、法定补偿金以及缴纳所欠税款、清偿债务后的剩余财产,按照合伙协议的约定办理;合伙协议未约定或者约定不明确的,由合伙人协商决定;协商不成的,由合伙人按照实缴出资比例分配;无法确定出资比例的,由合伙人平均分配。

（四）合伙企业的注销

清算结束,清算人应当编制清算报告,经全体合伙人签名、盖章后,在 15 日内向企业登记机关报送清算报告,申请办理合伙企业注销登记。

（五）合伙企业注销后的合伙人责任承担

合伙企业注销后,原普通合伙人对合伙企业存续期间的债务仍应承担无限连带责任。

合伙企业不能清偿到期债务的,债权人可以依法向人民法院提出破产清算申请,也可以要求普通合伙人清偿。

合伙企业依法被宣告破产的,普通合伙人对合伙企业债务仍应承担无限连带责任。

❓ 思考题:有限合伙企业的清算程序是什么样的?

本章引用法律资源:

1.《中华人民共和国合伙企业法》。

2.《中华人民共和国合伙企业登记管理办法》。

本章参考文献:

1. 韩灵丽. 经济法[M]. 杭州:浙江人民出版社,2015.

2. 徐永前. 合伙企业法辞解[M]. 北京:企业管理出版社,2008.

本章网站资源:

1. 中国政府网:www.gov.cn。

2. 国家市场监督管理总局:www.saic.gov.cn。

第四章　公司法

■■■**本章教学目标**

　　通过学习,明白公司法的基本内容。了解公司的概念、特征和种类;知晓我国公司法的立法概况;掌握公司组织机构股东会、董事会、监事会的职能权限及议事规则;熟悉设立有限责任公司、股份有限公司的条件和程序,以及股权转让、股份转让和发行、债券发行和转让的条件和程序;知晓公司财务会计制度;了解公司合并和分立、增资和减资,解散与清算的条件和程序。

第一节　公司法概述

一、公司的概念、特征和种类

(一)公司的概念

公司是指依法设立的并以营利为目的的企业法人。

(二)公司的特征

从公司的定义,我们看出公司具有以下几个特征。

1. 依法设立

发起人为组建公司,使其取得法人资格,必须按公司法规定,完成一系列法律行为。

2. 营利性

公司是以营利为目的的经营组织,因此,营利性是公司的本质特征之一。公司的营利性特征有两层意思:其一,设立公司的目的为了获取利润;其二,公司应连续从事同一性质的经营活动。这是公司与那些临时性合伙偶尔从事的营利性行为的根本区别。

3. 法人性

世界各国公司法都赋予公司,特别是有限责任公司和股份有限公司以法人地位。公司是典型的法人形态,不言而喻,法人性是公司的重要特征。

　　思考题:什么是公司?它有哪些特征?

(三)公司的种类

1. 根据公司及公司股东对公司债务所负的责任不同,可以将公司分为无限公司、两合公司、股份两合公司、股份有限公司、有限责任公司。

《中华人民共和国公司法》第2条规定,我国仅确认有限责任公司和股份有限公司两种公司形式。

2. 根据公司的信用基础不同,可以把公司分为人合公司、资合公司、人合兼资合公司。

凡公司的经营活动着重于股东条件的即个人信用的,是人合公司。凡公司经营活动以公司资本规模而非股东个人信用为基础,是资合公司。凡公司的设立和经营同时依赖于股东个人信用和公司资本规模的,是人合兼资合公司。

3. 根据公司资本筹集方式及出资转让方式,可以把公司分为封闭式公司和开放式公司。

封闭式公司又称少数人公司、不上市公司、私公司,是指资本全部由设立该公司的股东所拥有,不能对外发行股份,股东的出资证明不能在股票市场上自由流通的公司。开放式公司又称多数人公司、上市公司、公公司,是指可以公开招股,股票在股票市场公开进行交易的公司。类似于大陆法系中的股票获准上市的股份有限公司。

4. 根据公司之间的管辖与被管辖关系,可以分为总公司和分公司

总公司又称本公司,是管辖公司全部组织的总机构。总公司依法首先设立,能以自己名义直接从事各种业务活动并对其组织系统内的全部分支机构行使管辖权。分公司是指受总公司管辖的分支机构,不具有法人资格。

5. 依据公司之间的控制与依附关系,公司可以分为母公司和子公司

母公司和子公司都具有法人资格,子公司的法律责任由子公司自己承担。母公司是指拥有其他公司一定数额的股份或根据协议,能够控制、支配其他公司人事、财务、业务等事项的公司。子公司是指一定数额的股份被另一公司控制或依照协议被另一公司实际控制和支配的公司。

6. 根据公司的国籍不同,可以分为本国公司和外国公司

依照本国法律在本国登记注册设立的公司为本国公司;以某外国公司法登记注册设立的公司则是外国公司。我国兼采设立准据法主义和设立行为地法主义。

⁇ 思考题:公司有哪些种类?

二、 公司法

(一) 公司法的概念

公司法是调整公司在设立、组织、活动和解散过程中发生的社会关系的法律规范的总称。公司法的调整对象为:发起人之间或股东之间的关系、股东与公司之间的关系、公司内部组织机构之间关系、公司与国家经济行政机关之间所发生的关系。

⁇ 思考题:什么是公司法?

(二) 公司法的性质

1. 公司法是商法

商法是调整平等主体之间的商事关系或商事行为的法律,主要包括公司法、保险法、合伙企业法、海商法、票据法等。

2. 公司法是私法

公司法是商事法律的重要内容之一,而商法与民法一样同属于私法的范畴,故公司法属于私法,是关于私的权利和利益的法律。所以,公司法的主旨在于维护股东的意思自治和权利自由,如股东设立何种类型公司、选择何种行业投资、聘请何人管理公司、股份如何转让等,都是建立在股东意思自治的基础上的。私法自治和权利保障的理念是公司法的最高理念。

3. 公司法是成文法

成文法主要是指国家机关根据法定程序制定发布的具体系统的法律文件。成文法是经有立法权的国家机关制定或认可,并以法律条文作为表现形式的法律的总称。成文法又称为制定法。成文法最高的、最完善的形态是法典。

4. 公司法是国内法

国内法是指由某一国家制定或认可,并在本国主权管辖内生效的法律。按照法的创制与适用主体不同,法可以分为国内法与国际法。

❓ 思考题:公司法的性质有哪些?

(三) 公司法立法现状

1993 年 12 月 29 日,第八届全国人民代表第五次会议通过了《中华人民共和国公司法》(以下简称《公司法》),该法分为 11 章,共 230 条,于 1994 年 7 月 1 日起施行,是中华人民共和国成立后的第一部公司法。为了配合公司法的实施,国务院还颁布了一系列行政法规,如 1994 年 7 月 1 日生效的《中华人民共和国公司登记管理条例》(2005 年 12 月 18 日修订),1994 年 8 月 4 日发布的《国务院关于股份有限公司境外募集股份及上市的特别规定》,1995 年 12 月 25 日发布的《国务院关于股份有限公司境内上市外资股的规定》等。

我国《公司法》自颁布和实施以来,先后进行了 4 次修正。第 1 次修正时间是在 1999 年 12 月 25 日;第 2 次修正时间是在 2004 年 8 月 28 日;第 3 次修正时间是在 2005 年 10 月 27 日;第 4 次修正时间是在 2013 年 12 月 28 日。经过 4 次修正,现行《公司法》共 13 章,218 条。第 4 次《公司法》修正主要涉及以下三个方面。

第一个方面是,将注册资本实缴登记制改为认缴登记制。新修改的公司法删除了实收资本的相关内容,从法律上确认了我国注册资本从实缴资本到认缴资本制的变化。也就是,除法律、行政法规以及国务院决定对公司注册资本实缴有另行规定的以外,取消了关于公司股东(发起人)应自公司成立之日起 2 年内缴足出资,投资公司在 5 年内缴足出资的规定;取消了一人有限责任公司股东应一次足额缴纳出资的规定。转而采取公司股东(发起人)自主约定认缴出资额、出资方式、出资期限等,并记载于公司章程的方式。

第二个方面是,放宽注册资本登记条件。除对公司注册资本最低限额有另行规定的以外,取消了有限责任公司、一人有限责任公司、股份有限公司最低注册资本分别应达 3 万元、10 万元、500 万元的限制;不再限制公司设立时股东(发起人)的首次出资比例以及货币出资比例。

第三个方面是,简化登记事项和登记文件。有限责任公司股东认缴出资额、公司实收资本不再作为登记事项。公司登记时,不需要提交验资报告。

《公司法》第 1 条规定了公司法的立法宗旨。其宗旨是为了规范公司的组织和行为,保护公司、股东和债权人的合法权益,维护社会经济秩序,促进社会主义市场经济的发展。

❓ 思考题:我国《公司法》立法现状及宗旨是什么?

第二节 股东的权利和义务

一、 股东权利的概念及股权的取得方式

（一）股东的概念

股东权利简称股权，是指股东基于股东资格，依照公司法和公司章程的规定而享有的，在公司获取经济利益和参与公司管理等各项权利的总称。

（二）股权的取得方式

股权的取得有两种方式：原始取得和继受取得。所谓原始取得，是指投资者向公司出资并由此取得股权。通过这种方式取得股权的股东属于公司的原始股东。所谓继受取得，又称派生取得，是指因转让、继承、合并而取得公司的股权。《公司法》第75条规定，自然人股东死亡后，其合法继承人可以继承股东资格。

思考题：什么是股东权利？取得股权的方式有哪几种？

二、股权的分类

（一）根据股权的内容分类，可以分为共益权和自益权

1. 共益权

共益权是指股东以参与公司的运营为目的而行使的权利，主要体现为参与权。如股东会出席权、表决权、提议权、质询权、查询权、股东代表诉讼权、申请解散公司权、退出权、对股东会、董事会决议的无效或可撤销申请权。

2. 自益权

自益权是指股东专为自己的利益而行使的权利。主要体现为财产权，如股息红利分配请求权、剩余财产分配请求权、股票交付请求权、股份转让权、新股认购请求权。

（二）根据股权行使的方式分类，可以分为单独股权和少数股权

1. 单独股权

单独股权是指无论持有股份数量多少，股东一人可单独行使的权利。如股东会上的表决权。

2. 少数股权

少数股权是指必须代表股份总数一定比例以上股东才能行使的权利。如股份有限公司中持有公司股份10%以上股东有召集临时股东大会的请求权。

（三）根据股权的性质分类，可以分为固有权和非固有权

1. 固有权

固有权是指以公司章程或股东大会决议也不得剥夺或改变行使条件，而只能经持有该项权利的股东个别同意的权利。如转让权、盈利分配权。共益权多属固有权。

2. 非固有权

非固有权是指可以通过公司章程或股东大会决议予以剥夺或改变行使条件的权利。自益权多属于非固有权。

思考题：股权的分类有哪些？

三、公司股东的几种主要权利

（一）收益权

股东作为投资人，其投资的目的就是为了获得利润。股东有权依照其所持有的股权

或股份份额获得股利和其他形式的利益分配。所以,所谓股东收益权是指股东有权要求公司根据法律和章程规定,依据公司的经营情况,分派股息和红利。

《公司法》第 34 条规定,有限责任公司的股东按照实缴的出资比例分取红利;公司新增资本时,股东有权优先按照实缴的出资比例认缴出资。但是,全体股东约定不按照出资比例分取红利或者不按照出资比例优先认缴出资的除外。《公司法》第 166 条第 4 款规定,公司弥补亏损和提取公积金后所余税后利润,有限责任公司依照本法第 34 条的规定分配;股份有限公司按照股东持有的股份比例分配,但股份有限公司章程规定不按持股比例分配的除外。

❓ 思考题:什么是股东收益权?

(二) 表决权

股东表决权是指股东基于股东地位享有的,就股东会或股东大会的议案做出一定的意思表示的权利。《公司法》第 103 条规定,股份有限公司股东出席股东大会会议,所持每一股份有一表决权。但是,公司持有的本公司股份没有表决权。股东大会作出决议,必须经出席会议的股东所持表决权过半数通过。但是,股东大会作出修改公司章程、增加或者减少注册资本的决议,以及公司合并、分立、解散或者变更公司形式的决议,必须经出席会议的股东所持表决权的 2/3 以上通过。

《公司法》第 42 条、第 43 条规定,有限责任公司股东会会议由股东按照出资比例行使表决权;但是,公司章程另有规定的除外。股东会的议事方式和表决程序,除本法有规定的外,由公司章程规定。股东会会议作出修改公司章程、增加或者减少注册资本的决议,以及公司合并、分立、解散或者变更公司形式的决议,必须经代表 2/3 以上表决权的股东通过。

股东有权参加或者委派股东代理人参加股东会议;股东可以委托代理人出席股东大会会议,代理人应当向公司提交股东授权委托书,并在授权范围内行使表决权。

❓ 思考题:什么是股东表决权?

(三) 查阅权

股东的查阅权是指股东对公司的会计账簿、会计文书等相关会计原始凭证和文书、记录进行查阅的权利。股东要参与公司的重大事项的决策,其前提是要掌握公司的经营状况,因此各国公司法普遍规定了股东的查阅权。一方面公司不能通过章程对查阅权加以限制或剥夺,另一方面股东行使查阅权应以不影响公司正常运营为限。

《公司法》第 33 条规定,有限责任公司的股东有权查阅、复制公司章程、股东会会议记录、董事会会议决议、监事会会议决议和财务会计报告。

股东可以要求查阅公司会计账簿。股东要求查阅公司会计账簿的,应当向公司提出书面请求,说明目的。公司有合理根据认为股东查阅会计账簿有不正当目的,可能损害公司合法利益的,可以拒绝提供查阅,并应当自股东提出书面请求之日起 15 日内书面答复股东并说明理由。公司拒绝提供查阅的,股东可以请求人民法院要求公司提供查阅。

《公司法》第 97 条规定,股份有限公司的股东有权查阅公司章程、股东名册、公司债券存根、股东大会会议记录、董事会会议决议、监事会会议决议、财务会计报告,对公司的经营提出建议或者质询。

❓ 思考题:什么是股东查阅权?

（四）退股权

《公司法》第35条规定,公司成立后,股东不得抽逃出资。但《公司法》第74条又规定,有下列情形之一的,对股东会该项决议投反对票的股东可以请求公司按照合理的价格收购其股权:(1)公司连续5年不向股东分配利润,而公司该5年连续盈利,并且符合本法规定的分配利润条件的;(2)公司合并、分立、转让主要财产的;(3)公司章程规定的营业期限届满或者章程规定的其他解散事由出现,股东会会议通过决议修改章程使公司存续的。自股东会会议决议通过之日起60日内,股东与公司不能达成股权收购协议的,股东可以自股东会会议决议通过之日起90内向人民法院提起诉讼。

思考题:什么是退股权?

（五）解散请求权

《公司法》第182条规定,公司经营管理发生严重困难,继续存续会使股东利益受到重大损失,通过其他途径不能解决的,持有公司全部股东表决权10%以上的股东,可以请求人民法院解散公司。

思考题:公司章程效力有哪些?

（六）股东优先购买权

股东优先购买权,是指股东享有的同等条件下优先购买其他股东拟转让股权的权利。这一权利体现了对有限责任公司"人合性"的维护和对老股东对公司贡献的承认。《公司法》第71条第3款规定,经股东同意转让的股权,在同等条件下,其他股东有优先购买权。两个以上股东主张行使优先购买权的,协商确定各自的购买比例;协商不成的,按照转让时各自的出资比例行使优先购买权。

思考题:什么是股东优先购买权?

（七）股东诉讼权

股东诉讼分为股东直接诉讼和股东代表诉讼两类。两者的诉因和目的、诉讼结果的约束力均不同。

股东直接诉讼权的行使的目的是为了维护股东自身的利益,以个人名义向法院提起诉讼。如基于《公司法》第22条第1款提起的决议无效之诉、基于《公司法》第22条第1款提起的决议撤销之诉、基于《公司法》第21条、第152条提起的损害赔偿之诉、基于《公司法》第33条、97条提起查阅权请求之诉、《公司法》第182条提起的请求解散权之诉等。

股东代表诉讼是指当公司的正当权益受到他人侵害,特别是受到有控制权的股东、董事、经理、监事和其他管理人员等的侵害时,而公司不能或怠于向该不当行为人请求损害赔偿时,股东可以代表公司,为了公司的利益,对侵害人提起诉讼,以要求停止侵害,赔偿公司损失。如基于《公司法》第151条规定提起的诉讼。

思考题:我国公司法对股东诉讼作了哪些规定?

四、公司股东的义务

权利与义务总是相对的,股东享有权利,也要承担义务。根据我国《公司法》及相关法律、法规的规定,公司股东应当承担以下义务。

（一）遵守公司章程的义务

章程作为公司设立的基本法律文件,对公司股东具有约束力。无论是设立公司的原始股东,还是在公司成立后,因转让、继承等原因新加入的继受股东,其股东资格的取得都是以承认公司章程内容,愿意接受章程约束为前提的。《公司法》第 11 条规定,设立公司必须依法制定公司章程。公司章程对公司、股东、董事、监事、高级管理人员具有约束力。

(二) 认缴出资的义务

这是公司股东最基本的义务。股东应当按期足额缴纳公司章程中规定的各自所认缴的出资额,按规定的出资方式、出资比例进行出资。股东认缴出资后,就负有缴纳出资的义务,如果股东认缴了出资后,无正当理由不履行缴纳出资的义务,它必须承担相应的责任,由此给公司造成了经济损失的,应当负赔偿责任。

《公司法》第 83 条规定,以发起设立方式设立股份有限公司的,发起人应当书面认足公司章程规定其认购的股份,并按照公司章程规定缴纳出资。以非货币财产出资的,应当依法办理其财产权的转移手续。发起人不依照前款规定缴纳出资的,应当按照发起人协议承担违约责任。

《公司法》第 84 条规定,以募集设立方式设立股份有限公司的,发起人认购的股份不得少于公司股份总数的 35%;但是,法律、行政法规另有规定的,从其规定。

(三) 资本充实的义务

为防止公司注册资本的减少,股东负有资本充实的责任。这种责任可能表现为几个方面:一是不得抽逃注册资金;二是公司设立后,股东负有填补资本的义务。

《公司法》第 28 条规定,股东应当按期足额缴纳公司章程中规定的各自所认缴的出资额。股东以货币出资的,应当将货币出资足额存入有限责任公司在银行开设的账户;以非货币财产出资的,应当依法办理其财产权的转移手续。股东不按照前款规定缴纳出资的,除应当向公司足额缴纳外,还应当向已按期足额缴纳出资的股东承担违约责任。

?? 思考题:公司股东的义务有哪些?

第三节　公司组织机构

一、 公司股东会

(一) 公司股东会的概念

广义上的公司股东会泛指在各类公司中由全体股东组成的公司权力机构。狭义上的公司股东会专指由全体股东组成的有限责任公司的权力机构。在股份有限公司专称股东大会。

(二) 公司股东会的特征

1. 必须由全体股东组成

法律和章程不能剥夺股东出席股东会议的权利。

2. 股东会是公司意思形成机构或者最高权力机构

股东会形成的意思居于公司最高地位,属于公司的意思,对董事会、监事会有约束力。

3. 股东会是公司的法定机构但非常设机构

股东会仅以普通年会和临时会议的形式行使职权,在股东会闭会后,股东只能通过参与权的行使,对公司的生产经营活动施加影响。

？思考题:什么是股东会?它有哪些特征?

(三) 股东会职权行使的特点

第一个特点:自21世纪初以来,各国奉行董事会中心主义,公司的权力中心逐渐由股东会向董事会转移,股东会的职权大为削弱。

第二个特点:一般来说,有限责任公司股东会行使的权力比股份有限公司要大;股权集中的公司比股权分散的公司要大。

第三个特点:从我国公司法规定看,我国公司的股东会仍享有广泛的职权。这些职权均为法定职权。

第四个特点:从我国公司法规定看,有限责任公司和股份有限公司的股东会职权基本一致。

？思考题:股东会职权行使的特点是什么?

(四) 股东会的法定职权

《公司法》第37条规定,股东会行使下列职权:(1)决定公司的经营方针和投资计划;(2)选举和更换非由职工代表担任的董事、监事的报酬事项;(3)审议批准董事会的报告;(4)审议批准监事会或者监事的报告;(5)审议批准公司的年度财务预算方案、决算方案;(6)审议批准公司的利润分配方案和弥补亏损方案;(7)对公司增加或者减少注册资本作出决议;(8)对发行公司债券作出决议;(9)对公司合并、分立、解散、清算或者变更公司形式作出决议;(10)修改公司章程;(11)公司章程规定的其他职权。

另外,根据《公司法》第104条规定,公司转让、受让重大资产或者对外提供担保等事项必须经股东大会作出决议的,董事会应当及时召集股东大会会议,由股东大会就上述事项进行表决。但对有限公司股东会没有作出类似的要求。

？思考题:股东会的法定职权有哪些?

(五) 股东会的种类

1. 普通会议

又称股东年会或定期股东会议,是指公司按照法律或章程规定一年一度必须召集的股东会议。我国《公司法》规定,股份有限公司的股东年会每年召开一次。有限责任公司的定期股东会议应依章程规定的时间召开。

2. 特别会议

又称临时股东会,是指必要时在两次年会之间不定期召开的全体股东会议。

3. 股份有限公司召开临时股东大会的法定情形(有6项)

董事人数不足本法规定人数或者公司章程所定人数的2/3时,公司未弥补的亏损达实收股本总额1/3时,单独或者合计持有公司10%以上股份的股东请求时,董事会认为必要时,监事会提议召开时,公司章程规定的其他情形。

4. 有限责任公司召开临时股东会的法定情形(有3项)

代表1/10以上表决权的股东,1/3以上的董事,监事会或者不设监事会的公司的监事提议。

？思考题:股东会有哪些种类?

（六）股东会的召集人

无论普通会议，还是特别会议，召集人原则上为董事会。我国《公司法》规定，股份有限公司股东大会由董事会依法召集，由董事长主持。董事长不能履行职务或者不履行职务的，由副董事长主持；副董事长不能履行职务或者不履行职务的，由半数以上董事共同推举一名董事主持。有限责任公司股东会的首次会议由出资最多的股东召集和主持，以后的股东会议由董事长召集，董事长主持。有限责任公司不设董事会的，股东会会议由执行董事召集和主持。

董事会不履行本法规定的召集和主持股东会会议职责时，监事会有权召集和主持股东会会议。

思考题：股东会召集人是谁？

（七）股东会的召集程序

股份有限公司召开股东大会会议，应当将会议召开的时间、地点和审议的事项于会议召开20日前通知各股东。

临时股东大会应当于会议召开15日前通知各股东；发行无记名股票的，应当于会议召开30日前公告会议召开的时间、地点和审议事项。

无记名股票持有人出席股东大会会议的，应当于会议召开5日前至股东大会闭会时将股票交存于公司。

有限责任公司召开股东会会议，应当于会议召开15日前通知全体股东；但是，公司章程另有规定或者全体股东另有约定的除外。

《公司法》第37条第2款规定，对前款所列事项股东以书面形式一致表示同意的，可以不召开股东会会议，直接作出决定，并由全体股东在决定文件上签名、盖章。

思考题：召集股东会需要经过哪些程序？

（八）股东表决权的行使

由公司资合性的特点所决定，多数国家的公司都确立了股东行使表决权的基本原则，即资本多数决原则、一股一票原则或累积投票制。

我国股份有限公司股东大会采用一股一票制。《公司法》第103条规定，股东出席股东大会会议，所持每一股份有一表决权。但是，公司持有的本公司股份没有表决权。

《公司法》第105条规定，股东大会选举董事、监事，可以依照公司章程的规定或者股东大会的决议，实行累积投票制。本法所称累积投票制，是指股东大会选举董事或者监事时，每一股份拥有与应选董事或者监事人数相同的表决权，股东拥有的表决权可以集中使用。

有限责任公司的股东会采用资本多数决原则。《公司法》第42条规定，股东会会议由股东按照出资比例行使表决权；但是，公司章程另有规定的除外。

思考题：股东如何行使表决权？

（九）股东会决议的种类

1. 普通决议

普通决议是指决定公司普通事项时采用的以简单多数通过的决议。我国《公司法》明文规定应以特别决议进行的事项外，一律以普通决议进行。

2. 特别决议

特别决议是指决定公司特别事项时采用的以绝对多数才能通过的决议。《公司法》第103条第2款规定,股份有限公司股东大会作出决议,必须经出席会议的股东所持表决权过半数通过。但是,股东大会作出修改公司章程、增加或者减少注册资本的决议,以及公司合并、分立、解散或者变更公司形式的决议,必须经出席会议的股东所持表决权的2/3以上通过。《公司法》第43条第2款规定,有限责任公司股东会会议作出修改公司章程、增加或者减少注册资本的决议,以及公司合并、分立、解散或者变更公司形式的决议,必须经代表2/3以上表决权的股东通过。

思考题:股东会决议有哪些种类?

(十)股东会决议的无效和撤销

股东会决议是公司团体意思表示,一经依法形成,即发生效力。然而,由于各种原因,股东会的决议可能存在瑕疵,或者在内容上有悖于法律或公司章程或者在程序上违反法律或章程。为了保护股东的利益,针对上述情况,公司法设置确认无效和判决撤销这两种救济制度。

1. 股东会决议的无效

对内容违反法律或章程的股东会决议,股东可以向法院提起确认无效之诉,提起的时效不受限制,可以随时提出。

2. 股东会决议的撤销

对召集程序或决议方法违反法律或章程规定的,股东可以在一定期限内,向法院提起判决撤销之诉。

思考题:什么情况下形成的股东会决议,股东可以行使请求宣告无效或请求判决撤销?

二、董事会

(一)董事会的概念

董事会是由股东选举产生的、由全体董事组成的行使经营决策和管理权的公司业务执行机关。

(二)董事会概念的内涵

1. 董事会是公司的业务执行机关

股东会是公司的权力机构,又是公司的意思形成机关,股东会作出的各项决议,必须由董事会负责主持实施和执行。

2. 董事会是经营决策和领导机关

董事会不仅仅是业务执行机关,它还有独立的权限和责任。特别是随着董事会权力的不断扩大和股东会权力的削弱,董事会成为事实上的经营决策和领导机关。

3. 董事会是公司的法定常设机关

董事会由全体股东或职工民主选举的董事组成,是负责执行股东会议决议的常设机构。

思考题:什么是董事会?它有哪些内涵?

（三） 董事会的职权分类

1. 对内经营管理权

（1）决策权

决策权即对公司生产经营的方向、战略、方针以及重大措施的决定权,是事实上的决策者。

（2）执行权

执行权是指执行、实施章程规定的宗旨以及股东会所作的决议。

（3）人事任免权

人事任免权是指选任公司的高级职员。

（4）监督权

监督权是指监督公司高级职员的活动。

2. 对外代表权

代表权是指以公司名义对外从事活动的权利。公司董事长或执行董事是公司的法定代表人,对外代表公司开展活动。为了保护善意第三人的利益,一些国家的公司法、民法大都规定对董事会在经营范围内的活动,即使属于越权侵权行为,亦必须对第三人承担连带责任。

思考题：对董事会的职权理论上可作哪些分类？

（四） 我国《公司法》规定董事会的职权

董事会的职权分为法定职权和章程赋予的职权。

股份有限公司董事会的职权与有限责任公司的董事会的职权基本一致。《公司法》第108条第4款规定,本法第46条关于有限责任公司董事会职权的规定,适用于股份有限公司董事会。

根据《公司法》第46条规定,董事会行使以下职权：(1) 召集股东会会议,并向股东会报告工作;(2) 执行股东会的决议;(3) 决定公司的经营计划和投资方案;(4) 制定公司的年度财务预算方案、决算方案;(5) 制定公司的利润分配方案和弥补亏损方案;(6) 制定公司增加或者减少注册资本以及发行公司债券的方案;(7) 制定公司合并、分立、解散或者变更公司形式的方案;(8) 决定公司内部管理机构的设置;(9) 决定聘任或者解聘公司经理及其报酬事项;(10) 制定公司的基本管理制度;(11) 公司章程规定的其他职权。

思考题：董事会行使哪些职权？

（五） 董事的资格

董事的资格指的是董事任职条件。

1. 身份条件

关于董事的身份条件,实质是指董事是否限于股东,非股东能否担任董事。我国对董事身份条件没有规定。

2. 年龄条件

我国只规定无民事行为能力和限制行为能力者,不得担任公司的董事。但未见具体条款对年龄的上限和下限作出规定。

3. 国籍条件

多数国家不作限制,只有少数国家有限制,如瑞士债务法规定,如果只有一名董事,该董事必须是居住在瑞士的瑞士公民。我国对董事的国籍没有作出限制。

4. 兼职条件

我国对国有独资公司的董事长、副董事长、经理不得兼职作出明文规定。也对国有独资之外其他公司的董事及高级管理人员可否兼职同类业务作了明文禁止,对可否兼职不同类业务则没有作出明文规定。

5. 品行条件

多数国家立法都规定,某些曾经被追究刑事责任或者有严重违法行为的人以及个人资信状况较差的人,在一定时期内不得担任公司的董事。我国《公司法》第146条也对董事的消极资格作出规定。明确规定,有下列情形之一的,不得担任公司的董事、监事、高级管理人员:(1)无民事行为能力或者限制民事行为能力人;(2)因贪污、贿赂、侵占财产、挪用财产或者破坏社会主义市场经济秩序,被判处刑罚,执行期满未逾5年,或者因犯罪被剥夺政治权利,执行期满未逾5年;(3)担任破产清算的公司、企业的董事或者厂长、经理,对该公司、企业的破产负有个人责任的,自该公司、企业破产清算完结之日起未逾3年;(4)担任因违法被吊销营业执照、责令关闭的公司、企业的法定代表人,并负有个人责任的,自该公司、企业被吊销营业执照之日起未逾3年;(5)个人所负数额较大的债务到期未清偿。

思考题:《公司法》对董事的任职条件作了哪些规定?

(六)董事的人数和选任

董事的人数多少取决于对公司的业务管理、经营范围、规模以及公司类型的需要,过多过少都有弊端。因此,各国公司立法一般都视公司类型不同对董事人数作出较为弹性的规定。根据我国公司法规定,有限责任公司董事会成员为3~13人。股份有限公司董事会成员为5~19人。

对于公司首届董事,如公司采取发起设立,由发起人选任;如公司采取募集方式设立,则由创立大会选任。公司成立后,则由股东会选任。

思考题:我国《公司法》对董事的人数及选任作了哪些规定?

(七)选举决议

1. 直接多数表决制

这种表决制是指董事由股东按照简单多数票进行选举的制度。在选举董事时每股对每个董事只有一票表决权。特点是大股东可以完全操纵公司董事的选举,小股东不能选举一个董事代表自己的利益。

2. 累积投票制

这种表决制是指股东会选举董事时,每一股份有与应选董事人数相同的表决权,可以集中选举一个,也可以分开选举数人。根据我国《公司法》第105条规定:"股东大会选举董事、监事,可以依照公司章程的规定或者股东大会的决议,实行累积投票制。"例如,某股份有限公司发行股份100股,其中大股东持有70股,其余30股由数个股东持有。现公司要选董事3人,此时大股东的表决权有210(70×3)票,其余股东有表决权90票(30×3)。如其余股东的表决权均集中于一个人,则此人必然当选为董事,而大股东充其量只能确保选中两名董事。

累积投票制的本意在于防止股东会中多数派借其股份优势把持董事的选举,使少数股东没有当选为董事的机会。

　　思考题:什么是累积投票制?

（八）董事任期

董事任期由公司章程规定,但每届任期不得超过 3 年,任期届满,可以连选连任。董事在任期届满前,股东会不得无故解除其职务。董事长是公司的法定代表人。

（九）董事会决议

董事会会议由董事长召集和主持;董事长不能履行职务或者不履行职务的,由副董事长召集和主持;副董事长不能履行职务或者不履行职务的,由半数以上董事共同推举 1 名董事召集和主持。董事会决议的表决,实行一人一票,议事方式和表决程序由公司章程规定。

　　思考题:董事会如何表决?

三、监事会

（一）监事会的概念及设置

监事会是公司经营活动的监督机构。

监事会制度是由大陆法系国家创设的制度。大陆法系国家存在 3 种监事会模式:并列二元制(日本)、上下级制(德国)和折中制(法国)。我国对股份有限公司监事会的设置采取强制规定,即股份有限公司必须设监事会。

有限责任公司经营规模较大的,设立监事会;人数较少或者规模较小的,可设 1～2 名监事。

　　思考题:什么是监事会? 有限责任公司是否必设监事会?

（二）监事的产生、任职资格、人数及人员构成

监事会的股东代表由股东会选举产生,职工代表由公司职工民主选举产生。我国《公司法》第 51 条规定,董事、高级管理人员不得兼任监事。除此之外,监事任职资格与董事、经理任职资格相同。

经营规模较大的有限责任公司,设立监事会,其成员不得少于 3 人。监事的任期每届为 3 年。监事任期届满,连选可以连任。监事会应当包括股东代表和适当比例的公司职工代表,其中职工代表的比例不得低于 1/3,具体比例由公司大会或者其他形式民主选举产生。监事会设主席 1 人,由全体监事过半数选举产生。

监事会主席召集和主持监事会会议;监事会主席不能履行职务或者不履行职务的,由半数以上监事共同推举 1 名监事召集和主持监事会会议。

《公司法》有关有限责任公司监事的人数和任期适用于股份有限公司。

　　思考题:《公司法》对公司监事的产生、任职资格及人数构成作了哪些规定?

（三）监事会的职权

《公司法》第 53 条规定,有限责任公司监事会或者监事行使下列职权:(1)检查公司财务;(2)对董事、高级管理人员执行公司职务的行为进行监督,对违反法律、行政法规、公司章程或者股东会决议的董事、高级管理人员提出罢免的建议;(3)董事、高级管理人员的行为损害公司的利益时,要求董事、高级管理人员予以纠正;(4)提议召开临时股东会会议,在董事会不履行本法规定的召集和主持股东会会议职责时召集和主持股东会会议;(5)向股东会会议提出提案;(6)依照《公司法》第152条的规定,对董事、高级管理人员提起诉讼;(7)公司章程规定的其他职权。

《公司法》第118条规定,《公司法》第53条、第54条关于有限责任公司监事会职权的规定,适用于股份有限公司监事会。

思考题:监事会行使哪些职权?

第四节　有限责任公司

一、有限责任公司的概念和特征

(一)有限责任公司的概念

有限责任公司是指依法设立,由一定数额的股东出资组建,股东以其出资额为限对公司承担责任,公司以其全部资产为限对公司债务承担责任的企业法人。

(二)有限责任公司的特征

1. 股东人数有限性

对有限责任公司股东人数许多国家都有限制。我国《公司法》第24条规定,有限责任公司由50个以下股东出资设立。

2. 股东责任有限性

股东仅以出资额为限对公司负责。对公司及公司债权人不负任何财产责任。

3. 公司资本的封闭性

有限责任公司的资本由全体股东认缴,不能向社会公开募集公司资本,不能发行股票。公司发给股东的出资证明书被称为股单,股单不能在证券市场上流通转让。

4. 公司组织的简便性

有限责任公司设立程序简便,只有发起设立,而不能募集设立。有限责任公司的组织机构亦较为简单、灵活,其股东会由全体股东组成,董事由股东会选举产生。股东会议的召集方法及决议形成程序亦较为简单。

5. 资合与人合的统一性

有限责任公司的资产是承担公司责任的信用基础,股东必须履行出资义务,但由于股东人数有上限的规定,故股东间又具有人合性色彩,股东间的信任也是公司得以设立的重要条件。

思考题:什么是有限责任公司?它具有哪些特征?

二、有限责任公司设立

(一)有限责任公司的设立条件

根据《公司法》第23条规定,设立有限责任公司,应当具备下列条件。

1. 股东符合法定人数

《公司法》第 24 条规定,有限责任公司由 50 个以下股东出资设立。从该法条规定可见,我国公司法对有限责任公司股东人数只有上限规定,没有下限规定。

2. 有符合公司章程规定的全体股东认缴的出资额

《公司法》第 26 条规定,有限责任公司的注册资本为在公司登记机关登记的全体股东认缴的出资额。法律、行政法规以及国务院决定对有限责任公司注册资本实缴、注册资本最低限额另有规定的,从其规定。《公司法》第 27 条规定,股东可以用货币出资,也可以用实物、知识产权、土地使用权等可以用货币估价并可以依法转让的非货币财产作价出资;但是,法律、行政法规规定不得作为出资的财产除外。对作为出资的非货币财产应当评估作价,核实财产,不得高估或者低估作价。法律、行政法规对评估作价有规定的,从其规定。

《公司法》第 28 条规定,股东应当按期足额缴纳公司章程中规定的各自所认缴的出资额。股东以货币出资的,应当将货币出资足额存入有限责任公司在银行开设的账户;以非货币财产出资的,应当依法办理其财产权的转移手续。股东不按照前款规定缴纳出资的,除应当向公司足额缴纳外,还应当向已按期足额缴纳出资的股东承担违约责任。

《公司法》第 30 条规定,有限责任公司成立后,发现作为设立公司出资的非货币财产的实际价额显著低于公司章程所定价额的,应当由交付该出资的股东补足其差额;公司设立时的其他股东承担连带责任。

3. 股东共同制定公司章程

有限责任公司章程是指公司依法制定的、规定公司名称、住所、经营范围、经营管理制度等重大事项的基本文件,也是公司必备的规定公司组织及活动基本规则的书面文件。公司章程对有限责任公司、股东、董事、监事、高级管理人员具有约束力。

4. 有公司名称,建立符合有限责任公司要求的组织机构

《公司法》第 8 条规定,依法设立的有限责任公司,必须在公司名称中标明"有限责任公司"或者"有限公司"字样。

5. 有公司住所

《公司法》第 10 条规定,公司以其主要办事机构所在地为住所。

🔖 思考题:设立有限责任公司需要具备哪些条件?

(二)有限责任公司的设立程序

有限责任公司的设立必须履行以下法定程序。

1. 股东共同订立章程

股东共同制定章程,公司章程应当载明下列事项:(1)公司名称和住所;(2)公司经营范围;(3)公司注册资本;(4)股东的姓名或者名称;(5)股东的出资方式、出资额和出资时间;(6)公司的机构及其产生办法、职权、议事规则;(7)公司法定代表人;(8)股东会议认为需要规定的其他事项。股东应当在公司章程上签名、盖章。

2. 股东按章程约定缴纳出资

《公司法》第 27 条规定,股东可以用货币出资,也可以用实物、知识产权、土地使用权等可以用货币估价并可以依法转让的非货币财产作价出资;但是,法律、行政法规规定不得作为出资的财产除外。

3. 项目审批

有限责任公司从事特殊行业或项目的经营,在登记之前须经批准取得项目经营许可证。如药品生产经营公司、烟草生产经营公司、房地产经营公司等。不属于国家规定必须经过审批的特殊行业或经营项目的有限责任公司,其设立可以直接申请公司登记。

4. 申请设立登记

根据《公司法》第29条,股东认足公司章程规定的出资后,由全体股东指定的代表或者共同委托的代理人向公司登记机关报送公司登记申请书、公司章程等文件,申请设立登记。

公司登记机关对符合《公司法》规定条件的予以登记。公司营业执照签发的日期,为有限责任公司的成立日期。

5. 公司向股东签发出资证明书

出资证明书是表现有限责任公司股东地位或者股东权益的一种要式证券。公司成立领取营业执照刻制公章后1个月内,应当向已经缴纳出资的股东签发出资证明书;公司成立后,通过公司增加注册资本或股权转让等变更登记形式,被吸纳成为公司新股东的出资人,在缴纳出资后应即时向其签发出资证明书。

？思考题:设立有限责任公司的法定程序有哪些?

(三) 出资证明书及股东名册

1. 出资证明书

根据《公司法》第31条规定,有限责任公司成立后,应当向股东签发出资证明书。出资证明书应当载明下列事项:(1)公司名称;(2)公司成立日期;(3)公司注册资本;(4)股东的姓名或者名称、缴纳的出资额和出资日期;(5)出资证明书的编号和核发日期。

2. 股东名册

根据《公司法》第32条,有限责任公司应当置备股东名册,记载下列事项:(1)股东的姓名或者名称及住所;(2)股东的出资额;(3)出资证明书编号。

记载于股东名册的股东,可以依股东名册主张行使股东权利。

公司应当将股东的姓名或者名称向公司登记机关登记;登记事项发生变更的,应当办理变更登记。未经登记或者变更登记的,不得对抗第三人。

？思考题:什么是出资证明书?应记载哪些事项?

三、 有限责任公司的股权转让

(一) 股东之间股权的自由转让

《公司法》第71条第1款规定,有限责任公司的股东之间可以相互转让其全部或者部分股权。

(二) 向股东以外人转让股权的条件

《公司法》第71条第2款规定,股东向股东以外的人转让股权,应当经其他股东过半数同意。股东应就其股权转让事项书面通知其他股东征求同意,其他股东自接到书面通知之日起满30日未答复的,视为同意转让。其他股东半数以上不同意转让的,不同意的股东应当购买该转让的股权;不购买的,视为同意转让。

（三）股东转让时原股东的优先购买权

《公司法》第 71 条第 3 款、第 4 款规定,经股东同意转让的股权,在同等条件下,其他股东有优先购买权。两个以上股东主张行使优先购买权的,协商确定各自的购买比例;协商不成的,按照转让时各自的出资比例行使优先购买权。公司章程对股权转让另有规定的,从其规定。

（四）法院强制执行股权时的优先购买权

《公司法》第 72 条规定,人民法院依照法律规定的强制执行程序转让股东的股权时,应当通知公司及全体股东,其他股东在同等条件下有优先购买权。其他股东自人民法院通知之日起满 20 日不行使优先购买权的,视为放弃优先购买权。

（五）按合理价请求公司收购其股权的几种法定情形

《公司法》第 74 条规定,有下列情形之一的,对股东会该项决议投反对票的股东可以请求公司按照合理的价格收购其股权:公司连续 5 年不向股东分配利润,而公司该 5 年连续盈利,并且符合本法规定的分配利润条件的;公司合并、分立、转让主要财产的;公司章程规定的营业期限届满或者章程规定的其他解散事由出现,股东会会议通过决议修改章程使公司存续的;自股东会会议决议通过之日起 60 日内,股东与公司不能达成股权收购协议的,股东可以自股东会会议决议通过之日起 90 日内向人民法院提起诉讼。

❓ 思考题:股东向股东以外的人转让股权需要具备哪些条件?

四、一人有限责任公司

（一）一人有限责任公司的概念与特征

1. 一人有限责任公司的概念

一人有限责任公司,简称为一人公司,是指股份或出资额由一个股东持有的公司。公司法理论上将一人公司分为实质意义上的一人公司和形式意义上的一人公司。前者指虽然股份或出资额由复数股东持有,但实质上股份或出资额的持有只有一个人,其他股东不过是挂名股东的公司。后者是指无论形式上还是实质上出资额都由一个股东持有的公司。

2. 一人责任公司的特征

（1）股东单一

一人公司的股份或出资额由一个股东持有。一人公司这一特征是与传统公司社团说或契约说形成冲突最为显著的地方。

（2）责任有限

根据我国《公司法》第 3 条规定,公司是企业法人,有独立的法人财产,享有法人财产权。公司以其全部财产对公司的债务承担责任。所以,在我国只要是公司,股东就只需承担有限责任。尽管一人公司是特殊的有限责任公司。

（3）治理简单

一人公司的治理结构相对简单,这是因为一人公司的所有权与经营权往往不发生分离,公司的投资者和管理者常常合二为一。所以一人公司不设股东会,也没有设立的必要。

🤔 思考题:什么是一人公司?它有哪些特征?

(二) 一人公司的设立条件及程序

1. 一个股东

一人有限责任公司股东,可以是一个自然人股东,也可以是一个法人。但自然人作为股东应当具有完全行为能力,并且从事经营活动不受法律、行政法规规定的限制。

2. 履行出资

有符合公司章程规定的全体股东认缴的出资额。

3. 制定章程

《公司法》第 60 条规定,一人有限责任公司章程由股东制定。

(三) 一人公司的优缺点

1. 一人公司的优点

确认一人公司法律地位已成为主要国家的立法通例,这种潮流反映了市场经济发展的共同需求,也是由一人公司具有的优点决定的。一人公司明确了投资者对投资风险的预期,有利于鼓励投资,从而使个人获得社会信用,得到更多的交易机会。同时,由于一人公司简化了内部治理结构,公司的管理成本大大地降低了。

2. 一人公司的缺点

但不可否认一人公司还不是一种完美的公司制度,其存在不可克服的缺点。如公司人格与股东人格的混同,不利于债权人利益的保护;由于治理结构过于简单,使现代公司治理结构在一人公司中无用武之地。

(四) 加强对一人公司的监管

1. 实行严格的登记、公示和书面记载制度,禁止滥设一人公司

《公司法》第 58 条规定,一个自然人只能投资设立一个一人有限责任公司。该一人有限责任公司不能投资设立新的一人有限责任公司。

2. 实行公司法人人格否认制度

一人有限责任公司的股东不能证明公司财产独立于股东自己的财产的,应当对公司债务承担连带责任。

3. 建立严格的公司财务制度,加强对一人公司的财务监管,严格禁止自我交易,杜绝公司财产与股东财产发生混同

根据《公司法》第 62 条规定,一人有限责任公司应当在每一会计年度终了时编制财务会计报告,并经会计师事务所审计。

4. 股东在作出涉及公司重大事项的决定时,法律对此有形式要求

《公司法》第 61 条规定:"股东作出本法第 37 条第 1 款所列决定时,应当采用书面形式,并由股东签名后置备于公司。"对一人公司股东在作出涉及重大事项时,实行书面记载,以备查阅,有利于公司外主体对公司状况的充分了解,是从保护交易相对人为目的而实施的一项制度。

🤔 思考题:如何加强对一人公司的监管?

五、 国有独资公司的特别规定

（一）国有独资公司的概念和特征

1. 国有独资公司的概念

国有独资公司，是指国家授权投资的机构或国家授权的部门单独投资设立的有限责任公司。国有独资公司是我国公司法针对我国特殊国情，专门设立的一种特殊有限责任。

2. 国有独资公司的特征

与一般意义上的有限责任公司相比，具有以下特点。

（1）股东的单一性

国有独资公司的股东仅有一人。这一特征表明，国有独资实质上也是"一人公司"。

（2）单一股东的特定性

根据公司法规定，国有独资公司的单一股东只能是国家授权投资的机构或国家授权的部门。这些投资机构或部门成为国有独资公司唯一股东的前提条件是国家授权。

（3）股东责任的有限性

国有独资公司的股东虽为一人，但该单一股东却并不因此承担无限责任，股东仅以其投资额为限对公司承担责任。

除以上特点外，根据《公司法》第64条、第65条规定，设立国有独资公司也必须具备设立有限责任公司的法定条件，履行制定章程、出资、办理设立登记等法定程序。国有独资公司章程由国有资产监督管理机构制定，或者由董事会制定，报国有资产监督管理机构批准。

💬 思考题：什么是国有独资公司？它有哪些特点？

（二）国有独资公司内部组织机构

1. 国有独资公司不设股东会

这是由其股东的单一性决定的。《公司法》第66条规定，国有独资公司不设股东会，由国有资产监督管理机构行使股东会职权。国有资产监督管理机构可以授权公司董事会行使股东会的部分职权，决定公司的重大事项，但公司的合并、分立、解散、增加或者减少注册资本和发行公司债券，必须由国有资产监督管理机构决定；其中，重要的国有独资公司合并、分立、解散、申请破产的，应当由国有资产监督管理机构审核后，报本级人民政府批准。

2. 国有独资公司设董事会

依照《公司法》规定，国有独资公司必须设立董事会。国有独资公司董事会的地位有别于一般有限责任公司的董事会，这主要表现在国有独资公司的董事会除可行使一般有限责任公司的董事会职权外，基于国家股东的授权，还可行使股东会的部分职权。董事每届任期不得超过3年。董事会成员中应当有公司职工代表。董事会成员由国有资产监督管理机构委派；但是，董事会成员中的职工代表由公司职工代表大会选举产生。董事会设董事会主席1人，可以设副董事长。董事长、副董事长由国有资产监督管理机构从董事会成员中指定。

3. 国有独资公司的监督机构

《公司法》第70条规定，国有独资公司监事会成员不得少于5人，其中职工代表的比例不得低于1/3，具体比例由公司章程规定。监事会成员由国有资产监督管理机构委派；但是，监事会成员中的职工代表由公司职工代表大会选举产生。监事会主席由国有资产监督管理机构从监事会成员中指定。

4. 国有独资公司的经理

《公司法》第 68 条规定,国有独资公司设经理,由董事会聘任或者解聘。经国有资产监督管理机构同意,董事会成员可以兼任经理。

5. 国有独资公司负责人的专任制度

《公司法》第 69 条规定,国有独资公司的董事长、副董事长、董事、高级管理人员,未经国有资产监督管理机构同意,不得在其他有限责任公司、股份有限公司或者其他经济组织兼职。

思考题:我国《公司法》对国有独资公司作了哪些特殊的规定?

第五节　股份有限公司

一、 股份有限公司的概念与特征

(一)股份有限公司的概念

股份有限公司是指全部资本分为等额的股份,股东以其所持股份为限对公司承担责任,公司以其全部资产对公司债务承担责任的企业法人。

(二)股份有限公司的特征

与其他公司类型比较,股份有限公司有以下特征。

1. 股东责任的有限性

股份有限公司的股东仅以其所认购的股份为限对公司负责。此外,对公司及公司的债权人不负任何财产上的责任,公司的债权人不能直接向公司股东提出清偿债务的要求,更不能要求用股东个人财产清偿债务。

2. 资本募集的公开性

股份有限公司可以通过发行股票的形式来筹集公司的资本,任何人只要愿意支付股金,购买股票,就可以成为公司的股东。各国公司法均对股份有限公司股东人数作出了最低限制,而无最高人数的限制,这就决定了股份有限公司股份募集的公开性。

3. 公司股票的流通性

股票可以作为交易的标的,原则上可以自由买卖。股票交易有两种形式,一为上市交易,即在证券交易所挂牌交易;二为柜台交易,即在证券公司的柜台直接交易。这两种交易形式都体现了股票的流通性特点。

4. 公司财产的独立性

股份有限公司股东的出资构成了公司的独立财产,形成了公司法人所有权,使股份有限公司成为典型的法人组织。所以股份有限公司所有权与经营权高度分离,公司财产独立于股东财产,成了股份有限公司的又一特征。

思考题:什么是股份有限公司? 它有哪些特征?

二、 股份有限公司的条件

根据《公司法》第 76 条规定,设立股份有限公司应当具备下列条件。

（一） 发起人符合法定人数

发起人是依法创办股份有限公司,认购公司股份并对公司设立承担责任的人。发起人可以是法人,也可以是自然人。《公司法》第78条规定,设立股份有限公司,应当有2人以上200人以下为发起人,其中须有半数以上的发起人在中国境内有住所。

（二） 发起人认购的股本总额或者募集的实收股本总额符合公司章程规定

《公司法》第80条规定,股份有限公司采取发起设立方式设立的,注册资本为在公司登记机关登记的全体发起人认购的股本总额。在发起人认购的股份缴足前,不得向他人募集股份。股份有限公司采取募集方式设立的,注册资本为在公司登记机关登记的实收股本总额。法律、行政法规以及国务院决定对股份有限公司注册资本实缴、注册资本最低限额另有规定的,从其规定。

（三） 股份发行、筹办事项符合法律规定

股份有限公司的设立及股份的发行,都需经国务院授权的部门或省级人民政府批准。发起人必须依照法定程序申报文件,承担筹办事务,并对不能设立股份有限公司的结果承担相应责任。

（四） 发起人制定公司章程,采用募集方式的经创立大会通过

股份有限公司的公司章程应当载明下列事项：(1)公司的名称和住所;(2)公司经营范围;(3)公司设立方式;(4)公司股份总数、每股金额和注册资本;(5)发起人的姓名或者名称、认购的股份数、出资方式和出资时间;(6)董事会的组成、职权和议事规则;(7)公司法定代表人;(8)监事会的组成、职权和议事规则;(9)公司利润分配办法;(10)公司的解散事由与清算办法;(11)公司的通知和公告办法;(12)股东大会会议认为需要规定的其他事项。

（五） 有公司名称,建立符合股份有限公司要求的组织机构

依法设立的股份有限公司,必须在名称中标明股份有限公司或者股份公司字样,并符合有关企业法人名称登记管理法规的规定。

（六） 有公司住所

股份有限公司以其主要办事机构所在地为住所。

❓❓ 思考题：设立股份有限公司需要哪些条件?

三、 股份有限公司的设立形式

依照《公司法》第77条规定,设立股份有限公司,可以采取发起设立或者募集设立两种方式。发起设立是指由发起人认购公司应发行的全部股份而设立公司。募集设立是指由发起人认购公司应发行股份的一部分,其余股份向社会公开募集或者向特定对象募集而设立公司。

（一） 发起设立

《公司法》第83条规定,以发起设立方式设立股份有限公司的,发起人应当书面认足公司章程规定其认购的股份,并按照公司章程规定缴纳出资。以非货币财产出资的,应当依法办理其财产权的转移手续。发起人不依照前款规定缴纳出资的,应当按照发起人协议承担违约责任。发起人认足公司章程规定的出资后,应当选举董事会和监事会,由董事

会向公司登记机关报送公司章程以及法律、行政法规规定的其他文件,申请设立登记。

　　思考题:什么是发起设立? 公司法对发起设立作了哪些规定?

(二) 募集设立

以募集设立方式设立股份有限公司的,发起人认购的股份不得少于公司股份总数的35%;但是,法律、行政法规另有规定的,从其规定。

《公司法》第 85 条规定,发起人向社会公开募集股份,必须公告招股说明书,并制作认股书。认股书应当载明本法第 86 条所列事项,由认股人填写认购股数、金额、住所,并签名、盖章。认股人按照所认购股数缴纳股款。

招股说明书应当附有发起人制订的公司章程,并载明下列事项:发起人认购的股份数;每股的票面金额和发行价格;无记名股票的发行总数;募集资金的用途;认股人的权利、义务;本次募股的起止期限及逾期未募足时认股人可以撤回所认股份的说明。

发起人向社会公开募集股份,应当由依法设立的证券公司承销,签订承销协议。发起人应当自股款缴足之日起 30 日内主持召开公司创立大会。董事会应于创立大会结束后30 日内,向公司登记机关报送有关文件,申请设立登记。

　　思考题:什么是募集设立? 公司法对募集设立作了哪些规定?

四、 股份有限公司的设立程序

(一) 发起设立的程序

采取发起设立股份有限公司,由于公司资本全部由发起人认缴,无须向社会招募,因此,其设立程序相对简单,与有限责任公司的设立方式基本相同,主要包括发起人签订发起人协议、制订公司章程、办理审批手续、发起人认缴股款、选举公司机关成员、申请设立登记等。

　　思考题:发起设立股份有限公司的程序有哪些?

(二) 募集设立的程序

1. 签订发起人协议

《公司法》第 79 条规定,股份有限公司发起人承担公司筹办事务。发起人应当签订发起人协议,明确各自在公司设立过程中的权利和义务。

2. 准备设立所需要相关报批文件

设立股份有限公司必须向政府有关部门提交报批文件。因此,发起人在签订发起人协议后,根据发起协议的分工安排,着手草拟公司章程,制作设立申请书、可行性研究报告、招股说明书等重要报批文件。

3. 呈报国务院证券部门审批

由于公开募集股份涉及广大社会公众的利益,关系到社会经济秩序的正常和稳定,我国公司法要求发起人在向社会公开募集股份时,必须报经国务院证券管理部门审批。发起人根据有关规定,将设立股份有限公司的情况报送国务院或者省级人民政府。国务院授权的部门或者省级人民政府对将要设立的股份有限公司进行审查,决定批准或者不批准。

4. 召开创立大会

创立大会是由认股人参加,决定是否设立公司并决定公司设立过程中或公司成立之后重大事项的会议。发起人应当自股款缴足之日起30日内主持召开公司创立大会。发起人应当在创立大会召开15日前将会议日期通知各认股人或者予以公告。创立大会应有代表股份总数过半数的发起人、认股人出席，方可举行。创立大会作出决议，必须经出席会议的认股人所持表决权过半数通过。根据《公司法》第90条规定，创立大会行使下列职权：(1) 审议发起人关于公司筹办情况的报告；(2) 通过公司章程；(3) 选举董事会成员；(4) 选举监事会成员；(5) 对公司的设立费用进行审核；(6) 对发起人用于抵作股款的财产的作价进行审核；(7) 发生不可抗力或者经营条件发生重大变化直接影响公司设立的，可以作出不设立公司的决议。发起人、认股人缴纳股款或者交付抵作股款的出资后，除未按期募足股份、发起人未按期召开创立大会或者创立大会决议不设立公司的情形外，不得抽回其股本。

5. 申请设立登记

《公司法》第92条规定，董事会应于创立大会结束后30日内，向公司登记机关报送下列文件，申请设立登记：(1) 公司登记申请书；(2) 创立大会的会议记录；(3) 公司章程；(4) 验资证明；(5) 法定代表人、董事、监事的任职文件及其身份证明；(6) 发起人的法人资格证明或者自然人身份证明；(7) 公司住所证明。以募集方式设立股份有限公司公开发行股票的，还应当向公司登记机关报送国务院证券监督管理机构的核准文件。

登记机关对报送的文件进行审核，对符合《公司法》规定条件的，应当自接到设立登记申请之日起30日内作出予以登记的决定，发给营业执照。公司营业执照签发之日，为公司成立之日。

❓ 思考题：募集设立股份有限公司程序有哪些？

五、 股份有限公司发起人的责任

根据《公司法》第93条、第94条规定，股份有限公司的发起人应当承担下列责任。

(1) 公司不能成立时，对设立行为所产生的债务和费用负连带责任；对认股人已缴纳的股款，负返还股款并加算银行同期存款利息的连带责任。

(2) 在公司设立过程中，由于发起人的过失致使公司利益受到损害的，应当对公司承担赔偿责任。

(3) 公司成立后，发起人未按照公司章程的规定缴足出资的，应当补缴；其他发起人承担连带责任。股份有限公司成立后，发现作为设立公司出资的非货币财产的实际价额显著低于公司章程所定价额的，应当由交付该出资的发起人补足其差额；其他发起人承担连带责任。

❓ 思考题：股份有限公司发起人应承担哪些责任？

六、 股份的概念和特征

（一）股份的概念
股份是股份有限公司资本构成的最小单位，即公司的全部资本分为金额相等的股份。

（二）股份的特征
与其他公司的出资相比，股份具有以下特征。

1. 股份是公司资本的最小构成单位,具有不可分性

股份是资本构成的基本单位,也是公司资本的计量单位。

2. 股份是对资本的等额划分,具有金额的均等性

股份作为公司资本的构成单位,每一股所代表的金额相等。

3. 股份是股权的基础,具有权利上的平等性

作为股东权利义务的来源,每一股份所代表的股东权利义务相同。股东权利义务的大小取决于股东拥有股份的多少。

4. 股份表现为有价证券,具有自由转让性

股份有限公司是典型的资合公司,以公司资本为信用基础,股东的个人信用无关紧要,股东间的人身关系也极为松散,除了法律对特定股份转让有限制性规定外,股份可以自由转让和流通。股份的表现形式是股票。

思考题:什么是股份? 它有哪些特征?

七、 股票的概念与特征

(一)股票的概念

股票是股份有限公司签发的证明股东按其所持股份享有权利和承担义务的书面凭证。股份采用股票形式,而股票本身只不过是股份的证券表现。

(二)股票的特征

股票具有以下特征。

1. 股票是一种有价证券

有价证券是设定并证明持有人取得一定金额的权利的凭证,它反映的是一种财产权利。股票作为有价证券的一种,它代表着一定的财产价值。所代表的股东权利是一种具有财产内容的权利。

2. 股票是一种证权证券

股票是证明股东与公司之间股权关系的一种法律凭证,仅具有权利证书的效力,而不具有创设权利的效力。

3. 股票是一种流通证券

股票可以在市场上流通,是一种典型的流通证券。股票流通方式有二,一是上市交易,即在证券交易所挂牌交易;二是柜台交易。

4. 股票是一种要式证券

股票须按法定方式制作,并须记载法定事项。

思考题:什么是股票? 它有哪些特征?

八、 股份有限公司股份的发行

股份发行时股份有限公司为设立公司或筹集资本,依法发售股份的行为。股份发行,根据股份有限公司是否成立以及发行目的的不同,分为设立发行和增资发行。

(一)设立发行

设立发行是股份有限公司设立过程中发行股份。公司的股份采取股票的形式。股票

是公司签发的证明股东所持股份的凭证。股份有限公司成立后,即向股东正式交付股票。公司成立前不得向股东交付股票。

1. 股份发行的原则

股份发行应当遵循公平、公正的原则,同种类的每一股份应当具有同等权利;同次发行的同种类股票,每股的发行条件和价格应当相同;任何单位或者个人所认购的股份,每股应当支付相同价额。

2. 股票发行价格

股票发行价格可以按票面金额,也可以超过票面金额,但不得低于票面金额。

3. 股票的分类

公司发行的股票,可以为记名股票,也可以为无记名股票,公司发行记名股票的,应当置备股东名册,记载下列事项:第一,股东的姓名或者名称及住所;第二,各股东所持股份数;第三,各股东所持股票的编号;第四,各股东取得股份的日期。发行无记名股票的,公司应当记载其股票数量、编号及发行日期。

4. 股票的形式及记载事项

股票采用纸面形式或者国务院证券监督管理机构规定的其他形式。股票应当载明下列主要事项:第一,公司名称;第二,公司成立日期;第三,股票种类、票面金额及代表的股份数;第四,股票的编号。股票由法定代表人签名,公司盖章。发起人的股票,应当标明发起人股票字样。

💬 思考题:什么是设立发行?公司法对设立发行有哪些规定?

(二) 新股发行

新股发行,是股份有限公司成立后再次发行股份。新股发行的目的一般是为了扩大公司资本,所以又称增资发行。

《公司法》第133条规定,公司发行新股,股东大会应当对新股种类及数额、新股发行价格、新股发行的起止日期、向原有股东发行新股的种类及数额作出决议。公司经国务院证券监督管理机构核准公开发行新股时,必须公告新股招股说明书和财务会计报告,并制作认股书。

公司发行新股,可以根据公司经营情况和财务状况,确定其作价方案。

公司发行新股募足股款后,必须向公司登记机关办理变更登记,并公告。

💬 思考题:什么是新股发行?《公司法》对新股发行有哪些规定?

九、 股份有限公司股份的转让

根据我国《公司法》第137条、第138条规定,股东持有的股份可以依法转让。股东转让其股份,必须在依法设立的证券交易场所进行。一般来说,股东可以自由转让其所持有的股份,但为了保证公司成立后的稳定和运营的连续性,防止公司高管利用所掌握的信息进行内幕交易、损害公司利益以及其他股东利益的情况。《公司法》第139条、第141条对特定身份股东所持有的股份转让给予了一定的限制。

1. 对记名股票转让的限制

记名股票由股东以背书方式或者法律、行政法规规定的其他方式转让;转让后由公司将受让人的姓名或者名称及住所记载于股东名册。

2. 对发起人持有的股份转让的限制

发起人持有的本公司股份,自公司成立之日起 1 年内不得转让。公司公开发行股份前已发行的股份,自公司股票在证券交易所上市交易之日起 1 年内不得转让。

3. 对公司高管持有股份转让的限制

公司董事、监事、高级管理人员应当向公司申报所持有的本公司的股份及其变动情况,在任职期间每年转让的股份不得超过其所持有本公司股份总数的 25%;所持本公司股份自公司股票上市交易之日起 1 年内不得转让。上述人员离职后半年内,不得转让其所持有的本公司股份。公司章程可以对公司董事、监事、高级管理人员转让其所持有的本公司股份作出其他限制性规定。

❓ 思考题:我国《公司法》对公司高管转让其持有本公司股份有哪些规定?

十、 股份有限公司收购本公司股份

公司法第 142 条规定,公司不得收购本公司股份。但是,有下列情形之一的除外。

(1) 减少公司注册资本。

(2) 与持有本公司股份的其他公司合并。

(3) 将股份用于员工持股计划或者股权激励。

(4) 股东因对股东大会作出的公司合并、分立决议持异议,要求公司收购其股份。

(5) 将股份用于转换上市公司发行的可转换为股票的公司债券。

(6) 上市公司为维护公司价值及股东权益所必需。

公司因前款第(1)项、第(2)项规定的情形收购本公司股份的,应当经股东大会决议;公司因前款第(3)项、第(5)项、第(6)项规定的情形收购本公司股份的,可以依照公司章程的规定或者股东大会的授权,经三分之二以上董事出席的董事会会议决议。

公司依照本条第一款规定收购本公司股份后,属于第(1)项情形的,应当自收购之日起 10 日内注销;属于第(2)项、第(4)项情形的,应当在 6 个月内转让或者注销;属于第(3)项、第(5)项、第(6)项情形的,公司合计持有的本公司股份数不得超过本公司已发行股份总额的 10%,并应当在 3 年内转让或者注销。

公司不得接受本公司的股票作为质押权的标的。

十一、 股份有限公司债券的发行与转让

(一) 公司债券的发行

公司债券,是指公司依照法定程序发行、约定在一定期限还本付息的有价证券。《公司法》规定公司债券的发行应当符合证券法规定的条件并经国务院授权的部门核准。公司可以发行记名债券与无记名债券;可以发行普通债券,也可以发行可转换为股票的公司债券;可以实物券方式发行公司债券,也可以非实物券方式发行公司债券。

发行公司债券的申请经国务院授权的部门核准后,应当公告公司债券募集方法。公司债券募集办法中应当载明下列主要事项:公司名称,债券募集资本的用途,债券总额和债券的票面金额,债券利率的确定方式,还本付息的期限和方式,债券担保情况,债券的发行价格、发行的

起止日期,公司净资产额,已发行的尚未到期的公司债券总额,公司债券的承销机构。

　　❓思考题：什么是公司债券的发行?

（二） 记名债券与无记名债券

　　记名债券即债券面额记载着债权人姓名或名称的债券;无记名债券即债券面额未记载着债权人姓名或名称的债券。

　　公司发行记名公司债券,记名公司债券的登记结算机构应当建立债券登记、存管、付息、兑付等相关制度,应当在公司债券存根簿上载明下列事项：债券持有人的姓名或者名称及住所;债券持有人取得债券的日期及债券的编号;债券总额,债券的票面金额、利率、还本付息的期限和方式;债券的发行日期。发行无记名公司债券的,应当在公司债券存根簿上载明债券总额、利率、偿还期限和方式、发行日期及债券的编号。

　　❓思考题：记名债券与无记名债券的区别?

（三） 可转换的公司债券

　　上市公司股东大会决议可以发行可转换为股票的公司债券,并在公司债券募集办法中规定具体的转换办法。上市公司发行可转换为股票的公司债券,应当报国务院证券监督管理机构核准。

　　发行可转换为股票的公司债券,应当在债券上标明可转换公司债券字样,并在公司债券存根簿上载明可转换公司债券的数额。

　　发行可转换为股票的公司债券的,公司应当按照其转换办法向债券持有人换发股票,但债券持有人对转换股票或者不转换股票有选择权。

　　❓思考题：什么是可转换公司债券?

（四） 公司债券的转让

　　公司债券可以转让,转让价格由转让人与受让人约定。公司债券在证券交易所上市交易的,按照证券交易所的交易规则转让。

　　记名公司债券,由债券持有人以背书方式或者法律、行政法规规定的其他方式转让;转让后由公司将受让人的姓名或者名称及住所记载于公司债券存根簿。无记名公司债券的转让,由债券持有人将该债券交付给受让人后即发生转让的效力。

　　❓思考题：什么是公司债券转让?

第六节　公司的财务会计制度

一、 公司的财务会计制度

　　公司的财务会计制度是对存在于法律、行业通行规则和公司章程中的公司财务会计处理规则的总称,是利用代币价值形式反映公司财务状况和经营成果,加强内部管理,提高经济效益的一项重要制度。我国《公司法》第 163 条、第 170 条、第 171 条规定,公司应当依照法律、行政法规和国务院财政部门的规定建立本公司的财务、会计制度。

　　《公司法》第 170 条规定,公司应当向聘用的会计师事务所提供真实、完整的会计凭证、会计账簿、财务会计报告及其他会计资料,不得拒绝、隐匿、谎报。公司除法定的会计账簿外,不得另立会计账簿。对公司资产,不得以任何个人名义开立账户存储。

❓思考题:什么是公司的财务会计制度?

二、 公司财务会计制度的作用

1. 保护股东利益

为了防止公司管理人员利用职权侵害公司和股东的利益,股东必须对公司经营活动实施有效监督,而依据科学的财务会计制度作出的正确反映公司财务状况和经营情况的财务会计报表,则使股东对管理人员中的监督具有现实性和可行性。

2. 保护公司债权人的利益

公司财务会计报表所提供的信息是债权人及时了解公司财务及经营状况的重要依据。

3. 满足国家宏观经济管理的需要

财务会计报表为政府对企业实施宏观管理,提供了必要的信息,同时也是政府对企业课税的重要依据。

❓思考题:公司财务会计制度的作用有哪些?

三、 财务会计报告

财务会计报告是反映公司财务状况和经营成果的书面文件,包括财务会计报表、财务会计报表附属明细和财务会计报表附注。根据《公司法》第 164 条规定,公司应当在每一会计年度终了时编制财务会计报告,并依法经会计师事务所审计。财务会计报告应当依照法律、行政法规和国务院财政部门的规定制作。又根据《公司法》第 165 条规定,有限责任公司应当依照公司章程规定的期限将财务会计报告送交各股东。股份有限公司的财务会计报告应当在召开股东大会年会的 20 日前置备于本公司,供股东查阅;公开发行股票的股份有限公司必须公告其财务会计报告。

❓思考题:什么是公司财务会计报告?

四、 公积金和任意公积金制度

公积金又称储备金,是指为巩固公司的财务基础,依据法律和公司章程的规定或股东会的决议,按确定的比例从营业利润或其他收入中提取的,作为股息分配,而提留备用的那部分净利润。按照公积金是否依法强制提取,可以分为法定公积金、任意公积金和资本公积金。

(一) 法定公积金

法定公积金是指依照法律规定强制提取的公积金。依据法定公积金的来源不同,还可将其分为法定盈余公积金和法定资本公积金。法定盈余公积金,是指公司在弥补亏损后,分配股利前,按法定比例在税后利润中提取的公积金。《公司法》第 166 条规定,公司分配当年税后利润时,应当提取利润的 10% 列入公司法定公积金。公司法定公积金累计额为公司注册资本的 50% 以上的,可以不再提取。公司的法定公积金不足以弥补以前年度亏损的,在依照前款规定提取法定公积金之前,应当先用当年利润弥补亏损。

法定资本公积金,是指由公司资本或资产以及其他原因所形成的公积金。其来源主要是:股票超面额发行所得净溢价额;每一营业年度内,因资产评估增值所获得的估价溢额,处分资产或者出售资产的溢价收入等。《公司法》第 167 条规定,股份有限公司以超过股票票面金额的发行价格发行股份所得的溢价款以及国务院财政部门规定列入资本公积金的其他收入,应当列为公司资本公积金。

法定公积金主要是指用于弥补公司的亏损、扩大公司生产经营或者转为增加公司资本。但是,资本公积金不得用于弥补公司的亏损。法定公积金转为资本时,所留存的该项公积金不得少于转增前公司注册资本的 25%。

思考题:什么是法定公积金?有哪几种类型?

(二)任意公积金

任意公积金是指根据公司章程或股东会决议于法定公积金外自由提取的公积金。根据《公司法》第 166 条第 3 款规定,公司从税后利润中提取法定公积金后,经股东会或者股东大会决议,还可以从税后利润中提取任意公积金。从我国公司法的规定看,任意公积金的用途与法定公积金的用途并无不同,但我们认为,既然任意公积金的提取非以法律强制规定为前提,自应允许公司依据特定目的而提存,并作为专用资金。

思考题:什么是任意公积金?任意公积金的用途有哪些?

(三)资本公积金

资本公积金是指公司由投入资本本身所引起的各种增值,这种增值一般不是由于公司的生产经营活动产生的,与公司的生产经营没有直接关系,主要包括资本(或股本)溢价、法定财产重估增值、资本汇率折算差额、接受现金捐赠、股权投资准备、拨款转入等。资本公积金是非营业原因产生的资产增值,是非收益转化而形成的所有者权益。资本公积是一种准资本或资本储备形式,经过一定的程序可以转为资本。

五、公司税后利润的分配顺序

公司税后利润必须依法分配,其顺序为:(1)如果公司上一年度有亏损的,应当用当年利润弥补上一年度的亏损;(2)提取法定公积金;(3)经股东会决议,可以提取任意公积金;(4)分配股利。有限责任公司按股东的出资比例进行分配。公司持有的本公司股份不得分配利润。

第七节 公司的合并、分立、增资、减资

一、公司的合并

(一)公司合并的概念

公司的合并是指两个或两个以上的公司依照法定程序归并为其中的一个公司或创设另一个新公司的法律行为。

公司合并的法定形式有吸收合并和新设合并两种。根据《公司法》第 172 条第 2 款规定,一个公司吸收其他公司为吸收合并,被吸收的公司解散。两个以上公司合并设立一个新的公司为新设合并,合并各方解散。

根据《公司法》第 174 条规定,公司合并时,合并各方的债权、债务,应当由合并后存续

的公司或者新设的公司承继。

思考题：什么是公司的合并？公司合并有哪几种形式？

（二）公司合并的程序

1. 订立合并契约

参与合并各公司在平等自愿的基础上就合并的有关事项达成一致的协议。在实践中，合并契约一般应载明下列事项：合并各方的名称、住所；合并后存续公司或新设公司的名称、住所；合并各方的资产状况及其处理办法；合并各方的债权债务处理办法；存续公司或新设公司因合并而增资所发行的股份总数、种类和数量；合并各方认为有必要协商一致的其他事项。

2. 通过合并决议

公司的合并与股东利益关系重大，故须全体股东或股东会通过合并决议。根据我国公司法第 173 条、第 43 条、第 103 条规定，有限责任公司的合并必须经代表 2/3 以上表决权的股东通过，股份有限公司必须经出席会议的股东所持表决权的 2/3 以上通过。

3. 编制资产负债表和财产清单

公司合并时，合并各方应编制资产负债表和财产清单，以明确各方的财产状况，便于公司债权人了解。

4. 通知和公告债权人

根据《公司法》规定，公司应当自作出减少注册资本决议之日起 10 日内通知债权人，并于 30 日内在报纸上公告。债权人自接到通知书之日起 30 日内，未接到通知书的自公告之日起 45 日内，可以要求公司清偿债务或者提供相应的担保。

5. 办理合并登记

根据我国《公司法》第 179 条规定，公司合并时，应当依法向公司登记机关办理变更登记。我国《公司登记管理条例》第 38 条第 2 款规定，公司合并的，应当自合并决议或者决定之日起 45 日后申请登记，提交合并协议和合并决议以及在报纸上登载合并公告的证明和债务清偿或者债务担保情况的证明。股份有限公司合并的，还应当提交国务院授权部门或者省、自治区、直辖市人民政府的批准文件。

思考题：公司合并的程序有哪些？

二、公司的分立

（一）公司分立的概念

公司分立是指一个公司依法定程序分为两个或两个以上公司的法律行为。公司分立分为新设分立和派生分立两种。新设分立又称为分解分立，是指将一个公司的资产进行分割，然后分别设立两个或两个以上的公司，原公司因此而消灭。派生分立，又称分解分立或分拆分立，是指在不消灭原公司的基础上，将原公司资产分出一部分或若干部分再成立一个或数个公司的行为。

思考题：什么是公司的分立？

（二）公司分立的程序

1. 股东会决议

公司的分立与股东利益关系重大，故须全体股东或股东会通过分立决议。根据我国公司法第 173 条、第 43 条、第 103 条规定,有限责任公司的分立必须经代表 2/3 以上表决权的股东通过,股份有限公司分立必须经出席会议的股东所持表决权的 2/3 以上通过。

2. 编制资产负债表及财产清单

根据《公司法》第 175 条规定,公司分立,其财产作相应的分割。公司分立,应当编制资产负债表及财产清单。

3. 通知公告债权人

根据《公司法》第 175 条第 2 款规定,公司分立,公司应当自作出分立决议之日起 10 日内通知债权人,并于 30 日内在报纸上公告。

4. 申请登记

派生分立后存续的公司,其股东、资本等发生变化,应依法办理变更登记。新设分立时新设的公司应依法办理设立登记。

❓ 思考题:公司分立的程序有哪些?

三、 公司注册资本的增加

增加注册资本简称增资,是指公司为筹集资金、扩大营业、依照法定的条件和程序增加公司资本总额的法律行为。增资能增强公司的实力,提高公司的信用,一般不会对社会交易安全和债权人的利益造成威胁,所以,各国对公司增资的条件限制较少。

根据我国《公司法》第 37 条、第 43 条规定,有限责任公司经代表 2/3 以上表决权的股东通过,作出股东会决议,即可进行增资。股东对新增注册资本有优先购买权。

根据我国《公司法》第 37 条、第 103 条规定,股份有限公司经出席会议的股东所持表决权的 2/3 以上通过,形成股东大会决议,即可进行增资。

公司增加注册资本时,还应修改公司章程,向公司登记机关办理变更登记手续。《公司法》第 178 条规定,有限责任公司增加注册资本时,股东认缴新增资本的出资,依照本法设立有限责任公司缴纳出资的有关规定执行。股份有限公司为增加注册资本发行新股时,股东认购新股,依照本法设立股份有限公司缴纳股款的有关规定执行。

❓ 思考题:什么是公司注册资本增加?需要经过哪些程序?

四、 公司注册资本的减少

(一) 减少注册资本的概念

公司注册资本减少,简称减资,是指公司资本过剩或亏损严重,根据生产经营的实际情况,依照法定条件和程序减少公司资本总额的法律行为。

公司资本的减少可能会危及社会交易的安全,损害债权的利益,所以根据资本不变原则,一般不允许减少注册资本。因此,为了保护公司债权人的利益,我国公司法对公司减少注册资本作出了严格的限制。

❓ 思考题:什么是减少公司注册资本?

(二) 减少注册资本的程序

《公司法》第 37 条、第 177 条规定,公司减少注册资本必须履行以下程序。

1. 股东会决议或股东大会决议

有限责任公司减少注册资本,必须经代表 2/3 以上表决权的股东通过,作出股东会决议。股份有限公司减少注册资本,经出席会议的股东所持表决权的 2/3 以上通过,形成股东大会决议。

2. 编制资产负债表及财产清单

公司需要减少注册资本时,必须编制资产负债表及财产清单。

3. 通知和公告债权人

公司应当自作出减少注册资本决议之日起 10 日内通知债权人,并于 30 日内在报纸上公告。债权人自接到通知书之日起 30 日内,未接到通知书的自公告之日起 45 日内,有权要求公司清偿债务或者提供相应的担保。

4. 修订章程并办理变更登记

根据《公司法》第 179 条第 2 款规定,公司增加或者减少注册资本,应当依法向公司登记机关办理变更登记。

思考题:减少注册资本应遵循哪些程序?

第八节　公司的解散与清算

一、公司的解散的概念

公司的解散是指公司因法律或章程规定的解散事由而停止营业活动并逐渐终止法人资格的行为,它是公司主体资格消灭的必经程序。公司解散分为自愿解散和被迫解散。所谓被迫解散是指公司非因自身意愿而是由于外界力量干预而解散。如法院判决解散、主管机关命令解散、公司破产等均属于被迫解散。

思考题:什么是公司的解散?

二、公司解散的原因

根据《公司法》第 180 条规定,公司因下列原因可以解散:(一)公司章程规定的营业期限届满或者公司章程规定的其他解散事由出现;(二)股东会或者股东大会决议解散;(三)因公司合并或者分立需要解散;(四)依法被吊销营业执照、责令关闭或者被撤销;(五)人民法院依照本法第 182 条的规定予以解散。

《公司法》第 182 条规定,公司经营管理发生严重困难,继续存续会使股东利益受到重大损失,通过其他途径不能解决的,持有公司全部股东表决权 10% 以上的股东,可以请求人民法院解散公司。

思考题:公司的解散原因有哪些?

三、公司清算的概念

公司的清算是指公司解散后,处分其财产,终结其法律关系,从而消灭公司法人资格的法律程序。我国《公司法》第 183 条规定,公司因本法第 180 条第(1)项、第(2)项、第

（4）项、第（5）项规定而解散的,应当在解散事由出现之日起 15 日内成立清算组,开始清算。有限责任公司的清算组由股东组成,股份有限公司的清算组由董事或者股东大会确定的人员组成。逾期不成立清算组进行清算的,债权人可以申请人民法院指定有关人员组成清算组进行清算。人民法院应当受理该申请,并及时组织清算组进行清算。

思考题:什么是公司的清算?

四、 公司清算组的职权

《公司法》第 184 条规定,清算组在清算期间行使下列职权:(1)清理公司财产,分别编制资产负债表和财产清单;(2)通知、公告债权人;(3)处理与清算有关的公司未了结的业务;(4)清缴所欠税款以及清算过程中产生的税款;(5)清理债权、债务;(6)处理公司清偿债务后的剩余财产;(7)代表公司参与民事诉讼活动。

思考题:公司清算组的职权有哪些?

五、 清算的程序

(一)公告和通知债权人

清算组应当自成立之日起 10 日内通知债权人,并于 60 日内在报纸上公告。债权人应当自接到通知书之日起 30 日内,未接到通知书的自公告之日起 45 日内,向清算组申报其债权。

债权人申报债权,应当说明债权的有关事项,并提供证明材料。清算组应当对债权进行登记。

在申报债权期间,清算组不得对债权人进行清偿。

(二)制定清算方案

清算组在清理公司财产、编制资产负债表和财产清单后,应当制定清算方案,并报股东会、股东大会或者人民法院确认。

(三)财产的分配

公司财产在分别支付清算费用、职工的工资、社会保险费用和法定补偿金,缴纳所欠税款,清偿公司债务后的剩余财产,有限责任公司按照股东的出资比例分配,股份有限公司按照股东持有的股份比例分配。

清算期间,公司存续,但不得开展与清算无关的经营活动。公司财产在未依照前款规定清偿前,不得分配给股东。

(四)申请破产

清算组在清理公司财产、编制资产负债表和财产清单后,发现公司财产不足清偿债务的,应当依法向人民法院申请宣告破产。

公司经人民法院裁定宣告破产后,清算组应当将清算事务移交给人民法院。

(五)办理注销登记

公司清算结束后,清算组应当制作清算报告,报股东会、股东大会或者人民法院确认,并报送公司登记机关,申请注销公司登记,公告公司终止。

思考题:公司清算的程序有哪些?

本章引用法律资源：

1.《中华人民共和国公司法》。

2. 最高人民法院关于适用《中华人民共和国公司法》若干问题的规定（一）法释〔2006〕3 号。

3. 最高人民法院关于适用《中华人民共和国公司法》若干问题的规定（二）法释〔2008〕6 号。

4. 最高人民法院关于适用《中华人民共和国公司法》若干问题的规定（三）法释〔2011〕3 号。

5. 最高人民法院关于适用《中华人民共和国公司法》若干问题的规定（四）法释〔2017〕16 号。

本章参考文献：

1. 法律出版社法规中心. 中华人民共和国公司法注释本［M］. 北京：法律出版社,2014.

2. 石少侠.公司法教程［M］. 北京：中国政法大学出版社,2006.

本章网站资源：

1. 中国公司法律网:www. ccsl. org. cn。

2. 中国民商法律网:www. civillaw. com. cn。

第五章　外商投资法

■■■ **本章教学目标**

通过学习，了解在新的外商投资法律框架下什么是外商投资，有哪些路径和方式可以选择；了解外商投资企业的概念和企业类型；掌握中国外商投资立法的发展过程，了解《外商投资法》的基本内容，知晓外商投资法的立法背景、调整对象和适用范围；了解国家对外资企业的具体监管制度内容；了解外商投资法的法律标准；重点掌握外商投资的市场准入、负面清单制度，外商投资的投资促进、投资保护和投资管理等方面的基本规则。

第一节　外商投资及外商投资企业法律概述

设立外商投资企业是我国吸引和利用境外直接投资的主要形式和途径。外商投资法及外商投资企业法是境外投资者进行直接投资、设立企业开展经营活动的法律准则，也是规范和完善我国投资环境，保障境外投资者和其他相关方合法权益的重要法律手段。

一、外商投资概述

（一）外商投资的概念

外商投资，是指外国的自然人、企业或者其他组织（以下简称外国投资者）直接或者间接在中国境内进行的投资活动。

（二）外商投资的途径

外国投资者在中国境内进行直接或间接的投资活动包括下列情形。

（1）外国投资者单独或者与其他投资者共同在中国境内设立外商投资企业。

（2）外国投资者取得中国境内企业的股份、股权、财产份额或者其他类似权益。

（3）外国投资者单独或者与其他投资者共同在中国境内投资新建项目。

（4）法律、行政法规或者国务院规定的其他方式的投资。

🤔 思考题：什么是外商投资？

二、外商投资企业概述

（一）外商投资企业的概念

外商投资企业是指为了扩大国际经济合作和技术交流，外国公司、企业和其他经济组织或个人，按照平等互利的原则，经中国政府批准，在中华人民共和国境内，同中国的公司、企业或其他经济组织共同举办的企业；或者依照中国有关法律，在中国境内设立的，全部资本由外国投资者投资的企业，不包括外国的企业和其他经济组织在中国境内的分支机构。

（二）外商投资企业的特征

外商投资企业具有如下特征：（1）外商投资企业是外商直接投资举办的企业。投资者将资金或其他财产投入企业，参与企业的经营管理，通过企业盈利分配获取投资收益。（2）外商投资企业是吸引外国私人投资举办的企业。外商投资者以公司、企业和其他经济组织或者个人的名义进行投资，不同于政府的对外援助。（3）外商投资企业是依照中国的法律和行政法规，经中国政府批准，在中国境内设立的企业。外商投资企业设立后，具有中国国籍，需遵守中国法律，受中国法律保护。

（三）外商投资企业的种类

根据我国有关的法律和行政法规的规定，目前境内的外商投资企业主要有以下几种类型。

1. 中外合资经营企业

是指为了扩大国际经济合作和技术交流，中国政府允许外国公司、企业和其他经济组织或个人（以下简称外国合营者），按照平等互利的原则，经中国政府批准，在中华人民共和国境内，同中国的公司、企业或其他经济组织（以下简称中国合营者）共同举办的合营企业。此类企业为股权式企业，多用于投资大、技术性强和合作期限较长的外商投资。

2. 中外合作经营企业

为了扩大对外经济合作和技术交流，促进外国的企业和其他经济组织或者个人（以下简称外国合作者）按照平等互利的原则，同中华人民共和国的企业或者其他经济组织（以下简称中国合作者）在中国境内共同举办的中外合作经营企业（以下简称合作企业）。此类企业通过合作经营合同确定合作者之间的权利和义务，属于契约型企业。

中外合作企业的显著特点是企业类型可以是法人型也可以是非法人型；允许中外合作者在合作企业合同中约定合作期满时合作企业的全部固定资产归中国合作者所有时，可以在合作企业合同中约定外国合作者在合作期限内先行回收投资的办法。

3. 外资企业

此类企业又称为外商独资企业，是指为了扩大对外经济合作和技术交流，促进中国国民经济的发展，中华人民共和国允许外国的企业和其他经济组织或者个人（以下简称外国投资者）在中国境内举办的企业。

该类企业的显著特点是依照中国有关法律在中国境内设立的全部资本由外国投资者投资的企业，但不包括外国的企业和其他经济组织在中国境内的分支机构。

4. 外商投资股份有限公司

这是指依法设立的，全部资本由等额股份构成，股东以其所认购的股份对公司承担责任，公司以全部财产对公司债务承担责任，中外股东共同持有公司股份，且外国股东购买并持有的股份占公司注册资本25％以上的企业法人。

5. 外商投资合伙企业

根据《外国企业或者个人在中国境内设立合伙企业管理办法》和《外商投资合伙企业登记管理规定》等规范的规定，外商投资合伙企业是指两个以上外国企业或者个人在中国境内设立的合伙企业，以及外国企业或者个人与中国的自然人、法人和其他组织在中国境内设立的合伙企业。

思考题：什么是外商投资企业？

三、 外商投资企业法

（一）外商投资企业法的概念及立法

外商投资企业法是指有关外商投资企业组织和活动的行为规范的法律、法规的总称，是由众多的有关外商投资企业的立法规范形成的一个法律体系。其主要内容包括外商投资企业的组织形式、设立与登记程序、法律地位、投资关系、法律文件、中外双方的权利义务、组织机构、经营管理、劳动关系、税收、外汇管理、解散与清算等。

我国的外商投资企业立法是伴随着我国的改革和对外开放政策而逐步建立并不断完善的，至今已经形成较为完备的外商投资企业立法体系，其中重要的法律、法规有：《中外合资经营企业法》（1979 年 7 月 1 日第五届全国人民代表大会第二次会议通过）、《外资企业法》（1986 年 4 月 12 日第六届全国人民代表大会第四次会议通过）、《中外合作经营企业法》（1988 年 4 月 13 日第七届全国人民代表大会第一次会议通过）（上述三部法律一般简称为"外资三法"）、《中外合资经营企业法实施条例》、《关于鼓励外商投资的规定》、《外资企业法实施细则》、《中外合作经营企业法实施细则》等。除此之外，外商投资企业的主管部门（商务部）和相关部门［主要是财政部、国家市场监督管理总局（原国家工商行政管理总局）等］还颁布了大量的部门规章，如《外商投资产业指导目录》、《中外合资经营企业合营各方出资的若干规定》及其《补充规定》、《关于举办股份有限公司形式中外合资企业有关问题的通知》、《关于外商投资企业合同、章程的审批原则和审查要点》等。

（二）外商投资企业法的调整对象

外商投资企业法的调整对象是指其调整的经济法律关系。具体包括这几个方面：（1）我国有关政府部门与外商投资企业在审批、设立、登记、税收、外汇等方面的经济管理关系；（2）外商投资企业与我国境内、境外的企业、其他经济组织及个人之间的经济协作关系；（3）外商投资企业内部的组织管理关系。

外商投资企业的外国投资者是指其他国家或地区的企业、其他经济组织或个人。改革开放以来，港澳台同胞和海外侨胞的投资对于推动大陆经济的蓬勃发展起到了不可或缺的重要作用。外商投资企业法规定，港澳台侨投资者投资参照适用外商投资企业法；关于港澳台侨投资者投资的特别待遇，另行立法，如《中华人民共和国台湾同胞投资保护法》（以下简称《台湾同胞保护法》）及其实施条例，或者由国务院另行规定。

🈲 思考题：什么是外商投资企业法？

四、 对外商投资的投资项目管理制度

我国政府对外商投资的投资项目管理经历了逐案审批制、有限核准和普遍备案相结合制、负面清单加备案制的发展过程。

（一）逐案审批制

三资企业法确立了外商投资项目的逐案审批制，即每一个外商投资项目均需提交中国外商投资管理部门并获得批准方可进行。政府主要从维护经济安全、保障公共利益、市场准入和资本项目管理等方面进行核准。审批外资准入所依据的法律法规经历了一个不断发展完善的过程。

根据《国务院关于鼓励外商投资的规定》(国发〔1986〕95 号),原国家计委拟订了《指导吸收外商投资方向暂行规定》(国办发〔1987〕76 号),经过国务院的批准予以内部试行,国家计委编制的《指导吸收外商投资方向目录》另行下达。根据该暂行规定,我国对外商投资项目分为鼓励、允许、限制和禁止四类。

1995 年 6 月,原国家计委、原国家经贸委和原对外经济贸易合作部联合发布了《指导外商投资方向暂行规定》和《外商投资产业指导目录》(中华人民共和国国家计委、中华人民共和国国家经贸委、中华人民共和国对外经济贸易合作部令 5 号),经国务院批准,自发布之日起施行。本规定适用于在中国境内投资举办中外合资经营企业、中外合作经营企业和外资企业的项目及其他形式的外商投资项目(以下简称外商投资项目)。国家计划委员会会同国务院有关部门根据本规定和国家经济技术发展情况,定期编制和适时修订《外商投资产业指导目录》,经国务院批准后公布。《外商投资产业指导目录》是指导审批外商投资项目的依据。外商投资项目分为鼓励、允许、限制和禁止四类。

为实施国家西部大开发战略,鼓励利用外资,引进先进技术、设备,发展中西部地区比较优势产业和技术先进的企业,促进产业结构的优化升级,带动中西部地区经济整体素质的提高,依据国家产业政策,原国家经贸委、原国家计委和原外经贸部三部委共同制订了《中西部地区外商投资优势产业目录》(国家经济贸易委员会、国家发展计划委员会、国家对外贸易经济合作部第 18 号令),经国务院批准,于 2000 年 6 月 16 日以三部委令发布执行。《中西部地区外商投资优势产业目录》先后经历了 2004 年、2008 年、2013 年、2017 年修改。根据 2019 年 7 月 30 日起施行的《鼓励外商投资产业目录》(2019 年)(中华人民共和国国家发展和改革委员会、中华人民共和国商务部令第 27 号),2017 年 2 月 17 日发布的《中西部地区外商投资优势产业目录》(2017 年修订)同时废止。

经国务院批准(国务院令 2002 年第 346 号),原国家计委、原国家经贸委、原外经贸部发布了新的《指导外商投资方向规定》及《外商投资产业指导目录》(国家计委、国家经贸委、外经贸部第 21 号令)。该规定和目录自 2002 年 4 月 1 日起施行。1995 年 6 月 7 日国务院批准,1995 年 6 月 20 日原国家计划委员会、原国家经济贸易委员会、原对外贸易经济合作部发布的《指导外商投资方向暂行规定》同时废止。

《外商投资产业指导目录》自 1995 年 6 月 20 日颁布后,历经 1997 年、2002 年、2004 年、2007 年、2011 年、2015 年几次修订,最近一次修订是 2017 年 6 月发布的版本。该版本中部分规定已被《外商投资准入特别管理措施(负面清单)》(2018 年)废止,该法规中"鼓励类"已被 2019 年 7 月 30 日起施行的《鼓励外商投资产业目录》(2019 年)废止。

《鼓励外商投资产业目录》(2019 年)充分体现了《外商投资法》精神。新版目录将之前的《外商投资产业指导目录》鼓励类和《中西部地区外商投资优势产业目录》合并,进一步增加了鼓励外商投资领域,将有效提升我国外资利用质量和水平,促进产业转型升级。

根据《指导外商投资方向规定》(2002 年)的规定,《外商投资产业指导目录》和《中西部地区外商投资优势产业目录》是指导审批外商投资项目和外商投资企业适用有关政策的依据。

外商投资项目分为鼓励、允许、限制和禁止四类。鼓励类、限制类和禁止类的外商投资项目,列入《外商投资产业指导目录》。不属于鼓励类、限制类和禁止类的外商投资项目,为允许类外商投资项目。允许类外商投资项目不列入《外商投资产业指导目录》。

1. 属于下列情形之一的,列为鼓励类外商投资项目

(1) 属于农业新技术、农业综合开发和能源、交通、重要原材料工业的。

(2) 属于高新技术、先进适用技术,能够改进产品性能、提高企业技术经济效益或者生产国内生产能力不足的新设备、新材料的。

(3) 适应市场需求,能够提高产品档次、开拓新兴市场或者增加产品国际竞争能力的。

(4) 属于新技术、新设备,能够节约能源和原材料、综合利用资源和再生资源及防治环境污染的。

(5) 能够发挥中西部地区的人力和资源优势,并符合国家产业政策的。

(6) 法律、行政法规规定的其他情形。

2. 属于下列情形之一的,列为限制类外商投资项目

(1) 技术水平落后的。

(2) 不利于节约资源和改善生态环境的。

(3) 从事国家规定实行保护性开采的特定矿种勘探、开采的。

(4) 属于国家逐步开放的产业的。

(5) 法律、行政法规规定的其他情形。

3. 属于下列情形之一的,列为禁止类外商投资项目

(1) 危害国家安全或者损害社会公共利益的。

(2) 对环境造成污染损害,破坏自然资源或者损害人体健康的。

(3) 占用大量耕地,不利于保护、开发土地资源的。

(4) 危害军事设施安全和使用效能的。

(5) 运用我国特有工艺或者技术生产产品的。

(6) 法律、行政法规规定的其他情形。

4. 允许类投资项目

(1) 不属于鼓励类、限制类和禁止类的外商投资项目,为允许类外商投资项目。

(2) 产品全部直接出口的允许类外商投资项目,视为鼓励类外商投资项目;产品出口销售额占其产品销售总额70%以上的限制类外商投资项目,经省、自治区、直辖市及计划单列市人民政府或者国务院主管部门批准,可以视为允许类外商投资项目。

(3) 对于确能发挥中西部地区优势的允许类和限制类外商投资项目,可以适当放宽条件;其中,列入《中西部地区外商投资优势产业目录》的,可以享受鼓励类外商投资项目优惠政策。

(二) 有限核准和普遍备案相结合制

根据《指导外商投资方向规定》(2002 年)和《政府核准的投资项目目录》(2013 年)有关要求,《外商投资项目核准和备案管理办法》(2014 年)改革了外商投资项目管理方式,将项目全面核准改为有限核准和普遍备案相结合的管理方式。其中,除《外商投资产业指导目录》中有中方控股(含相对控股)要求的鼓励类项目和限制类项目,以及属于《政府核准的投资项目目录》(2013 年)第一至十一项所列的外商投资项目实行核准制外,其余外

商投资项目实行备案制。外商投资涉及国家安全的,应当按照国家有关规定进行安全审查。

(三) 负面清单加备案制

2013 年 8 月 30 日,全国人大常委会授权国务院对上海自由贸易试验区内国家实施准入特别管理措施以外的外商投资暂停实施三资企业法规定的行政审批,改为备案制和负面清单管理模式。上海市政府于 2013 年 9 月第一次发布了《中国(上海)自由贸易试验区外商投资准入特别管理措施(负面清单)》(2013 年),明确规定,对负面清单之外的领域,将外商投资项目由核准制改为备案制(国务院规定对国内投资项目保留核准的除外),将外商投资企业合同章程审批改为备案管理。

广东、天津、福建自贸区和上海自贸区扩展区域也于 2014 年 12 月 28 日被全国人大常委会授权实施外商投资准入前国民待遇加负面清单管理模式。

在总结自贸试验区试点经验的基础上,2016 年 9 月 3 日,全国人大常委会正式作出决定,修改三资企业法和《台湾同胞投资保护法》,将不涉及国家规定实施准入特别管理措施的外商投资企业设立及变更由审批改为备案管理,将自贸区的试验结果在全国推行。同年 10 月 8 日,商务部发布实施《外商投资企业设立及变更备案管理暂行办法》,对实施一般备案制加负面清单下的审批制做了具体规定。于上述商务部备案办法发布之同日,就备案制实施后的负面清单,国家发改委和商务部联合发布了 2016 年第 22 号公告,明确外商投资准入特别管理措施范围按《外商投资产业指导目录》(2015 年修订)中限制类和禁止类,以及鼓励类中有股权要求、高管要求的限制措施执行。

2017 年 6 月 28 日,国家发改委和商务部联合发布了《外商投资产业指导目录》(2017 年修订)。《外商投资产业指导目录》(2017 年修订)对结构进行了调整,即在第一部分"鼓励外商投资产业目录"之后,将之前目录中鼓励类有股比要求的条目及限制类、禁止类进行了整合,单独作为"外商投资准入特别管理措施(外商投资准入负面清单)"列出。2018 年 6 月 28 日,国家发改委和商务部发布了单独的《外商投资准入特别管理措施(负面清单)》(2018 年版),即"2018 年版负面清单",从而,《外商投资产业指导目录》(2017 年修订)中的负面清单被取代,但其中的"鼓励外商投资产业目录"则继续执行。

2019 年 6 月 30 日,国家发改委和商务部联合发布了《外商投资准入特别管理措施(负面清单)》(2019 年版)[中华人民共和国国家发展和改革委员会、中华人民共和国商务部令(第 25 号)],自 2019 年 7 月 30 日起施行。2018 年 6 月 28 日国家发展和改革委员会、商务部发布的《外商投资准入特别管理措施(负面清单)》(2018 年版)同时废止。

2019 年 6 月 30 日,国家发改委和商务部联合发布了《鼓励外商投资产业目录》(2019 年版)[中华人民共和国国家发展和改革委员会、中华人民共和国商务部令(第 27 号)],自 2019 年 7 月 30 日起施行。国家发展和改革委员会、商务部 2017 年 6 月 28 日发布的《外商投资产业指导目录》(2017 年修订)鼓励类和 2017 年 2 月 17 日发布的《中西部地区外商投资优势产业目录》(2017 年修订)同时废止。

外商投资准入特别管理措施(外商投资准入负面清单)主要包括以下内容。

(1) 外商投资准入特别管理措施(外商投资准入负面清单)统一列出股权要求、高管要求等外商投资准入方面的限制性措施。内外资一致的限制性措施及不属于准入范畴的限制性措施,不列入外商投资准入特别管理措施(外商投资准入负面清单)。

(2)境外投资者不得作为个体工商户、个人独资企业投资人、农民专业合作社成员,从事经营活动。

(3)境外投资者不得从事外商投资准入特别管理措施(外商投资准入负面清单)中的禁止类项目,从事限制类有外资比例要求的项目,不得设立外商投资合伙企业。

(4)境内公司、企业或自然人以其在境外合法设立或控制的公司并购与其有关联关系的境内公司,涉及外商投资项目和企业设立及变更事项的,按现行规定办理。

(5)鼓励外商投资产业目录与外商投资准入特别管理措施(外商投资准入负面清单)重合的条目,享受鼓励类政策,同时须遵循相关准入规定。

(6)《内地与香港关于建立更紧密经贸关系的安排》及其补充协议和服务贸易协议、《内地与澳门关于建立更紧密经贸关系的安排》及其补充协议和服务贸易协议、《海峡两岸经济合作框架协议》及其后续协议、我国与有关国家签订的自由贸易区协议和投资协定、我国参加的国际条约、我国法律法规另有规定的,从其规定。

(7)境外服务提供者在中国境内提供新闻、文化服务(包括与互联网相关的新闻、文化服务),须履行相关审批和安全评估、高管要求的,按照现行相关规定执行。

❓ 思考题:外商投资的监管种类有哪些?

五、 外国投资者并购境内企业的法律制度

这是指外国投资者购买境内非外商投资企业(即境内公司)股东的股权或认购境内公司增资,使该境内公司变更设立为外商投资企业(即股权并购);或者,外国投资者设立外商投资企业,并通过该企业协议购买境内企业资产且运营该资产;或者,外国投资者协议购买境内企业资产,并以该资产投资设立外商投资企业运营该资产(即资产并购)。

为了促进和规范外国投资者来华投资,引进国外的先进技术和管理经验,提高利用外资的水平,实现资源的合理配置,保证就业、维护公平竞争和国家经济安全,依据外商投资企业的法律、行政法规及《公司法》和其他相关法律、行政法规规定,2002 年 12 月对外贸易经济合作部、国家税务总局、国家工商行政管理总局、国家外汇管理局先是发布《关于加强外商投资企业审批、登记、外汇及税收管理有关问题的通知》(外经贸法发〔2002〕575 号),规定外国投资者收购境内各种性质、类型企业的股权的,应依彼时施行的外商投资企业审批程序,经审批机关批准后变更设立为外商投资企业,并应符合外商投资产业政策。

2003 年 3 月,外经贸部、国家工商行政管理总局、国家外汇管理局和国家税务总局联合发布了《外国投资者并购境内企业暂行规定》(2003 年第 3 号),对外国投资者及外商投资性公司的并购行为做了比较系统的规范。

2006 年 8 月 8 日六部委(商务部、国务院国有资产监督管理委员会、国家税务总局、国家工商行政管理总局、中国证券监督管理委员会和国家外汇管理局)联合发布的《关于外国投资者并购境内企业的规定》(2006 年第 10 号),即"10 号文",对 2013 年的《外国投资者并购境内企业暂行规定》做了重大修订,后经商务部于 2009 年 6 月 22 日发布的 2009 年第 6 号令又做了少许修改。"10 号文"一方面完善了对外资并购的管理,包括对外资并购审批、价款支付或出资安排、登记事项等做了详细规定;另一方面,还涉及对将中国境内

权益装入境外结构的监管,从而对中国民营企业通过红筹架构模式境外上市的安排产生了深远的影响。

2017 年 7 月 30 日商务部发布修改后的《外商投资企业设立及变更备案管理暂行办法》以及《关于外商投资企业设立及变更备案管理有关事项的公告》,将外资并购也纳入了备案制范围,即对于外国投资者并购境内非外商投资企业及对上市公司实施战略投资,不涉及负面清单的,均适用备案管理。

而根据《外商投资准入特别管理措施(负面清单)》(2019 年版),境内公司、企业或自然人以其在境外合法设立或控制的公司并购与其有关联关系的境内公司,涉及外商投资项目和企业设立及变更事项的,按照现行规定办理,这意味着仍将继续维持"10 号文"中规定的关联并购审批制度。2019 年版负面清单明确关联并购继续适用现有规定,即审批制。

思考题:什么叫外国投资者并购境内企业?

六、 对外国投资者和外商投资企业合法权益的保护制度

扩大对外经济合作和技术交流,促进中国国民经济的发展,中国允许外国投资者在中国境内通过设立各类外商投资企业的形式进行投资,并保护这些外国投资者和外商投资企业的合法权益。

(一)对外国投资者在我国的投资和利润的保护

外国投资者在中国境内的投资、获得的利润和其他合法权益,受中国法律保护。外国投资者对外商投资企业依法享有经营自主权。外国投资者从外资企业获得的合法利润、其他合法收入和清算后的资金,可以汇往国外。外资企业的外籍职工的工资收入和其他正当收入,依法缴纳个人所得税后,可以汇往国外。

(二)对外商投资企业自主经营权的保护

外商投资企业依照经批准的章程进行经营管理活动,不受干涉。外商投资企业在批准的经营范围内,自主经营管理,不受干涉。

(三)对外商投资企业不实施国有化和征收

国家对外商投资企业不实行国有化和征收;在特殊情况下,根据社会公共利益的需要,对外商投资企业可以依照法律程序实行征收,并给予相应的补偿。

(四)禁止向外商投资企业摊派

根据外商投资企业法的相关规定,任何单位、任何个人都不得在法律、法规的规定之外,以任何方式向外商投资企业摊派人力、物力和财力。

思考题:外商投资企业的保护有哪些制度?

第二节 外商投资法

2019 年 3 月 15 日,全国人大常委会二次会议审议通过《中华人民共和国外商投资法》(以下简称《外商投资法》),于 2020 年 1 月 1 日开始实施,取代之前《中华人民共和国中外合资经营企业法》《中华人民共和国外资企业法》《中华人民共和国中外合作经营企业法》。

《外商投资法》将最近几年来中国在外资管理领域的改革和调整的结果,通过最高立法机构的立法予以制度化,并在诸多方面重塑了外资管理的基本制度框架。

一、《中华人民共和国外商投资法》出台的背景

《中华人民共和国外商投资法》的出台建立在我国四十余年对外开放的基础之上。20世纪七八十年代,《中华人民共和国中外合资经营企业法》《中华人民共和国外资企业法》《中华人民共和国中外合作经营企业法》(以下统称三资企业法)陆续发布实施,中国外商投资管理体制基本形成。随着中国的不断发展,三资企业法虽然有所修正,但是许多规定不符合现实需求,也有一些规定与《公司法》存在冲突。因此,打"补丁式"法规调整和局部制度创新显得越来越力不从心,一部统一的外商投资法的出台迫在眉睫。

2014年,商务部根据"十二届全国人大常委会立法规划"和"国务院2014年立法工作计划"启动了三资企业法修改工作,并于2015年向社会发布了《中华人民共和国外国投资法(该法征求意见稿)》(以下简称《外国投资法(该法征求意见稿)》)。全国人大常委会于2018年12月26日发布《外商投资法(该法征求意见稿)》(一审稿),于2019年1月29日发布《外商投资法(该法征求意见稿)》(二审稿),于2019年3月9日发布《中华人民共和国外商投资法(该法征求意见稿)》,直至2019年3月15日《外商投资法》的表决通过,正式宣告这部外商投资领域的基础性法律落地。这一法律将取代原有的三部外商投资企业法(即原有的三资企业法,包括《中华人民共和国中外合资经营企业法》《中华人民共和国外资企业法》《中华人民共和国中外合作经营企业法》),成为我国促进、保护、管理外商投资的基础性法律。

思考题:《中华人民共和国外商投资法》出台的背景是什么?

二、 指导思想和基本原则

根据新时代改革开放新的形势和要求,外商投资法制定的指导思想为:高举中国特色社会主义伟大旗帜,以习近平新时代中国特色社会主义思想为指导,深入贯彻落实党的十九大和十九届二中、三中全会精神,适应推动形成全面开放新格局、构建开放型经济新体制的新形势新要求,坚持对外开放基本国策,坚持市场化、法治化、国际化的改革方向,创新外商投资管理制度,确立新时代外商投资法律制度基本框架,为推动高水平对外开放提供有力法治保障,促进社会主义市场经济健康发展。

贯彻上述指导思想,外商投资立法着重遵循和体现以下重要原则。

(1)突出积极扩大对外开放和促进外商投资的主基调。制定外商投资法,就是要在新的历史条件下通过国家立法表明将改革开放进行到底的决心和意志,展现新时代中国积极的对外开放姿态,顺应时代发展潮流,体现推动新一轮高水平对外开放、营造国际一流营商环境的精神和要求,使这部法律成为一部外商投资的促进法、保护法。

(2)坚持外商投资基础性法律的定位。外商投资法是新形势下国家关于外商投资活动全面的、基本的法律规范,是外商投资领域起龙头作用、具有统领性质的法律。因此,这部法律重点是确立外商投资准入、促进、保护、管理等方面的基本制度框架和规则,建立起新时代我国外商投资法律制度的基础。

（3）坚持中国特色和国际规则相衔接。该法立足于我国当前的发展阶段和利用外资工作的实际需要，对外商投资的准入、促进、保护、管理等作出有针对性的规定；同时注意与国际通行的经贸规则、营商环境相衔接，努力构建既符合我国基本国情和实际又顺应国际通行规则、惯常做法的外商投资法律制度。

（4）坚持内外资一致。外商投资在准入后享受国民待遇，国家对内资和外资的监督管理，适用相同的法律制度和规则。继续按照市场化、法治化、国际化的改革方向，在行政审批改革、加强产权平等保护等方面完善相关法律制度，努力打造内外资公平竞争的市场环境，依靠改善投资环境吸引更多外商投资。

思考题：《外商投资法》的指导思想和基本原则是什么？

三、 主要内容

《外商投资法》分为六章，包括总则、投资促进、投资保护、投资管理、法律责任、附则，共四十二条，对新的外商投资法律制度做出了基本的、明确的规定。

（一）关于外商投资和外商投资企业的界定

所谓外商投资，是指外国的自然人、企业或者其他组织（以下简称外国投资者）直接或者间接在中国境内进行的投资活动，包括以下四类具体情形：一是外国投资者单独或者与其他投资者共同在中国境内设立外商投资企业；二是外国投资者取得中国境内企业的股份、股权、财产份额或者其他类似权益；三是外国投资者单独或者与其他投资者共同在中国境内投资新建项目；四是法律、行政法规或者国务院规定的其他方式的投资。

同时，考虑到金融行业同其他行业和领域相比所具的有特殊性，该法规定，对外国投资者在中国境内投资银行、证券、保险等金融行业，或者在证券市场、外汇市场等金融市场进行投资的管理，国家另有规定的，依照其规定。

所谓外商投资企业，是指全部或者部分由外国投资者投资，依照中国法律在中国境内经登记注册设立的企业。

（二）关于外商投资促进

为了积极促进外商投资，总则中规定，国家坚持对外开放的基本国策，鼓励外国投资者依法在中国境内投资。国家实行高水平投资自由化便利化政策，建立和完善外商投资促进机制，营造稳定、透明、可预期和公平竞争的市场环境。同时，设"投资促进"专章，主要包括以下内容。

一是提高外商投资政策的透明度。制定与外商投资有关的法律、法规、规章，应当采取适当方式征求外商投资企业的意见和建议。与外商投资有关的规范性文件、裁判文书等，应当依法及时公布。

二是保障外商投资企业平等参与市场竞争。该法第九条、第十五条、第十六条、第十七条等都体现了外商投资企业平等参与、内外资规则一致的精神。

三是加强外商投资服务。国家建立健全外商投资服务体系，为外国投资者和外商投资企业提供法律法规、政策措施、投资项目信息等方面的咨询和服务；各级人民政府及其有关部门应当按照便利、高效、透明的原则，进一步提高外商投资服务水平。

四是依法依规鼓励和引导外商投资。国家根据需要，设立特殊经济区域，或者在部分地区实行外商投资试验性政策措施,促进外商投资,扩大对外开放;国家根据国民经济和社会发展需要,鼓励和引导外国投资者在特定行业、领域、地区投资,并可以依照法律、行政法规或者国务院的规定给予优惠;县级以上地方人民政府可以根据法律、行政法规、地方性法规的规定,在法定权限内制定外商投资促进和便利化政策措施。

（三）关于外商投资保护

为了加强对外商投资合法权益的保护,总则中规定,国家依法保护外国投资者在中国境内的投资、收益和其他合法权益。同时,设"投资保护"专章,主要包括以下内容。

一是加强对外商投资企业的产权保护。国家对外国投资者的投资不实行征收;在特殊情况下,国家为了公共利益的需要,可以依照法律规定对外国投资者的投资实行征收或者征用,征收、征用应当依照法定程序进行,并及时给予公平、合理的补偿。外国投资者在中国境内的出资、利润、资本收益、资产处置所得、知识产权许可使用费、依法获得的补偿或者赔偿、清算所得等,可以依法以人民币或者外汇自由汇入、汇出。国家保护外国投资者和外商投资企业的知识产权,鼓励基于自愿原则和商业规则开展技术合作。

二是强化对制定涉及外商投资规范性文件的约束。政府及其有关部门制定涉及外商投资的规范性文件,应当符合法律法规的规定;没有法律、行政法规依据的,不得减损外商投资企业的合法权益或者增加其义务,不得设置市场准入和退出条件,不得干预外商投资企业的正常生产经营活动。

三是促使地方政府守约践诺。地方各级人民政府及其有关部门应当履行向外国投资者、外商投资企业依法做出的政策承诺及依法订立的各类合同;因国家利益、社会公共利益需要改变政策承诺、合同约定的,应当依照法定权限和程序进行,并依法对外国投资者、外商投资企业因此受到的损失予以补偿。

四是建立外商投资企业投诉工作机制。国家建立外商投资企业投诉工作机制,协调完善外商投资企业投诉工作中的重大政策措施,及时处理外商投资企业或者其投资者反映的问题;外商投资企业或者其投资者认为行政机关及其工作人员的行政行为侵犯其合法权益的,可以通过外商投资企业投诉工作机制申请解决。

（四）关于外商投资管理

该法在总则中明确规定,国家对外商投资实行准入前国民待遇加负面清单管理制度,并进一步规定:所称准入前国民待遇,是指在投资准入阶段给予外国投资者及其投资不低于本国投资者及其投资的待遇;所称负面清单,是指国家规定在特定领域对外商投资实施的准入特别管理措施;国家对负面清单之外的外商投资,给予国民待遇。负面清单由国务院发布或者批准发布。中华人民共和国缔结或者参加的国际条约、协定对外国投资者准入待遇有更优惠规定的,可以按照相关规定执行。根据我国有关实践和需要,该法规定:负面清单规定禁止投资的领域,外国投资者不得投资;负面清单规定限制投资的领域,外国投资者进行投资应当符合负面清单规定的条件。同时,该法还对外商投资管理做出了一些指引性、衔接性规定。

一是明确按照内外资一致的原则对外商投资实施监督管理。外商投资需要办理投资项目核准、备案的,按照国家有关规定执行;外国投资者在依法需要取得许可的行业、领域进行投资的,应当依法办理相关许可手续;外商投资企业的组织形式、组织机构,适用公司法、合伙企业法等法律的规定;外商投资企业开展生产经营活动,应当依照有关法律、行政法规和国家有关规定办理税收、会计、外汇等事宜,并接受有关主管部门依法实施的监督检查;外国投资者并购中国境内企业或者以其他方式参与经营者集中的,应当依照反垄断法的规定接受经营者集中审查。

二是建立健全外商投资信息报告制度。外国投资者或者外商投资企业应当通过企业登记系统及企业信用信息公示系统向商务主管部门报送投资信息;外商投资信息报告的内容和范围按照确有必要的原则确定,通过部门信息共享能够获得的投资信息,不得再行要求报送。

三是对外商投资安全审查制度做了原则规定。国家对影响或者可能影响国家安全的外商投资进行安全审查;依法做出的安全审查决定为最终决定。

（五）违反外商投资法的法律责任

外国投资者投资外商投资准入负面清单规定禁止投资的领域的,由有关主管部门责令停止投资活动,限期处分股份、资产或者采取其他必要措施,恢复到实施投资前的状态;有违法所得的,没收违法所得。

外国投资者的投资活动违反外商投资准入负面清单规定的限制性准入特别管理措施的,由有关主管部门责令限期改正,采取必要措施满足准入特别管理措施的要求;逾期不改正的,依照前款规定处理。

外国投资者的投资活动违反外商投资准入负面清单规定的,除依照前两款规定处理外,还应当依法承担相应的法律责任。

外国投资者、外商投资企业违反本法规定,未按照外商投资信息报告制度的要求报送投资信息的,由商务主管部门责令限期改正;逾期不改正的,处 10 万元以上 50 万元以下的罚款。

对外国投资者、外商投资企业违反法律、法规的行为,由有关部门依法查处,并按照国家有关规定纳入信用信息系统。

行政机关工作人员在外商投资促进、保护和管理工作中滥用职权、玩忽职守、徇私舞弊的,或者泄露、非法向他人提供履行职责过程中知悉的商业秘密的,依法给予处分;构成犯罪的,依法追究刑事责任。

思考题:《外商投资法》的主要内容有哪些?

四、与《外商投资法》有关的其他问题

（一）过渡期安排

《外商投资法》自 2020 年 1 月 1 日起施行。《中华人民共和国中外合资经营企业法》《中华人民共和国外资企业法》《中华人民共和国中外合作经营企业法》同时废止。

该法施行前依照《中华人民共和国中外合资经营企业法》《中华人民共和国外资企业法》《中华人民共和国中外合作经营企业法》设立的外商投资企业,在外商投资法施行后 5 年内可以继续保留原企业组织形式等。具体实施办法由国务院规定。因此,2024 年 12 月 31 日之前,存量外资企业应根据自身情况,在过渡期内完成企业治理及法律形式的合规调整。

（二）对等待遇

任何国家或者地区在投资方面对中华人民共和国采取歧视性的禁止、限制或者其他类似措施的，中华人民共和国可以根据实际情况对该国家或者该地区采取相应的措施。

🤔 思考题：与《外商投资法》有关的其他问题有哪些？

第三节　中外合资经营企业法

中外合资经营企业是我国利用外资的最重要企业形式。《中华人民共和国中外合资经营企业法》及其实施细则是调整和规范中外合资经营企业的主要法律依据。

一、　中外合资经营企业

中外合资经营企业简称合营企业，是指为了扩大国际经济合作和技术交流，允许外国公司、企业和其他经济组织或个人，按照平等互利的原则，经中国政府批准，在中华人民共和国境内，同中国的公司、企业或其他经济组织共同举办的企业。

合营企业具有如下特征。

（1）投资主体一方是外国公司、企业和其他经济组织或个人；另一方是中国公司、企业或其他经济组织。

（2）合营企业是股权式企业，由中外合营者共同出资举办，根据出资额承担相应的权利和义务。

（3）由中外合营者共同参与合营企业的经营管理。

（4）合营企业在中国境内，根据中国的法律设立，是法人企业，具有中国国籍。

🤔 思考题：合营企业的特征是什么？

二、　中外合资经营企业的设立

（一）设立中外合资经营企业的条件

（1）在中国境内设立的合营企业，应当能够促进中国经济的发展和科学技术水平的提高，有利于社会主义现代化建设。

（2）国家鼓励、允许、限制或者禁止设立合营企业的行业，按照国家指导外商投资方向的规定及外商投资产业指导目录执行。

（3）申请设立合营企业有下列情况之一的，不予批准。

①有损中国主权的。

②违反中国法律的。

③不符合中国国民经济发展要求的。

④造成环境污染的。

⑤签订的协议、合同、章程显属不公平，损害合营一方权益的。

（二）设立中外合资经营企业的程序

1. 设立中外合资经营企业的申请

申请设立合营企业，由中外合营者共同向审批机构报送下列文件。

（1）设立合营企业的申请书。

（2）合营各方共同编制的可行性研究报告。

（3）由合营各方授权代表签署的合营企业协议、合同和章程。

（4）由合营各方委派的合营企业董事长、副董事长、董事人选名单。

（5）审批机构规定的其他文件。

2. 设立中外合资经营企业的审批

在中国境内设立合营企业，必须经中华人民共和国商务部审查批准。批准后，由商务部颁发批准证书。

凡具备下列条件的，国务院授权省、自治区、直辖市人民政府或者国务院有关部门审批，但应当报商务部备案。

（1）投资总额在国务院规定的投资审批权限以内，中国合营者的资金来源已经落实的。

（2）不需要国家增拨原材料，不影响燃料、动力、交通运输、外贸出口配额等方面的全国平衡的。

审批机构自接到规定的全部文件之日起，3 个月内决定批准或者不批准。

3. 设立中外合资经营企业的登记

申请者应当自收到批准证书之日起 1 个月内，按照国家有关规定，向市场监督管理部门办理登记手续。合营企业的营业执照签发日期，即为该合营企业的成立日期。

？思考题：设立合营企业有哪些条件？

三、 中外合资经营企业的组织形式与注册资本

（一）组织形式

合营企业的形式为有限责任公司。合营各方对合营企业的责任以各自认缴的出资额为限，按注册资本比例分享利润和分担风险及亏损。

（二）注册资本

合营企业的注册资本，是指为设立合营企业在登记管理机构登记的资本总额，应为合营各方认缴的出资额之和。合营企业的注册资本一般应当以人民币表示，也可以用合营各方约定的外币表示。

在合营企业的注册资本中，外国合营者的投资比例一般不低于 25%。

合营企业在合营期内不得减少其注册资本。因投资总额和生产经营规模等发生变化，确需减少的，须经审批机构批准。

合营一方向第三者转让其全部或者部分股权的，须经合营他方同意，并报审批机构批准，向登记管理机构办理变更登记手续。合营一方转让其全部或者部分股权时，合营他方有优先购买权。合营一方向第三者转让股权的条件，不得比向合营他方转让的条件优惠。违反规定的，其转让无效。

合营企业注册资本的增加、减少，应当由董事会会议通过，并报审批机构批准，向登记管理机构办理变更登记手续。

？思考题：对合营企业的注册资本有哪些规定？

四、 中外合资经营企业的出资方式与投资总额

（一）出资方式

合营者可以用货币出资,也可以用建筑物、厂房、机器设备或者其他物料、工业产权、专有技术、场地使用权等作价出资。以建筑物、厂房、机器设备或者其他物料、工业产权、专有技术作为出资的,其作价由合营各方按照公平合理的原则协商确定,或者聘请合营各方同意的第三者评定。

外资企业的投资总额,是指开办外资企业所需资金总额,即按其生产规模需要投入的基本建设资金和生产流动资金的总和。

（二）投资比例

中外合资经营企业的注册资本与投资总额的比例,应当遵守如下规定。

（1）中外合资经营企业的投资总额在 300 万美元以下（含 300 万美元）的,其注册资本至少应占投资总额的 7/10。

（2）中外合资经营企业的投资总额在 300 万美元以上至 1000 万美元（含 1000 万美元）的,其注册资本至少应占投资总额的 1/2,其中投资总额在 420 万美元以下的,注册资本不得低于 210 万美元。

（3）中外合资经营企业的投资总额在 1000 万美元以上至 3000 万美元（含 3000 万美元）的,其注册资本至少应占投资总额的 2/5,其中投资总额在 1250 万美元以下的,注册资本不得低于 500 万美元。

（4）中外合资经营企业的投资总额在 3000 万美元以上的,其注册资本至少应占投资总额的 1/3,其中投资总额在 3600 万美元以下的,注册资本不得低于 1200 万美元。

中外合资经营企业如遇特殊情况,不能执行上述规定,由商务部会同国家市场监督管理总局批准。

中外合资经营企业增加投资的,其追加的注册资本与增加的投资额的比例,应按本规定执行。

（三）出资期限

合营各方应当按照合同规定的期限缴清各自的出资额。逾期未缴或者未缴清的,应当按合同规定支付迟延利息或者赔偿损失。

合营各方缴付出资额后,应当由中国的注册会计师验证,出具验资报告后,由合营企业据以发给出资证明书。

❓ 思考题：对中外合资经营企业的出资方式与投资总额比例有哪些规定？

五、 中外合资经营企业的组织机构

中外合资经营企业是中外合营者双方共同出资、共同经营,按照出资比例承担风险和盈亏的有限公司。与内资有限公司的组织机构有所不同,合营企业的组织机构是由董事会组成的权力机构和总经理组成的经营管理机构组成。

（一）权力机构

董事会是合营企业的最高权力机构,决定合营企业的一切重大问题。

董事会成员不得少于 3 人。董事名额的分配由合营各方参照出资比例协商确定。

董事的任期为 4 年,经合营各方继续委派可以连任。

董事会会议每年至少召开 1 次,由董事长负责召集并主持。董事长不能召集时,由董事长委托副董事长或者其他董事负责召集并主持董事会会议。经 1/3 以上董事提议,可以由董事长召开董事会临时会议。

董事会会议应当有 2/3 以上董事出席方能举行。董事不能出席的,可以出具委托书委托他人代表其出席和表决。

董事会会议一般应当在合营企业法定地址所在地举行。

下列事项由出席董事会会议的董事一致通过方可做出决议。

(1)合营企业章程的修改。

(2)合营企业的中止、解散。

(3)合营企业注册资本的增加、减少。

(4)合营企业的合并、分立。

(5)其他事项,可以根据合营企业章程载明的议事规则做出决议。

董事长是合营企业的法定代表人。董事长不能履行职责时,应当授权副董事长或者其他董事代表合营企业。

(二)经营管理机构

合营企业设经营管理机构,负责企业的日常经营管理工作。经营管理机构设总经理 1 人,副总经理若干人。副总经理协助总经理工作。

总经理执行董事会会议的各项决议,组织领导合营企业的日常经营管理工作。在董事会授权范围内,总经理对外代表合营企业,对内任免下属人员,行使董事会授予的其他职权。

总经理、副总经理由合营企业董事会聘请,可以由中国公民担任,也可以由外国公民担任。

经董事会聘请,董事长、副董事长、董事可以兼任合营企业的总经理、副总经理或者其他高级管理职务。总经理处理重要问题时,应当同副总经理协商。

总经理或者副总经理不得兼任其他经济组织的总经理或者副总经理,不得参与其他经济组织对本企业的商业竞争。

总经理、副总经理及其他高级管理人员有营私舞弊或者严重失职行为的,经董事会决议可以随时解聘。

思考题:合营企业的组织机构是什么?

六、 中外合资经营企业的财务与会计制度

合营企业的财务与会计制度,应当按照中国有关法律和财务会计制度的规定,结合合营企业的情况加以制定,并报当地财政部门、税务机关备案。

合营企业按照《中华人民共和国企业所得税法》缴纳所得税后的利润分配原则如下。

(1)提取储备基金、职工奖励及福利基金、企业发展基金,提取比例由董事会确定。

(2)储备基金除用于垫补合营企业亏损外,经审批机构批准也可以用于本企业增加

资本,扩大生产。

（3）提取三项基金后的可分配利润,董事会确定分配的,应当按合营各方的出资比例进行分配。

以前年度的亏损未弥补前不得分配利润。以前年度未分配的利润,可以并入本年度利润分配。

合营企业应当向合营各方、当地税务机关和财政部门报送季度和年度会计报表。

💭 思考题:合营企业缴纳所得税后的利润分配原则是什么?

第四节 中外合作经营企业法

中外合作经营企业具有投资方式、组织机构和企业经营等多方面灵活多样的特点,曾一度广受欢迎,是我国利用外资的一种重要的企业形式。

一、 中外合作经营企业

中外合作经营企业简称合作企业,是指外国的企业和其他经济组织或者个人按照平等互利的原则,同中华人民共和国的企业或者其他经济组织在中国境内共同举办的中外合作经营企业。

中外合作者举办合作企业,应当依法在合作企业合同中约定投资或者合作条件、收益或者产品的分配、风险和亏损的分担、经营管理的方式及合作企业终止时财产的归属等事项。

中外合作经营企业具有下列主要特征。

（1）合作者一方是外国的企业和其他经济组织或者个人,另一方是企业或者其他经济组织。

（2）合作企业是契约式企业,合作者按照合作合同约定双方的权利和义务、亏损和盈余的承担。

（3）合作企业可以由中外合作者共同经营管理,也可以委托中外合作者以外的他人经营管理。

（4）合作企业在中国境内,根据中国的法律设立,具有中国国籍。

（5）合作企业包括依法取得中国法人资格的合作企业和不具有法人资格的合作企业。合作企业依法取得中国法人资格的,为有限责任公司。

💭 思考题:合作企业的特征是什么?

二、中外合作经营企业的设立

在中国境内举办中外合作经营企业,应当符合国家的发展政策和产业政策,遵守国家关于指导外商投资方向的规定。国家鼓励举办产品出口的或者技术先进的生产型合作企业。

（一）设立中外合作经营企业的申请
设立合作企业,应当由中国合作者向审查批准机关报送下列文件。

（1）设立合作企业的项目建议书，并附送主管部门审查同意的文件。

（2）合作各方共同编制的可行性研究报告，并附送主管部门审查同意的文件。

（3）由合作各方的法定代表人或其授权的代表签署的合作企业协议、合同、章程。

（4）合作各方的营业执照或者注册登记证明、资信证明及法定代表人的有效证明文件，外国合作者是自然人的，应当提供有关其身份、履历和资信情况的有效证明文件。

（5）合作各方协商确定的合作企业董事长、副董事长、董事或者联合管理委员会主任、副主任、委员的人选名单。

（6）审查批准机关要求报送的其他文件。

前款所列文件，除第4项中所列外国合作者提供的文件外，必须报送中文文本，第2项、第3项和第5项所列文件可以同时报送合作各方商定的一种外文文本。

（二）设立中外合作经营企业的审批

1. 设立中外合作经营企业的审批要求

设立合作企业由商务部或者国务院授权的部门和地方人民政府审查批准。

设立合作企业属于下列情形的，由国务院授权的部门或者地方人民政府审查批准。

（1）投资总额在国务院规定由国务院授权的部门或者地方人民政府审批的投资限额以内。

（2）自筹资金，并且不需要国家平衡建设、生产条件的。

（3）产品出口不需要领取国家有关主管部门发放的出口配额、许可证，或者虽需要领取，但在报送项目建议书前已征得国家有关主管部门同意的。

（4）有法律、行政法规规定由国务院授权的部门或者地方人民政府审查批准的其他情形的。

审查批准机关应当自收到规定的全部文件之日起45天内决定批准或者不批准。审查批准机关认为报送的文件不全或者有不当之处的，有权要求合作各方在指定期间内补全或修正。

商务部和国务院授权的部门批准设立的合作企业，由商务部颁发批准证书。

国务院授权的地方人民政府批准设立的合作企业，由有关地方人民政府颁发批准证书，并自批准之日起30天内将有关批准文件报送商务部备案。

2. 申请设立合作企业，有下列情形之一的，不予批准

（1）损害国家主权或者社会公共利益的。

（2）危害国家安全的。

（3）对环境造成污染损害的。

（4）有违反法律、行政法规或者国家产业政策的其他情形的。

（三）设立中外合作经营企业的登记

设立合作企业的申请经批准后，应当自接到批准证书之日起30天内向市场监督管理部门申请登记，领取营业执照。合作企业的营业执照签发日期，为该企业的成立日期。

合作企业应当自成立之日起30天内向税务机关办理税务登记。

思考题：设立中外合作企业的条件有哪些？

三、 中外合作经营企业的组织形式、投资和合作条件

（一）中外合作经营企业的组织形式

合作企业依法取得中国法人资格的,为有限责任公司。除合作企业合同另有约定外,合作各方以其投资或者提供的合作条件为限对合作企业承担责任。

合作企业以其全部资产对合作企业的债务承担责任。

（二）中外合作经营企业的投资和合作条件

合作各方应当依照有关法律、行政法规的规定和合作企业合同的约定,向合作企业投资或者提供合作条件。

合作各方向合作企业的投资或者提供的合作条件可以是货币,也可以是实物或者工业产权、专有技术、土地使用权等财产权利。

中国合作者的投资或者提供的合作条件,属于国有资产的,应当依照有关法律、行政法规的规定进行资产评估。

在依法取得中国法人资格的合作企业中,外国合作者的投资一般不低于合作企业注册资本的 25％。在不具有法人资格的合作企业中,对合作各方向合作企业投资或者提供合作条件的具体要求,由商务部规定。

合作各方应当以其自有的财产或者财产权利作为投资或者合作条件,对该投资或者合作条件不得设置抵押权或者其他形式的担保。

合作各方应当根据合作企业的生产经营需要,依照有关法律、行政法规的规定,在合作企业合同中约定合作各方向合作企业投资或者提供合作条件的期限。

合作各方没有按照合作企业合同约定缴纳投资或者提供合作条件的,市场监督管理部门应当让其限期履行;限期届满仍未履行的,审查批准机关应当撤销合作企业的批准证书,市场监督管理部门应当吊销合作企业的营业执照,并予以公告。

未按照合作企业合同约定缴纳投资或者提供合作条件的一方,应当向已按照合作企业合同约定缴纳投资或者提供合作条件的他方承担违约责任。

合作各方缴纳投资或者提供合作条件后,应当由中国注册会计师验证并出具验资报告,由合作企业据以发给合作各方出资证明书。

❓思考题：设立中外合作企业的合作条件有哪些?

四、 中外合作经营企业的组织机构

（一）中外合作经营企业的权力机构

合作企业设董事会或者联合管理委员会。董事会或者联合管理委员会是合作企业的权力机构,按照合作企业章程的规定,决定合作企业的重大问题。

董事会或者联合管理委员会成员不得少于 3 人,其名额的分配由中外合作者参照其投资或者提供的合作条件协商确定。

董事会董事或者联合管理委员会委员由合作各方自行委派或者撤换。董事会董事长、副董事长或者联合管理委员会主任、副主任的产生办法由合作企业章程规定;中外合作者的一方担任董事长、主任的,副董事长、副主任由他方担任。

董事或者委员的任期由合作企业章程规定,但是,每届任期不得超过 3 年。董事或者委员任期届满,委派方继续委派的,可以连任。

董事会会议或者联合管理委员会会议每年至少召开 1 次,由董事长或者主任召集并主持。董事长或者主任因特殊原因不能履行职务时,由董事长或者主任指定副董事长、副主任或者其他董事、委员召集并主持。1/3 以上的董事或者委员可以提议召开董事会会议或者联合管理委员会会议。

董事会会议或者联合管理委员会会议应当有 2/3 以上董事或者委员出席方能举行,不能出席董事会会议或者联合管理委员会会议的董事或者委员应当书面委托他人代表其出席和表决。董事会会议或者联合管理委员会会议做出决议,须经全体董事或者委员的过半数通过。董事或者委员无正当理由不参加又不委托他人代表其参加董事会会议或者联合管理委员会会议的,视为出席董事会会议或者联合管理委员会会议并在表决中弃权。

召开董事会会议或者联合管理委员会会议,应当在会议召开的 10 天前通知全体董事或者委员。

董事会或者联合管理委员会也可以用通信的方式做出决议。

下列事项由出席董事会会议或者联合管理委员会会议的董事或者委员一致通过,方可作出决议。

(1) 合作企业章程的修改。

(2) 合作企业注册资本的增加或者减少。

(3) 合作企业的解散。

(4) 合作企业的资产抵押。

(5) 合作企业合并、分立和变更组织形式。

(6) 合作各方约定由董事会会议或者联合管理委员会会议一致通过方可做出决议的其他事项。

董事会或者联合管理委员会的议事方式和表决程序,除法定外,由合作企业章程规定。

董事长或者主任是合作企业的法定代表人。董事长或者主任因特殊原因不能履行职务时,应当授权副董事长、副主任或者其他董事、委员对外代表合作企业。

(二) 中外合作经营企业的经营管理机构

合作企业设总经理 1 人,负责合作企业的日常经营管理工作,对董事会或者联合管理委员会负责。合作企业的总经理由董事会或者联合管理委员会聘任、解聘。

总经理及其他高级管理人员可以由中国公民担任,也可以由外国公民担任。经董事会或者联合管理委员会聘任,董事或者委员可以兼任合作企业的总经理或者其他高级管理职务。

总经理及其他高级管理人员不胜任工作任务的,或者有营私舞弊或者严重失职行为的,经董事会或者联合管理委员会决议,可以解聘;给合作企业造成损失的,应当依法承担责任。

合作企业成立后委托合作各方以外的他人经营管理的,必须经董事会或者联合管理委员会一致同意,并应当与被委托人签订委托经营管理合同。

合作企业应当将董事会或者联合管理委员会的决议、签订的委托经营管理合同,连同被委托人的资信证明等文件,一并报送审查批准机关批准。审查批准机关应当自收到有关文件之日起 30 天内决定批准或者不批准。

🔖 思考题:设立中外合作企业的组织机构有哪些?

第五节　外资企业法

作为三资企业中的一种,外资企业是我国利用外资的最重要企业形式。《中华人民共和国外资企业法》及其实施细则是调整和规范中外合资经营企业的主要法律依据。

一、外资企业

外资企业又称外商独资企业,是指依照中国有关法律在中国境内设立的全部资本由外国投资者投资的企业,不包括外国的企业和其他经济组织在中国境内的分支机构。

外资企业具有如下特征。

(1)外资企业的投资者是国外的企业、其他经济组织和个人。可以是一个外国投资者单独投资,也可以是若干外国投资者合资。

(2)外资企业是根据中国法律在中国境内设立的企业,具有中国国籍。

(3)外资企业由外国投资者依法独立自主经营。

(4)外资企业的经营收入除按中国有关税收的规定纳税后,完全归投资者所有和支配。不包括外国的企业和其他经济组织在中国境内的分支机构。

🔖 思考题:外资企业的特征有哪些?

二、外资企业的设立

(一)设立外资企业的条件

设立外资企业,必须有利于中国国民经济的发展,能够取得显著的经济效益。国家鼓励外资企业采用先进技术和设备,从事新产品开发,实现产品升级换代,节约能源和原材料,并鼓励举办产品出口的外资企业。

禁止或者限制设立外资企业的行业,按照国家指导外商投资方向的规定及《外商投资产业指导目录》执行。

(二)设立外资企业的申请

外国投资者在提出设立外资企业的申请前,应当就下列事项向拟设立外资企业所在地的县级或者县级以上地方人民政府提交报告。报告内容包括:设立外资企业的宗旨,经营范围、规模,生产产品,使用的技术设备,用地面积及要求,需要用水、电、煤、煤气或者其他能源的条件及数量,对公共设施的要求等。

县级或者县级以上地方人民政府应当在收到外国投资者提交的报告之日起 30 天内以书面形式答复外国投资者。

外国投资者设立外资企业,应当通过拟设立外资企业所在地的县级或者县级以上地方人民政府向审批机关提出申请,并报送下列文件。

（1）设立外资企业申请书。

（2）可行性研究报告。

（3）外资企业章程。

（4）外资企业法定代表人（或者董事会人选）名单。

（5）外国投资者的法律证明文件和资信证明文件。

（6）拟设立外资企业所在地的县级或者县级以上地方人民政府的书面答复。

（7）需要进口的物资清单。

（8）其他需要报送的文件。

前款第1、3项文件必须用中文书写；第2、4、5项文件可以用外文书写，但应当附中文译文。

两个或者两个以上外国投资者共同申请设立外资企业，应当将其签订的合同副本报送审批机关备案。

（三）设立外资企业的审批

1. 设立外资企业的审批要求

设立外资企业的申请，由中华人民共和国商务部审查批准后，发给批准证书。

设立外资企业的申请属于下列情形的，国务院授权省、自治区、直辖市和计划单列市、经济特区人民政府审查批准后，发给批准证书。

（1）投资总额在国务院规定的投资审批权限以内的。

（2）不需要国家调拨原材料，不影响能源、交通运输、外贸出口配额等全国综合平衡的。

省、自治区、直辖市和计划单列市、经济特区人民政府在国务院授权范围内批准设立外资企业，应当在批准后15天内报商务部备案（商务部与省、自治区、直辖市，以及计划单列市、经济特区人民政府，以下统称审批机关）。

申请设立的外资企业，其产品涉及出口许可证、出口配额、进口许可证或者属于国家限制进口的，应当依照有关管理权限事先征得商务主管部门的同意。

2. 申请设立外资企业，有下列情况之一的，不予批准

（1）有损中国主权或者社会公共利益的。

（2）危及中国国家安全的。

（3）违反中国法律、法规的。

（4）不符合中国国民经济发展要求的。

（5）可能造成环境污染的。

审批机关应当在收到申请设立外资企业的全部文件之日起90天内决定批准或者不批准。审批机关如果发现上述文件不齐备或者有不当之处，可以要求限期补报或者修改。

（四）设立外资企业的登记

设立外资企业的申请经审批机关批准后，外国投资者应当在收到批准证书之日起30天内向市场监督管理部门申请登记，领取营业执照。外资企业的营业执照签发日期为该企业成立日期。

外国投资者在收到批准证书之日起满30天未向市场监督管理部门申请登记的，外资

企业批准证书自动失效。

外资企业应当在企业成立之日起 30 天内向税务机关办理税务登记。

❓ 思考题：设立外资企业的条件有哪些？

三、 外资企业的组织形式、注册资本和出资方式

（一）外资企业的组织形式

外资企业的组织形式为有限责任公司。经批准也可以为其他责任形式。外资企业为有限责任公司的，外国投资者对企业的责任以其认缴的出资额为限。外资企业为其他责任形式的，外国投资者对企业的责任适用中国法律、法规的规定。

（二）外资企业的注册资本

外资企业的投资总额，是指开办外资企业所需资金总额，即按其生产规模需要投入的基本建设资金和生产流动资金的总和。

外资企业的注册资本，是指为设立外资企业在市场监督管理部门登记的资本总额，即外国投资者认缴的全部出资额。

外资企业的注册资本与投资总额的比例应当符合中国有关规定。参照中外合资经营企业的有关规定执行。

外资企业在经营期内不得减少其注册资本。但是，因投资总额和生产经营规模等发生变化，确需减少的，须经审批机关批准。

外资企业注册资本的增加、转让，须经审批机关批准，并向市场监督管理部门办理变更登记手续。

外资企业将其财产或者权益对外抵押、转让，须经审批机关批准并向市场监督管理部门备案。

（三）外资企业的出资方式

外国投资者可以用可自由兑换的外币出资，也可以用机器设备、工业产权、专有技术等作价出资。经审批机关批准，外国投资者也可以用其从中国境内举办的其他外商投资企业获得的人民币利润出资。

外国投资者以机器设备作价出资的，该机器设备应当是外资企业生产所必需的设备。该机器设备的作价不得高于同类机器设备当时的国际市场正常价格。对作价出资的机器设备，应当列出详细的作价出资清单，包括名称、种类、数量、作价等，作为设立外资企业申请书的附件一并报送审批机关。

作价出资的机器设备运抵中国口岸时，外资企业应当报请中国的商检机构进行检验，由该商检机构出具检验报告。作价出资的机器设备的品种、质量和数量与外国投资者报送审批机关的作价出资清单列出的机器设备的品种、质量和数量不符的，审批机关有权要求外国投资者限期改正。

外国投资者以工业产权、专有技术作价出资的，该工业产权、专有技术应当为外国投资者所有。对作价出资的工业产权、专有技术，应当备有详细资料，包括所有权证书的复制件，有效状况及其技术性能、实用价值，作价的计算根据和标准等，作为设立外资企业申请书的附件一并报送审批机关。

作价出资的工业产权、专有技术实施后,审批机关有权进行检查。该工业产权、专有技术与外国投资者原提供的资料不符的,审批机关有权要求外国投资者限期改正。

（四）外资企业的出资期限

根据《商务部关于改进外资审核管理工作的通知》(商资函〔2014〕314 号)的规定,取消对外商投资(含台、港、澳投资)的公司首次出资比例、货币出资比例和出资期限的限制或规定。外国投资者缴付出资的期限应当在设立外资企业申请书和外资企业章程中载明。各级商务主管部门应在批复中对上述内容予以明确。

外资企业应当在审查批准机关核准的期限内在中国境内投资;逾期不投资的,市场监督管理部门有权吊销营业执照。市场监督管理部门对外资企业的投资情况进行检查和监督。

思考题：外资企业的出资方式有哪些？

本章引用法律资源：

1.《中华人民共和国中外合资经营企业法》及其实施细则。

2.《中华人民共和国中外合作经营企业法》及其实施细则。

3.《中华人民共和国外资企业法》及其实施细则。

4.《指导外商投资方向规定》(2002 年)。

5.《鼓励外商投资产业目录》(2019 年)。

6.《关于设立外商投资股份有限公司若干问题的暂行规定》。

7.《国家工商行政管理局关于中外合资经营企业注册资本与投资总额比例的暂行规定》。

8.《国务院关于鼓励外商投资的规定》。

9.《外商投资准入特别管理措施(负面清单)》(2019 年)。

10.《外商投资合伙企业登记管理规定》。

11.《外商投资项目核准和备案管理办法》。

12.《中华人民共和国外商投资法》。

本章参考文献：

1. 卢炯星. 中国外商投资法问题研究[M]. 北京：法律出版社,2001.

2. 张炜. 外商直接投资对中国制度变迁的影响机制分析：兼论外商直接投资对制度溢出的空间效应[M]. 天津：南开大学出版社,2016.

本章网站资源：

1. 中国人大官网：http://www.npc.gov.cn/。

2. 国家市场监督管理总局官网：http://www.samr.gov.cn/。

3. 商务部官网：http://www.mofcom.gov.cn/。

第六章　破产法

■■■ **本章教学目标**

通过本章的学习,学生可以了解什么是破产及其在市场经济中的作用和意义,我国破产法的适用范围;理解破产原因及例外,债权人会议的组成及职责,管理人的法律性质和职责,破产法上的法律责任;掌握破产的主要程序,债务人财产的范围及认定;明确破产债权的范围;熟悉重整、和解的程序;掌握破产清算顺序。

第一节　破产与破产法

一、破产概述

(一)破产的概念

破产是市场淘汰失败者的规范渠道,是市场经济发展到一定阶段必然出现的法律现象。

法律上的破产有两层含义:一是指债务人不能清偿到期债务的一种事实和状态;二是指债务人不能清偿到期债务时,经法院审理与监督,强制清算其所有财产,公平清偿全体债权人,并依法免除其无法偿还的债务的法律制度。学理和实践中,通常把这两种含义结合起来理解。

现代破产法律制度有狭义和广义两个层面的理解,狭义的仅指破产清算制度,广义的理解,破产法律制度还包括破产清算制度以外的,以避免债务人破产为主要目的的重整、和解制度。目前各国立法多采用广义层面的理解。

(二)破产的特征

为准确把握破产的含义,就需要进一步分析破产的法律特征。其法律特征主要表现在以下几个方面。

1. 破产是一种特殊的偿债手段

任何一个市场经营主体都负有偿还到期债务的义务,破产本身就是一种偿债手段,只是与其他偿债手段相比,它是以债务人民事主体资格的消灭为偿债基础的特殊偿债手段。也就是说,市场主体以其全部资产作为偿债基础,并因此丧失主体资格,并因主体资格的丧失而对尚未清偿的债务不再清偿。

2. 破产以债务人不能清偿到期债务为前提

破产是市场经济社会所特有的,也是必然的现象。在市场竞争中,必然存在部分生产经营者由于经营管理不善,无法偿还到期债务。从更深层次上说,这种无法偿还的状态严重影响了债权人的利益,这种状态的存续还会导致债务人财产的进一步耗损,从而进一步损害到债权人的利益,甚至会影响到整个经济秩序和民事流转的安全,为此,有必要通过消灭债务人主体资格的方式,遏制其财产的进一步损耗。

3. 破产以向全体债权人公平清偿为原则,同时合理保护债务人正当权益

在破产的情况下,通常有多个债权人,而债务人的资产又不足以清偿全部债务,这样债权人之间就存在着受偿上的利益冲突。破产的进行就是为向全体债权人公平地清偿债务,从而协调各债权人的利益冲突,使各债权人合理地共担损失和共享利益。破产作为为全体债权人利益而进行的法律程序,具有对其他债务清偿程序排他性优先适用的效力。同时,破产法律制度中还设置了具有强制性的和解、重整与免责等制度对债务人正当权益予以保护,尽力使债务人避免破产,免除诚实债务人通过破产程序未能清偿的剩余债务,鼓励投资人在某一企业破产之后仍可能参与社会经济活动,为社会和个人创造新的财富。

4. 破产是一种在人民法院主持下进行的法律程序

从清偿债务的角度看,破产具有执行程序的属性。由于破产并不能使所有债权全部受偿,它还会导致债务人主体资格的最终消灭,所以需要国家强制力保证其顺利进行,并保证整个过程中的公平。换言之,正是因为人民法院的介入和主持,才能通过破产程序实现对全体债权人的公平清偿和最终消灭债务人的主体资格。同样,由于破产属于执行程序,所以其不能用于解决当事人之间的实体民事争议,对这些实体民事争议,原则上均应由破产程序之外的诉讼程序解决。

💬 思考题:如何理解破产的概念?

二、 破产法

(一) 破产法的概念

《中华人民共和国企业破产法》(以下简称《破产法》)第1条规定:"为规范企业破产程序,公平清理债权债务,保护债权人和债务人的合法权益,维护社会主义市场经济秩序,制定本法。"市场经济的本质是法治经济,破产法是市场经济法律体系的重要组成部分,在保障债权公平有序受偿、完善优胜劣汰市场竞争机制、优化社会资源配置、调整社会产业结构、推动经济社会科学发展,构建诚信市场环境等方面具有不可替代的重要作用。

破产法是调整破产过程中人民法院和债权人、债务人、管理人以及其他破产当事人或参与人之间的权利义务关系的法律规范的总称。它既包括程序规范,又包括实体规范。程序规范规定破产的申请与受理、和解、重整、破产宣告和破产清算等程序制度,以及债权人、债务人、债权人会议、管理人等在人民法院的指挥和监督下处理破产案件的手段和措施。实体程序则规定破产界限及破产程序中债权人、债务人的实体权利和义务。

(二) 我国破产法立法概况

1986年12月2日,第六届全国人大常委会第十八次会议通过了《中华人民共和国企业破产法(试行)》,该法共6章43条,自1988年11月1日起施行,它只适用于全民所有制企业的破产。为了保障该法的实施,最高人民法院于1991年11月7日发布了《关于贯彻执行〈中华人民共和国企业破产法(试行)〉若干问题的意见》。为对非国有企业的破产作出规范,第七届全国人大第四次会议于1991年4月9日通过了《中华人民共和国民事诉讼法》(以下简称《民事诉讼法》),在该法第19章专门规定了"企业法人破产还债程序",适用于非国有企业,包括具有法人资格的集体企业、联营企业、私人企业以及设在中国领域内的外商投资企业等。1993年12月29日通过的《中华人民共和国公司法》第8章"公

司破产、解散和清算"就有限责任公司和股份有限公司的破产作了专门规定。此外,1994年10月25日,国务院发布了《关于在若干城市试行国有企业破产问题的通知》;1996年7月25日,国家经济贸易委员会、中国人民银行联合发布了《关于试行国有企业兼并破产中若干问题的通知》;再加上各地先后颁布的有关破产的地方性法律文件,这些共同组成了我国早期破产法的体系,但在实施过程中也出现了不少问题。1994年起,我国启动了对破产法的全面修订工作。

2006年8月27日,第十届全国人大常委会第二十三次会议通过了《中华人民共和国企业破产法》(中华人民共和国主席令第五十四号),自2007年6月1日起施行,该法共12章136条。2011年8月29日,最高人民法院审判委员会第1527次会议通过了《最高人民法院关于适用〈中华人民共和国企业破产法〉若干问题的规定(一)》(法释〔2011〕22号)(以下简称《破产法司法解释(一)》),自2011年9月26日起施行。2013年7月29日,最高人民法院审判委员会第1586次会议通过了《最高人民法院关于适用〈中华人民共和国企业破产法〉若干问题的规定(二)》(法释〔2013〕22号)(以下简称《破产法司法解释(二)》),自2013年9月16日起施行。此外,《中华人民共和国公司法》《中华人民共和国民事诉讼法》及相关司法解释在近年来的修订中,也对与破产相关的规定作了修订。上述法律和司法解释,是我国目前破产程序实施中所依据的主要法律渊源。

❓ 思考题:简述我国破产法的立法现状。

第二节　破产程序

一、破产原因

破产原因,是指人民法院受理破产案件,开始破产程序应具备的条件或事实。

(一)《破产法》的适用主体

这里有必要先分析一下我国《破产法》的适用主体。《破产法》第2条规定:"企业法人不能清偿到期债务,并且资产不足以清偿全部债务或者明显缺乏清偿能力的,依照本法规定清理债务。企业法人有前款规定情形,或者有明显丧失清偿能力可能的,可以依照本法规定进行重整。"《破产法》第135条规定:"其他法律规定企业法人以外的组织的清算,属于破产清算的,参照适用本法规定的程序。"《合伙企业法》第92条规定:"合伙企业不能清偿到期债务的,债权人可以依法向人民法院提出破产清算申请,也可以要求普通合伙人清偿。合伙企业依法被宣告破产的,普通合伙人对合伙企业债务仍承担无限连带责任。"《最高人民法院关于对因资不抵债无法继续办学被终止的民办学校如何组织清算问题的批复》(法释〔2010〕20号)规定,依照《中华人民共和国民办教育促进法》第9条批准设立的民办学校因资不抵债无法继续办学被终止,当事人依照《中华人民共和国民办教育促进法》第58条第2款规定向人民法院申请清算的,人民法院应当依法受理。人民法院组织民办学校破产清算,参照适用《中华人民共和国企业破产法》规定的程序,并依照《中华人民共和国民办教育促进法》第59条规定的顺序清偿。《最高人民法院关于个人独资企业清算是否可以参照适用企业破产法规定的破产清算程序的批复》(法释〔2012〕16号)规定,在个人独资企业不能清偿到期债务,并且资产不足以清偿全部债务或者明显缺乏清偿能力的情况下,可以参照适用企业破产法规定的破产清算程序进行清算。根据上述规定,我国《破产法》不仅适用于企业法人,还适用于合伙企业、个人独资企业、民办学校等其他非法人企业和社会组织的破产,前提是相关法律法规或司法解释有明确规定,适用时也要注意非法人企业和社会组织破产中的特殊性。

(二) 破产界限

根据《破产法》第 2 条和《破产法司法解释(一)》第 1 条的规定,确定企业能否破产的大前提是债务人不能清偿到期债务,且具备下列情形之一的,人民法院应认定其具备破产原因:资产不足以清偿全部债务,即资不抵债;企业明显缺乏清偿能力。

《破产法司法解释(一)》第 2 条进一步明确了债务人不能清偿到期债务的三个必备条件:债权债务关系依法成立;债务履行期限已经届满;债务人未完全清偿债务。《破产法司法解释(一)》第 3 条规定除有相关证据外,债务人的资产负债表,或者审计报告、资产评估报告等显示其全部资产不足以偿付全部负债的,人民法院应当认定债务人资产不足以清偿全部债务。

《破产法司法解释(一)》第 4 条规定了在债务人账面资产大于负债的情况下,人民法院可以认定债务人明显缺乏清偿能力的 5 种情形:存在因资金严重不足或者财产不能变现等原因而无法清偿债务,法定代表人下落不明且无其他人员负责管理财产而无法清偿债务,经人民法院强制执行而无法清偿债务,长期亏损且经营扭亏困难而无法清偿债务,导致债务人丧失清偿能力的其他情形。

思考题:我国《破产法》规定的破产原因是什么?

二、 破产申请的提出

我国在破产程序的启动方面采取的是申请主义,没有相应主体提起破产申请,人民法院不得自行依职权开始破产程序。

破产申请,是指有权申请破产的人基于法定的事实和理由向有破产申请管辖权的人民法院请求对债务人进行重整、和解或者破产清算的意思表示。《破产法》第 7 条规定:"债务人有本法第 2 条规定的情形,可以向人民法院提出重整、和解或者破产清算申请。债务人不能清偿到期债务,债权人可以向人民法院提出对债务人进行重整或者破产清算的申请。企业法人已解散但未清算或者未清算完毕,资产不足以清偿债务的,依法负有清算责任的人应当向人民法院申请破产清算。"由此可见,在我国,债权人、债务人和清算责任人均有权在债务人具备破产原因时提出破产申请,但可以提出的请求和要提交的材料有所不同。

(一) 债权人提出

债权人有权提出重整或者破产清算的申请。债权人提出破产申请的条件比较简单,只要债务人不能清偿到期债务,债权人就有权申请债务人破产,以此来督促债务人及时履行债务,保证交易活动正常进行。债权人申请债务人破产的,只需要提交破产申请书和债务人不能清偿到期债务的有关证据即可,债务人是资不抵债还是明显缺乏清偿能力不在其证明范围内,如债务人对此有异议,需在收到法院通知之日起 7 日内向人民法院提出异议。

根据《最高人民法院关于债权人对人员下落不明或者财产状况不清的债务人申请破产清算案件如何处理的批复》(法释〔2008〕10 号),债权人对人员下落不明或者财产状况不清的债务人申请破产清算,符合企业破产法规定的,人民法院应依法予以受理。债务人能否依据企业破产法第 11 条第 2 款的规定向人民法院提交财产状况说明、债权债务清册等相关材料,并不影响对债权人破产申请的受理。

（二） 债务人提出

债务人有权提出重整、和解或者破产清算的申请。债务人申请破产的,除需证明自己已具备前述破产原因外,应在提交破产申请书的同时,向人民法院提交企业的财产状况说明、债务清册、债权清册、有关财务会计报告、职工安置预案以及职工工资的支付和社会保险费用的缴纳情况。

（三） 依法负有清算责任的人提出

企业解散有多种情形,常见的包括:依照章程规定的经营期限到期解散,经出资人同意解散,因企业合并或者分立而解散,依法被撤销,因企业违法被关闭,法律法规规定的其他情形。不论企业法人因何种原因解散,都要组织清算人员来清理企业债权债务。企业解散后,如果未清算或者未清算完毕前,依法负有清算责任的人发现企业资产不足以清偿债务的,应当向法院申请破产清算。《破产法司法解释（一）》第 5 条进一步规定,企业法人已解散但未清算或者未在合理期限内清算完毕,债权人也有权申请债务人破产清算。

（四） 金融机构破产的特别规定

《破产法》第 134 条规定商业银行、证券公司、保险公司等金融机构具备本法规定的破产原因时,可以适用本法规定的重整或破产清算程序,但相关申请不是由金融机构或其债权人等提出,而是由国务院金融监督管理机构提出。该条同时还规定,国务院金融监督管理机构依法对出现重大经营风险的金融机构采取接管、托管等措施的,可以向人民法院申请中止以该金融机构为被告或者被执行人的民事诉讼程序或者执行程序。

❓思考题:破产申请的提出人有哪些? 各需准备哪些材料?

三、 破产申请的受理

（一） 破产案件的管辖

《破产法》第 3 条规定:"破产案件由债务人住所地人民法院管辖。"这实际上是一种专属管辖。依据《最高人民法院关于审理企业破产案件若干问题的规定》（法释〔2002〕23号）,债务人住所地指债务人的主要办事机构所在地;债务人无办事机构的,由其注册地人民法院管辖。基层人民法院一般管辖县、县级市或者区的工商行政管理机关核准登记企业的破产案件;中级人民法院一般管辖地区、地级市（含本级）以上的工商行政管理机关核准登记企业的破产案件;纳入国家计划调整的企业破产案件,由中级人民法院管辖。

依据《民事诉讼法》第 38 条的规定,上级人民法院有权审理下级人民法院管辖的企业破产案件,也可以将本院管辖的企业破产案件移交下级人民法院审理;下级人民法院需要将自己管辖的企业破产案件交由上级人民法院审理的,可以报请上级人民法院审理。省、自治区、直辖市范围内因特殊情况需对个别企业破产案件的地域管辖作调整的,须经共同上级人民法院批准。《破产法司法解释（一）》还规定了在人民法院未接收申请人破产申请或收到破产申请时未向申请人出具收到申请及所附证据的书面凭证时,申请人可以向上一级人民法院提出破产申请。

这里需要进一步说明的是破产受理后债务人衍生诉讼的管辖问题。根据《破产法》第21条、《破产法司法解释（二）》第47条等的规定，人民法院受理破产申请后，当事人提起的有关债务人的民事诉讼案件，只能向受理破产申请的人民法院提起。如涉及海事纠纷、专利纠纷、证券市场因虚假陈述引发的民事赔偿纠纷等法律对管辖有特殊规定的案件，可依据《民事诉讼法》第37条的规定，请求上级人民法院指定管辖。

🅠 思考题：我国有关破产案件的管辖是如何规定的？

（二）破产申请的受理

根据《破产法》第10、11、12条的规定，债权人提出破产申请的，人民法院应当自收到申请之日起5日内通知债务人。债务人对申请有异议的，应当自收到人民法院的通知之日起7日内向人民法院提出。人民法院应当自异议期满之日起10日内裁定是否受理。债务人提出破产申请的，人民法院应当自收到破产申请之日起15日内裁定是否受理。有特殊情况需要延长前述裁定受理期限的，经上一级人民法院批准，可以延长15日。人民法院决定受理破产申请的，应当自裁定作出之日起5日内送达申请人。债权人提出申请的，人民法院应当自裁定作出之日起5日内送达债务人。债务人应当自裁定送达之日起15日内，向人民法院提交财产状况说明、债务清册、债权清册、有关财务会计报告以及职工安置预案、职工工资的支付和社会保险费用的缴纳情况。

破产案件受理后，人民法院应当完成以下工作：指定管理人；自裁定受理破产申请之日起25日内通知已知债权人，并予以公告。通知和公告应当载明下列事项：申请人、被申请人的名称或者姓名，人民法院受理破产申请的时间；申报债权的期限、地点和注意事项；管理人的名称或者姓名及其处理事务的地址；债务人的债务人或者财产持有人应当向管理人清偿债务或者交付财产的要求；第一次债权人会议召开的时间和地点；人民法院认为应当通知和公告的其他事项。

《破产法》第15条至第21条规定了人民法院受理破产申请后对相关人员、相关事项发生的法律效力，主要包括：（1）至破产程序终结之日，债务人的法定代表人、经人民法院决定债务人的财务管理人员和其他经营管理人员承担下列义务：妥善保管其占有和管理的财产、印章和账簿、文书等资料；根据人民法院、管理人的要求进行工作，并如实回答询问；列席债权人会议并如实回答债权人的询问；未经人民法院许可，不得离开住所地；不得新任其他企业的董事、监事、高级管理人员。（2）债务人对个别债权人的债务清偿无效。（3）债务人的债务人或者财产持有人应当向管理人清偿债务或者交付财产，如因故意违反前述规定使债权人受到损失的，不免除其清偿债务或者交付财产的义务。（4）管理人对破产申请受理前成立而债务人和对方当事人均未履行完毕的合同有权决定解除或者继续履行，并通知对方当事人。管理人自破产申请受理之日起2个月内未通知对方当事人，或者自收到对方当事人催告之日起30日内未答复的，视为解除合同。管理人决定继续履行合同的，对方当事人应当履行；但是，对方当事人有权要求管理人提供担保。管理人不提供担保的，视为解除合同。（5）有关债务人财产的保全措施应当解除，执行程序应当中止。（6）已经开始而尚未终结的有关债务人的民事诉讼或者仲裁应当中止；在管理人接管债务人的财产后，该诉讼或者仲裁继续进行。（7）有关债务人的民事诉讼，只能向受理破产申请的人民法院提起。

思考题：简述人民法院裁定受理破产申请的法律效力。

（三）破产申请的不予受理与驳回

人民法院受理破产申请后，发现不具备《破产法》规定的破产原因，决定不予受理的，应当自裁定作出之日起5日内送达申请人并说明理由。人民法院受理破产申请后至破产宣告前，经审查发现债务人不具备破产原因的，可以裁定驳回申请。申请人对上述不予受理或驳回裁定不服的，可以自裁定送达之日起10日内向上一级人民法院提起上诉。

四、债权申报

人民法院受理破产申请后，应通知已知债权人，并予以公告。人民法院应当在通知和公告中确定债权人申报债权的期限。债权申报期限自人民法院发布受理破产申请公告之日起计算，最短不得少于30日，最长不得超过3个月。人民法院受理破产申请时对债务人享有债权的债权人，应在人民法院确定的债权申报期限内向管理人进行债权申报。债权人申报债权时，应当书面说明债权的数额和有无财产担保，并提交有关证据。只有依法申报了债权的债权人，才能依照破产法规定的程序行使在债务人破产程序中的相关权利。在人民法院确定的债权申报期限内，债权人未申报债权的，可以在破产财产最后分配前补充申报；但是，此前已进行的分配，不再对其补充分配。为审查和确认补充申报债权的费用，由补充申报人承担。

根据《破产法》第6章"债权申报"的规定，债权申报时要注意以下事项。

（1）未到期的债权，在破产申请受理时视为到期。附利息的债权自破产申请受理时起停止计息。附利息的债权，若破产申请时未到期则视为到期，其利息计算至破产申请受理时止。

（2）附条件、附期限的债权和诉讼、仲裁未决的债权，债权人可以申报。

（3）债务人所欠职工的工资、医疗、伤残补助、抚恤费用，所欠的应当划入职工个人账户的基本养老保险、基本医疗保险费用，以及法律、行政法规规定应当支付给职工的补偿金，不必申报，由管理人调查后列出清单并予以公示。职工对清单记载有异议的，可以要求管理人更正；管理人不予更正的，职工可以向人民法院提起诉讼。

（4）申报的债权是连带债权的，应当说明。连带债权人可以由其中一人代表全体连带债权人申报债权，也可以共同申报债权。

（5）债务人的保证人或者其他连带债务人已经代替债务人清偿债务的，以其对债务人的求偿权申报债权。债务人的保证人或者其他连带债务人尚未代替债务人清偿债务的，以其对债务人的将来求偿权申报债权。但是，债权人已经向管理人申报全部债权的除外。连带债务人数人被裁定适用破产法规定的程序的，其债权人有权就全部债权分别在各破产案件中申报债权。

（6）管理人或者债务人依照破产法规定解除合同的，对方当事人可以以因合同解除所产生的损害赔偿请求权申报债权。

（7）债务人是委托合同的委托人，被裁定适用破产法规定的程序，受托人不知该事实，继续处理委托事务的，受托人以由此产生的请求权申报债权。

（8）债务人是票据的出票人，被裁定适用破产法规定的程序，该票据的付款人继续付款或者承兑的，付款人以由此产生的请求权申报债权。

管理人收到债权申报材料后,应当登记造册,对申报的债权进行审查,编制债权表,并提交第一次债权人会议核查。债务人、债权人对债权表记载的债权无异议的,由人民法院裁定确认。债务人、债权人对债权表记载的债权有异议的,可以向受理破产申请的人民法院提起诉讼。

❓ 思考题:简述债权申报的基本要求。

五、 重整

破产重整制度是对可能或已经发生破产原因但又有希望重生的债务人,通过各方利害关系人的协商,并借助法律强制性地调整他们的利益,对债务人进行生产经营上的整顿和债权债务关系上的清理,以期摆脱财务困境,重获经营能力的特殊法律制度。该制度体现了现代破产制度的破产预防功能。

(一) 重整的主要程序

1. 重整申请的提出

根据《破产法》第70条规定,债务人、债权人均可以直接向人民法院申请对债务人进行重整。此外,如债权人申请对债务人进行破产清算的,在人民法院受理破产申请后、宣告债务人破产前,债务人或者出资额占债务人注册资本1/10以上的出资人,可以向人民法院申请重整。

2. 审查、裁定重整与公告

人民法院在收到重整申请和有关证据后,应依法审查债务人是否符合《破产法》第2条规定的进行重整的条件,申请人是否提交应提交的申请材料。认为具备条件的,应当作出准予债务人重整的裁定,并予以公告。

3. 重整计划草案的制定

债务人或者管理人应当自人民法院裁定债务人重整之日起6个月内,同时向人民法院和债权人会议提交重整计划草案。6个月的期限届满,经债务人或者管理人请求,有正当理由的,人民法院可以裁定延期3个月。债务人或者管理人未按期提出重整计划草案的,人民法院应当裁定终止重整程序,并宣告债务人破产。

重整计划草案的内容包括以下几个方面。

(1) 债务人的经营方案

经营方案应当对债务人的资产状况、产品结构、市场前景等进行深入分析和论证,找出债务人陷入濒临破产困境的原因,并以此提出解决之道。

(2) 债权分类

债权性质不同,其让步幅度和清偿顺序也有所区别,《破产法》第82条将债权分为以下4类:对债务人的特定财产享有担保权的债权;债务人所欠职工的工资和医疗、伤残补助、抚恤费用,所欠的应当划入职工个人账户的基本养老保险、基本医疗保险费用,以及法律、行政法规规定应当支付给职工的补偿金;债务人所欠税款;普通债权。人民法院在必要时可以决定在普通债权组中设小额债权组。

(3) 债权调整方案

方案内容涉及:企业整体情况的处理;企业重新发展的资金来源,主要包括可借入资本、出售部分财产换取资金、股份公司可征得证券监管部门的同意增发股票或债券募集资金或进行合理的资本置换等。

（4）债权受偿方案

方案规定各类债权变动的具体情况、债权的受偿时间、受偿金额、受偿方式、受偿条件、履行的担保等。重整计划不得规定减免债务人欠缴的《破产法》第 82 条第 1 款第 2 项规定以外的社会保险费用。

（5）重整计划的执行期限

一般为 3～5 年。

（6）重整计划执行的监督期限

在该期限内，由管理人监督重整计划的执行，债务人应当向管理人报告重整计划执行情况和债务人财务状况。

（7）其他方案

主要指有利于债务人重整的其他方案。

4. 重整计划草案的表决

人民法院应当自收到重整计划草案之日起 30 日内召开债权人会议，对该草案依照债权分类，分组进行表决，然后按各组表决的结果计算债权人会议表决的结果。出席会议的同一表决组的债权人过半数同意重整计划草案，并且其所代表的债权额占该组债权总额的 2/3 以上的，即为该组通过重整计划草案。债务人的出资人代表可以列席讨论重整计划草案的债权人会议。重整计划草案涉及出资人权益调整事项的，应当设出资人组，对该事项进行表决。部分表决组未通过重整计划草案的，债务人或者管理人可以同未通过重整计划草案的表决组协商。该表决组可以在协商后再表决一次。双方协商的结果不得损害其他表决组的利益。

5. 重整计划的裁定与重整程序终止

自重整计划通过之日起 10 日内，债务人或者管理人应当向人民法院提出批准重整计划的申请。未通过重整计划草案的表决组拒绝再次表决或者再次表决仍未通过重整计划草案，但重整计划草案符合《破产法》第 87 条规定的条件，债务人或者管理人可以申请人民法院批准重整计划草案。人民法院经审查认为符合法律规定的，应当自收到申请之日起 30 日内裁定批准，终止重整程序，并予以公告。重整计划草案未获得通过且未依照《破产法》第 87 条的规定获得批准，或者已通过的重整计划未获得批准的，人民法院应当裁定终止重整程序，并宣告债务人破产。

此外，《破产法》第 78 条规定，在重整期间，有下列情形之一的，经管理人或者利害关系人请求，人民法院应当裁定终止重整程序，并宣告债务人破产：（1）债务人的经营状况和财产状况继续恶化，缺乏挽救的可能性；（2）债务人有欺诈、恶意减少债务人财产或者其他显著不利于债权人的行为；（3）由于债务人的行为致使管理人无法执行职务。

6. 重整计划的执行与终止

经批准的重整计划由债务人负责执行，由管理人监督重整计划的执行。人民法院裁定批准重整计划后，已接管财产和营业事务的管理人应当向债务人移交财产和营业事务。监督期内，债务人应当向管理人报告重整计划执行情况和债务人财务状况。《破产法》第 93 条规定，债务人不能执行或者不执行重整计划的，人民法院经管理人或者利害关系人请求，应当裁定终止重整计划的执行，并宣告债务人破产。

思考题：简述重整程序终止的情形。

（二）重整期间的相关规定

自人民法院裁定债务人重整之日起至重整程序终止，为重整期间。重整期间，为保障重整程序的推进和保护全体债权人利益，法律作了如下规定。

1.债务人财产与营业事务的管理

经债权人申请，人民法院批准，重整期间，债务人可以在管理人的监督下自行管理财产和营业事务，由此破产法规定的管理人的职权由债务人行使。如重整期间，由管理人负责管理财产和营业事务的，管理人可以聘任债务人的经营管理人员负责营业事务。

2.担保事宜

在重整期间，对债务人的特定财产享有的担保权暂停行使。但是，担保物有损坏或者价值明显减少的可能，足以危害担保权人权利的，担保权人可以向人民法院请求恢复行使担保权。在重整期间，债务人或者管理人为继续营业而借款的，可以为该借款设定担保。

3.取回权

在符合事先约定的条件下，取回权人有权要求取回债务人合法占有的财产。

4.出资人与管理人员的权利限制

在重整期间，债务人的出资人不得请求投资收益分配；除经人民法院同意外，债务人的董事、监事、高级管理人员不得向第三人转让其持有的债务人的股权。

（三）重整计划的约束力

经人民法院裁定批准的重整计划，是在债权人会议分组表决的基础上形成的，因此对债务人和全体债权人均有约束力。破产程序开始后，债权人未依照《破产法》的规定申报债权的，在重整计划执行期间不得行使权利。在重整计划执行完毕后，可以按照重整计划规定的同类债权的清偿条件行使权利。

债权人对债务人的保证人和其他连带债务人所享有的权利，不受重整计划的影响，债权人可以要求债务人的保证人和其他连带债务人清偿债务。

因债务人不能执行或者不执行重整计划而由人民法院裁定终止重整计划执行的，债权人在重整计划中作出的债权调整的承诺失去效力。债权人因执行重整计划所受的清偿仍然有效，债权未受清偿的部分作为破产债权。因执行重整计划受到部分清偿的债权人，只有在其他同顺位债权人同自己所受的清偿达到同一比例时，才能继续接受分配。原为重整计划的执行提供的担保继续有效。

《破产法》第94条规定，按照重整计划减免的债务，自重整计划执行完毕时起，债务人不再承担清偿责任。

思考题：简述重整计划终止执行后的债权处理。

六、和解

（一）和解的主要程序

1.和解申请的提出

根据《破产法》第2条、第7条、第95条的规定，债务人享有申请重整、和解或者破产清算的选择权。从申请时间上来看，债务人可以直接向人民法院申请和解，也可以在人民法院受理债权人提起的破产申请后、宣告债务人破产前,向人民法院申请和解。债务人申请和解,应当提出和解协议草案。我国法律没有规定债权人的和解申请权。

2. 审查、裁定与公告

人民法院经审查认为和解申请符合破产法规定的,应当裁定和解,予以公告,并召集债权人会议讨论和解协议草案。

3. 和解协议的通过

和解协议经债权人会议讨论后表决。通过和解协议的决议,由出席会议的有表决权的债权人过半数同意,并且其所代表的债权额占无财产担保债权总额的 2/3 以上。

4. 和解程序的终止

人民法院应对债权人会议通过的和解协议进行审查,审查决议程序是否合法,是否违反法律、行政法规,协议是否损害了债权人的一般利益,如果没有不应认可的法定事由,人民法院应当裁定认可和解协议,终止和解程序,并予以公告。管理人应当向债务人移交财产和营业事务,并向人民法院提交执行职务的报告。和解协议草案经债权人会议表决未获得通过,或者已经债权人会议通过的和解协议未获得人民法院认可的,人民法院应当裁定终止和解程序,并宣告债务人破产。

5. 和解协议的终止执行

债务人不能执行或者不执行和解协议的,人民法院经和解债权人请求,应当裁定终止和解协议的执行,并宣告债务人破产。和解债权人是指人民法院受理破产申请时对债务人享有无财产担保债权的人。不执行是指在和解协议规定的清偿期到来以后,债务人无正当理由拒绝对部分或全部债权人清偿。不能执行是指在和解协议规定清偿期到来以后,债务人仍然没有清偿能力。债务人执行和解协议期间,债权人会议发现债务人财务状况继续恶化的,属于不能履行协议的清偿义务,有权申请终止和解协议的执行。

6. 自行和解

《破产法》第 105 条规定了破产程序中的自行和解,即人民法院受理破产申请后,债务人与全体债权人就债权债务的处理自行达成协议的,可以请求人民法院裁定认可,并终结破产程序。

（二）和解的法律效力

1. 担保权人的权利行使

对债务人的特定财产享有担保权的权利人,自人民法院裁定和解之日起可以行使权利。

2. 和解协议的约束力

经人民法院裁定认可的和解协议,自公告之日起对债务人和全体和解债权人均有约束力。和解协议生效后,债务人重新取得对其财产的支配权和营业事务的经营权。债务人应当按照和解协议规定的条件清偿债务,债务人不得给予个别债权人以和解协议以外的利益,以防止在债权人之间产生不平等,影响和解协议的正常执行。债权人也不得向债务人要求和解协议规定以外的任何利益。只要债务人没有出现法定的、应终止和解协议执行、宣告破产的事由,任何债权人均不得超越和解协议的约定实施干扰债务人正常生产经营和清偿活动的行为。个别债权人不得向债务人追索债务,请求企业给付财产的民事诉讼、民事执行程序以及相关的诉讼保全措施均不得进行。

按照和解协议减免的债务,自和解协议执行完毕时起,债务人不再承担清偿责任。和解债权人未依照破产法规定申报债权的,在和解协议执行期间不得行使权利;在和解协议执行完毕后,可以按照和解协议规定的清偿条件行使权利。和解债权人对债务人的保证人和其他连带债务人所享有的权利,不受和解协议的影响。此外,和解协议对于在其生效后发生的新债务不发生效力。

3. 和解协议的无效

因债务人的欺诈或者其他违法行为而成立的和解协议,人民法院应当裁定无效,并宣告债务人破产。和解协议经人民法院裁定无效的,应当自始无效,但和解债权人因执行和解协议所受的清偿,在其他债权人所受清偿同等比例的范围内,不予返还。

4. 人民法院裁定终止和解协议执行的法律处理

为促成和解协议的达成,债权人一般会有让步,涉及放宽债务的清偿时间,减少债务的清偿数额。和解协议被裁定终止执行后,和解债权人在和解协议中作出的债权调整的承诺失去效力,在计算破产债权时,应仍以原债权为准。破产分配时,应以债权人的原债权数额为基准按比例计算清偿数额,将各个债权人在和解过程中已受清偿部分扣除后,作为债权人应受偿数额。人民法院裁定终止和解协议执行的,和解债权人因执行和解协议所受的清偿仍然有效。因执行和解协议受到部分清偿的和解债权人,只有在其他债权人同自己所受的清偿达到同一比例时,才能继续接受分配。人民法院裁定终止和解协议执行的,为和解协议的执行提供的担保继续有效。

思考题:简述和解协议的法律约束力。

七、 破产宣告

根据《破产法》第 107 条的规定,人民法院依照本法规定宣告债务人破产的,应当自裁定作出之日起 5 日内送达债务人和管理人,自裁定作出之日起 10 日内通知已知债权人,并予以公告。债务人被宣告破产后,债务人成为破产人,债务人财产成为破产财产,人民法院受理破产申请时对债务人享有的债权称为破产债权。

司法实践中,人民法院受理破产案件后,如债务人出现不具备破产原因的情况,则破产程序没有继续的必要,因此《破产法》第 108 条规定了破产宣告前破产程序终结的情形及处理。该条规定的法定情形有二:一是第三人为债务人提供足额担保或者为债务人清偿全部到期债务的;二是债务人已清偿全部到期债务的。出现上述情形之一的,人民法院应当裁定终结破产程序,并予以公告。

思考题:简述破产宣告前破产程序终结的法定情形。

八、 破产财产的变价与分配

(一) 破产财产的变价

在破产程序中,管理人应根据破产财产的实际情况,及时拟订破产财产变价方案,对应予变价的财产的范围与类别、财产的评估价值、财产的变价方式及预计所需时间和费用等重要事项加以说明,进行规定。因破产财产的变价方案涉及全体破产债权人的切身利益,故需提交债权人会议讨论通过。如因争议较大,债权人会议未能表决通过的,为保证破产程序的顺序推进,管理人可提交人民法院裁定。破产财产变价方案经债权人会议通过的或者经人民法院裁定的,管理人应当按照该方案适时变价出售破产财产。

根据《破产法》第112条的规定,除债权人会议另有决议和按照国家规定不能拍卖或者限制转让的财产外,破产财产的变价出售应当通过拍卖进行。破产企业可以全部或者部分变价出售。

(二) 破产财产的分配

1. 优先拨付破产费用与共益债务

破产费用和共益债务都是为债权人的共同利益而发生的费用和负担的债务,都应当在发生时由债务人财产随时清偿。《破产法》第41条规定破产费用的范围包括人民法院受理破产申请后发生的以下费用:破产案件的诉讼费用,管理、变价和分配债务人财产的费用,管理人执行职务的费用、报酬和聘用工作人员的费用。《破产法》第42条规定共益债务是指人民法院受理破产申请后发生的下列债务:因管理人或者债务人请求对方当事人履行双方均未履行完毕的合同所产生的债务;债务人财产受无因管理所产生的债务;因债务人不当得利所产生的债务;为债务人继续营业而应支付的劳动报酬和社会保险费用以及由此产生的其他债务;管理人或者相关人员执行职务致人损害所产生的债务;债务人财产致人损害所产生的债务。在破产程序中,如果发现债务人财产已不足以清偿破产费用和共益债务的,表明各债权人已不能从破产财产中获得任何清偿,再继续进行破产程序已无实际意义。故《破产法》第43条规定,债务人财产不足以清偿所有破产费用或者共益债务的,按照比例清偿。债务人财产不足以清偿破产费用的,管理人应当提请人民法院终结破产程序。人民法院应当自收到请求之日起15日内裁定终结破产程序,并予以公告。

根据《破产法》第113条的规定,破产财产在优先清偿破产费用和共益债务后,才能开始清偿各项破产债权。依此规定,在以破产财产向各破产债权人进行分配前,应合理预计此后程序中还需支付的破产费用和共益债务,并为此提留必要的款项。

❓思考题:简述破产费用与共益债务的内容。

2. 破产财产的清偿顺序

《破产法》第113条规定了破产财产在优先清偿破产费用和共益债务后的清偿顺序,即:(1) 破产人所欠职工的工资和医疗、伤残补助、抚恤费用,所欠的应当划入职工个人账户的基本养老保险、基本医疗保险费用,以及法律、行政法规规定应当支付给职工的补偿金。(2) 破产人欠缴的除前项规定以外的社会保险费用和破产人所欠税款。(3) 普通破产债权。考虑到债务人进入破产程序就是因为不能清偿到期财产,故实际上其全部债权能得以清偿是小概率事件,故该条第2款进一步规定了"破产财产不足以清偿同一顺序的清偿要求的,按照比例分配"。考虑到债务人企业中董事、监事和高级管理人员的工资普遍高于普通员工,而其又对企业陷入破产境地负有更多的责任,为平衡其与普通债权人、普通员工之间的利益,故该条第3款规定"破产企业的董事、监事和高级管理人员的工资按照该企业职工的平均工资计算"。

如最终破产财产清偿破产债权后仍有剩余的,可以用于承担罚款、罚金等非民事责任,再有剩余,则作为企业剩余财产,按合伙协议、公司章程、投资协议等约定返还投资人。

❓思考题:简述破产清偿顺序。

3. 破产财产的分配

除债权人会议另外决议外,破产财产的分配应当以货币方式进行。管理人应当拟订破产财产分配方案,并提交债权人会议讨论。债权人会议通过破产财产分配方案后,管理人需将该方案提请人民法院裁定认可。破产财产分配方案经人民法院裁定认可后,由管理人负责执行。管理人在最后分配完结后,应制作并及时向人民法院提交破产财产分配报告。《破产法》第117至119条还对附条件债权的分配,未受领的破产财产的分配额的再分配以及诉讼或仲裁未决债权的分配等特殊问题作出了规定,以避免破产程序的久拖不决。

九、 破产程序的终结

《破产法》第120条规定了管理人应当请求人民法院裁定终结破产程序的两种情况:一是破产人无财产可供分配的;二是最后分配完结。人民法院应当自收到管理人终结破产程序的请求之日起15日内作出是否终结破产程序的裁定。裁定终结的,应当予以公告。

管理人应当自破产程序终结之日起10日内,持人民法院终结破产程序的裁定,向破产人的原登记机关办理注销登记。除破产人仍存在诉讼或者仲裁未决情况外,管理人于办理注销登记完毕的次日终止执行职务。

《破产法》第123条规定破产程序终结后两年,债权人发现破产人有依法应当追回的财产和有应当供分配的其他财产的,可以请求人民法院按照破产财产分配方案进行追加分配。但财产数量不足以支付分配费用的,不再进行追加分配,由人民法院将其上交国库。

破产程序终结后,破产人因法律主体资格的消灭,不再承担债务的清偿责任。债权人在破产程序中未受清偿的部分,破产人的保证人和其他连带债务人依法继续承担清偿责任。

❓ 思考题:简述管理人请求人民法院裁定终结破产程序的情形。

第三节　破产程序中的特别机构

一、 管理人概述

(一) 管理人的概念

管理人是在人民法院受理破产申请进入破产程序以后,根据法院的指定而负责债务人财产的管理、处分、业务经营以及破产方案的拟定和执行的专门人员。《破产法》第13条规定:"人民法院裁定受理破产申请的,应当同时指定管理人。"破产程序能否顺利进行,债权人的利益能否最大化,债务人企业能否通过重整、和解等得到重生,管理人起到了不可替代的作用。考虑到破产程序中,管理人主要是债权人利益的代表,故我国破产法在明确管理人由人民法院指定的基础上,赋予了债权人会议对其认为不合格的管理人的更换申请权。《破产法》第22条第2款规定:"债权人会议认为管理人不能依法、公正执行职务或者有其他不能胜任职务情形的,可以申请人民法院予以更换。"

为保障破产程序的顺利进行,《破产法》第29条规定管理人没有正当理由不得辞去职务,管理人辞去职务应当经人民法院许可。

管理人经人民法院许可,可以聘请必要的工作人员。管理人的报酬由人民法院确定。

(二) 管理人的资格

根据《破产法》第24条的规定,管理人既可以由组织来担任,也可以由个人来担任,具体包括:(1) 有关部门、机构的人员组成的清算组;(2) 依法设立的律师事务所、会计师事务所、破产清算事务所等社会中介机构;(3) 有关社会中介机构具备相关专业知识并取得执业资格的人员,人民法院在指定该人员前应征询其所在有关社会中介机构的意见。个人担任管理人的,应当参加执业责任保险。

该条第 3 款还规定不得担任管理人的情形:因故意犯罪受过刑事处罚,曾被吊销相关专业执业证书,与本案有利害关系,人民法院认为不宜担任管理人的其他情形。

⁇ 思考题:简述管理人的资格。

(三) 管理人的职权

《破产法》第 25 条规定:"管理人履行下列职责:(1) 接管债务人的财产、印章和账簿、文书等资料;(2) 调查债务人财产状况,制作财产状况报告;(3) 决定债务人的内部管理事务;(4) 决定债务人的日常开支和其他必要开支;(5) 在第一次债权人会议召开之前,决定继续或者停止债务人的营业;(6) 管理和处分债务人的财产;(7) 代表债务人参加诉讼、仲裁或者其他法律程序;(8) 提议召开债权人会议;(9) 人民法院认为管理人应当履行的其他职责。本法对管理人的职责另有规定的,适用其规定。"

就上述部分职责的具体履行,破产法作出了相应规定。《破产法》单设第四章"债务人财产"为管理人调查、确认债务财产状况提供依据,《破产法司法解释(二)》主要规定了破产案件中与认定债务人财产相关的法律适用问题。根据《破产法》第 61 条的规定,决定继续或者停止债务人的营业是债权人会议的职权,但在第一次债权人会议召开之前,则由人民法院指定的管理人决定债务人继续或停止营业,该决定应当经人民法院认可。根据《破产法》第 69 条的规定,管理人有权实施下列财产的处分行为,但应当及时报告债权人委员会:涉及土地、房屋等不动产权益的转让,探矿权、采矿权、知识产权等财产权的转让,全部库存或者营业的转让,借款,设定财产担保,债权和有价证券的转让,履行债务人和对方当事人均未履行完毕的合同,放弃权利,担保物的取回,对债权人利益有重大影响的其他财产处分行为。未设立债权人委员会的,管理人实施上述处分行为的,应当及时报告人民法院,并经人民法院认可。

⁇ 思考题:简述管理人的主要职权。

(四) 管理人的义务

管理人应当勤勉尽责,忠实执行职务。管理人应当依照破产法的相关规定执行职务,向人民法院报告工作,并接受债权人会议和债权人委员会的监督。管理人应当列席债权人会议,向债权人会议报告职务执行情况,并回答询问。

二、债权人会议

(一) 债权人会议的组成

债权人会议是在破产程序中代表全体依法申报债权的债权人共同利益的意思表示机关。《破产法》第 59 条规定了债权人会议的成员组成及部分成员权利行使的限制:(1) 依法申报债权的债权人为债权人会议的成员,有权参加债权人会议,享有表决权;(2) 债权尚未确定的债权人,除人民法院能够为其行使表决权而临时确定债权额的外,不得行使表决权;(3) 对债务人的特定财产享有担保权的债权人,未放弃优先受偿权利的,对于债权人会议表决中通过和解协议、通过破产财产的分配方案不享有表决权；(4) 债权人会议应当有债务人的职工和工会的代表参加，对有关事项发表意见。

债权人可以出具授权委托书，委托代理人出席债权人会议，行使表决权。

债权人会议设主席一人，由人民法院从有表决权的债权人中指定。

思考题：债权人会议成的表决权是如何确定的？

（二）债权人会议的职权

《破产法》第 61 条规定了债权人会议行使下列职权：(1) 核查债权；(2) 申请人民法院更换管理人，审查管理人的费用和报酬；(3) 监督管理人；(4) 选任和更换债权人委员会成员；(5) 决定继续或者停止债务人的营业；(6) 通过重整计划；(7) 通过和解协议；(8) 通过债务人财产的管理方案；(9) 通过破产财产的变价方案；(10) 通过破产财产的分配方案；(11) 人民法院认为应当由债权人会议行使的其他职权。债权人会议应当对所议事项的决议作成会议记录。

思考题：简述债权人会议的职权。

（三）债权人会议的议事规则

1. 会议的召开

第一次债权人会议由人民法院召集，自债权申报期限届满之日起 15 日内召开。人民法院在发布裁定受理破产申请的通知和公告中，应当列明第一次债权人会议召开的日期和地点。以后的债权人会议，在人民法院认为必要时，或者管理人、债权人委员会、占债权总额 1/4 以上的债权人向债权人会议主席提议时召开。

2. 会议的通知

召开债权人会议，管理人应当提前 15 日通知已知的债权人。通知应当载明召开债权人会议的时间、地点和议程。

3. 会议的主持

债权人会议由债权人会议主席主持。

4. 会议的决议

除破产法对重整计划草案、和解协议草案的通过另有规定外，债权人会议的决议，由出席会议的有表决权的债权人过半数通过，并且其所代表的债权额占无财产担保债权总额的 1/2 以上。债权人会议的决议，对于全体债权人均有约束力。债权人会议作出的任何决议，应符合债权人会议的宗旨，不得违反法律规定，不得损害部分债权人的合法权益。否则，认为自己合法利益受到损害的可以自债权人会议作出决议之日起 15 日内，请求人民法院裁定撤销该决议，责令债权人会议依法重新作出决议。考虑到破产程序的有序推进，避免破产程序因债权人会议不能形成有效决议而久拖不决，《破产法》第 65 条明确了如债务人财产的管理方案、破产财产的变价方案经债权人会议表决未通过时，破产财产的分配方案经债权人会议二次表决未通过时，可由人民法院作出裁定，在债权人会议上宣布或另行通知债权人。《破产法》第 66 条还规定了债权人对上述裁定不服的复议权。

思考题：简述债权人会议的决议通过要求。

（四）债权人委员会

债权人委员会并不是破产程序中的必设机构，其是否设立由债权人会议自行决定。一般来说，对破产财产数额较小、债权人数量较少的破产案件，不设债权人委员会。债权人委员会是债权人会议的代表机构,由债权人会议选任的债权人代表和一名债务人的职工代表或者工会代表组成。债权人委员会成员不得超过九人。债权人委员会成员应当经人民法院书面决定认可。

《破产法》第68条规定债权人委员会行使下列职权:(1)监督债务人财产的管理和处分;(2)监督破产财产分配;(3)提议召开债权人会议;(4)债权人会议委托的其他职权。债权人委员会执行职务时,有权要求管理人、债务人的有关人员对其职权范围内的事务作出说明或者提供有关文件。管理人、债务人的有关人员违反本法规定拒绝接受监督的,债权人委员会有权就监督事项请求人民法院作出决定;人民法院应当在5日内作出决定。

在设立债权人委员会的情况下,管理人实施《破产法》第69条所列示的行为时应及时报告债权人委员会。

❓ 思考题:简述债权人委员会的职权。

第四节　债务人财产

债务人财产是破产程序中债权人债权得以清偿的物质基础。债务人被宣告破产后,债务人财产即被称为破产财产。《破产法》单设第4章"债务人财产"(第30至40条)为认定债务人财产提供依据,《破产法司法解释(二)》进一步规定了破产案件中与认定债务人财产相关的法律适用问题。

一、债务人财产的组成

《破产法》第30条规定债务人财产包括两部分:一是破产申请受理时属于债务人的全部财产,二是破产申请受理后至破产程序终结前债务人取得的财产。《破产法》第5条规定:"依照本法开始的破产程序,对债务人在中华人民共和国领域外的财产发生效力。"《破产法司法解释(二)》第1条则进一步明确了债务人财产形态,包括债务人所有的货币、实物,债务人依法享有的可以用货币估价并可以依法转让的债权、股权、知识产权、用益物权等财产和财产权益。针对原来司法实践中的争议,该司法解释的第3、第4条明确以下财产人民法院应认定为债务人财产:(1)债务人已依法设定担保物权的特定财产;(2)债务人对按份享有所有权的共有财产的相关份额,或者共同享有所有权的共有财产的相应财产权利,以及依法分割共有财产所得部分;(3)破产申请受理后,依法执行回转的财产。

破产法及其司法解释也明确了不应认定债务人财产的财产范围,主要包括:债务人基于仓储、保管、承揽、代销、借用、寄存、租赁等合同或者其他法律关系占有、使用的他人财产,债务人在所有权保留买卖中尚未取得所有权的财产,所有权专属于国家且不得转让的财产,其他依照法律、行政法规不属于债务人的财产。

❓ 思考题:简述债务人财产的构成。

二、追回权

(一)追回因撤销或无效行为取得的债务人的财产

《破产法》第31、32、33条及相关司法解释规定了涉及债务人财产的相关行为可撤销与无效的情形,并规定相对人因上述情形而取得债务人财产的,管理人有权追回。

根据《破产法》第 31 条的规定,人民法院受理破产申请前一年内,涉及债务人财产的下列行为,管理人有权请求人民法院予以撤销:(1)无偿转让财产的;(2)以明显不合理的价格进行交易的;(3)对没有财产担保的债务提供财产担保的;(4)对未到期的债务提前清偿的;(5)放弃债权的。为避免争议,《破产法司法解释(二)》第 12 条明确:破产申请受理前一年内债务人提前清偿的未到期债务,在破产申请受理前已经到期,管理人请求撤销该清偿行为的,人民法院不予支持。但是,该清偿行为发生在破产申请受理前 6 个月内且债务人有《破产法》第 2 条第 1 款规定情形的除外。

根据《破产法》第 32 条的规定,人民法院受理破产申请前 6 个月内,债务人已具备破产法规定的破产原因,仍对个别债权人进行清偿的,管理人有权请求人民法院予以撤销。但是,个别清偿使债务人财产受益的除外。《破产法司法解释(二)》第 14、15、16 条对除外情况作了进一步释明,即:(1)债务人对以自有财产设定担保物权的债权进行的个别清偿,管理人依本条规定请求撤销的,人民法院不予支持。但是,债务清偿时担保财产的价值低于债权额的除外。(2)债务人经诉讼、仲裁、执行程序对债权人进行的个别清偿,管理人依据本条规定请求撤销的,人民法院不予支持。但是,债务人与债权人恶意串通损害其他债权人利益的除外。(3)债务人对债权人进行的以下个别清偿,管理人依据本条规定请求撤销的,人民法院不予支持:债务人为维系基本生产需要而支付水费、电费等的,债务人支付劳动报酬、人身损害赔偿金的,使债务人财产受益的其他个别清偿。

《破产法》第 33 条规定,涉及债务人财产的下列行为无效:(1)为逃避债务而隐匿、转移财产的;(2)虚构债务或者承认不真实的债务的。

⁇ 思考题:简述破产程序中管理人行使追回权的法定情形。

(二)要求债务人的出资人缴纳未到位出资

人民法院受理破产申请后,债务人的出资人尚未完全履行出资义务的,无论是否已到相关出资协议约定的出资期限,管理人均有权要求该出资人缴纳其已认缴而未实际到位的出资,而不受出资期限的限制。如果此时出资期限已届至,管理人还应按相关出资协议的约定追究逾期出资人的违约责任。如出资人涉及虚假出资、抽逃出资等行为的,还应追究其行政责任,构成犯罪的,依法追究刑事责任。《破产法司法解释(二)》第 20 条还扩张了相关义务人的范围,规定管理人可以依据公司法的相关规定代表债务人提起诉讼,主张公司的发起人和负有监督股东履行出资义务的董事、高级管理人员,或者协助抽逃出资的其他股东、董事、高级管理人员、实际控制人等,对股东违反出资义务或者抽逃出资承担相应责任,并将财产归入债务人财产。

⁇ 思考题:破产程序中,债务人的出资人未到位的出资应如何处理?

(三)管理人员非正常收入和侵占财产的追回

企业的董事、监事、经理、副经理、财务负责人等高级管理人员,直接负责企业的生产经营活动,法律对这些人员规定了比一般企业职工更为严格的行为规范要求。《破产法》第 36 条规定,债务人的董事、监事和高级管理人员利用职权从企业获取的非正常收入和侵占的企业财产,管理人应当追回。《破产法司法解释(二)》第 24 条界定了非正常收入的范围,包括:绩效奖金,普遍拖欠职工工资情况下获取的工资性收入,其他非正常收入。

并进一步规定了因上述非正常收入返还后形成的债权的处理规则。

❓ 思考题：如何界定破产程序中应追回的管理人员的非正常收入？

三、质物与留置物的取回

企业在日常经营活动中常因负债而向债权人提供担保，正常情况下，担保物的价值往往高于所担保的债权额。在人民法院受理破产申请后，管理人一般会要求取回债务人在此前出质给债权人的质物或者被债权人留置的留置物，其方式为清偿债权人的债权或者提供为债权人接受的替代担保。《破产法》第27条第1款在确认管理人这一权利时，该条第2款同时对该项权利作出了限制性规定，即债务清偿或者替代担保，在质物或者留置物的价值低于被担保的债权额时，以该质物或者留置物当时的市场价值为限。《破产法司法解释（二）》第25条还对此作了程序上的限制，即要求管理人及时报告债权人委员会或人民法院。

四、非债务人财产的取回权

非债务人财产的取回权，是指人民法院受理破产申请后，债务人占有不属于债务人的财产，财产的权利人可以不依破产程序，直接从管理人占有和管理的债务人财产中，取回原本不属于债务人财产的权利。

非债务人财产取回权可分为一般取回权和特殊取回权。

（一）一般取回权

一般取回权，是指财产的权利人依照民法关于物的返还、请求权的规定，从破产程序中的管理人处取回其财产的权利。《破产法》第38条对此作出了原则性规定。《破产法司法解释（二）》第26至33条对一般取回权行使中出现的一些特殊情况作出规定。

一般取回权的行使，应当满足以下要件：（1）权利行使时间，权利人应该在人民法院受理破产申请后，破产财产变价方案或者和解协议、重整计划草案提交债权人会议表决前提出。权利人在上述期限后主张取回相关财产的，应当承担延迟行使取回权增加的相关费用。（2）权利主体是财产的权利人。既包括对财产享有占有、使用、收益和处分权能的所有权人，也包括对财产享有占有权、用益物权和担保物权等他物权的权利人。（3）义务主体是管理人。（4）权利客体是债务人占有的不属于债务人的财产，并合理延伸至该财产的变价款、保险金、赔偿金和代偿物。现实生活中，主要是债务人基于仓储、保管、承揽、代销、借用、寄存、租赁等合同或者其他法律关系占有、使用的他人财产。权利人行使取回权时应依法向管理人支付相关的加工费、保管费、托运费、委托费、代销费等费用，否则管理人有权拒绝其取回相关财产。

管理人接管债务人企业财产后，发现有不属于债务人的财产，一时难以确定权利人，而该财产又属于鲜活易腐等不易保管的财产或者不及时变现价值将严重贬损的财产，管理人应及时变价并提存变价款，此后有关权利人可就该变价款行使取回权。

债务人占有的他人财产毁损、灭失，因此获得的保险金、赔偿金、代偿物尚未交付给债务人，或者代偿物虽已交付给债务人但能与债务人财产予以区分的，权利人有权取回就此获得的保险金、赔偿金、代偿物。否则，则需视情况作为普通债权或共益债权处理。

此外，如债务人在重整期间，财产的权利人要求行使取回权，应当符合事先约定的条件。但是,因管理人或者自行管理的债务人违反约定,可能导致取回物被转让、毁损、灭失或者价值明显减少的除外。

⁇ 思考题：简述非债务人财产的一般取回权的行使条件。

（二）特殊取回权

特殊取回权实质上是出卖人对在途运输标的物的取回权。对于需要运输的动产买卖而言,出卖人交付标的物和买受人接受标的物的时间是不一致的,中间有一个运输的过程。根据《合同法》第 133 条的规定,在通过运输方式的买卖中,债务人在尚未收到买卖的标的物时,其并没有取得该买卖标的物的所有权,即此时买卖标的物的所有权仍然属于出卖人。这是出卖人对在途运输标的物行使取回权构成的前提和基础。

根据《破产法》第 39 条规定,特殊取回权的行使,应当满足以下要件：(1) 权利行使时间是在人民法院受理破产申请后,债务人收到买卖标的物前；(2) 适用于通过运输方式的买卖中；(3) 出卖人已将买卖标的物向作为买受人的债务人发运；(4) 债务人未付清全部价款；如果管理人同意支付全部价款的话,其可以请求出卖人交付标的物,从而排除出卖人取回权的适用。

⁇ 思考题：简述出卖人对在途运输标的物取回权的行使条件。

五、 所有权保留买卖合同中的出卖人取回权

所有权保留买卖合同中的出卖人取回权,是指当事人在买卖合同中约定所有权保留,在标的物所有权转移前,买受人未按约定支付价款或完成特定条件,或将标的物出卖、出质或者作出其他不当处分,对出卖人造成损害的,出卖人有权主张取回买卖标的物。我国《破产法》并未直接规定该权利,但《破产法司法解释(二)》第 34 至 38 条对此作了具体规定。

（一）管理人有履约决定权

买卖合同双方当事人在合同中约定标的物所有权保留,在标的物所有权未依法转移给买受人前,无论是出卖人一方还是买受人一方破产的,该买卖合同均属于双方均未履行完毕的合同,管理人有权决定解除或者继续履行合同。

（二）出卖人破产时的出卖人取回权

出卖人破产,管理人决定继续履行所有权保留买卖合同的,买受人应当按照原买卖合同的约定支付价款或者履行其他义务。合同正常履行完毕的情况下,就不存在出卖人取回权的行使。但如出现买受人违约或侵权情形时,出卖人可以行使取回权。上述情形包括买受人未依约支付价款或者履行完毕其他义务,或者将标的物出卖、出质或者作出其他不当处分,给出卖人造成损害。为公平交易和保障善意第三人利益,如此时买受人已经支付标的物总价款 75% 以上或者第三人善意取得标的物所有权或者其他物权的,出卖人只能要求买受人继续支付价款、履行完毕其他义务,以及承担相应赔偿责任,而不能行使取回权。

出卖人破产,管理人决定解除所有权保留买卖合同的,买受人应当按照管理人的要求向其交付买卖标的物。标的物交付后,买受人已支付价款损失形成的债权应作为共益债务清偿。但买受人如出现违反合同约定的情形,管理人可以主张上述债权作为普通破产债权清偿。

（三）买受人破产时的出卖人取回权

买受人破产,其管理人决定继续履行所有权保留买卖合同的,原买卖合同中约定的买受人支付价款或者履行其他义务的期限在破产申请受理时即视为到期,买受人管理人应

当及时向出卖人支付价款或者履行其他义务。买受人管理人无正当理由未及时支付价款或者履行完毕其他义务,或者将标的物出卖、出质或者作出其他不当处分,给出卖人造成损害,出卖人有权依据《合同法》第 13 条等规定主张取回标的物。但是,买受人已支付标的物总价款 75％以上或者第三人善意取得标的物所有权或者其他物权的,出卖人只能要求买受人继续支付价款、履行完毕其他义务,以及承担相应赔偿责任,而不能主张取回标的物。对因买受人未支付价款或者未履行完毕其他义务,以及买受人管理人将标的物出卖、出质或者作出其他不当处分导致出卖人损害产生的债务,出卖人有权主张作为共益债务清偿。

(四) 买受人破产决定解除合同时的出卖人取回权

买受人破产,其管理人决定解除所有权保留买卖合同,出卖人可以依据《破产法》第 38 条的规定主张取回买卖标的物,同时向买受人管理人返还其已支付的价款。如取回的标的物价值明显减少给出卖人造成损失的,出卖人可从买受人已支付价款中优先予以抵扣后,将剩余部分返还给买受人;对买受人已支付价款不足以弥补出卖人标的物价值减损损失形成的债权,出卖人可以向买受人管理人主张作为共益债务清偿。

❓ 思考题:简述所有权保留买卖合同中出卖人行使取回权应具备的条件。

六、 抵销权

抵销是债的消灭的一种方式。破产抵销权,是民法上的抵销权在债务人破产程序中的扩张适用,不再限于到期且标的种类相同的互负债务。王欣新提出,破产抵销权,是指债权人在破产申请受理前对债务人即破产人负有债务,无论是否已到清偿期、标的是否相同,均可在破产财产最终分配确定前向管理人主张相互抵销的权利。

基于对公平价值的追求,为避免出现破产债权人一方面要全面履行对破产人的债务,而另一方面本身享有的对破产人的债权只能得到部分清偿的不公平结果,破产法上规定了抵销权。在破产程序中,享有抵销权的债权人,实质上获得了优先受偿权,这又会影响到其他破产债权人的利益。《破产法》第 40 条、《破产法司法解释(二)》第 41 至 46 条对破产抵销权的行使进行了规定。

(一) 破产抵销权的行使主体与行使方式

原则上,只能由债权人依据《破产法》第 40 条的规定向管理人提出抵销主张,行使抵销权。除非抵销能使债务人财产受益,管理人不得主动行使抵销权。

(二) 抵销的生效与异议

抵销自管理人收到债权人提出的主张抵销的通知后生效。如管理人对债权人的抵销主张有异议的,应当在约定的异议期限内或者自收到主张债务抵销的通知之日起 3 个月内向人民法院提起确认抵销无效之诉。《破产法司法解释(二)》明确排除了以下管理人提出异议的理由:(1) 破产申请受理时,债务人对债权人负有的债务尚未到期;(2) 破产申请受理时,债权人对债务人负有的债务尚未到期;(3) 双方互负债务标的物种类、品质不同。

(三) 抵销的禁止

一般债权人抵销禁止的情形包括:(1) 债务人的债务人在破产申请受理后取得他人对债务人的债权的;(2) 债权人已知债务人有不能清偿到期债务或者破产申请的事实,对债务人负担债务的;但是,债权人因为法律规定或者有破产申请一年前所发生的原因而负担债务的除外;(3) 债务人的债务人已知债务人有不能清偿到期债务或者破产申请的事实,对债务人取得债权的;但是,债务人的债务人因为法律规定或者有破产申请1年前所发生的原因而取得债权的除外。此外,针对破产申请受理前6个月内,债务人已具备破产原因,债务人与个别债权人以抵销方式对个别债权人清偿,其抵销的债权债务属于上述第(2)、(3)规定的情形之一,管理人有权在破产申请受理之日起3个月内向人民法院提起抵销无效之诉。

债务人的股东作为债权人抵销禁止的情形包括:(1) 债务人股东因欠缴债务人的出资或者抽逃出资对债务人所负的债务;(2) 债务人股东滥用股东权利或者关联关系损害公司利益对债务人所负的债务。

思考题:简述破产法规定的抵销禁止的情形。

七、别除权

《破产法》第109、110、132条对别除权进行了规定,《破产法司法解释(二)》还特别规定了别除权人的债权抵销。

别除权,是指对于破产人的特定财产,享有担保权的权利人可不依破产程序,优先就特定财产受偿的权利。别除权是担保物权在破产程序中的实现。这里破产人既可以是债务人,也可以是担保人。别除权人行使优先受偿权利未能完全受偿的,其未受偿的债权作为普通债权;放弃优先受偿权利的,其债权作为普通债权。就《破产法》第40条规定的债务抵销禁止的情形,如上述债权人为别除权人,主张以其对债务人特定财产享有优先受偿权的债权,与债务人对其不享有优先受偿权的债权抵销,在抵销的债权不大于债权人享有优先受偿权财产价值时,管理人应予以认可。

考虑到法律修订前后相关制度的延续性和对职工债权人群体的相对倾斜保护,《破产法》第132条规定了别除权适用的例外,因《破产法》公布时间已超过10年,这一例外规定已基本完成了其历史使命。

思考题:简述别除权人债权抵销的禁止性规定。

本章引用法律资源:

1.《中华人民共和国企业破产法》。

2.《最高人民法院关于适用〈中华人民共和国企业破产法〉若干问题的规定(一)》。

3.《最高人民法院关于适用〈中华人民共和国企业破产法〉若干问题的规定(二)》。

本章参考文献:

1. 最高人民法院民事审判第二庭. 最高人民法院关于企业破产法司法解释的理解与适用[M]. 北京:人民法院出版社,2017.

2. 中国法制出版社. 中华人民共和国企业破产法:实用版[M]. 北京:中国法制出版社,2017.

本章网站资源:

1. 中国人大网:www.npc.gov.cn。

2. 全国企业破产重整案件信息网:pccz.court.gov.cn。

第七章 合同法

■■■ **本章教学目标**

通过学习,理解合同法以及相关担保制度的基本内容。掌握合同的概念和分类,了解合同法的历史和原则;明确订立合同的要约—承诺过程、合同的形式、合同成立的时间和地点、格式条款,重点掌握免责条款和缔约过失责任内容;了解合同效力的不同类型,重点理解合同的生效条件以及效力待定的情形;明确合同履行的一般规则,掌握双务合同履行过程中抗辩权、代位权和撤销权的行使;了解保证、抵押、质押、定金等担保形式及其运作方式;知晓合同变更与转让的概念和类型,重点理解债权转让和债务承担;了解合同终止的各种类型,着重把握解除、抵销和提存;知晓违约责任的内容和形态,明确违约责任的承担方式以及免责事由。

第一节 合同与合同法概述

一、合同概述

合同,既是法律用语,也是日常用语。作为法律用语,合同概念在民法中还有广义与狭义之分。广义的合同,是指以发生法律上效果为目的的一切协议,包括物权合同、准物权合同、债权合同以及身份合同等。狭义的合同,仅指以发生债权债务为目的的债权合同。《中华人民共和国合同法》(以下简称《合同法》)第 2 条规定:"本法所称合同是平等主体的自然人、法人、其他组织之间设立、变更、终止民事权利义务关系的协议。婚姻、收养、监护等有关身份的协议,适用其他法律的规定。"可见,我国《合同法》所调整的合同是狭义的合同,不包括身份协议在内。

合同作为一种债的发生原因,与不当得利、无因管理、侵权行为等其他债的发生原因相比,在法律性质上有其特殊性。合同是双方或多方当事人意思表示一致,以设立、变更、终止民事权利义务关系为目的的民事法律行为。具体而言,合同是一种民事法律行为,以意思表示为核心,按意思表示内容产生法律效果;合同的成立须双方或多方当事人作出意思表示并达成合意;合同的目的在于设立、变更、终止民事权利义务关系。这些法律性质进一步使合同关系呈现出相对性特征。即,合同仅在当事人之间发生效力,无论是主体对象、具体内容还是责任承担都不涉及第三人。

⁇ 思考题:什么是合同?

二、合同的分类

根据不同的标准,可以将合同划分为不同的类型。

（一）以法律是否对合同的名称进行规定为标准，可将合同分为有名合同与无名合同

有名合同，亦称典型合同，是指法律设有规范，并对其名称进行规定的合同。《合同法》分则即规定了买卖合同，供用电、水、气、热力合同，赠与合同，借款合同等 15 类有名合同。无名合同，亦称非典型合同，是指法律未设规定，亦未规定名称的合同。

（二）以合同双方当事人是否互负对待义务，可将合同分为双务合同与单务合同

双务合同，是指合同双方当事人相互负有给付与对待给付义务的合同，如买卖合同、租赁合同等。单务合同，是指仅有一方当事人负担给付义务的合同，如赠与合同、无偿委托合同等。

（三）以当事人是否因给付而获得对价为标准，可将合同分为有偿合同与无偿合同

有偿合同，是指一方当事人享有合同规定的权益，须向对方偿付相应代价的合同，如买卖合同、租赁合同、承揽合同等。无偿合同，是指一方当事人享有合同规定的权益，无须向对方偿付相应代价的合同，如赠与合同等。

（四）以合同的成立除意思表示外是否需要交付标的物为标准，可将合同分为诺成合同与实践合同

诺成合同，亦称不要物合同，是指仅须双方当事人意思表示一致即可成立的合同。如买卖合同、赠与合同、借款合同等。实践合同，亦称要物合同，是指除双方当事人意思表示一致外，还需交付标的物才能成立的合同，如保管合同等。

（五）以合同的成立是否需要一定的形式为标准，可将合同分为要式合同与不要式合同

要式合同，是指依据法律规定或当事人约定必须采取特定形式才能成立的合同。如建设工程合同、融资租赁合同等。不要式合同，是指法律或当事人未对合同的成立规定或约定特定形式的合同，如买卖合同、租赁合同等。合同的成立以不要式为原则，要式为例外。

（六）以时间因素是否对合同义务的内容和范围产生影响为标准，可将合同分为一时的合同和继续性合同

一时的合同，是指一次给付即可实现的合同，如买卖合同、赠与合同等。继续性合同，是指并非一次性给付即可完结的合同，给付的内容取决于给付时间的长短，如租赁合同、保管合同等。

（七）以不同合同间的主从关系为标准，可将它们分为主合同和从合同

主合同，是指不需要以其他合同存在为前提即可独立存在的合同，如借贷合同等。从合同，是指必须以其他合同存在为前提，不能独立存在的合同，如保证合同、抵押合同等。

思考题：合同的分类有哪些？

三、合同法

合同法，是有关合同的法律规范的总称，是民商法的重要组成部分，是规范市场交易的基本法律，它涉及生产、生活领域的方方面面，与企业的生产经营和人们的生活密切相关。它包括各种有关合同订立、合同效力、合同履行、合同担保、合同变更和转让、合同权利义务终止、违约责任以及各类有名合同等法律规范。

我国合同法经历了复杂的立法过程。党的十一届三中全会以后,在邓小平理论指导下,我国以经济建设为中心,坚持改革开放,推进了社会主义民主和法制建设。1981 年 12 月第五届全国人民代表大会第四次会议通过《中华人民共和国经济合同法》(以下简称《经济合同法》),并于 1982 年 7 月 1 日起施行。这是中华人民共和国成立以来第一部关于合同的法律,使经济活动"有法可依"。1985 年 3 月 21 日第六届全国人大常委会第十次会议通过《中华人民共和国涉外经济合同法》(以下简称《涉外经济合同法》),并于 1985 年 7 月 1 日起施行。这是为了适应改革开放带来的日益增多的对外经济关系。1986 年 4 月 12 日第六届全国人民代表大会第四次会议通过《中华人民共和国民法通则》(以下简称《民法通则》),并于 1987 年 1 月 1 日起施行。该法第一次以"合同"概念取代"经济合同"一词。1987 年 6 月 23 日第六届全国人大常委会第二十一次会议通过《中华人民共和国技术合同法》(以下简称《技术合同法》),并于 1987 年 11 月 1 日施行。这是我国实行技术商品化的法律规定。至此,我国合同法处于《经济合同法》《涉外经济合同法》《技术合同法》三足鼎立的局面。随着改革开放的不断深入和扩大,以及经济贸易的不断发展,这三部合同法的一些规定不能完全适应时代的发展。制定一部统一的、较为完备的合同法,规范各类合同,能够更好地适应社会主义市场经济发展的需要,对于及时解决经济纠纷,保护当事人的合法权益,维护社会经济秩序,促进社会主义现代化建设,具有十分重要的作用。1999 年 3 月 15 日第九届全国人民代表大会第二次会议通过《中华人民共和国合同法》(以下简称《合同法》),并于 1999 年 3 月 15 日施行,前述三部合同法同时废止。《合同法》的颁布,标志着我国合同法的发展进入了繁荣期。

❓ 思考题:简述我国合同法的立法史?

四、 合同法的基本原则

合同法的基本原则,是合同当事人在合同活动中应当遵守的基本准则。我国《合同法》主要规定了五项基本原则。平等原则,指地位平等的合同当事人,在权利义务对等的基础上,经充分协调达成一致,以实现互利互惠的经济利益目的。自愿原则,指合同当事人通过协商,自愿决定和调整相互权利义务关系。公平原则,要求合同双方当事人之间的权利义务要公平合理,要大体上平衡,强调一方给付与对方给付之间的等值性,合同上的负担和风险的合理分配。诚实信用原则,要求当事人在订立、履行合同,以及合同终止后的全过程中,都要诚实,讲信用,相互协作。遵守法律,不得损害社会公共利益原则,合同的订立和履行要遵守法律,尊重公德,不得扰乱社会经济秩序,损害社会公共利益。

❓ 思考题:《合同法》中的基本原则有哪些?

第二节　合同的订立

一、 合同订立的概念

合同订立,指合同各方当事人进行意思表示,就具体条款达成合意并成立合同的过程。

合同订立涵盖从合同各方当事人接触开始,到磋商谈判,再到协议达成的整个动态过程。这个动态过程包括要约邀请、要约、承诺、先合同义务、违约责任、缔约过失责任等内容。合同订立与合同成立并不是完全相同的概念。合同成立,主要指合同各方当事人达成合意,合同主要条款确定,各方当事人的权利义务固定的静态状态。从两者关系上看,合同成立是合同订立的重要组成部分,标志着合同的产生和存在。

🔖 思考题:什么是合同订立?

二、 订立合同的主体

订立合同的主体,指实际订立合同的人,既可以是缔结合同的当事人,也可以是合同当事人委托的代理人。当事人在订立合同时,应当具有相应的民事权利能力和民事行为能力。民事权利能力是指法律赋予民事主体享有民事权利和承担民事义务的能力和资格,是作为民事主体进行民事活动的前提条件。民事行为能力是指民事主体以自己的行为享有民事权利、承担民事义务的能力和资格。具体而言,可订立合同的主体有三种类型:自然人、法人和非法人组织。

🔖 思考题:订立合同的主体有哪些?

三、 合同的形式

《合同法》第 10 条第 1 款规定:"当事人订立合同,有书面形式、口头形式和其他形式。"该条款表明我国采合同形式自由原则。同条第 2 款"法律、行政法规规定采用书面形式的,应当采用书面形式。当事人约定采用书面形式的,应当采用书面形式",是对前述原则的例外规定。

(一) 书面形式

书面形式,指以文字等可以有形式再现内容的方式达成的协议。这种形式明确肯定,有据可查,对于防止不正义和解决纠纷有积极意义。书面形式有合同书、书信、电报、电传、传真、电子数据交换等多种表现方式。

1. 合同书、信件、电报、电传和传真

合同书面形式中最通常的是当事人各方对合同有关内容进行协定的并有双方签字(或者同时盖章)的合同文本,也称作合同书或者书面合同。合同也可以信件订立,也就是平时我们所说的书信。书信有平信、邮政快件、挂号信以及特快专递等多种形式。电报、电传、传真也属于书面形式,大量的合同通过这三种形式订立。

2. 电子数据交换和电子邮件

通过计算机网络系统订立合同,主要形式有电子数据交换和电子邮件。电子数据交换,又称"电子资料通联",是一种在公司、企业间传输订单、发票等商业文件进行贸易的电子化手段。它通过计算机通信网络,将贸易、运输、保险、银行和海关等行业信息,用一种国际公认的标准格式,完成各有关部门或者公司、企业之间的数据交换和处理,实现以贸易为中心的全部过程。电子邮件,又称电子邮箱,电子邮件与我们平时寄信差不多,不同的是,电子邮件的传递是通过电子计算机系统来完成的。

3. 合同书、信件和数据电文是"可以有形地表现所载内容的形式",但也不限于明确规定的这几类。凡是"可以有形地表现所载内容的形式"都可以作为合同的书面形式。

（二）口头形式

口头形式是指当事人面对面地谈话或者以通信设备，如电话交谈，达成协议。以口头订立合同的特点是直接、简便、快速，数额较小或者现款交易通常采用口头形式。如在自由市场买菜、在商店买衣服等。口头合同是老百姓日常生活中广泛采用的合同形式。口头形式当然也可以适用于企业之间，但口头形式没有凭证，发生争议后，难以取证，不易分清责任。

（三）其他形式

除了书面形式和口头形式，合同还可以其他形式成立。我们可以根据当事人的行为或者特定情形推定合同的成立，或者也可以称之为默示合同。此类合同是指当事人未用语言明确表示成立，而是根据当事人的行为推定合同成立。比如，当乘客乘上公共汽车并到达目的地时，尽管乘车人与承运人之间没有明示协议，但可以依当事人的行为推定运输合同成立。

❓ 思考题：合同的形式有哪些？

四、合同的内容

合同的内容是指合同中规定的权利和义务。合同的内容除少数有法律直接规定外，绝大部分都是经合同各方当事人协商一致加以约定的。在这个意义上，合同的内容即指向合同的条款。合同的条款是否齐备、准确，决定了合同能否成立、生效以及能否顺利地履行、实现订立合同的目的。我国《合同法》就合同的主要条款、格式条款及免责条款进行了相应规定。

（一）合同的主要条款

《合同法》第 12 条规定了合同的主要条款。但这并不意味着当事人签订的合同中缺了该规定中的任何一项就会导致合同的不成立或无效。主要条款的规定只具有提示性和示范性。合同的主要条款或者合同的内容要由当事人约定，一般包括但不限于这些条款。此外，不同的合同，根据其类型与形式，主要条款也可能是不同的。根据《合同法》的规定，当事人订立合同一般包括以下条款。

1. 当事人的名称或者姓名和住所

这是每个合同必须具备的条款，当事人是合同的主体。当事人的确定与权利的享受、义务的承担以及纠纷的解决密切相关。在合同中不仅要把当事人写进去，而且要把各方当事人的名称和住所都写准确、写清楚。

2. 标的

标的是合同当事人的权利义务指向的对象。标的是合同成立的必要条件，是一切合同的必备条款。没有标的，合同不能成立，合同关系无法建立。合同的标的有多种类型：有形财产，指具有价值和使用价值并且法律允许流通的有形物；无形财产，指具有价值和使用价值并且法律允许流通的不以实物形态存在的智力成果；劳务，指不以有形财产体现其成果的劳动与服务；工作成果，指在合同履行过程中产生的、体现履约行为的有形物或者无形物。合同对标的的规定应当清楚明白、准确无误。

3. 数量

在大多数的合同中，数量是必备条款，没有数量，合同是不能成立的。合同中的数量要准确,选择使用合同各方当事人共同接受的计量单位、计量方法和计量工具。

4. 质量

合同中应当对质量问题尽可能地规定细致、准确和清楚。国家有强制性标准规定的,必须按照规定的标准执行。如有其他质量标准的,应尽可能约定其适用的标准,当事人可以约定质量检验的方法、质量责任的期限和条件、对质量提出异议的条件与期限等。

5. 价款或者报酬

这是一方当事人向对方当事人所付代价的货币支付。价款一般指对提供财产的当事人支付的货币。报酬一般指对提供劳务或者工作成果的当事人支付的货币。价格应当在合同中规定清楚或者明确规定计算价款或者报酬的方法。

6. 履行期限

履行期限是指合同中规定的当事人履行自己的义务,如交付标的物、价款或者报酬,履行劳务、完成工作的时间界限。履行期限直接关系到合同义务完成的时间,涉及当事人的期限利益,也是确定合同是否按时履行或者迟延履行的客观依据。

7. 履行地点和方式

履行地点是指当事人履行合同义务和对方当事人接受履行的地点。履行地点有时是确定运费由谁负担、风险由谁承担以及所有权是否移转、何时移转的依据,也是发生纠纷后确定由哪一地法院管辖的依据。因此,履行地点在合同中应当规定的明确、具体。履行方式是指当事人履行合同义务的具体做法。履行方式与当事人的利益密切相关,应当从方便、快捷和防止欺诈等方面考虑采取最为适当的履行方式,并且在合同中应当予以明确。

8. 违约责任

违约责任是指当事人一方或者双方不履行合同或者不适当履行合同,依照法律的规定或者按照当事人的约定应当承担的法律责任。违约责任是促使当事人履行合同义务,使对方免受或少受损失的法律措施,也是保证合同履行的主要条款。违约责任的内容可以是定金、违约金、赔偿金额以及赔偿金的计算方法等。

9. 解决争议的办法

解决争议的方法指合同争议的解决途径,对合同条款发生争议时的解释以及法律适用等。解决争议的途径主要有四种:一是双方协商和解,二是由第三人进行调解,三是通过仲裁解决,四是通过诉讼解决。解决争议的方法的选择对于纠纷发生后当事人利益的保护非常重要,应慎重对待。

🤔 思考题:合同的主要条款有哪些?

(二) 格式条款

1. 格式条款的概念及限制

格式条款,又称标准条款、标准合同、格式合同、定式合同、定型化合同,是当事人为了重复使用而预先拟定,并在订立合同时未与对方协商的条款。提供商品或服务的一方往往利用自己的优势地位,制定有利于自己而不利于对方的格式条款。因此,《合同法》对格式条款的适用进行限制。第一,提供格式条款一方在拟定格式条款以及在订立合同时应当遵循公平的原则确定双方的权利和义务,不能利用自己的优势地位制定不公平的条款;第二,提供格式条款的一方当事人应当采取合理的方式提请对方注意免除或者限制其责任的条款,并按照对方提出的要求,对该类条款予以说明。

2. 格式条款无效的情形

格式条款在 3 种情况下无效:第一,格式条款具有《合同法》第 52 条规定的情形时无效,即一方以欺诈、胁迫的手段订立合同,损害国家利益;恶意串通,损害国家、集体或者第三人利益;以合法形式掩盖非法目的;损害社会公共利益;违反法律、行政法规的强制性规定。第二,格式条款具有《合同法》第 53 条规定的情形时无效,即有造成对方人身伤害的免责条款;有因故意或重大过失造成对方财产损失的免责条款。第三,如果提供格式条款的一方当事人免除其责任、加重对方责任、排除对方当事人的主要权利,则该条款无效。

3. 格式条款的解释

对格式条款的理解发生争议时,一般按照通常理解予以解释,即当提供格式条款的对方订约能力较弱时,可以不按照提供格式条款的一方的理解予以解释,而是按可能订立该合同的一般人的理解予以解释。有两种以上解释的,应当作出不利于提供格式条款一方的解释。非格式条款如果与格式条款不一致的,当然采用非格式条款。

🅿️ 思考题:格式条款的无效情形有哪些?

(三) 免责条款

免责条款是指合同各方当事人在合同中约定的,为免除或者限制一方或者双方当事人未来责任的条款。对于免责条款的效力,法律视不同情况采取不同的态度。一般来说,当事人经过充分协商确定的免责条款,只要是完全建立在当事人自愿的基础上,又不违反社会公共利益,就有效。但免责条款在两种情况下无效:第一,造成对方人身伤害的条款无效;第二,因故意或者重大过失给对方造成财产损失的免责条款无效。

🅿️ 思考题:免责条款无效的情形有哪些?

五、 合同订立的过程

合同本质上是一种合意,当事人应对合同内容达成一致意见。《合同法》规定,当事人对合同内容协商一致的过程,通过要约、承诺完成。

(一) 要约

要约是当事人一方向另一方提出合同条件,希望另一方接受的意思表示。要约仅仅是希望订立合同的意思表示。要约本身虽然会引起一定的法律效果,但尚不能发生当事人所希望的成立合同的效力。

1. 要约的构成要件

一项订约的建议要成为一个要约,进而取得法律效力,必须具备一定的条件。具体而言,要约成立的要件有以下 4 个。

(1) 要约是特定合同当事人的意思表示

发出要约的人必须能够特定化,但并不一定需要说明要约人的具体情况,也不一定需要知道他究竟是谁。要约只要处于能够被承诺的状态即可。如自动售货机,消费者不需要了解究竟是哪家公司安置,谁是真正的要约人。只要投入货币,作出承诺,便会完成交易。

(2) 要约必须向要约人希望与之缔结合同的相对人发出

合同因相对人对于要约的承诺而成立,所以要约不能对希望与其订立合同的相对人以外的第三人发出。此外,要约一般应向特定人发出。相对人的特定化意味着要约人对谁有资格作为承诺人,作为合同相对方作出了选择,这样对方一承诺,合同就成立了。

(3)要约必须具有缔约目的并表明经承诺即受此意思表示的拘束

这一点很重要。要约是一种法律行为,要约人发出的要约内容必须能够表明:若对方接受要约,合同即成立。

(4)要约的内容必须具备足以使合同成立的主要条件

这要求要约的内容必须是确定的和完整的。所谓"确定的"是要求必须明确清楚,不能模棱两可、产生歧义。所谓"完整的"是要求要约的内容必须满足构成一个合同所必备的条件,如标的、数量、质量、价款或者报酬、履行期限、地点和方式等。

思考题:要约的概念和构成要件是什么?

2.要约邀请

要约邀请,又称要约引诱,是邀请或者引诱他人向自己发出订立合同的要约的意思表示。要约邀请与要约不同,要约是一个一经承诺就成立合同的意思表示,而要约邀请只是邀请他人向自己发出要约,自己如果承诺才成立合同。要约邀请处于合同的准备阶段,没有法律约束力。《合同法》规定,寄送的价目表、拍卖公告、招标公告、招股说明书、商业广告等都属于要约邀请。商业广告的内容符合要约规定的,视为要约。

思考题:什么是要约邀请?

3.要约的生效

要约在到达受要约人时生效。要约"到达受要约人时"并不是指一定要实际送到受要约人或者其代理人手中,只要送达到受要约人通常的地址、住所或者能够控制的地方(如信箱)即可。采用数据电文形式订立合同,收件人指定特定系统接收数据电文的,该数据电文进入该特定系统的时间,视为到达时间;未指定特定系统的,该数据电文进入收件人的任何系统的首次时间,视为到达时间。

思考题:要约何时生效?

4.要约的效力

要约一经生效,就会产生相应的法律拘束力。其一,要约生效后,要约人不能随意撤回、撤销或者对要约进行限制、变更和扩张。其二,要约生效后,受要约人即处于承诺适格状态,一经受要约人承诺,合同就成立。

5.要约的撤回、撤销和失效

(1)要约的撤回

要约的撤回是指在要约发出之后但在发生法律效力之前,要约人欲使该要约不发生法律效力而作出的意思表示。要约得以撤回的原因是,要约尚未发生法律效力,所以不会对受要约人以及交易秩序产生任何影响。撤回要约的条件是撤回要约的通知在要约到达受要约人之前或者同时到达受要约人。

(2)要约的撤销

要约的撤销是指要约人在要约发生法律效力之后而受要约人承诺之前,欲使该要约失去法律效力的意思表示。要约的撤销发生在要约生效之后,是使一个已经发生法律效力的要约失去法律效力。要约撤销的通知应在受要约人发出承诺通知之前到达受要约人。但在两种情形下,要约是不得撤销的:情形一,要约中有不可撤销的表示,这种表示可以是要约人确定了承诺期限,或者以其他形式明示要约不可撤销;情形二,受要约人有理由认为要约是不可撤销的,并已经为履行合同作了准备工作。

（3）要约的失效

要约的失效,也可以称为要约的消灭或者要约的终止,指要约丧失法律效力,要约人与受要约人不再受其约束。要约人不再承担接受承诺的义务,受要约人亦不再享有通过承诺使合同得以成立的权利。要约失效的情形有四种:第一,受要约人拒绝要约的通知到达要约人;第二,要约人依法撤销要约;第三,承诺期限届满,受要约人未作出承诺;第四,受要约人对要约的内容作出实质性变更。

思考题:要约撤销与失效的类型有哪些? 要约撤回与要约撤销的区别是什么?

（二）承诺

承诺是指受要约人同意接受要约的全部条件以缔结合同的意思表示。在一般情况下,承诺作出生效后,合同即告成立。

1. 承诺应当具备的条件

作出使合同得以成立生效的承诺,必须具备一定的条件。这些必要条件如下。

（1）承诺必须由受要约人作出

要约是要约人向特定的受要约人发出的,受要约人是要约人选定的交易相对方,受要约人进行承诺的权利是要约人赋予的,只有受要约人才能取得承诺的能力,受要约人以外的第三人不享有承诺的权利。

（2）承诺须向要约人作出

承诺是对要约的同意,是受要约人与要约人订立合同,当然要向要约人作出。

（3）承诺的内容必须与要约保持一致

这是承诺最核心的要件,承诺必须是对要约完全的、单纯的同意。判断承诺是否与要约一致,应看承诺是否从实质上改变了要约的内容。仅仅是表述形式的不同,并不应当否定承诺的效力。若实质上改变了要约的内容,则不应认为是一项承诺,而应是对要约的拒绝并可能构成反要约。

（4）承诺必须在要约的有效期内作出

若要约规定了承诺期限,则承诺应在规定的承诺期限内作出;若要约没有规定承诺期限,则承诺应当在合理的期限内作出。在承诺期限已过而受要约人发出承诺的情形中,该承诺不能视为是承诺,只能视为是一项要约。

思考题:承诺的概念和应当具备的条件是什么?

2. 承诺的方式

承诺的方式是指受要约人将其承诺的意思表示传达给要约人所采取的方式。我国《合同法》规定承诺的方式以通知为原则,在例外情形下亦可通过行为作出。

（1）通知

通知可以是口头形式的,也可以是书面形式的。如果法律或要约中没有规定必须以书面形式表示承诺,当事人就可以口头形式表示承诺。

（2）行为

以行为的方式作出承诺，指根据交易习惯或者要约的内容作出承诺。所谓的行为通常是指履行的行为，比如预付款。

　　思考题：承诺的方式有哪些？

3. 承诺的期限

要约中规定了承诺期限的，承诺必须在要约规定的期限内到达要约人。要约没有规定承诺期限的，如果是口头要约，则按照一般的法律规定，必须即时承诺才有效。口头发出的要约包括双方面谈提出的要约和在电话交谈中提出的要约。要约没有规定承诺期限，如果要约以非对话方式作出，《合同法》要求承诺应当在合理期限内到达要约人。承诺本应在承诺期限内作出，超过有效的承诺期限，要约已经失效，对于失效的要约发出承诺，不能发生承诺的效力，应视为新要约。若受要约人在要约的有效期限内发出承诺通知，依通常情形可于有效期限内到达要约人而实际上迟到的，对这样的承诺，如果要约人不愿意接受，则负有对承诺人发迟到通知的义务。要约人及时发出迟到通知后，该迟到的承诺不发生效力、合同不成立。如果要约人怠于发迟到通知，则该迟到的承诺视为未迟到的承诺，具有承诺的效力、合同成立。

承诺期限的计算主要有两种标准：一是信件与电报，以信件作出的要约，其承诺期限自信件中载明的日期起算，如果信件中没有载明日期则从信封上的日期起算，电报则从交发时起算；二是电话、传真等快速通信方式，承诺期限从要约到达受要约人时起算。

　　思考题：承诺的期限具体指什么？

4. 承诺的生效与撤回

承诺通知到达要约人时生效。承诺不需要通知的，根据交易习惯或者要约的要求作出承诺的行为时生效。采用数据电文形式订立合同的，承诺到达的时间与前述要约到达的规定相同。承诺对要约的内容不能作实质性变更，否则，承诺视为新的要约。实质性变更主要包括但不限于对合同标的、数量、质量、价款或者报酬、履行期限、履行地点和方式、违约责任和解决争议方法等的变更。承诺对要约的内容作出非实质性变更的，除要约人及时表示反对或要约表明承诺不得对要约的内容作出任何变更以外，该承诺有效，合同的内容以承诺的内容为准。

承诺也可以撤回。承诺的撤回是指受要约人阻止承诺发生法律效力的意思表示。由于承诺一经送达要约人即发生法律效力，合同即刻成立，所有撤回承诺的通知应当在承诺通知到达之前或者与承诺通知同时到达要约人。

　　思考题：承诺生效和承诺撤回的含义是什么？

六、 合同成立的时间和地点

采用合同书等书面形式订立合同的，由合同双方当事人签字、盖章时合同成立。采用信件、数据电文订立合同的，当事人可以在要约或者承诺中提出签订确认书的要求，合同以最后签订的确认书为成立。合同成立后，如果一方当事人提出签订确认书的要求，对合同的成立不产生任何影响。法律、行政法规规定或者当事人约定采用书面形式订立的合同，当事人应当采用书面形式订立合同。但是，形式不是主要的，重要的在于当事人之间是否真正存在一个合同。如果合同已经得到履行,即使没有以规定或约定的书面形式订立,合同也应当成立。采用合同书形式订立合同,在签字或盖章前,当事人一方已经履行主要义务,对方又接受的,亦可认定该合同成立。

一般来说,承诺生效合同成立的,承诺生效地点为合同成立的地点。采用数据电文形式订立合同的,收件人的主营业地为合同成立的地点,没有主营业地的,其经常居住地为合同成立的地点。而法律规定或者当事人约定采用特定形式成立合同的,特定形式完成地点为合同成立的地点。如当事人在合同成立前要求采用确认书、合同书等书面形式的,确认书从签字生效时起合同成立,合同成立时的地点为合同成立的地点。合同书从签字或者盖章时起成立,签字或者盖章的地点为合同成立的地点。法律、行政法规规定或者当事人约定必须经过公证合同才成立的,公证的地点为合同成立的地点。

思考题:合同成立的时间和地点分别如何确定?

七、缔约过失责任

缔约过失责任,指当事人在订立合同过程中,因违背诚实信用原则而给对方造成损失的赔偿责任。当事人应承担缔约过失责任的情形主要有以下4种。

(1)假借订立合同,恶意进行磋商。即根本没有与对方订立合同的目的,与对方进行谈判只是一个借口,目的是损害对方或者第三人的利益,恶意地与对方进行合同谈判。

(2)在订立合同中隐瞒重要事实或者提供虚假情况。

(3)其他违背诚实信用原则的行为。

(4)泄露或者不正当地使用商业秘密。无论合同是否达成,当事人均不得泄露或者不正当使用所知悉的商业秘密。

负有缔约过失责任的当事人,应当赔偿受损害的当事人。赔偿应当以受损害的当事人的损失为限。这个损失包括直接利益的减少,还应当包括受损害的当事人因此失去的与第三人订立合同的机会的损失。

思考题:哪些情形构成缔约过失?

第三节　合同的效力

合同的效力,是指已经成立的合同在当事人之间产生的一定的法律拘束力,也就是通常说的合同的法律效力。

一、合同的生效

合同的生效是指合同产生法律约束力。合同生效一般应具备以下要件:行为人具有相应的民事行为能力,意思表示真实,不违反法律或者社会公共利益。根据合同类型的不同,合同有不同的生效时间,具体如下。

1. 依法成立的合同,自成立时生效
即合同的生效,原则上是与合同的成立一致的,合同成立就产生效力。

2. 法律、行政法规规定应当办理批准、登记等手续生效的,自批准、登记时生效即某些法律、行政法规规定合同的生效要经过特别程序后才产生法律效力,这是合同生效的特别要件。

3. 当事人对合同的效力可以附条件或附期限

附条件是指合同当事人自己约定的、未来有可能发生的、用来限定合同效力的某种合法事实。附生效条件的合同,自条件成就时生效。附解除条件的合同,自条件成就时生效。若当事人为自己的利益不正当地阻止条件成就的,视为条件已经成就;不正当地促成条件成就的,视为条件不成就。附生效期限的合同,自期限届至时生效。附终止期限的合同,自期限届满时失效。

❓ 思考题:合同生效的类型有哪些?

二、 无效合同

(一) 无效合同的概念与特征

无效合同是指不具有法律约束力和不发生履行效力的合同。无效合同一般具有以下特征。

1. 违法性

一般来说,《合同法》所规定的无效合同都具有违法性,它们大都违反了法律和行政法规的强制性规定和损害了国家利益、社会公共利益。

2. 自始性

无效合同自始无效,即合同从订立时起就没有法律约束力,以后也不会转化为有效合同。

3. 当然性

无效合同是当然无效,无需经他人主张,也不必经由一定程序使其失效。

4. 确定性

无效合同确定无效,不因时间的经过而被补正,成为有效合同。

(二) 合同无效的具体情形

《合同法》第52条规定了5种合同无效的情形。

1. 一方以欺诈、胁迫的手段订立合同,损害国家利益

这是对以欺诈、胁迫手段订立的合同效力的规定。所谓欺诈,就是故意隐瞒真实情况或者故意告知对方虚假的情况,欺骗对方,诱使对方作出错误的意思表示而与之订立合同。所谓胁迫,是指行为人以将来要发生的损害或者以直接实施损害相威胁,使对方当事人产生恐惧而与之订立合同。

2. 恶意串通,损害国家、集体或者第三人利益的合同

所谓恶意串通的合同,就是合同的双方当事人非法勾结,为牟取私利,而共同订立的损害国家、集体或者第三人利益的合同。

3. 以合法形式掩盖非法目的而订立合同

此类合同中,行为人为达到非法目的以迂回的方式避开了法律或者行政法规的强制性规定,所以又称为伪装合同。

4. 损害社会公共利益的合同

损害社会公共利益的合同是指违反了社会主义的公共道德,破坏了社会经济秩序和生活秩序。

5. 违反法律、行政法规的强制性规定的合同

该项规定对强制性规范进行了强调。因为强制性规定排除了合同当事人的意思自由,即当事人在合同中不得合意排除法律、行政法规强制性规定的适用。

合同无效存在部分无效和全部无效之分。部分无效的合同,是指有些合同条款虽然因违反法律规定无效,但并不影响其他条款效力的合同。此外,合同无效并不影响合同中独立存在的有关解决争议方法的条款的效力。如仲裁条款、选择受诉法院的条款、选择检验或鉴定机构的条款、法律适用条款等。

(三) 合同无效的后果

合同无效后,当事人仍应负担相应的民事责任。

1. 返还财产

返还财产是指合同当事人在合同被确认无效后,对已交给对方的财产享有财产返还请求权,而已接受该财产的当事人则有返还财产的义务。

2. 折价补偿

在有的情况下,财产是不能返还或者没有必要返还的,在此种情况下,为了达到恢复原状的目的,就应当折价补偿对方当事人。

3. 赔偿损失

在合同被确认无效后,一般都会产生损害赔偿的责任。凡是因合同无效而给对方造成的损失,主观上有故意或者过失的当事人都应当赔偿对方的财产损失。

? 思考题:无效合同的特征和类型有哪些?

三、 可撤销合同

(一) 可撤销合同的概念与特征

1. 可撤销合同的概念

可撤销合同,是因意思表示不真实,通过有撤销权的当事人行使撤销权,使已经生效的意思表示归于无效的合同。

2. 可撤销合同的特征

可撤销合同有以下特征。

(1) 可撤销合同在未被撤销前,是有效合同。

(2) 可撤销合同一般是意思表示不真实的合同。

(3) 可撤销合同的撤销要由撤销权人通过行使撤销权来实现。

(二) 合同可撤销的具体情形

《合同法》第 54 条规定了 3 种可撤销合同。

1. 因重大误解而订立的合同

所谓重大误解,是指误解者作出意思表示时,对涉及合同法律效果的重要事项存在着认识上的显著缺陷,其后果是使误解者的利益受到较大的损失,或者达不到误解者订立合同的目的。

2. 在订立合同时显失公平的

所谓显失公平的合同,是指一方当事人在紧迫或者缺乏经验的情况下订立的使当事

人之间享有的权利和承担的义务严重不对等的合同。

3. 一方以欺诈、胁迫的手段或者乘人之危,使对方在违背其真实意思的情况下订立的合同

该项规定与合同无效中因欺诈、胁迫订立的合同最大的区别在于是否损害国家利益。若未损害国家利益,受欺诈、胁迫的一方可以自主决定该合同有效或者撤销。

（三）撤销权的行使

撤销权是一种权利,具有撤销权的当事人既可以行使撤销权;也可以放弃撤销权,不行使该权利。在两种情形下,当事人的撤销权消灭。情形一,具有撤销权的当事人自知道或者应当知道撤销权事由之日起 1 年内没有行使撤销权的,其撤销权消灭,即撤销权人必须在规定的期间内行使撤销权;情形二,具有撤销权的当事人知道撤销事由后明确表示或者以自己的行为放弃撤销权的,其撤销权消灭。

可撤销合同被撤销后并不影响合同中独立存在的有关解决争议方法的条款的效力。其法律后果亦与前述无效合同的法律后果相同。

❓ 思考题：可撤销合同的类型有哪些?

四、 效力待定合同

效力待定合同是指合同已经成立,其效力是否发生尚未确定,有待于其他行为使其确定的合同。效力待定合同既不同于自始不发生效力的无效合同,也不同于已经生效的可撤销合同。根据《合同法》的规定,效力待定的合同主要有 3 种。

（一）限制民事行为能力人订立的合同

限制民事行为能力人订立的合同,除纯获利益的合同或者与其年龄、智力、精神健康状况相适应而订立的合同外,其他合同效力待定。此类合同要具有效力,一个重要的条件就是经过法定代理人的追认。所谓追认,是指法定代理人明确无误地表示同意限制民事行为能力人与他人签订的合同。合同的相对人可以催告限制民事行为能力人的法定代理人在 1 个月内进行追认。法定代理人未作表示的,视为拒绝追认。善意的合同相对人还可以在法定代理人追认前作出撤销合同的行为。

（二）无权代理人以被代理人名义订立的合同

无权代理合同是无代理权人代理他人从事民事行为所签订的合同,包括没有代理权、超越代理权以及代理关系终止后签订合同 3 种类型。该类合同未经被代理人追认,对被代理人不发生效力。合同相对人同样存在催告权,善意的合同相对人还有撤销权。

需注意的是,表见代理与无权代理不完全相同。表见代理,是行为人没有代理权、超越代理权或者代理权终止后签订了合同,如果合同相对人有理由相信其有代理权,那么相对人就可以向本人主张该合同的效力,要求本人承担合同中所规定的义务,受合同的约束。但法人或者其他组织的法定代表人、负责人超越权限订立的合同,除相对人知道或者应当知道其超越权限的以外,该代表行为有效。

（三）无处分权人处分他人财产的合同

无处分权人,是指对归属于他人的财产没有进行处置的权利或虽对财产拥有所有权,但由于在该财产上负有义务而对此不能进行自由处分的人。无处分权人处分他人财产而

签订的合同必须经过权利人的事后追认或者在合同订立后取得对财产的处分权才有效。

👀 思考题：效力待定合同的类型有哪些？

第四节　合同的履行

一、合同履行概述

合同的履行，是指合同生效后，合同当事人依照合同的约定全面地、适当地完成合同义务，从而使合同目的得以实现。

（一）合同履行的一般规则

在履行合同时，合同当事人应当依照诚信原则履行。基于诚信原则，当事人除应当按照合同约定履行自己的义务外，也要履行合同未作约定但依照诚信原则也应当履行的协助、告知、保密、防止损失扩大等义务。

（二）约定不明时的履行

当对质量、价款、履行地点、履行方式、履行期限、履行费用未作出约定或者约定不明确时，当事人可以协议补充确定。不能达成补充协议的，可以通过合同的有关条款或者交易习惯确定。通过合同有关条款或者交易习惯仍不能确定的，可适用以下规定。

（1）质量标准不明确的，有国家标准、行业标准的，按照国家标准、行业标准履行。没有国家标准、行业标准的，按照同类产品或者同类服务的市场通常质量标准或者符合合同目的特定标准履行。

（2）价款不明确的，除依法必须执行政府定价、政府指导价以外，按照同类产品、同类服务订立合同时履行地的市场价格履行。

（3）履行地点不明确的，如果是给付货币，在接受给付一方的所在地履行。交付不动产的，在不动产所在地履行。其他标的在履行义务一方的所在地履行。

（4）履行期限不明确的，债务人可以随时向债权人履行义务，债权人也可以随时请求债务人履行义务。不能即时履行的，应当给对方必要的准备时间。

（5）履行方式不明确的，按照标的物性质决定的方式或者有利于实现合同目的的方式履行。

（6）履行费用的负担不明确的，由履行义务一方负担履行费用。

👀 思考题：合同约定不明时该如何履行？

（三）涉第三人合同的履行

涉及第三人的合同，又称涉他合同，包括向第三人履行的合同和由第三人履行的合同。

1. 向第三人履行的合同

向第三人履行的合同，又称利他合同或为第三人合同，指双方当事人约定，由债务人向第三人履行债务，第三人直接取得请求权的合同。在此类合同中，债务由债务人向第三人履行，而不是向债权人履行；不但债权人享有请求债务人向第三人履行的权利，第三人亦直接取得请求债务人履行的权利。第三人未取得请求权的，则不是真正的向第三人履行的合同。

债权人与债务人订立向第三人履行的合同,债权人可以事先征得第三人的同意,也可以不告知第三人。债务人按照合同向第三人履行时,应当通知第三人。第三人受领的,应当作出接受的意思表示。第三人拒绝受领的,债务人应当将不受领的情况通知债权人。

2. 由第三人履行的合同

由第三人履行的合同,又称第三人负担的合同,指双方当事人约定债务由第三人履行的合同。双方签订由第三人履行的合同时,债务人事先应当征得第三人的同意。债务人未征询第三人意见而签订合同,事后征得第三人同意的,第三人也应向债权人履行。由第三人履行的合同以债权人、债务人为合同当事人,第三人不是合同当事人。第三人只负担向债权人履行,不承担合同责任。

🔖 思考题:向第三人履行的合同与由第三人履行的合同有何区别?

二、 抗辩权

抗辩权是指在双务合同中,一方当事人在对方不履行或履行不符合约定时,依法对抗对方要求或否认对方主张的权利。根据《合同法》的规定,主要存在同时履行抗辩权、先履行抗辩权和不安抗辩权 3 种。

(一) 同时履行抗辩权

同时履行抗辩权,指双务合同中应当同时履行的一方当事人有证据证明另一方当事人在同时履行的时间不能履行或者不能适当履行,到履行期时其享有不履行或者部分履行的权利。

同时履行抗辩权的发生,需具备以下条件。

(1) 需基于同一双务合同。

(2) 该合同需由双方当事人同时履行。

(3) 一方当事人有证据证明同时履行的对方当事人不能履行合同或者不能适当履行合同。

同时履行抗辩权属延期的抗辩权,只是暂时阻止对方当事人请求权的行使,非永久的抗辩权。对方当事人完全履行了合同义务,同时履行抗辩权消灭,当事人应当履行自己的义务。

(二) 先履行抗辩权

先履行抗辩权,指在双务合同中应当先履行的一方当事人未履行或者不适当履行,到履行期限的对方当事人享有不履行、部分履行的权利。

先履行抗辩权的发生,需具备以下条件。

(1) 需基于同一双务合同。

(2) 该合同需由一方当事人先为履行。

(3) 应当先履行的当事人不履行合同或者不适当履行合同。

先履行抗辩权同样属于延期抗辩权。对方当事人完全履行了合同该义务,先履行抗辩权消灭,当事人应当履行自己的义务。

(三) 不安抗辩权

不安抗辩权,指双务合同成立后,应当先履行的当事人有证据证明对方不能履行义务,或者有不能履行合同义务的可能时,在对方没有履行或者提供担保之前,有权中止履行合同义务。

不安抗辩权的发生,需具备以下条件。

(1)需基于同一双务合同。

(2)合同履行顺序有先后之分。

(3)后履行的当事人发生变化,该变化导致其不能履行合同义务或可能不能履行合同义务。

当事人行使不安抗辩权后,应当立即通知对方当事人。不安抗辩权仍属于延期抗辩权,当事人仅是中止合同的履行。倘若对方当事人提供了担保或者作了对待给付,不安抗辩权消灭,当事人应当履行合同。

❓ 思考题:抗辩权有哪几种?

三、合同的保全

代位权和撤销权共为合同的保全。保全,又称责任财产的保全,指债权人行使代位权和撤销权,防止债务人的责任财产不当减少,以确保无特别担保的一般债权得以清偿。

(一)代位权

代位权,指债务人怠于行使权利,债权人为保全债权,以自己的名义向第三人行使债务人现有债权的权利。

代位权的发生,需具备以下条件。

(1)需债务人对第三人享有债权。

(2)需债务人怠于行使其债权,债务人应当收取债务,且能够收取,而不收取。

(3)债务人怠于行使自己的债权,已害及债权人的债权。

(4)需债务人已经陷于迟延履行。

债权人有数人的,一人行使代位权能够保全其他债权人的债权的,其他债权人不能再就同一债权重复行使代位权。债权人行使代位权,对第三人、债务人和债权人本人都会产生法律效力。

(二)撤销权

撤销权,又称废罢诉权,指债务人、第三人有损害债权的行为,债权人享有撤销该行为的权利。

引起撤销权发生的要件是有损害债权的行为。债务人实施损害债权的行为主要指债务人以赠与、免除等无偿行为处分债权。债权人行使撤销权,可以向债务人、第三人提出,也可以诉请法院撤销。债务人、第三人的行为被撤销的,其行为自始无效。

撤销权存在除斥期间:债权人知道撤销原因的,自知道之日起,为1年;债权人不知道撤销原因的,自诈害行为发生之日起,为5年。期间届满,当事人的撤销权消灭。

❓ 思考题:合同保全的类型和具体内容是什么?

第五节 合同的担保

合同的担保,指合同当事人为了保障合同债权的实现,根据法律规定或双方约定而采取的法律措施。担保合同是主债权债务合同的从合同。一般而言,主合同有效,则担保合同有效;主合同无效,则担保合同无效。担保合同可以是单独订立的书面合同,也可以是主合同中的担保条款。

根据《物权法》和《担保法》的规定,担保的方式主要有保证、抵押、质押、留置、定金5种。

一、 保证

保证是指保证人和债权人约定,于债务人不履行债务时,由保证人按照约定履行主合同的义务或者承担责任的行为。

(一) 保证人

具有代为清偿债务能力的法人、其他组织或者公民都可以作保证人。国家机关不得为保证人,但经国务院批准为使用国外政府或者国际经济组织贷款进行转贷的除外。学校、幼儿园、医院等以公益为目的的事业单位、社会团体不得为保证人。企业法人的分支机构、职能部门不得为保证人。企业法人的分支机构有法人书面授权的,可以在授权范围内提供保证。保证人应当具有代为清偿债务的能力。不具有完全代偿能力的主体,只要以保证人身份订立保证合同后,就应当承担保证责任。

(二) 保证合同和保证方式

1. 保证合同

保证人与债权人之间应当以书面形式订立保证合同。保证人与债权人可以就单个主合同分别订立保证合同,也可以协议在最高债权额限度内就一定期间连续发生的合同订立一个保证合同,保证合同应当包括:被保证的主债权种类、数额,债务人履行债务的期限,保证的方式,保证担保的范围,保证的期间,双方认为需要约定的其他事项。

2. 保证方式

(1) 一般保证

一般保证是指当事人在保证合同中约定,债务人不能履行债务时,由保证人承担保证责任的保证。一般保证的保证人在主合同纠纷未经审判或者仲裁,并就债务人财产依法强制执行仍不能履行债务前,对债权人可以拒绝承担保证责任,即享有先诉抗辩权。但在三种情形中,保证人不享有此种权利:①债务人住所变更,致使债权人要求其履行债务发生重大困难的;②人民法院受理债务人破产案件,中止执行程序的;③保证人以书面形式放弃前款规定的权利的。

(2) 连带责任保证

连带责任保证是指当事人在保证合同中约定保证人与债务人对债务承担连带责任的保证。连带责任保证的债务人在主合同规定的债务履行期限届满没有履行债务的,债权人可以要求债务人履行债务,也可以要求保证人在其保证范围内承担保证责任。当事人对保证方式没有约定或约定不明确时,按照连带责任保证承担保证责任。

(三) 保证责任

1. 保证责任的范围

保证责任的范围包括主债权及利息、违约金、损害赔偿金和实现债权的费用。保证合同另有约定的,按照约定。当事人对保证担保的范围没有约定或者约定不明确的,保证人应当对全部债务承担责任。

2. 主合同变更与保证责任的承担

主要存在以下 3 种情形。

(1) 保证期间,债权人依法将主债权转让给第三人的,保证人在原保证担保的范围内继续承担保证责任,保证合同另有约定的,按照约定。

(2) 保证期间,债权人许可债务人转让债务的,应当取得保证人书面同意,保证人对未经其同意转让的债务,不再承担保证责任。

(3) 债权人与债务人协议变更主合同的,应当取得保证人书面同意,未经保证人书面同意的,保证人不再承担保证责任。保证合同另有约定的,按其约定。

3. 保证期间

对保证期间合同有约定的,依照约定;未约定的,则保证期间为主债务履行期届满之日起的 6 个月。在保证期间内,债权人未要求保证人承担保证责任的,保证人免除保证责任。

4. 其他情形下的保证责任

(1) 同一债权既有保证又有物的担保的,保证人对物的担保以外的债务承担保证责任。债权人放弃物的担保的,保证人在债权人放弃权利的范围内免除保证责任。

(2) 企业法人的分支机构未经法人书面授权或者超过授权范围与债权人订立保证合同的,该合同无效或者超出授权范围的部分无效,债权人和企业法人有过错的,应当根据其过错各自承担相应的民事责任;债权人无过错的,由企业法人承担民事责任。

5. 保证责任的免除

在两种情形下,保证可以不承担保证责任:其一,主合同当事人双方串通,骗取保证人提供保证;其二,主合同债权人采取欺诈、胁迫等手段,使保证人在违背真实意思的情况下提供保证。

6. 保证人的追偿权

保证人承担保证责任后,有权向债务人追偿。人民法院受理债务人破产案件后,债权人未申报债权的,保证人可以参加破产财产分配,预先行使追偿权。

二、 抵押

抵押是指债务人或者第三人不转移抵押财产的占有,将抵押财产作为债权的担保。当债务人不履行债务时,债权人有权依照法律的规定以抵押财产折价或者以拍卖、变卖该财产的价款优先受偿。

(一) 抵押物

可抵押的财产包括:抵押人所有的房屋和其他地上定着物;抵押人所有的机器、交通运输工具和其他财产;抵押人依法有权处分的国有的土地使用权、房屋和其他地上定着物;抵押人依法有权处分的国有机器、交通运输工具和其他财产;抵押人依法承包并经发包方同意抵押的荒山、荒沟、荒丘、荒滩等荒地的土地使用权;依法可以抵押的其他财产。这些财产可以单独抵押,也可以一并抵押。抵押人所担保的债权不得超出抵押物的价值。财产抵押后,该财产的价值大于所担保债权的余额部分,可以再次抵押,但不得超出其余额部分。此外,在对房屋或土地使用权进行抵押时,一般应同时抵押土地使用权或土地上的房屋。

不得抵押的财产包括：土地所有权；耕地、宅基地、自留地、自留山等集体所有的土地使用权，但法律规定可以抵押的除外；学校、幼儿园、医院等以公益为目的的事业单位、社会团体的教育设施、医疗卫生设施和其他社会公益设施；所有权、使用权不明或者有争议的财产；依法被查封、扣押、监管的财产；依法不得抵押的其他财产。

（二）抵押合同

抵押人和抵押权人应当以书面形式订立抵押合同。抵押合同应当包括以下内容：被担保的主债权种类、数额，债务人履行债务的期限；抵押物的名称、数量、质量、状况、所在地、所有权权属或者使用权权属，抵押担保的范围，当事人认为需要约定的其他事项。

订立抵押合同时，抵押权人和抵押人在合同中不得约定在债务履行期届满抵押权人未受清偿时，抵押物的所有权移转给债权人，即禁止流押条款。

（三）抵押物登记

根据《物权法》规定，以建筑物和其他土地附着物，建设用地使用权，以招标、拍卖、公开协商等方式取得的荒地等土地承包经营权，正在建造的建筑物等财产设定抵押的，应当办理抵押物登记手续，抵押权自登记之日起设立。而以生产设备、原材料、半成品、产品、交通运输工具和正在建造的船舶、航空器进行抵押的，抵押权自抵押合同生效时设立，未经登记，不得对抗善意第三人。

（四）抵押的效力

抵押担保的范围包括主债权及利息、违约金、损害赔偿金和实现抵押权的费用。抵押合同另有约定的，依照约定。

1. 抵押财产的出租、转让与价值减损

订立抵押合同之前抵押财产已经出租的，原来的租赁关系不受该抵押权的影响；而抵押权设立后出租抵押财产的，则该租赁关系不得对抗已经登记的抵押权。

抵押期间，抵押人经抵押权人同意，可以转让抵押财产。但应将转让所得的价款向抵押权人提前清偿债务或提存。转让的价款超过债权数额的部分归抵押人所有，不足的部分则由债务人进行清偿。抵押人未经抵押权人同意的，不得转让抵押财产。除非受让抵押财产的一方代为清偿债务消灭抵押权。

抵押人的行为足以使抵押财产价值减少的，抵押权人有权要求抵押人停止其行为。若抵押财产价值确实减少，则抵押权人有权要求抵押人恢复抵押财产的价值，或者提供与减少的价值相应的担保。如果抵押人不恢复抵押财产的价值也不提供相应的担保，那么抵押权人有权要求债务人提前清偿债务。

2. 抵押权的转让与顺位变化

抵押权不得与债权分离而单独转让，或者作为其他债权的担保。债权转让的，抵押该债权的抵押权应一并转让，但法律另有规定或者当事人另有约定的除外。

抵押权人可以放弃抵押权或者抵押权的顺位。抵押权人与抵押人可以协议变更抵押权顺位以及被担保的债权数额等内容。但抵押权的变更，未经其他抵押权人书面同意的，不得对其他抵押权人产生不利影响。债务人以自己的财产设定抵押的，抵押权人放弃该抵押权、抵押权顺位或者变更抵押权的，其他担保人在抵押权人丧失优先受偿权益的范围内免除担保责任,但其他担保人承诺仍然提供担保的除外。

（五） 抵押权的实现

债务人不履行到期债务或者发生当事人约定的实现抵押权的情形时,抵押权人可以与抵押人协议以抵押财产折价或者以拍卖、变卖该抵押财产所得的价款优先受偿。抵押权人与抵押人未能就抵押权实现的方式达成协议的,抵押权人可以请求人民法院拍卖、变卖抵押财产。抵押财产应当参照市场价格进行折价或者变卖。抵押财产折价或者拍卖、变卖后,所得价款超过债权数额的部分归抵押人所有,不足的部分由债务人清偿。

同一财产向两个以上债权人抵押的,拍卖、变卖抵押财产所得的价款应依照一定的顺序进行清偿,具体如下。

（1）抵押权已登记的,按照登记的先后顺序清偿;顺序相同的,按照债权比例清偿。

（2）抵押权已登记的先于未登记的受偿。

（3）抵押权未登记的,按照债权比例清偿。

抵押权人应当在主债权诉讼时效期间内行使抵押权。

（六） 最高额抵押

最高额抵押,指为担保债务的履行,债务人或者第三人对一定期间内将要发生的债权提供担保财产的,债务人不履行到期债务或者发生当事人约定的实现抵押权的情形时,抵押权人有权在最高债权额限度内就该担保财产优先受偿。

在以下情形中,最高额抵押权人的债权获得确定。

（1）约定的债权确定期间届满。

（2）没有约定债权确定期间或者约定不明确,抵押权人或者抵押人可自最高额抵押权设立之日起满 2 年后请求确定债权。

（3）新的债权不可能发生。

（4）抵押财产被查封、扣押。

（5）债务人、抵押人被宣告破产或者被撤销。

（6）法律规定债权确定的其他情形。

三、质押

质押可分为动产质押和权利质押。质押是指债务人或者第三人将其动产移交债权人占有,或者将其财产权利交由债权人控制,将该动产或者财产权利作为债权的担保。债务人不履行债务时,债权人有权依照法律的规定以该动产或者财产权利折价,或者以拍卖、变卖该动产或者财产权利的价款优先受偿。

（一） 动产质押

设立质权,当事人应当订立书面形式的质权合同。质权自出质人交付质押财产时设立。质权人在债务履行期届满前,不得与出质人约定债务人不履行到期债务时质押财产归债权人所有。

动产质押期间,质权人享有相应的权利、承担相应的义务。质权人有权收取质押财产的孳息,但合同另有约定的除外。质权人负有妥善保管质押财产的义务。质权人因保管不善;或未经出质人同意,擅自使用、处分质押财产给出质人造成损害的;或转质,造成质押财产毁损灭失的,应当承担赔偿责任。

质权人的行为可能使质押财产毁损灭失的,出质人可以要求质权人将质押财产提存,或者要求提前清偿债务并返还质押财产。因不能归责于质权人的事由可能使质押财产毁损或者价值明显减少,足以危害质权人权利的,质权人有权要求出质人提供相应的担保;出质人不提供担保的,质权人可以拍卖、变卖质押财产,并与出质人通过协议将拍卖、变卖所得的价款提前清偿债务或者提存。

债务人以自己的财产出质,质权人放弃该债权的,其他担保人在质权人丧失优先受偿权益的范围内免除担保责任,但其他担保人承诺仍提供担保的除外。债务人履行债务或者出质人提前清偿所担保的债权的,质权人应当返还质押财产。债务人不履行到期债务或者发生当事人约定的实现质权的情形时,质权人可以与出质人协议以质押财产折价,也可以就拍卖、变卖质押财产所得的价款优先受偿。

(二) 权利质押

可以出质的权利包括:汇票、支票、本票;债券、存款单;仓单、提单;可以转让的基金份额、股权;可以转让的注册商标专用权、专利权、著作权等知识产权中的财产权;应收账款;法律、行政法规规定可以出质的其他财产权利。以汇票、支票、本票、债券、存款单、仓单、提单出质的,当事人应当订立书面合同。质权自权利凭证交付质权人时设立;没有权利凭证的,质权自有关部门办理出质登记时设立。以基金份额、股权出质的,当事人应当订立书面合同。以基金份额、证券登记结算机构登记的股权出质的,质权自证券登记结算机构办理出质登记时设立;以其他股权出质的,质权自工商行政管理部门办理出质登记时设立。以注册商标专用权、专利权、著作权等知识产权中的财产权出质的,当事人应当订立书面合同。质权自有关主管部门办理出质登记时设立。以应收账款出质的,当事人应当设立书面合同。质权自信贷征信机构办理出质登记时设立。

四、留置

留置是指在保管合同、运输合同、加工承揽合同中,债权人依照合同约定占有债务人的动产,债务人不按照合同约定的期限履行债务的,债权人有权依照法律规定留置该财产,以该财产折价或者以拍卖、变卖该财产的价款优先受偿。

债权人留置的动产,应当与债权属于同一法律关系,但企业之间留置的除外。留置权人应当妥善保管留置财产。因保管不善致使留置财产毁损、灭失的,留置权人应承担赔偿责任。留置权人有权收取留置财产的孳息。留置权人与债务人应当约定留置财产后的债务履行期间;没有约定或者约定不明确的,留置权人一般应当给债务人两个月以上履行债务的期间。债务人逾期未履行的,留置权人可以与债务人协议以留置财产折价,也可以就拍卖、变卖留置财产所得的价款优先受偿。

同一动产上已设立抵押权或者质权,该动产又被留置的,留置权人优先受偿。留置权人对留置财产丧失占有或者留置权人接受债务人另行提供担保的,留置权消灭。

五、定金

定金是指合同当事人一方为了担保合同的履行,预先支付另一方一定数额的金钱的行为。债务人履行债务后,定金应当抵作价款或者收回。给付定金的一方不履行合同约定的债务的,无权要回定金;收受定金的一方不履行合同约定的债务的,应当双倍返还定金。

定金应当以书面形式约定。定金的数额由当事人约定,但不得超过主合同标的额的20%。当事人约定的定金数额超过主合同标的额20%的,超过部分人民法院不予支持。

?> 思考题:合同担保的类型有哪些?

第六节 合同的变更与转让

合同的变化,包括内容的变化与主体的变化。内容的变化,又被称为合同的变更。主体的变化,又称为合同的转让,具体包括合同权利的转让、合同义务的转移,以及合同权利和义务的一并转让。

一、 合同的变更

合同的变更是指合同成立后,当事人在原合同的基础上对合同的内容进行修改或者补充。

由于合同是当事人协商一致的产物,所以,当事人在变更合同内容时,也应当本着协商的原则进行。当事人可以依据要约、承诺等有关合同成立的规定,确定是否就变更事项达成协议。如果双方当事人就变更事项达成了一致意见,变更后的内容就取代了原合同的内容,当事人就应当按照变更后的内容履行合同。一方当事人未经对方当事人同意任意改变合同的内容,变更后的内容不仅对另一方没有约束力,而且这种擅自改变合同的做法也是一种违约行为,当事人应当承担违约责任。

合同的变更既可能是合同标的的变更,也可能是合同数量的增加或减少;既可能是履行地点的变化,也可能是履行方式的改变;既可能是合同履行期的提前或延后,也可能是违约责任的重新约定。给付条款或者报酬的调整也是合同变更的主要原因。合同担保条款以及解决争议方式的变化也会导致合同的变更。

合同变更需要当事人协商一致,但在一些情况下,仅有当事人协商一致是不够的,当事人还应当履行法定的程序。依据《合同法》规定,法律、行政法规规定变更合同事项应当办理批准、登记手续的,依照其规定。因此,法律、行政法规对变更合同事项有具体要求的,当事人应当按照有关规定办理相应的手续。如果没有履行法定程序,即使当事人已协议变更了合同,变更的内容也不发生法律效力。

若当事人对于合同变更的内容约定不明确的,则推定为未变更。当事人只需按照原有合同的规定履行即可,任何一方不得要求对方履行变更中约定不明确的内容。

?> 思考题:何为合同的变更?

二、 合同的转让

合同的转让是指合同当事人将其合同的权利和义务全部或部分转让给第三人的行为。合同的转让仅指合同主体的变化,不改变合同的内容。

（一）合同权利的转让

合同权利的转让,指不改变合同权利的内容,由债权人将权利转让给第三人。债权人既可以将合同权利的全部进行转让,也可以将合同权利的部分进行转让。合同权利全部转让的,原合同关系消灭,产生一个新的合同关系,受让人取代原债权人的地位,成为新的债权人。合同权利部分转让的,受让人作为第三人加入到原合同关系中,与原债权人共同享有债权。

但并非所有的合同权利都可以转让。为了维护社会公共利益和交易秩序,平衡合同双方当事人的权益,法律对权利转让的范围进行了一定的限制。以下 3 种情形,债权人不得转让合同权利。

（1）根据合同性质不得转让的权利

根据合同性质不得转让的权利,主要是指合同是基于特定当事人的身份关系订立的,合同权利转让给第三人,会使合同的内容发生变化,动摇合同订立的基础,违反了当事人订立合同的目的,使当事人的合法利益得不到应有的保护。当事人基于信任关系订立的委托合同、雇佣合同及赠与合同等,都属于合同权利不得转让的合同。

（2）依照当事人约定不得转让的权利

当事人在订立合同时可以对权利的转让作出特别的约定,禁止债权人将权利转让给第三人。这种约定只要是当事人真实意思的表示,且不违反法律禁止性规定,即对当事人有法律效力。但合同当事人间的这种特别约定,不能对抗善意的第三人。

（3）依照法律规定不得转让的权利

我国一些法律中对某些权利的转让作出了禁止性规定。对于这些规定,当事人应当严格遵守,不得违反法律的规定,擅自转让法律禁止转让的权利。

考虑到合同双方当事人的利益的平衡,我国《合同法》在权利转让的问题上确立了权利转让需通知债务人的规则。即债权人转让权利的,应当通知债务人。通知到达债务人时转让行为生效。未经通知,该转让行为对债务人不发生效力。

债权人转让主权利时应当将从权利一并转让,受让人在得到主权利的同时,也取得与债权人有关的从权利。此外,考虑到有的从权利的设置是针对债权人自身的,与债权人有不可分离的关系,因而在确定从权利随主权利转让原则的同时,规定专属于债权人自身的从权利不随主权利的转让而转让。

为了保障债权人转让权利的行为不损害债务人的利益,《合同法》规定,债务人接到债权转让通知时,债务人对让与人的抗辩,可以向受让人主张。债务人接到权利转让通知后,可以行使抗辩权来保护自己的权利。此外,在权利进行转让后,若债务人对债权人也享有债权,且该债权已届清偿期,则债务人可以依照法律的规定向受让人行使抵销权。

❓ 思考题：不得进行合同权利转让的情形有哪些?

（二）合同义务的转移

合同义务的转移,指债务人经债权人同意,将合同的义务全部或者部分转让给第三人。债权人和债务人的合同关系是产生在相互了解的基础上,在订立合同时,债权人一般要对债务人的资信情况和偿还能力进行了解,而对于取代债务人或者加入到债务人中的第三人的资信情况及履行债务的能力,债权人不可能完全清楚。所以,如果债务人不经债权人的同意就将债务转让给了第三人,那么,对于债权人来说是不公平的,不利于保障债权人合法利益的实现。法律、行政法规规定义务转移应当办理批准、登记等手续的,当事人应当按照规定办理。

合同义务的转移可分为两种情况:一是合同义务的全部转移,在这种情况下,新的债务人完全取代旧的债务人,新的债务人负责全面的履行合同义务;另一种情况是合同义务的部分转移,即新的债务人加入到原债务中,和原债务人一起向债权人履行义务。债务人不论转移的是全部义务还是部分义务,都需要征得债权人同意。未经债权人同意,债务人转移合同义务的行为对债权人不发生效力。

债务人转移义务的,新的债务人取代了原债务人的地位,承担其履行义务的责任。原债务人从合同关系中退出后,其享有的抗辩权由新债务人承担。债务人的抗辩权不因债务的转移而消灭。

债务人转移义务的,其从债务随着主债务的转移而转移,新债务人应当承担与主债务有关的从债务。

❓ 思考题:合同义务的转移怎样才能产生效力?

(三) 合同权利义务的一并转让

合同权利义务的一并转让,又称为概括转让,指合同一方当事人将其权利和义务一并转移给第三人,由第三人全部地承受这些权利和义务。权利和义务一并转让不同于权利转让和义务转让的是,它是合同一方当事人对合同权利和义务的全面处分,其转让的内容实际上包括权利的转让和义务的转移两部分内容。权利和义务一并转让的后果是导致原合同关系的消灭,第三人取代了转让方的地位,产生出一种新的合同关系。

根据《合同法》的规定,合同权利义务一并转让时,债权人应当通知债务人;债务人移转义务的必须经债权人的同意。如果未经对方同意,一方当事人就擅自一并转让权利和义务的,那么其转让行为无效,对方有权就转让行为对自己造成的损害,追究转让方的违约责任。

权利和义务一并转让只出现在双务合同中。对于当事人只承担义务或者享有权利的单务合同不存在权利和义务一并转让的问题。

合同关系的一方当事人将权利和义务一并转让时,除了应当征得另一方当事人的同意外,还应当遵守《合同法》中有关转让权利和义务转移的其他规定。具体有:不得转让法律禁止转让的权利;转让合同权利和义务时,从权利和从债务一并转让,受让人取得与债权有关的从权利和从债务,但该从权利和从债务专属于让与人自身的除外;转让合同权利和义务不影响债务人抗辩权的行使;债务人对让与人享有债权的,可以依照有关规定向受让人主张抵销;法律、行政法规规定应当办理批准、登记手续的,应当依照其规定办理。

❓ 思考题:合同权利和义务一并转让与合同权利转让和合同义务移转的区别与联系是什么?

(四) 当事人合并或分立后债权债务的处理

当事人订立合同后合并的,由合并后的法人或者其他组织行使合同权利,履行合同义务。当事人订立合同后分立的,除债务人和债权人另有约定的以外,由分立后的法人或者其他组织对合同的权利和义务享有连带债权,承担连带债务。此外,法律、行政法规规定当事人合并、分立需要办理有关手续的,当事人应当遵守该规定办理。

❓ 思考题:当事人订立合同后合并或分立的该如何享有债权、承担债务?

第七节　合同的权利义务终止

合同的权利义务终止,指依法生效的合同,因具备法定情形和当事人约定的情形,合同债权、债务归于消灭,债权人不再享有合同权利,债务人也不必再履行合同义务。依据《合同法》的规定,有下列情形之一的,合同终止。

（1）债务已经按照约定履行。

（2）合同解除。

（3）债务相互抵销。

（4）债务人依法将标的物提存。

（5）债权人免除债务。

（6）债权债务同归于一人。

（7）法律规定或者当事人约定终止的其他情形。

一、债务已按照约定履行

合同是当事人为达到其利益要求而达成的合意,合同目的的实现,有赖于债务的履行。债务按照合同约定得到履行,一方面可使合同债权得到满足,另一方面也使得合同债务归于消灭,产生合同的权利义务终止的后果。债务已经按照约定履行,指债务人按照约定的标的、质量、数量价款或者报酬、履行期限、履行地点和方式全面履行。

以下情况也属于合同按照约定履行。

1. 当事人约定的第三人按照合同内容履行

合同是债权人与债务人之间的协议,其权利义务原则上不涉及合同之外的第三人,合同债务当然应当由债务人履行。但有时,为了实现当事人特定目的,便捷交易,法律允许合同债务由当事人约定的第三人履行,第三人履行债务,也产生债务消灭的后果。

2. 债权人同意以他种给付代替合同原定给付

合同的种类不同,债务的内容也不同。但有时,实际履行债务在法律上或事实上不可能,或者实际履行费用过高,或者不适于强制履行。在实际履行不可能的情况下,经债权人同意,可以采用代物履行的办法,达到债务消灭的目的。

3. 当事人之外的第三人接受履行

债务人应当向债权人履行债务,债权人受领后产生债务消灭的后果。但有时,当事人约定由债务人向第三人履行债务,债务人向第三人履行后,也产生债务消灭的后果。

合同中约定几项债务时,某项债务按照约定履行,产生债务消灭的效果,但并非终止合同。在双务合同中,只有当事人双方都按照约定履行,合同才能终止。任何一方履行有欠缺,都不能达到终止合同的目的。

❓ 思考题:债务已按照约定履行的含义是什么?

二、解除

合同的解除,指合同有效成立后,当具备法律规定或当事人约定的合同解除条件时,因当事人一方或双方的意思表示而使合同关系归于消灭的行为。当事人一方主张解除合同时,应当通知对方。合同自通知到达对方时解除。对方有异议的,可以请求人民法院或仲裁机构确认解除合同的效力。合同解除可分为约定解除和法定解除两种。

(一) 约定解除

根据合同自愿原则,当事人在法律规定范围内享有自愿解除合同的权利。当事人约定解除合同包括两种情况:

1. 协商解除

协商解除,指合同生效后,未履行或未完全履行之前,当事人以解除合同为目的,经协商一致,订立一个解除原来合同的协议。协商解除是双方的法律行为,应当遵守合同订立的程序,即双方当事人应当对解除合同意思表示一致,协议未达成之前,原合同仍然有效。如果协商解除违反了法律规定的合同有效成立的条件,则解除合同的协议不能发生法律效力,原有的合同仍要履行。

2. 约定解除权

约定解除权,指当事人在合同中约定,合同履行过程中出现某种情况,当事人一方或者双方有解除合同的权利。解除权可以在订立合同时约定,也可以在履行合同的过程中约定,可以约定一方享有解除合同的权利,也可以约定双方享有解除合同的权利。

⁇ 思考题:约定解除的情形有哪些?

(二) 法定解除

法定解除,指合同生效后,没有履行或者未履行完毕前,当事人在法律规定的解除条件出现时,行使解除权而使合同关系消灭。

法定解除有以下几种情况。

1. 因不可抗力致使合同不能实现合同目的的

不可抗力事件的发生,对履行合同的影响可能很大,有时只是暂时影响到合同的履行,可以通过延期履行实现合同的目的,对此不能行使法定解除权。只有不可抗力致使合同目的不能实现时,当事人才可以解除合同。

2. 因预期违约

因预期违约解除合同,指在合同履行期限届满之前,当事人一方明确表示或者以自己的行为表明不履行主要债务的,对方当事人可以解除合同。预期违约分为明示违约和默示违约。所谓明示违约,指合同履行期到来之前,一方当事人明确肯定地向另一方当事人表示他将不履行合同。所谓默示违约,指合同履行期限到来前,一方当事人有确凿的证据证明另一方当事人在履行期限到来时,将不履行或者不能履行合同,而其又不愿意提供必要的履行担保。

3. 因迟延履行

当事人一方迟延履行主要债务,经催告后在合理期限内仍未履行的,对方当事人可以解除合同。债务人迟延履行债务时违反合同约定的行为,但并非就可以因此解除合同。

只有符合以下条件,才能解除合同:(1)迟延履行主要债务;(2)经催告后债务人仍然不履行债务。

4. 因迟延履行或者有其他违约行为不能实现合同目的

迟延履行不能实现合同目的,指迟延的时间对于债权的实现至关重要,超过了合同约定的期限履行合同,合同目的就将落空。致使不能实现合同目的的其他违约行为,主要指违反的义务对合同目的的实现十分重要,如一方不履行这种义务,将剥夺另一方当事人根据合同有权期待的利益。

5. 法律规定的其他解除情形

《合同法》还规定了其他解除合同的情形。如因行使不安抗辩权而中止履行合同,对方在合理期限内未恢复履行能力,也未提供适当担保的,中止履行的一方可以请求解除合同。

❓ 思考题:法定解除的情形有哪些?

(三)解除权的行使

解除权的行使,是法律赋予当事人保护自己合法权益的手段。行使解除权会引起合同关系的重大变化,如果享有解除权的当事人长期不行使解除的权利,就会使合同关系处于不确定状态,影响当事人权利的享有和义务的履行。因此,解除权应当在一定期间行使。行使解除权的期限分为两种情况。

1. 按照法律规定或者当事人约定的解除权的行使期限行使

法律规定或者当事人约定解除权行使期限的,期限届满当事人不行使的,该权利消灭。

2. 在对方当事人催告后的合理期限内行使

法律没有规定或者当事人没有约定解除权行使期限的,非受不可抗力影响的当事人或者违约一方当事人为明确自己义务是否还需要履行,可以催告享有解除权的当事人行使解除权,享有解除权的当事人超过合理期限不行使解除权的,解除权消灭,合同关系仍然存在,当事人仍要按照合同约定履行义务。

❓ 思考题:解除权行使的期限如何确定?

(四)解除合同的程序

解除合同应当遵守下列程序。

(1)必须具备解除合同的条件。

(2)行使解除权应当通知对方当事人。

(3)法律、行政法规规定解除合同应当办理批准、登记手续的,未办理有关手续,合同不能终止。

❓ 思考题:解除合同的程序是什么?

(五)合同解除的效力

我国《合同法》从实际出发,借鉴国外经验,遵循经济活动高效的原则,对合同解除的效力作了比较灵活的规定。即合同解除后,尚未履行的,终止履行;已经履行的,根据履行情况和合同性质,当事人可以要求恢复原状、采取其他补救措施,并有权要求赔偿损失。

恢复原状,指恢复到订约前的状态。恢复原状时,原物存在的,应当返还原物,原物不存在的,如果原物是种类物,可以用同一种类返还。恢复原状还包括返还财产所产生的孳息,支付一方在财产占有期间为维护该财产所花费的必要费用,以及因返还财产所支出的必要费用。其他补救措施,包括请求修理、更换、重作、退货、减价等措施。

思考题:合同解除的效力是什么?

三、抵销

抵销,又称债务相互抵销,指当事人互负到期债务,又互享债权,以自己的债权充抵对方的债权,是自己的债务与对方的债务在等额内消灭。抵销因其产生的根据不同,可分为法定抵销和约定抵销。

(一)法定抵销

法定抵销,指法律规定抵销的条件,具备条件时依当事人一方的意思表示即发生抵销的效力。

1. 法定抵销应当具备的条件

(1)当事人双方互负债务互享债权

抵销发生的基础在于当事人双方既互负债务,又互享债权,只有债务而无债权或者只有债权而无债务,均不发生抵销。

(2)双方债务均已到期

抵销具有相互清偿的作用,因此只有履行期限届至时,才可以主张抵销。

(3)债务的标的物种类、品质相同

种类相同,指合同标的物本身的性质和特点一致。

2. 当事人双方互负到期债务的,任何一方可以将自己的债务与对方的债务抵销,但下列情况除外

(1)依照法律规定不得抵销的。法律规定不得抵销的债务,当事人不得通过协议抵销。

(2)按照合同的性质不得抵销的。按照合同的性质不得抵销的情形主要有:① 必须履行的债务不得抵销;② 具有特定人身性质或者依赖特定技能完成的债务不得抵销。

当事人主张抵销的,必须以意思表示为之,该意思表示以通知对方时发生效力,对方为无行为能力人或限制行为能力人的,通知到达其法定代理人时发生效力。抵销不得附条件或附期限。在当事人双方债权债务互为相等的情况下,抵押产生合同关系消灭的法律后果,但如果债务的数额大于抵销额,抵销不能消灭合同关系,而只是在抵销范围内减少债权。

(二)约定抵销

约定抵销,指当事人双方协商一致,使自己的债务与对方的债务在对等额内消灭。

约定抵销有如下特点。

(1)约定抵销,双方必须协商一致,不能由单方决定抵销。

(2)约定抵销标的物的种类、品质可以不同。

(3)约定抵销,双方互负的债务即使没有到期,只要双方当事人协商一致,愿意在履行期到来前将互负的债务抵销的,也可以抵销。

(4)约定抵销,双方达成抵销协议时,发生抵销的法律效力,不必履行通知义务。

思考题:抵销的类型和条件是什么?

四、 提存

提存,指由于债权人的原因,债务人无法向其提交合同标的物时,债务人将该标的物交给提存机关而消灭合同的制度。

(一) 提存的条件

依据《合同法》规定,有下列情形之一,难以履行债务的,债务人可以将标的物提存。

1. 债权人无正当理由拒绝受领

债权人无正当理由拒绝受领,指在合同约定的履行期间,债务人提出履行债务的请求,债权人能够接受履行,却无理由的不予受领。

2. 债权人下落不明

所谓下落不明,指债权人离开自己的住所或者变更住所,在合理期间经多方查找仍无下落。债权人下落不明,债务人无法给付,为消灭债权债务关系,债务人可以将标的物提存。

3. 债权人死亡或者丧失行为能力而未确定继承人或者监护人

债权人死亡,可由其继承人享有债权;债权人丧失行为能力应当由其监护人代理行使债权。但如果债权人的继承人和监护人没有确定,债务就不能因履行而消灭。为此,可将标的物提存以终止合同。

4. 法律规定的其他情形

法律对提存问题有规定的,应当依照法律规定。

标的物不适于提存或者提存费用过高的,债务人依法可以拍卖或者变卖标的物,提存所得的价款。

(二) 提存的通知

为便于债权人受领提存物,债务人应当将提存的事实及时通知债权人或者债权人的继承人、监护人。只有债权人下落不明,无法通知的,债务人才可以免除通知义务。通知应当告知提存的标的、提存的地点、领取提存物的时间和方法等有关提存的实现。

(三) 提存的效力

标的物提存后,不论债权人是否提取,都产生债务消灭的法律后果。根据法律规定,标的物所有权自标的物交付时起转移。提存视为标的物的交付。因此,自提存之日起,提存物的所有权转移,债权人作为提存标的物的所有者,该标的物上的权利由其享有,义务和风险由其承担。提存期间,标的物的孳息归债权人所有。

(四) 领取提存物的权利和期限

标的物提存后债务消灭,债权人取得提存物的所有权,他可以随时领取提存物。但提存是消灭债务的措施,在双务合同中,只有合同当事人双方均履行了各自的义务,合同才能终止。有时,债务人虽然将标的物提存,按照合同履行了自己的债务,但与其互负到期债务的债权人并未履行对待给付义务。为避免先行履行可能发生的风险,保证自己债权的实现,债务人可以对提存部门交付提存物的行为附条件。即只有在债权人履行了对债务人的对待债务,或者为履行提供相应的担保后,才能领取提存物。

领取提存物的时效期间,即债权人领取提存物的权利,自提存之日起 5 年内不行使而消灭。该时效期间是除斥期间,权利因时间的经过不复存在。提存物自提存之日起经过5年,扣除提存费用后归国家所有,债权人不能再对提存物主张权利。

❓ 思考题:提存的条件有哪些?

五、免除

债权人免除债务,指债权人放弃自己的债权。债权人可以免除部分债务,也可以免除全部债务。免除部分债务的,合同部分终止;免除全部债务的,合同全部终止。

❓ 思考题:免除的含义是什么?

六、混同

债权和债务同归于一人,指由于某种事实的发生,使一项合同中,原本由一方当事人享有的债权,而由另一方当事人负担的债务,统归于一方当事人,使得该当事人既是合同的债权人,又是合同的债务人。

合同关系的存在,必须有债权人和债务人,当事人双方混同,合同失去存在基础,自然应当终止。合同终止债权消灭,债的从权利如利息债权、违约金债权、担保债权同时消灭。但当债权是他人权利的标的时,为保护第三人的利益,债权不能因混同而消灭。

❓ 思考题:混同的含义是什么?

七、法律规定或当事人约定终止的其他情形

出现法律规定终止的其他情形的,合同的权利义务也可以终止。如代理人死亡、丧失民事行为能力,作为被代理人或者代理人的法人终止,委托代理终止;委托人或者受托人死亡、丧失民事行为能力或者破产的,委托合同终止。

当事人也可以约定合同权利义务终止的情形。如当事人订立附解除条件的合同,当解除条件成就时,债权债务关系消灭,合同的权利义务终止。当事人订立附终止期限的合同,期限届至时,合同的权利义务终止。

八、合同权利义务终止的法律后果

(一)后合同义务

后合同义务,指合同的权利义务终止后,当事人依照法律的规定,遵循诚实信用原则,根据交易习惯履行的义务。

1. 后合同义务的特点
(1)后合同义务是合同的权利义务终止后产生的义务。
(2)后合同义务主要是法律规定的义务。
(3)后合同义务是诚实信用原则派生的义务。
(4)后合同义务的内容根据交易习惯确定。

2. 合同终止后的义务类型
遵循诚实信用原则,根据交易习惯,合同终止后的义务通常有以下几方面。
(1)通知义务,即合同权利义务终止后,一方当事人应当将有关情况及时通知另一方

当事人。

（2）协助义务，即合同权利义务终止后，当事人应当协助对方处理与原合同有关的事务。

（3）保密义务，即是指保守国家秘密、商业秘密和合同约定不得泄露的事项。

（二）合同中结算和清理条款的效力

合同终止，合同条款也相应的失去其效力。但是如果该合同尚未结算清理完毕，合同中约定的结算清理条款仍然有效。结算是经济活动中的货币给付。清理指对债权债务进行清点、估价和处理。

思考题：合同权利义务终止后的法律后果有哪些？

第八节　违约责任

违约，即违反合同。违反合同义务，就要承担违约责任。因而，违约责任，是合同当事人不履行合同义务或者履行合同义务不符合约定时，依法产生的法律责任。

一、违约行为的分类

违约行为从不同角度可作多种分类。

（一）根本违约和非根本违约

根据违约行为是否完全违背缔约目的，可分为根本违约和非根本违约。完全违背缔约目的的为根本违约。部分违背缔约目的的，为非根本违约。

（二）合同的不履行和不适当履行

按照合同是否履行与履行状况，违约行为可分为合同的不履行和不适当履行。合同的不履行，指当事人不履行合同义务。合同的不履行包括拒不履行和履行不能。拒不履行指当事人能够履行合同却无正当理由而故意不履行；履行不能指因不可归责于债务人的事由致使合同的履行在事实上已经不可能。合同的不适当履行，又称不完全给付，指当事人履行合同义务不符合约定的条件。

（三）一般瑕疵履行和加害履行

按照违约行为是否构成侵权损害，可分为一般瑕疵履行和加害履行。当事人履行合同有一般瑕疵的，为一般瑕疵履行。当事人履行合同除有一般瑕疵外，还造成对方当事人的其他财产、人身损害的，为加害履行。

（四）债务人迟延履行和债权人受领迟延

按照迟延履行的主体，可分为债务人履行迟延和债权人受领迟延。债务人超逾履行期履行的，为债务人履行迟延。债权人超逾履行期受领的，为债权人受领迟延。

（五）预期违约和届期违约

按违约行为发生的时间，可分为预期违约和届期违约。违约行为发生于合同履行期届至之后的，为届期违约。违约行为发生于合同履行期届至之前的，为预期违约。当事人在合同履行期到来之前无正当理由明确表示将不履行合同，或者以自己的行为表明将不履行合同，即构成预期违约。

思考题：什么是预期违约？

二、 违约责任的承担方式

违约责任的承担方式主要有以下几种。

（一） 继续履行

1. 继续履行的方式

继续履行是指在违约方不履行合同时,通过法律规定的强制手段,强制违约方继续履行合同债务的违约责任方式。具体而言,当事人一方未支付价款或者报酬的,对方当事人可以请求其履行,支付价款或者报酬。

当事人一方不履行非金钱或履行非金钱债务不符合约定的,对方可以要求履行,但存有下列情形的除外。

（1）法律或事实上不能履行。

（2）债务的标的不适于强制履行或者履行费用过高。

（3）债权人在合理期限内未要求履行。

2. 继续履行的构成要件

（1）存在违约行为。

（2）违约方能够继续履行合同。

（3）守约方请求继续履行合同。

（二） 采取补救措施

如果债务人履行合同义务不符合约定,则应当承担采取补救措施等违约责任。对于质量不符合约定的情形,受损害当事人可以合理选择请求对方承担修理、更换、重作、退货、减少价款或报酬等补救措施。

（三） 赔偿损失

这里的赔偿损失指违约的赔偿损失,是一方当事人不履行合同义务或者履行合同义务不符合约定,在履行义务或采取补救措施后,对方还有其他损失的,应当进行赔偿。损失赔偿额应当相当于因违约所造成的损失,包括合同履行后可获得的利益,但不能超过违反合同一方订立合同时预见或应当预见到的因违反合同可能造成的损失。

当事人一方违约后,对方应当采取适当措施防止损失的扩大;没有采取适当措施致使损失扩大的,不得就扩大的损失要求赔偿。当事人因防止损失扩大而支出的合理费用,由违约方承担。

（四） 支付违约金

违约金是指按照当事人的约定或者法律直接规定,一方当事人违约的,应向另一方支付的金钱。违约金有法定违约金和约定违约金之分。有法律直接规定的违约金为法定违约金。违约金是由当事人约定的,为约定违约金。

当事人约定了违约金的,一方违约时,应当按照该约定支付违约金。如果约定的违约金低于造成的损失的,当事人可以请求人民法院或者仲裁机构予以增加;约定的违约金过分高于造成的损失的,当事人可以请求人民法院或者仲裁机构予以适当减少。如果当事人专门就迟延履行约定违约金的,该种违约金仅是违约方对其迟延履行所承担的违约责任。因此,违约方支付违约金后,还应当继续履行债务。

（五）定金罚则

定金是债的一种担保方式，是指合同当事人一方为了担保合同的履行而预先向对方支付一定数额的金钱。当事人在订立合同时，可以约定一方向对方给付定金作为债权的担保。债务人履行债务后，定金应当抵作价款或者收回。给付定金的一方不履行约定的债务的，无权要求返还定金；收受定金的一方不履行约定的债务的，应当双倍返还定金。

在合同当事人既约定了违约金，又约定了定金的情况下，如果一方违约，对方当事人可以选择使用违约金或者定金条款，即对方享有选择权，可以选择使用违约金条款，也可以选择适用定金条款。

思考题：承担违约责任的方式有哪些？

三、免责事由

合同的免责事由是指合同违约方不承担违约责任的条件。根据我国《合同法》的规定，当出现法律规定的事由时违约方即使不履行或不完全履行合同，也不承担违约责任。

《合同法》中明确规定的免责事由为不可抗力。不可抗力，指当事人订立合同时不可预见，它的发生不可避免，人力对其不可克服的自然灾害、战争等客观情况。不可抗力造成违约的，违约方没有过错，因此通常是免责的。

当事人一方因不可抗力不能履行合同的，应及时通知对方。必要时，应当提供不可抗力的证明。

本章引用法律资源：

1.《中华人民共和国合同法》。

2. 全国人民代表大会《中华人民共和国合同法》条文释义。

3.《中华人民共和国物权法》。

4.《中华人民共和国担保法》。

本章参考文献：

1. 韩世远.合同法总论(第三版)[M].北京：法律出版社,2011.

2. 梁慧星,陈华彬.物权法(第六版)[M].北京：法律出版社,2016.

3. 魏振瀛. 民法(第七版)[M].北京：北京大学出版社,2017.

本章网站资源：

1. 中国人大网：www.npc.gov.cn。

2. 中国民商法律网：www.civillaw.com.cn。

第八章　竞争法

■■■ **本章教学目标**

通过学习,明白我国竞争法的基本内容。了解竞争的概念、条件、特征以及作用;明白竞争法的概念和调整对象,竞争法产生的原因和客观条件,竞争法的立法模式;了解不正当竞争行为的概念和特征,《反不正当竞争法》立法宗旨,重点掌握所有不正当竞争行为;了解垄断的概念和特征,重点掌握所有垄断行为。

竞争法是调整竞争关系的法律规范的总称。世界各国的竞争立法模式可以分为两种:一种是将反垄断法与反不正当竞争法分别立法,一种是不将反垄断法与反不正当竞争法分开,而是以一部法律对垄断行为也对不正当竞争行为作出规制。我国采用分别立法模式,分别制定了反垄断法和反不正当竞争法。

第一节　反不正当竞争法

一、不正当竞争行为概述

不正当竞争的概念产生于 19 世纪。《保护工业产权巴黎公约》第 10 条第 2 款规定,成员有义务制止不正当竞争行为,同时明确"凡在工商业事务中违反诚实的习惯做法的竞争行为构成不正当竞争的行为",并对一些典型的不正当竞争行为,如混淆仿冒、商业诋毁、虚假宣传等作出了规定。

《中华人民共和国反不正当竞争法》(以下简称《反不正当竞争法》)第 2 条第 2 款规定,不正当竞争行为是指经营者在生产经营活动中,违反《反不正当竞争法》规定,扰乱市场竞争秩序,损害其他经营者或者消费者的合法权益的行为。对不正当竞争行为的定义,可以作进一步解释。

(1) 不正当竞争的主体是经营者,即从事商品生产、经营或者提供服务的自然人、法人和非法人组织。

(2) 不正当竞争的表现形式,是经营者在生产经营活动中实施的违反《反不正当竞争法》规定、扰乱市场竞争秩序的行为。这里的"违反反不正当竞争法规定",既包括经营者违反《反不正当竞争法》第 2 章的规定,实施混淆仿冒、商业贿赂、虚假宣传、侵犯商业秘密、违法有奖销售、商业诋毁、网络不正当竞争等行为,也包括违反《反不正当竞争法》第 2 条第 1 款规定的诚信原则或者商业道德等实施的不正当竞争行为。

(3) 不正当竞争的后果,是损害了其他经营者或者消费者的合法权益。经营者实施不正当竞争行为,扰乱了公平竞争的市场秩序,增加了其他经营者的经营成本和消费者的选择成本,进而损害了消费者的福祉和权益。对于经营者实施的损害消费者的合法权益但不涉及竞争关系、竞争秩序的行为,不属于《反不正当竞争法》规定的不正当竞争行为。

　　❓ 思考题:不正当竞争行为的概念是什么?

二、 反不正当竞争法概述

　　1993 年 9 月 2 日,《反不正当竞争法》经第八届全国人民代表大会常务委员会第三次会议通过,自 1993 年 12 月 1 日起施行。2017 年 11 月 4 日,第十二届全国人民代表大会常务委员会第三十次会议修订《反不正当竞争法》。2019 年我国再次修订《反不正当竞争法》。

　　《反不正当竞争法》的立法目的是为了促进社会主义市场经济健康发展,鼓励和保护公平竞争,制止不正当竞争行为,保护经营者和消费者的合法权益。

　　❓ 思考题:《反不正当竞争法》立法宗旨是什么?

三、 不正当竞争行为的种类

(一) 市场混淆行为

　　市场混淆行为是指经营者擅自使用与他人相同或者近似的商品名称、主体标志,以及网络活动中的一些特殊标识,导致购买者、消费者将其商品误认为是他人商品或者与他人存在特定联系的行为。

　　根据我国《反不正当竞争法》第 6 条规定,经营者不得实施下列混淆行为,引人误认为是他人商品或者与他人存在特定联系。

　　(1)擅自使用与他人有一定影响的商品名称、包装、装潢等相同或者近似的标识。

　　(2)擅自使用他人有一定影响的企业名称(包括简称、字号等)、社会组织名称(包括简称等)、姓名(包括笔名、艺名、译名等)。

　　(3)擅自使用他人有一定影响的域名主体部分、网站名称、网页等。

　　(4)其他足以引人误认为是他人商品或者与他人存在特定联系的混淆行为。

　　❓ 思考题:什么是市场混淆行为?

(二) 商业贿赂行为

　　商业贿赂是指经营者以排斥竞争对手为目的,为使自己在销售或购买商品或提供服务等业务活动中获得利益,而采取的向交易相对人及其职员或其代理人提供或许诺提供某种利益,从而实现交易的不正当竞争行为。

　　根据我国《反不正当竞争法》第 7 条规定,经营者不得采用财物或者其他手段贿赂下列单位或者个人,以谋取交易机会或者竞争优势。

　　(1)交易相对方的工作人员。

　　(2)受交易相对方委托办理相关事务的单位或者个人。

　　(3)利用职权或者影响力影响交易的单位或者个人。

　　经营者在交易活动中,可以以明示方式向交易相对方支付折扣,或者向中间人支付佣金。经营者向交易相对方支付折扣、向中间人支付佣金的,应当如实入账。接受折扣、佣金的经营者也应当如实入账。

经营者的工作人员进行贿赂的,应当认定为经营者的行为;但是,经营者有证据证明该工作人员的行为与为经营者谋取交易机会或者竞争优势无关的除外。

❓ 思考题：什么是商业贿赂行为?

（三）虚假宣传行为

虚假宣传是指在商业活动中经营者对其商品作虚假或者引人误解的商业宣传,欺骗、误导消费者的行为。《反不正当竞争法》第 20 条第 2 款明确规定,经营者违反《反不正当竞争法》第 8 条规定属于发布虚假广告的,依照《中华人民共和国广告法》的规定处罚。因此这里的虚假宣传主要是指除利用商业广告以外的商业宣传行为,比如在营业场所内对商品进行演示、说明,上门推销,召开宣传会、推介会等形式。

根据我国《反不正当竞争法》第 8 条规定,经营者不得对其商品的性能、功能、质量、销售状况、用户评价、曾获荣誉等作虚假或者引人误解的商业宣传,欺骗、误导消费者。

经营者不得通过组织虚假交易等方式,帮助其他经营者进行虚假或者引人误解的商业宣传。

❓ 思考题：什么是虚假宣传行为?

（四）侵犯商业秘密行为

1. 商业秘密的概念与特征

商业秘密,是指不为公众所知悉、具有商业价值并经权利人采取相应保密措施的技术信息和经营信息。商业秘密具有三个特征。

（1）秘密性

权利人的技术信息和经营信息,不为公众所知悉。权利人的技术信息和经营信息,只有处于秘密状态,外部人不知晓其内容,才为法律所保护,一旦公开,公众都知晓,就难以成为商业秘密了。

（2）经济性

只有能为权利人带来经济利益的技术信息和经营信息才能成为商业秘密。如果不能为权利人带来经济上的价值,则技术信息和经营信息不具备商业上的价值,当事人一般也不会将其作为商业秘密。

（3）保密性

权利人对技术信息和经营信息采取了保密措施,如制定了保密制度、建立了保密机构和配备保密人员、采用专门的档案室等保管空间、采取了隔离措施、贴了商业秘密标签、分了秘密等级、采取严密监管手段等,避免非权利人获得这些信息。

2. 侵犯商业秘密行为的种类

根据我国《反不正当竞争法》第 9 条规定,经营者不得实施下列侵犯商业秘密的行为。

（1）以盗窃、贿赂、欺诈、胁迫、电子入侵或者其他不正当手段获取权利人的商业秘密。

（2）披露、使用或者允许他人使用以前项手段获取的权利人的商业秘密。

（3）违反约定或者违反权利人有关保守商业秘密的要求,披露、使用或者允许他人使用其所掌握的商业秘密。

第三人明知或者应知商业秘密权利人的员工、前员工或者其他单位、个人实施前款所列违法行为,仍获取、披露、使用或者允许他人使用该商业秘密的,视为侵犯商业秘密。

　　思考题:什么是侵犯商业秘密行为?

(五) 违法有奖销售行为

　　所谓有奖销售,是指经营者销售商品或者提供服务,附带性地向购买者提供物品、金钱或者其他经济上的利益的行为。作为一种促销手段,有奖销售可在一定程度上刺激人们的购买欲望,吸引消费者购买商品,给经营者带来经济利益,但也影响消费者正常选择商品,不合理的有奖销售会扰乱市场竞争机制,损害消费者或者其他经营者的合法权益,所以各国都对有奖销售作了限制性规定。

　　根据我国《反不正当竞争法》第 10 条规定,经营者进行有奖销售不得存在下列情形。

　　(1) 所设奖的种类、兑奖条件、奖金金额或者奖品等有奖销售信息不明确,影响兑奖。

　　(2) 采用谎称有奖或者故意让内定人员中奖的欺骗方式进行有奖销售。

　　(3) 抽奖式的有奖销售,最高奖的金额超过 5 万元。

　　思考题:什么是违法有奖销售行为?

(六) 商业诋毁的行为

　　商业诋毁行为是指经营者采取编造、传播虚假信息或者误导性信息等手段,损害竞争对手的商业信誉、商品声誉的行为。

　　根据我国《反不正当竞争法》第 11 条规定,经营者不得编造、传播虚假信息或者误导性信息,损害竞争对手的商业信誉、商品声誉。

　　思考题:什么是商业诋毁的行为?

(七) 网络领域不正当竞争行为

　　根据我国《反不正当竞争法》第 12 条规定,经营者利用网络从事生产经营活动,应当遵守反不正当竞争法的各项规定。

　　经营者不得利用技术手段,通过影响用户选择或者其他方式,实施下列妨碍、破坏其他经营者合法提供的网络产品或者服务正常运行的行为。

　　(1) 未经其他经营者同意,在其合法提供的网络产品或者服务中,插入链接、强制进行目标跳转。

　　(2) 误导、欺骗、强迫用户修改、关闭、卸载其他经营者合法提供的网络产品或者服务。

　　(3) 恶意对其他经营者合法提供的网络产品或者服务实施不兼容。

　　(4) 其他妨碍、破坏其他经营者合法提供的网络产品或者服务正常运行的行为。

　　思考题:什么是网络领域不正当竞争行为?

四、 对涉嫌不正当竞争行为的监管检查

　　国务院建立反不正当竞争工作协调机制,研究决定反不正当竞争重大政策,协调处理维护市场竞争秩序的重大问题。各级人民政府应当采取措施,制止不正当竞争行为,为公平竞争创造良好的环境和条件。

　　县级以上人民政府履行工商行政管理职责的部门对不正当竞争行为进行查处;法律、行政法规规定由其他部门查处的,依照其规定。国家鼓励、支持和保护一切组织和个人对

不正当竞争行为进行社会监督。国家机关及其工作人员不得支持、包庇不正当竞争行为。行业组织应当加强行业自律,引导、规范会员依法竞争,维护市场竞争秩序。

监督检查部门调查涉嫌不正当竞争行为,可以采取下列措施:进入涉嫌不正当竞争行为的经营场所进行检查;询问被调查的经营者、利害关系人及其他有关单位、个人,要求其说明有关情况或者提供与被调查行为有关的其他资料;查询、复制与涉嫌不正当竞争行为有关的协议、账簿、单据、文件、记录、业务函电和其他资料;查封、扣押与涉嫌不正当竞争行为有关的财物;查询涉嫌不正当竞争行为的经营者的银行账户。采取前款规定的措施,应当向监督检查部门主要负责人书面报告,并经批准。采取前款查询、查封、扣押等措施,应当向设区的市级以上人民政府监督检查部门主要负责人书面报告,并经批准。

监督检查部门调查涉嫌不正当竞争行为,应当遵守《中华人民共和国行政强制法》和其他有关法律、行政法规的规定,并应当将查处结果及时向社会公开。

监督检查部门调查涉嫌不正当竞争行为,被调查的经营者、利害关系人及其他有关单位、个人应当如实提供有关资料或者情况。监督检查部门及其工作人员对调查过程中知悉的商业秘密负有保密义务。

对涉嫌不正当竞争行为,任何单位和个人有权向监督检查部门举报,监督检查部门接到举报后应当依法及时处理。

监督检查部门应当向社会公开受理举报的电话、信箱或者电子邮件地址,并为举报人保密。对实名举报并提供相关事实和证据的,监督检查部门应当将处理结果告知举报人。

❓ 思考题:对涉嫌不正当竞争行为者如何进行监督检查?

第二节 反垄断法

一、反垄断法概述

《中华人民共和国反垄断法》(以下简称《反垄断法》)于 2007 年 8 月 30 日由十届全国人大常委会第二十九次会议审议通过,于 2008 年 8 月 1 日起施行。

我国《反垄断法》的立法宗旨是:为了预防和制止垄断行为,保护市场公平竞争,提高经济运行效率,维护消费者利益和社会公共利益,促进社会主义市场经济健康发展。

二、垄断行为的种类

《反垄断法》规定的予以预防和制止的垄断行为包括:(1)经营者达成垄断协议;(2)经营者滥用市场支配地位;(3)具有或者可能具有排除、限制竞争效果的经营者集中。此外,《反垄断法》规定行政机关和法律、法规授权的具有管理公共事务职能的组织不得滥用行政权力,排除、限制竞争。

❓ 思考题:垄断行为有哪些?

(一)垄断协议

《反垄断法》所称垄断协议,是指排除、限制竞争的协议、决定或者其他协同行为。按照参与协议的主体,可以将垄断协议分为横向协议和纵向协议。横向协议是指在生产或者销售过程中处于同一阶段的经营者之间(如生产商之间、批发商之间、零售商之间)达成的协议;纵向协议是指在生产或者销售过程中处于不同阶段的经营者之间(如生产商与批发商之间、批发商与零售商之间)达成的协议。

1. 横向垄断协议

根据我国《反垄断法》第13条规定,禁止具有竞争关系的经营者达成下列垄断协议:固定或者变更商品价格,限制商品的生产数量或者销售数量,分割销售市场或者原材料采购市场,限制购买新技术、新设备或者限制开发新技术、新产品,联合抵制交易,国务院反垄断执法机构认定的其他垄断协议。

(1) 横向垄断协议的认定原则

在实践中,对垄断协议的认定基本上可以遵循两个原则,即本身违法原则和合理分析原则。

① 本身违法原则

经营者之间的一些协议、决议或者协同一致的行为,一旦形成,必然会产生排除或者限制竞争的后果,通常对这类协议采取本身违法原则,即只要经营者的协议、决议或者协同一致的行为被证实存在,就构成垄断协议。从一些国家的经验看,适用本身违法原则的一般都是横向垄断协议,如固定价格协议、限制产量或者销量协议、划分市场协议等。

② 合理分析原则

除了适用本身违法原则的协议外,对其他协议是否会排除、限制竞争进行分析,考虑协议所涉及的市场具体情况,协议实施前后的市场变化情况,以及协议的性质和后果等因素。只有在分析后确认该协议确实排除、限制了市场竞争,才能认定为垄断协议。

(2) 横向垄断协议的认定要点

关于横向垄断协议的规定,需要把握以下要点:在市场竞争中,经营者会努力提高效率、降低成本,用价格竞争的方式赢取交易机会。"固定或者变更商品价格"将会限制竞争,直接损害消费者的利益;"限制商品的生产数量或者销售数量"会导致价格上升,损害消费者利益;"分割销售市场或者原材料采购市场"。经营者之间分割地域、客户或者产品市场的行为限制了商品的供应,限制了经营者之间的自由竞争;经营者应用新技术、开发新产品,有利于降低成本,提高生产效率,是一种竞争手段。"限制购买新技术、新设备或者限制开发新技术、新产品"将会限制竞争;联合抵制交易,又称集体拒绝交易,即协议各方联合起来不与其他竞争对手、供应商或者销售商交易;国务院反垄断执法机构认定的其他垄断协议。

2. 纵向垄断协议

(1) 纵向垄断协议的种类

根据我国《反垄断法》第13条规定,禁止经营者与交易相对人达成下列垄断协议:固定向第三人转售商品的价格;限定向第三人转售商品的最低价格;国务院反垄断执法机构认定的其他垄断协议。

(2) 纵向垄断协议的认定

关于纵向垄断协议的规定,需要把握以下要点。

① 固定价格

用价格竞争的方式赢取交易机会是一种常见的竞争手段。不管是在垄断协议还是纵向垄断协议中,固定价格都具有严重限制竞争的效果。

②限制最低转售价格

经营者提高效率、降低成本,然后降低商品价格,最终让消费者受益,但是"限制最低转售价格"损害了消费者利益。

3. 垄断协议的豁免

（1）垄断协议的豁免情形

垄断协议的豁免,是指经营者之间的协议、决议或者其他协同行为,虽然有排除、限制竞争的影响,但该类协议在其他方面所带来的好处要大于其对竞争的不利影响,因此法律规定对其豁免,即排除适用反垄断法的规定。

根据我国《反垄断法》第15条规定,经营者能够证明所达成的协议属于下列情形之一的,不适用《反垄断法》第13条、第14条的规定:①为改进技术、研究开发新产品的;②为提高产品质量、降低成本、增进效率,统一产品规格、标准或者实行专业化分工的;③为提高中小经营者经营效率,增强中小经营者竞争力的;④为实现节约能源、保护环境、救灾救助等社会公共利益的;⑤因经济不景气,为缓解销售量严重下降或者生产明显过剩的;⑥为保障对外贸易和对外经济合作中的正当利益的;⑦法律和国务院规定的其他情形。

属于前款第①～⑤项情形,不适用《反垄断法》第13条、第14条规定的,经营者还应当证明所达成的协议不会严重限制相关市场的竞争,并且能够使消费者分享由此产生的利益。

（2）垄断协议的豁免情形之认定

关于垄断协议豁免的规定,需要把握以下要点。

第一是改进技术、研究开发新产品,可以提高生产率,有利于经济发展和消费者利益。

第二是统一产品的规格、标准,主要是指经营者对产品在性能、规格、质量、等级等方面规定统一要求,使商品之间具有可替代性和兼容性;实行专业化分工,是指经营者发挥各自专长,分工协作,使他们从生产多种商品的全能型企业转变为专门化企业,由此实现经济合理化。上述两种行为有利于提高产品质量、增进效率、降低成本,维护消费者利益。

第三是在市场竞争中,相较于大型企业,中小企业往往处于弱势地位。提高中小经营者经营效率,增强中小经营者竞争力的行为,有利于保护中小企业的合法权益,繁荣市场竞争。

第四是实现节约能源、保护环境、救灾救助等社会公共利益的行为有利于人类社会的可持续发展,本应该值得提倡。

第五是在经济不景气时,市场供大于求,销售量大幅度下降,出现生产过剩现象。在这种特定情况下,经营者之间达成限制产量或者销量等垄断协议,有利于避免社会资源浪费,有利于经济的恢复。

第六是为了保障我国对外贸易和经济合作中的正当利益,对为此达成的垄断协议予以豁免。

❓ 思考题:什么是垄断协议? 垄断协议的豁免规定有哪些?

（二） 滥用市场支配地位

《反垄断法》所称市场支配地位，是指经营者在相关市场内具有能够控制商品价格、数量或者其他交易条件，或者能够阻碍、影响其他经营者进入相关市场能力的市场地位。

1. 市场支配地位的认定因素与认定方法

认定经营者具有市场支配地位，应当依据下列因素：该经营者在相关市场的市场份额，以及相关市场的竞争状况；该经营者控制销售市场或者原材料采购市场的能力；该经营者的财力和技术条件；其他经营者对该经营者在交易上的依赖程度；其他经营者进入相关市场的难易程度；与认定该经营者市场支配地位有关的其他因素。

2. 滥用市场支配地位的推定

有下列情形之一的，可以推定经营者具有市场支配地位。

（1）一个经营者在相关市场的市场份额达到 1/2 的。

（2）两个经营者在相关市场的市场份额合计达到 2/3 的。

（3）三个经营者在相关市场的市场份额合计达到 3/4 的。

有前款第（2）项、第（3）项规定的情形，其中有的经营者市场份额不足 1/10 的，不应当推定该经营者具有市场支配地位。被推定具有市场支配地位的经营者，有证据证明不具有市场支配地位的，不应当认定其具有市场支配地位。

3. 禁止滥用市场支配地位的情形

根据我国《反垄断法》第 17 条规定，禁止具有市场支配地位的经营者从事下列滥用市场支配地位的行为。

（1）以不公平的高价销售商品或者以不公平的低价购买商品。

（2）没有正当理由，以低于成本的价格销售商品。

（3）没有正当理由，拒绝与交易相对人进行交易。

（4）没有正当理由，限定交易相对人只能与其进行交易或者只能与其指定的经营者进行交易。

（5）没有正当理由搭售商品，或者在交易时附加其他不合理的交易条件。

（6）没有正当理由，对条件相同的交易相对人在交易价格等交易条件上实行差别待遇。

（7）国务院反垄断执法机构认定的其他滥用市场支配地位的行为。

思考题：禁止滥用市场地位的情形有哪些？

（三） 经营者集中

1. 经营者集中的情形

经营者集中是指下列情形：经营者合并，经营者通过取得股权或者资产的方式取得对其他经营者的控制权，经营者通过合同等方式取得对其他经营者的控制权或者能够对其他经营者施加决定性影响。

思考题：什么是经营者集中？

2. 经营者集中的审查

反垄断执法机构审查经营者集中，应当考虑下列因素：参与集中的经营者在相关市场的市场份额及其对市场的控制力；相关市场的市场集中度；经营者集中对市场进入、技术进步的影响；经营者集中对消费者和其他有关经营者的影响；经营者集中对国民经济发展的影响;国务院反垄断执法机构认为应当考虑的影响市场竞争的其他因素。对外资并购境内企业或者以其他方式参与经营者集中,涉及国家安全的,除依照反垄断法规定进行经营者集中审查外,还应当按照国家有关规定进行国家安全审查。

(1) 申报

经营者集中达到国务院规定的申报标准的,经营者应当事先向国务院反垄断执法机构申报,未申报的不得实施集中。

经营者集中有下列情形之一的,可以不向国务院反垄断执法机构申报:参与集中的一个经营者拥有其他每个经营者 50%以上有表决权的股份或者资产的;参与集中的每个经营者 50%以上有表决权的股份或者资产被同一个未参与集中的经营者拥有的。

经营者向国务院反垄断执法机构申报集中,应当提交下列文件、资料:申报书,集中对相关市场竞争状况影响的说明,集中协议,参与集中的经营者经会计师事务所审计的上一会计年度财务会计报告,国务院反垄断执法机构规定的其他文件、资料。

申报书应当载明参与集中的经营者的名称、住所、经营范围、预定实施集中的日期和国务院反垄断执法机构规定的其他事项。经营者提交的文件、资料不完备的,应当在国务院反垄断执法机构规定的期限内补交文件、资料。经营者逾期未补交文件、资料的,视为未申报。

(2) 初步审查

国务院反垄断执法机构应当自收到经营者提交的符合反垄断法第 23 条规定的文件、资料之日起 30 日内,对申报的经营者集中进行初步审查,作出是否实施进一步审查的决定,并书面通知经营者。国务院反垄断执法机构作出决定前,经营者不得实施集中。

国务院反垄断执法机构作出不实施进一步审查的决定或者逾期未作出决定的,经营者可以实施集中。

(3) 进一步审查

国务院反垄断执法机构决定实施进一步审查的,应当自决定之日起 90 日内审查完毕,作出是否禁止经营者集中的决定,并书面通知经营者。作出禁止经营者集中的决定,应当说明理由。审查期间,经营者不得实施集中。

有下列情形之一的,国务院反垄断执法机构经书面通知经营者,可以延长前款规定的审查期限,但最长不得超过 60 日:经营者同意延长审查期限的;经营者提交的文件、资料不准确,需要进一步核实的;经营者申报后有关情况发生重大变化的。

国务院反垄断执法机构逾期未作出决定的,经营者可以实施集中。

(4) 审查决定

经营者集中具有或者可能具有排除、限制竞争效果的,国务院反垄断执法机构应当作出禁止经营者集中的决定。但是,经营者能够证明该集中对竞争产生的有利影响明显大于不利影响,或者符合社会公共利益的,国务院反垄断执法机构可以作出对经营者集中不予禁止的决定。

对不予禁止的经营者集中,国务院反垄断执法机构可以决定附加减少集中对竞争产生不利影响的限制性条件。

国务院反垄断执法机构应当将禁止经营者集中的决定或者对经营者集中附加限制性

条件的决定,及时向社会公布。

🐿 思考题:经营者集中的审查程序有哪些?

(四) 滥用行政权力排除、限制竞争

滥用行政权力排除、限制竞争行为,也称为行政垄断,指政府及其经法律、法规授权的组织滥用行政权力,排除、限制竞争或阻碍商品自由流通的行为。

《反垄断法》规定的行政垄断行为主要有以下几种情况。

(1) 行政机关和法律、法规授权的具有管理公共事务职能的组织不得滥用行政权力,限定或者变相限定单位或者个人经营、购买、使用其指定的经营者提供的商品。

(2) 行政机关和法律、法规授权的具有管理公共事务职能的组织不得滥用行政权力,实施下列行为,妨碍商品在地区之间的自由流通。

① 对外地商品设定歧视性收费项目、实行歧视性收费标准,或者规定歧视性价格。

② 对外地商品规定与本地同类商品不同的技术要求、检验标准,或者对外地商品采取重复检验、重复认证等歧视性技术措施,限制外地商品进入本地市场。

③ 采取专门针对外地商品的行政许可,限制外地商品进入本地市场。

④ 设置关卡或者采取其他手段,阻碍外地商品进入或者本地商品运出。

⑤ 妨碍商品在地区之间自由流通的其他行为。

(3) 行政机关和法律、法规授权的具有管理公共事务职能的组织不得滥用行政权力,以设定歧视性资质要求、评审标准或者不依法发布信息等方式,排斥或者限制外地经营者参加本地的招标投标活动。

(4) 行政机关和法律、法规授权的具有管理公共事务职能的组织不得滥用行政权力,采取与本地经营者不平等待遇等方式,排斥或者限制外地经营者在本地投资或者设立分支机构。

(5) 行政机关和法律、法规授权的具有管理公共事务职能的组织不得滥用行政权力,强制经营者从事《反垄断法》规定的垄断行为。

(6) 行政机关不得滥用行政权力,制定含有排除、限制竞争内容的规定。

🐿 思考题:行政垄断行为有哪些?

三、 对涉嫌垄断行为的调查

国务院设立反垄断委员会,负责组织、协调、指导反垄断工作。国家发展和改革委员会、商务部、国家工商行政管理总局分别依法行使反垄断职能。国家发展和改革委员会负责价格垄断行为的执法,商务部负责经营者集中审查,国家工商行政管理总局负责其他反垄断执法工作。2018 年,国家工商行政管理局、国家质量监督检验检疫总局、国家食品药品监督管理局三局合并为国家市场监督管理总局,原来由国家工商行政管理总局行使的反垄断职能转归国家市场监督管理总局负责。

反垄断执法机构依法对涉嫌垄断行为进行调查。对涉嫌垄断行为,任何单位和个人有权向反垄断执法机构举报。反垄断执法机构应当为举报人保密。举报采用书面形式并提供相关事实和证据的,反垄断执法机构应当进行必要的调查。

反垄断执法机构调查涉嫌垄断行为,可以采取下列措施:进入被调查的经营者的营

业场所或者其他有关场所进行检查;询问被调查的经营者、利害关系人或者其他有关单位或者个人,要求其说明有关情况;查阅、复制被调查的经营者、利害关系人或者其他有关单位或者个人的有关单证、协议、会计账簿、业务函电、电子数据等文件、资料;查封、扣押相关证据;查询经营者的银行账户。采取前款规定的措施,应当向反垄断执法机构主要负责人书面报告,并经批准。

反垄断执法机构调查涉嫌垄断行为,执法人员不得少于 2 人,并应当出示执法证件。执法人员进行询问和调查,应当制作笔录,并由被询问人或者被调查人签字。反垄断执法机构及其工作人员对执法过程中知悉的商业秘密负有保密义务。

被调查的经营者、利害关系人或者其他有关单位或者个人应当配合反垄断执法机构依法履行职责,不得拒绝、阻碍反垄断执法机构的调查。被调查的经营者、利害关系人有权陈述意见。反垄断执法机构应当对被调查的经营者、利害关系人提出的事实、理由和证据进行核实。

反垄断执法机构对涉嫌垄断行为调查核实后,认为构成垄断行为的,应当依法作出处理决定,并可以向社会公布。

对反垄断执法机构调查的涉嫌垄断行为,被调查的经营者承诺在反垄断执法机构认可的期限内采取具体措施消除该行为后果的,反垄断执法机构可以决定中止调查。中止调查的决定应当载明被调查的经营者承诺的具体内容。

反垄断执法机构决定中止调查的,应当对经营者履行承诺的情况进行监督。经营者履行承诺的,反垄断执法机构可以决定终止调查。有下列情形之一的,反垄断执法机构应当恢复调查:经营者未履行承诺的,作出中止调查决定所依据的事实发生重大变化的,中止调查的决定是基于经营者提供的不完整或者不真实的信息作出的。

💭 思考题:对涉嫌垄断行为如何进行调查?

本章引用法律资源:
1.《中华人民共和国反不正当竞争法》。
2.《中华人民共和国反垄断法》。

本章参考文献:
1. 安建. 中华人民共和国反垄断法释义[M].北京:法律出版社,2007.
2. 刘继峰.反垄断[M].北京:中国政法大学出版社,2012.
3. 王瑞贺.中华人民共和国反不正当竞争法释义[M].北京:法律出版社,2018.

本章网站资源:
1. 中华人民共和国商务部反垄断局:fldj. mofcom. gov. cn。
2. 中国竞争法网:www. competitionlaw. cn。

第九章　产品质量法

■■■ **本章教学目标**

　　通过学习,明白产品质量法的基本内容。了解产品和产品质量的含义,明确产品质量的法律标准;知晓产品质量法的立法概况、调整对象和适用范围;了解产品质量监督管理机构,明确产品质量监督管理制度的具体内容,重点掌握产品质量认证制度;掌握产品质量的责任主体,明确生产者、销售者的产品质量义务;了解违反产品质量法的民事责任、行政责任和刑事责任,明白各种法律责任的具体形式。

第一节　产品质量法概述

一、产品

　　产品是指经过加工、制作,用于销售的产品。就是说,产品是以销售为目的,通过工业加工、手工制作等生产方式所获得的具有特定使用性能的物品。产品是指经过加工、制作的人工产品,不包括未经加工的天然形成的产品,如原矿、原煤、石油、天然气等,也不包括初级农产品,如农、林、牧、渔的初级产品。产品是用于销售的产品,不包括不用于销售的非商品。产品通常指物质产品,不包括精神产品。产品一般指民用意义的产品,军工产品不属于产品质量法调整范围。产品是指动产,不包括不动产,建设工程不适用产品质量法规定,但是,建设工程使用的建筑材料、建筑构配件和设备,属于产品质量法规定的产品范围。

　　并不是经过加工、制作和用于销售的产品都由产品质量法调整,而是另有法律规定的则分别由有关法律进行调整,主要的有:食品卫生质量由食品卫生法进行调整,药品质量由药品管理法进行调整,建筑质量由建筑法进行调整,此外还有一些法律涉及特定产品的质量,则按有关法律的规定办理。

　　❓ 思考题:什么是产品?

二、产品质量

　　国际标准化组织将质量的含义规定为,产品、体系或过程的一组固有特性满足顾客和其他相关方要求的能力。

　　产品质量,是指产品满足需要的适用性、安全性、可用性、可靠性、可维修性、经济性等所具有的特征和特性的总和。产品的安全性是指产品在使用、储运、销售等过程中,保障人体健康和人身、财产安全免受侵害的能力。产品的使用性能是指产品在一定条件下,实现预定目的或者规定用途的能力。任何产品都具有其特定的使用目的。产品的可靠性是指产品在规定条件下和规定的时间内,完成规定功能的程序或者能力。一般可用功能效率、平均寿命、失效率、平均故障时间、平均无故障工作时间等参量进行评定。产品的可维修性是指产品在发生故障以后,能迅速维修,恢复功能的能力。通常采用平均修复时间等参量表示。产品的经济性是指产品的设计、制造、使用等各方面所付出或所消耗成本的程度,亦包含其可获得经济利益的程度,即投入与产出的效益能力。

《中华人民共和国产品质量法》第 13 条规定了产品质量的法律标准。对于可能危及人体健康和人身、财产安全的工业产品,必须符合保障人体健康和人身、财产安全的国家标准、行业标准;未制定国家标准、行业标准的,必须符合保障人体健康和人身、财产安全的要求。产品质量标准要求产品符合法定的适用性标准。安全性和适用性是产品质量的基本标准要求。未制定安全、卫生标准的,以社会普遍公认的安全、卫生要求为依据。

国家鼓励推行科学的质量管理方法,采用先进的科学技术,鼓励企业产品质量达到并且超过行业标准、国家标准和国际标准。对产品质量管理先进和产品质量达到国际先进水平、成绩显著的单位和个人,给予奖励。

禁止生产、销售不符合保障人体健康和人身、财产安全的标准和要求的工业产品。禁止伪造或者冒用认证标志等质量标志;禁止伪造产品的产地,伪造或者冒用他人的厂名、厂址;禁止在生产、销售的产品中掺杂、掺假,以假充真,以次充好。

思考题:产品质量要符合哪些法定标准?

三、产品质量法

产品质量法是指调整产品质量关系的法律规范的总称。产品质量法的调整对象是调整在中国境内的产品生产、销售、监管等活动中发生的权利、义务、责任关系。

1993 年 2 月 22 日,第七届全国人大常委会第三十次会议通过了《中华人民共和国产品质量法》(以下简称《产品质量法》),自 1993 年 9 月 1 日起施行。2000 年 7 月 8 日,第九届全国人大常委会第十六次会议修订《产品质量法》,自 2000 年 9 月 1 日起施行。2009 年 8 月 27 日,第十一届全国人大常委会第十次会议再次对产品质量法进行了修订。

《产品质量法》第 1 条规定了产品质量法的立法宗旨,为了加强对产品质量的监督管理,提高产品质量水平,明确产品质量责任,保护消费者的合法权益,维护社会经济秩序。制定产品质量法主要目的,一是为了加强国家对产品质量的监督管理,促使生产者、销售者保证产品质量;二是为了明确产品质量责任,严厉惩治生产、销售假冒伪劣产品的违法行为;三是为了切实地保护用户、消费者的合法权益,完善我国的产品质量民事赔偿制度;四是为了遏制假冒伪劣产品的生产和流通,维护正常的社会经济秩序。

思考题:产品质量法的立法宗旨是什么?

第二节 生产者、销售者的义务

一、产品质量法的主体

产品质量法的主体是指参与产品质量经济关系并承担义务和享受权利的公民、企业、事业单位、国家机关、社会组织以及个体工商业经营者等。企业包括国有企业、集体所有制企业、私营企业以及中外合资经营企业、中外合作经营企业和外资企业。个体工商业经营者包括个体工商户、个体合伙等。

　　　思考题：产品质量法的主体有哪些？

二、 产品质量责任和义务主体

　　《产品质量法》第4条规定,生产者、销售者依照本法规定承担产品质量责任。本条是关于承担产品质量责任主体的规定。承担产品质量责任的主体包括生产者、销售者(含供货者)。生产者,是指具有产品生产行为的人。销售者,是指具有产品销售行为的人。

　　　思考题：产品质量责任和义务主体有哪些？

三、 生产者的产品质量责任和义务

　　生产者作为市场经济活动的主体,通过从事产品的生产活动以获取利润,谋求发展。生产者生产的产品最终总要进入消费领域,为消费者使用。生产者只有努力使自己生产的产品在适用性、安全性、可靠性、维修性、经济性等质量指标上,都符合相应的标准和要求,才能满足消费者的需要,实现产品的价值,生产者也才能取得相应的经济效益,在激烈的市场竞争中求得生存和发展。

（一） 生产者的产品质量积极性义务

　　生产者应当对其生产的产品质量负责。生产者要保证产品的内在质量和外在质量要求。

　　1. 产品的内在质量要求

　　产品的内在质量要求是指产品要符合法定的安全性、适用性要求和契合承诺等要求。

　　《产品质量法》第26条规定,产品质量应当符合下列要求：安全性,不存在危及人身、财产安全的不合理的危险,有保障人体健康和人身、财产安全的国家标准、行业标准的,应当符合该标准;适用性,具备产品应当具备的使用性能,但是,对产品存在使用性能的瑕疵作出说明的除外;契合承诺,符合在产品或者其包装上注明采用的产品标准,符合以产品说明、实物样品等方式表明的质量状况。

　　判定质量的依据是产品的默示担保条件、明示担保条件或者是产品缺陷。产品的默示担保条件,是指国家法律、法规对产品质量规定的必须满足的要求,如安全性、适用性的要求。产品的明示担保条件,是指生产者、销售者通过标明采用的标准、产品标识、使用说明、实物样品等方式,对产品质量作出的明示承诺和保证,如契合承诺。产品缺陷是指产品存在危及人身、财产安全的不合理的危险或者未丧失原有的使用价值。符合默示担保条件、明示担保条件并没有缺陷产品即为合格产品。

　　　思考题：产品的内在质量要求有哪些？

　　2. 产品的外在质量要求

　　产品的外在质量要求主要是指产品的包装或者标识要符合法定要求。产品购买者或者消费者一般是通过产品或者包装上的标识来辨识产品及其质量,产品或者其包装的标识亦是产品质量的一部分,标识不符合要求则产品质量也不合格。

产品标识是指用于识别产品或其特征、特性所作的各种表示的统称。产品标识可以用文字、符号、标志、标记、数字、图案等表示。根据不同产品的特点和使用要求,产品标识可以标注在产品上,也可以标注在产品包装上。

产品标识一般必须具有:检验合格证明,用中文标注的产品名称、厂名、厂址。限时使用的产品必须标明生产日期和安全使用期限;或者标明失效日期。涉及使用安全或者容易损坏的产品,必须具有警示标志、中文警示说明。

《产品质量法》第 27 条规定,产品或者其包装上的标识必须真实,并符合下列要求:有产品质量检验合格证明;有中文标明的产品名称、生产厂厂名和厂址;根据产品的特点和使用要求,需要标明产品规格、等级、所含主要成份的名称和含量的,用中文相应予以标明;需要事先让消费者知晓的,应当在外包装上标明,或者预先向消费者提供有关资料;限期使用的产品,应当在显著位置清晰地标明生产日期和安全使用期或者失效日期;使用不当,容易造成产品本身损坏或者可能危及人身、财产安全的产品,应当有警示标志或者中文警示说明。裸装的食品和其他根据产品的特点难以附加标识的裸装产品,可以不附加产品标识。

《产品质量法》第 28 条规定,易碎、易燃、易爆、有毒、有腐蚀性、有放射性等危险物品以及储运中不能倒置和其他有特殊要求的产品,其包装质量必须符合相应要求,依照国家有关规定作出警示标志或者中文警示说明,标明储运注意事项。这些特殊产品的包装要求规定,目的是为了保证人身、财产安全,并防止产品损坏。

思考题:产品的外在质量要求有哪些?

(二) 生产者的产品质量消极性义务

产品质量的消极性义务是指产品质量的禁止性义务。

生产者的产品质量消极性义务有:生产者不得生产国家明令淘汰的产品;生产者不得伪造产地,不得伪造或者冒用他人的厂名、厂址;生产者不得伪造或者冒用认证标志等质量标志;生产者生产产品不得掺杂、掺假,不得以假充真、以次充好,不得以不合格产品冒充合格产品。

思考题:生产者的产品禁止性义务有哪些?

四、 销售者的产品质量责任和义务

(一) 销售者的产品质量积极性义务

《产品质量法》第 33 条规定,销售者应当执行进货检查验收制度,验明产品合格证明和其他标识。进货检查验收包括产品标识检查、产品感观检查和必要的产品内在质量的检验。内在质量检验则是检验产品质量是否符合《产品质量法》第 26 条的要求。产品标识检查就是检查产品的包装和标识是否符合《产品质量法》第 27 条、第 28 条的规定。

《产品质量法》第 34 条规定,销售者应当采取措施,保持销售产品的质量。即要求销售者应当根据产品的特点,采取必要的防雨、防晒、防霉变,对某些特殊产品采取控制温度、湿度等措施,保持产品进货时的质量状况。

思考题:销售者的产品积极性义务有哪些?

（二）销售者的产品质量消极性义务

销售者的产品质量消极性义务有：销售者不得销售国家明令淘汰并停止销售的产品和失效、变质的产品；销售者不得伪造产地，不得伪造或者冒用他人的厂名、厂址；销售者不得伪造或者冒用认证标志等质量标志；销售者销售产品，不得掺杂、掺假，不得以假充真、以次充好，不得以不合格产品冒充合格产品。

❓ 思考题：销售者的产品质量禁止性义务有哪些？

第三节　产品质量的监督管理

在市场经济条件下，一般的产品质量问题，主要依靠市场竞争来解决。通过市场竞争中的优胜劣汰机制，促使企业提高产品质量，增强市场竞争能力。产品是企业生产的，产品质量是企业活动的结果，企业负责对产品质量的管理，产品质量管理是企业的微观活动。但是，政府作为社会经济活动的宏观组织者和管理者，也必须对产品质量进行必要的监督和宏观管理，以维护社会经济秩序，保护消费者的合法权益。

一、产品质量监管机构

各级人民政府应当把提高产品质量纳入国民经济和社会发展规划，加强对产品质量工作的统筹规划和组织领导，引导、督促生产者、销售者加强产品质量管理，提高产品质量，组织各有关部门依法采取措施，制止产品生产、销售中违反产品质量法规定的行为，保障产品质量法的施行。

国务院产品质量监督部门主管全国产品质量监督工作。国务院有关部门在各自的职责范围内负责产品质量监督工作。县级以上地方产品质量监督部门主管本行政区域内的产品质量监督工作。县级以上地方人民政府有关部门在各自的职责范围内负责产品质量监督工作。法律对产品质量的监督部门另有规定的，依照有关法律的规定执行。目前地方各级政府中负责产品质量监管的机关并不统一，有的由独立的产品质量监管机关负责，有的地方由市场监管机构负责，食品药品监管机构、工商行政管理机关等机构也依法负责对部分产品的质量监管。2018年国家机构改革，将工商行政管理机关、食品药品监督管理机构、产品质量监督管理机关合并为市场监督管理局，统一了产品质量监督机关，有利于产品质量的监督管理。

❓ 思考题：产品质量监管机构有哪些？

二、生产者、销售者的内部产品质量管理制度

产品是生产者制造出来的，生产者是保证产品质量的源头和主体；销售者是联结产品生产者和消费者的纽带，对于把好销售产品的质量关起着重要作用。产品的生产者和销售者都应当加强内部产品质量管理，保证其生产和销售产品的质量符合要求。《产品质量法》第3条规定，生产者、销售者应当建立健全内部产品质量管理制度，严格实施岗位质量规范、质量责任以及相应的考核办法。

生产者应建立严格的质量保证体系和责任制度。从产品的设计、原材料采购、生产、

检验直到售后服务等各个环节、各个岗位,都有相应的质量规范、质量责任和考核奖惩办法,并严格实施。凡是批量生产的产品,都有相应的质量标准,严格按标准组织生产;对生产所需的原材料、元器件、外协件实行严格的质量把关,不合格的不得采购,不得投入使用。严格工艺纪律,严格生产过程的质量控制,不合格的产品不得以合格品出厂。《产品质量法》第12条规定,产品质量应当检验合格,不得以不合格产品冒充合格产品。可能危及人体健康和人身、财产安全的工业产品,必须符合保障人体健康和人身、财产安全的国家标准、行业标准;未制定国家标准、行业标准的,必须符合保障人体健康和人身、财产安全的要求。禁止生产、销售不符合保障人体健康和人身、财产安全的标准和要求的工业产品。

❓思考题:生产者、销售者的内部产品质量管理制度有哪些内容?

三、 企业质量体系认证制度

企业的质量体系通常包括以下几方面的构成要素:一是保证质量体系有效运行的组织机构;二是保证质量体系运行的物质和人力等资源;三是企业有关质量管理的各项规章制度,包括各岗位人员在质量体系运行中应尽的质量职责、质量管理工作的程序等;四是产品自原材料输入到成品输出的全过程的质量管理和质量保证。质量体系认证即由认证机构对上述各方面所包含的全部要素进行审查,确认这些要素是否符合相应的标准,从而确定企业是否具有质量保证能力。

企业质量体系认证,是指由国家有关部门认可的认证机构,依据认证标准,按照规定的程序,对企业的质量保证体系,包括企业的质量管理制度、企业的生产、技术条件等保证产品质量的诸因素进行全面的评审,对符合条件要求的,通过颁发认证证明书的形式,证明企业的质量保证能力符合相应标准要求的活动。国家根据 ISO 9000 系列国际标准等国际通用的质量管理标准和国家标准,推行企业质量体系认证制度。

企业通过质量体系的认证,获得认证证书,有助于提高企业在市场上的信誉,增强竞争能力。企业根据自愿原则可以向国务院产品质量监督部门认可的或者国务院产品质量监督部门授权的部门认可的认证机构申请企业质量体系认证。经认证合格的,由认证机构颁发企业质量体系认证证书。

企业质量体系认证由国务院产品质量监督部门认可的或者其授权的部门认可的认证机构负责。目前主要包括国务院产品质量监督部门直接设立的认证委员会和授权其他行政主管部门设立的行业认证委员会。认证机构的主要职责是:制定实施认证的具体规则、程序,受理认证申请,对申请人的质量体系按标准评审,批准认证,颁发认证证书;对证书持有人进行事后监督等。

❓思考题:什么是企业质量体系认证?

四、 产品质量认证制度

(一) 产品质量认证

国家参照国际先进的产品标准和技术要求,推行产品质量认证制度。推行产品质量认证制度的目的,是通过对符合认证标准的产品颁发认证证书和认证标志,便于消费者识别,同时也有利于提高经认证合格的企业和产品的市场信誉,增强产品的市场竞争能力,以激励企业加强质量管理,提高产品质量水平。

产品质量认证,是由依法取得产品质量认证资格的认证机构,依据有关的产品标准和要求,按照规定的程序,对申请认证的产品进行工厂审查和产品检验,对符合条件要求的,通过颁发认证证书和认证标志以证明该项产品符合相应标准要求的活动。产品质量认证的标准,是有关的国际先进标准和技术要求。实施产品质量认证的机构,是国务院产品质量监督管理部门认可的或者经国务院产品质量监督部门授权的部门认可的认证机构。

　思考题:什么是产品质量认证?

(二)产品质量认证程序

企业根据自愿原则可以向国务院产品质量监督部门认可的或者国务院产品质量监督部门授权的部门认可的认证机构申请产品质量认证。经认证合格的,由认证机构颁发产品质量认证证书,准许企业在产品或者其包装上使用产品质量认证标志。

办理产品质量认证的程序包括:向有关的认证机构提出书面申请;认证机构受理认证申请后,组织对企业的质量体系进行检查;对企业申请认证的产品进行现场抽样检验,由认证检验机构作出检验结果的报告;认证机构对检查报告和检验报告进行审查,认为其合格的,批准认证,颁发认证证书,并准许使用认证标志。

产品质量认证标志是一种由产品质量认证机构设计,用以证明某项产品符合规定标准或者技术规范,经认证机构允许,可以在获准认证的产品上使用的一种产品质量专用标志。产品质量认证标志都是向消费者表明产品质量的证明,必须真实、有效。任何人不得伪造、涂改,不得将未获认证的产品冒充认证产品欺骗消费者。

　思考题:产品质量认证的程序有哪些?

五、 产品质量的国家监督检查制度

(一)产品质量检查制度

国家对产品质量实行以抽查为主要方式的监督检查制度,对可能危及人体健康和人身、财产安全的产品,影响国计民生的重要工业产品以及消费者、有关组织反映有质量问题的产品进行抽查。抽查的样品应当在市场上或者企业成品仓库内的待销产品中随机抽取。监督抽查工作由国务院产品质量监督部门规划和组织。县级以上地方产品质量监督部门在本行政区域内也可以组织监督抽查。法律对产品质量的监督检查另有规定的,依照有关法律的规定执行。对依法进行的产品质量监督检查,生产者、销售者不得拒绝。

国家监督抽查的产品,地方不得另行重复抽查;上级监督抽查的产品,下级不得另行重复抽查。根据监督抽查的需要,可以对产品进行检验。检验抽取样品的数量不得超过检验的合理需要,并不得向被检查人收取检验费用。监督抽查所需检验费用按照国务院规定列支。

　思考题:什么是抽查制度?

(二)检查和检验机构

县级以上产品质量监督部门负责产品质量监督检查。县级以上产品质量监督部门根据已经取得的违法嫌疑证据或者举报,对涉嫌违反产品质量法规定的行为查处时,可以行使下列职权:对当事人涉嫌从事违反产品质量法的生产、销售活动的场所实施现场检查;

向当事人的法定代表人、主要负责人和其他有关人员调查、了解涉嫌从事违反产品质量法的生产、销售活动有关的情况;查阅、复制当事人有关的合同、发票、账簿以及其他有关资料;对有根据认为不符合保障人体健康和人身、财产安全的国家标准、行业标准的产品或者有其他严重质量问题的产品,以及直接用于生产、销售该项产品的原辅材料、包装物、生产工具,予以查封或者扣押。

产品质量检验机构负责产品质量检验。产品质量检验机构必须具备相应的检测条件和能力,经省级以上人民政府产品质量监督部门或者其授权的部门考核合格后,方可承担产品质量检验工作。从事产品质量检验、认证的社会中介机构必须依法设立,不得与行政机关和其他国家机关存在隶属关系或者其他利益关系。

　　　思考题:产品质量监督检验机关的职权有哪些?

(三) 异议程序

生产者、销售者对抽查检验的结果有异议的,可以自收到检验结果之日起 15 日内向实施监督抽查的产品质量监督部门或者其上级产品质量监督部门申请复检,由受理复检的产品质量监督部门作出复检结论。

　　　思考题:产品质量抽查检验的异议程序有哪些?

六、 产品质量的社会监督

为便于社会了解经政府有关部门依法抽查的相关产品的质量状况,保障公众对重点产品质量的知情权,国务院和省、自治区、直辖市人民政府的产品质量监督部门应当定期发布其监督抽查的产品的质量状况公告。

消费者有权就产品质量问题,向产品的生产者、销售者查询。通过查询了解产品的质量状况,根据产品的质量状况,自主决定选购所需产品。对消费者就产品质量所提出的查询,生产者、销售者有义务如实作出回答。向市场监督管理部门及有关部门申诉,接受申诉的部门应当负责处理。受申诉的部门接到消费者的申诉后,应及时依法调查、处理,并向消费者作出答复。

保护消费者权益的社会组织可以就消费者反映的产品质量问题建议有关部门负责处理,支持消费者对因产品质量造成的损害向人民法院起诉。

　　　思考题:哪些人或者社会组织可以对产品质量进行监督?

第四节　产品质量责任

一、 产品质量责任

产品质量责任,是指产品的生产者、销售者违反法律的规定,不履行法律规定的义务,应当依法承担的法律后果。产品质量责任包括行政责任、民事责任和刑事责任。

二、 产品质量民事责任

产品质量民事责任可以分为产品的合同责任和产品侵权损害赔偿责任。

（一）产品质量合同责任

产品质量合同责任又称瑕疵担保责任，是指产品生产者、销售者违反合同应承担的民事法律后果。

《产品质量法》第40条规定，售出的产品有下列情形之一的，销售者应当负责修理、更换、退货；给购买产品的消费者造成损失的，销售者应当赔偿损失。

（1）不具备产品应当具备的使用性能而事先未作说明的。

（2）不符合在产品或者其包装上注明采用的产品标准的。

（3）不符合以产品说明、实物样品等方式表明的质量状况的。

销售者依照前款规定负责修理、更换、退货、赔偿损失后，属于生产者的责任或者属于向销售者提供产品的其他销售者的责任的，销售者有权向生产者、供货者追偿。生产者之间、销售者之间，生产者与销售者之间订立的买卖合同、承揽合同有不同约定的，合同当事人按照合同约定执行。

思考题：销售者应承担产品质量合同责任的情形有哪些？

（二）产品质量的侵权责任

产品质量侵权损害赔偿责任即产品责任，是指产品生产者、销售者因产品存在缺陷导致购买者、消费者的人身、财产权利损失而承担的民事损害赔偿责任。

1. 产品缺陷

产品缺陷，是指产品存在危及人身、他人财产安全的不合理的危险；产品有保障人体健康和人身、财产安全的国家标准、行业标准的，是指不符合该标准。

产品存在不合理危险的原因，主要有以下几种情况。

（1）设计缺陷，指因产品设计上的原因导致的不合理危险。即产品本身应当不存在危及人身、财产安全的危险性，却由于"设计上"的原因，导致产品存在危及人身、财产安全的危险。

（2）制造缺陷，指制造上的原因产生的不合理危险。即产品本身应当不存在危及人身、财产安全的危险性，却由于"加工、制作、装配等制造上"的原因，导致产品存在危及人身、财产安全的危险。

（3）告知缺陷，又称指示缺陷或者说明缺陷，指因告知上的原因产生的不合理危险。即由于产品本身的特性就具有一定的危险性，由于生产者未能用警示标志或者警示说明，明确地告诉使用者使用时应注意的事项，而导致产品存在危及人身、财产安全的危险。

思考题：产品缺陷有哪些？

2. 产品责任与一般民事侵权责任的区别

从归责原则上看，一般民事侵权责任实行过错原则，而产品责任实行无过错原则，只要因产品存在缺陷造成他人人身、财产损害的，除了法定可以免责的事由外，不论缺陷产品的生产者主观上是否存在过错，都应当承担赔偿责任。无过错原则有利于促使产品的生产者在产品的设计、生产过程中，更加小心谨慎，防止产品出现缺陷给使用者造成损害，有利于更好地保护消费者的利益。

从举证责任上看，一般民事侵权案件的受害人要求赔偿的，应当对责任人的过错承担举证责任，实行谁主张谁举证。因为随着科学技术的发展，产品的技术性能和制造工艺越来越复杂，要求处于产品生产过程之外、并不具备各种产品专业知识的消费者对生产者的过错承担举证责任,难以做到,也不公平。产品责任实行举证责任倒置,受害人要求生产者赔偿时,无须证明生产者是否存在过错,而是由生产者对其生产的产品是否具有法定免责事由,自己是否具备法定的免责条件,承担举证责任。

> 思考题:产品责任与一般民事侵权责任的区别有哪些?

3. 承担产品责任的条件

生产者、销售者承担产品侵权责任的条件有:一是产品存在缺陷,即"产品存在危及人身、他人财产安全的不合理的危险"、产品不符合"保障人体健康、人身、财产安全的国家标准、行业标准";二是存在损害事实,即消费者人身或者他人人身、缺陷产品以外的财产已经存在损害;三是消费者人身或者他人人身、财产存在损害是由于产品缺陷造成的,即二者有直接的因果关系。三个条件同时具备,生产者方可承担产品责任。

因产品存在缺陷造成人身、缺陷产品以外的其他财产损害的,生产者应当承担赔偿责任。由于销售者的过错使产品存在缺陷,造成人身、他人财产损害的,销售者应当承担赔偿责任。因产品存在缺陷造成人身、他人财产损害的,受害人可以向产品的生产者要求赔偿,也可以向产品的销售者要求赔偿。属于产品的生产者的责任,产品的销售者赔偿的,产品的销售者有权向产品的生产者追偿。属于产品的销售者的责任,产品的生产者赔偿的,产品的生产者有权向产品的销售者追偿。

产品责任的免责,生产者能够证明有下列情形之一的,不承担赔偿责任:未将产品投入流通的;产品投入流通时,引起损害的缺陷尚不存在的;将产品投入流通时的科学技术水平尚不能发现缺陷的存在的。

> 思考题:承担产品责任的条件有哪些?

4. 损害赔偿

因产品存在缺陷造成受害人人身伤害的,侵害人应当赔偿医疗费、治疗期间的护理费、因误工减少的收入等费用;造成残疾的,还应当支付残疾者生活自助具费、生活补助费、残疾赔偿金以及由其扶养的人所必需的生活费等费用;造成受害人死亡的,并应当支付丧葬费、死亡赔偿金以及由死者生前扶养的人所必需的生活费等费用。

因产品存在缺陷造成受害人财产损失的,侵害人应当恢复原状或者折价赔偿。受害人因此遭受其他重大损失的,侵害人应当赔偿损失。

> 思考题:产品责任的损害赔偿范围有哪些?

5. 司法救济

因产品存在缺陷造成损害要求赔偿的诉讼时效期间为 2 年,自当事人知道或者应当知道其权益受到损害时起计算。因产品存在缺陷造成损害要求赔偿的请求权,在造成损害的缺陷产品交付最初消费者满 10 年丧失;但是,尚未超过明示的安全使用期的除外。

因产品质量发生民事纠纷时,当事人可以通过协商或者调解解决。当事人不愿通过协商、调解解决或者协商、调解不成的,可以根据当事人各方的协议向仲裁机构申请仲裁;当事人各方没有达成仲裁协议或者仲裁协议无效的,可以直接向人民法院起诉。

仲裁机构或者人民法院可以委托依法设立的产品质量检验机构,对有关产品质量进行检验。

> 思考题:产品责任案件的司法救济手段有哪些?

三、 产品质量的行政责任和刑事责任

产品质量的行政责任是指行政主体及行政相对人有违法行为所应当承担的行政处分和行政处罚等行政责任。产品质量的刑事责任是指行为人的行为危害社会、触犯刑律而应受刑罚处罚而承担的刑事责任。《产品质量法》在罚则一章中对违反产品质量法的行政责任和刑事责任作了详细规定,刑法对产品质量犯罪也作出了明确的规定。

本章引用法律资源:

1.《中华人民共和国产品质量法》。

2. 全国人民代表大会《中华人民共和国产品质量法》条文释义。

本章参考文献:

1. 法律出版社法规中心. 中华人民共和国产品质量法注释本[M]. 北京:法律出版社,2017.

2. 张云,徐楠轩. 产品质量法教程[M]. 厦门:厦门大学出版社,2011.

本章网站资源:

1. 国家市场监督管理总局网站:samr. saic. gov. cn。

2. 中国质量网:www. chinatt315. org. cn。

第十章　消费者权益保护法

■■■ **本章教学目标**

通过学习,了解消费者权益保护法的基本内容。了解消费者的含义,明确消费者权益保护的方法;了解消费者权益保护法的立法概况、调整对象和适用范围;经营者与消费者交易应当遵循的原则,国家保护消费者合法权益的方法;重点掌握消费者的权利和经营者的义务;了解违反消费者权益保护法的民事责任、行政责任和刑事责任,了解各种法律责任的具体形式。

第一节　消费者权益保护立法

一、消费及消费者的概念

消费是社会再生产重要环节,也是最终环节。消费分为生产消费和个人消费。所谓生产消费是指物质资料生产过程中生产资料和生活劳动的使用和消耗。生活消费是指人们把生产出来的物质资料和精神产品用于满足个人生活需要的行为和过程。在社会生活中,购买、使用商品,或者接受服务的主体则是消费者。《中华人民共和国消费者权益保护法》(以下简称《消费者权益保护法》)第2条规定,消费者为生活需要购买、使用商品或者接受服务,其权益受本法保护;本法未作规定的,受其他法律、法规保护。因此,《消费者权益保护法》规定的"消费者",主要是指为生活消费需要而购买、使用商品,或者接受服务的人。从这一法律规定来看,作为消费者必须具备以下条件。

(1)消费者是购买、使用商品或接受服务的人。我国《消费者权益保护法》将消费者限定为"自然人",是法律给予这个群体特殊保护的法律依据。需要强调的是消费者的范围不仅包括商品的购买者,也包括商品的使用者,还包括服务的接受者。消费者不限于和经营者具有合同关系的相对方,还包括购买商品一方的家庭成员、受赠人等使用商品的主体,以及由他人支付费用接受服务的主体。

(2)消费者购买、使用的商品和接受的服务是由经营者提供的。消费者所消费的商品、所接受的服务是从他人那里获得的,而不是自己生产或者提供的。

(3)消费者是进行生活性消费活动的人。生活性消费是一个很宽泛的概念,既包括生存型消费,也包括发展型消费,如旅游、娱乐等。随着人们生活水平的提高,生活消费的范围也会不断地扩大。那种认为生活消费就是生存消费,就是衣食住行的观点是不正确的。另外,消费者必须是产品或服务的最终使用者,即其购买商品或接受服务的目的是用于个人或家庭的需要,而不是经营或销售。需要强调的是,由于我国农业生产者的特殊情况,《消费者权益保护法》第62条规定,农民购买、使用直接用于农业生产的生产资料,参照本法执行。

　　⁇ 思考题：什么是消费者？什么是消费品？

二、 消费者权益保护立法

（一） 消费者权益保护法的概念

　　消费者权益是消费者依法享有的权利以及该权利在受到损害时获得救济、请求损害赔偿的权利。消费者权益保护法的立法宗旨是保护消费者的合法权益，维护社会经济秩序，促进社会主义市场经济的健康发展。消费者权益保护法是调整在保护消费者权益过程中发生的社会关系的法律规范的总称。主要调整消费者和经营者、服务者之间的经济关系，以及围绕保障消费者权益而发生的国家及其管理机关、消费者组织与消费者之间的社会关系。具体讲，主要调整消费者为生活消费需要购买、使用商品或者接受服务，以及经营者为消费者提供生产、销售的商品或者接受服务的行为。另外，农民购买、使用直接用于农业生产的生产资料性消费活动也是消费者权益保护法的调整对象。

　　消费者权益保护法有狭义、广义之分。狭义的消费者权益保护法是指消费者权益保护基本法，如我国《消费者权益保护法》。广义的消费者权益保护法除了消费者权益保护基本法外，还包括各种有关保护消费者权益的法律法规，如民法、刑法中的相关规定，以及产品质量法、食品卫生法、价格法、计量法等法律法规。

（二） 我国消费者保护立法概况

　　1993 年 10 月 31 日，第八届全国人大常务委员会第四次会议通过并颁布了《中华人民共和国消费者权益保护法》。2013 年 10 月 25 日，第十二届全国人大常务委员会第五次会议通过了《全国人民代表大会常务委员会关于修改〈中华人民共和国消费者权益保护法〉的决定》，该决定自 2014 年 3 月 15 日起施行。我国《消费者权益保护法》内容包括总则、消费者的权利、经营者的义务、国家对消费者合法权益保护、消费者组织、争议的解决、法律责任及附则，共 8 章 63 条。

（三） 消费者权益保护法的基本原则

　　所谓消费者权益保护法的基本原则是贯穿在消费者权益保护立法、执法和纠纷解决整个过程的指导思想，也是消费者权益保护立法宗旨的具体体现，一般来说，消费者权益保护立法的基本原则主要有以下几方面。

　　1. 特别保护原则

　　这一原则的基本精神是国家对处于弱势地位的消费者特别保护的原则。虽然，消费者和经营者在法律地位上是平等的，在消费交易中的地位也是平等的，但是，在现实生活中，二者的地位在事实上是不平等的。相对而言，消费者总是处于弱势地位。这是由于消费者往往是分散孤立的个体，而经营者都是具有健全的组织机构、拥有强大经济势力的企业，如果双方发生了消费权益纠纷，消费者总是处于不利地位。而且，消费者购买商品或者接受服务，缺乏专业的知识和手段，特别是对于商品的缺陷，服务中存在的问题更是缺乏必要的辨识能力。这就需要国家对消费者合法权益予以倾斜性的、特别的保护。

　　2. 国家支持原则

　　国家支持是指国家支持和帮助消费者获得安全、可靠的消费品和周到、细致的服务，以及在消费品和服务对人身、财产安全构成损害的情况下向消费者提供帮助和支持的义务。《消费者权益保护法》第 5 条规定，国家保护消费者合法权益不受侵害。国家采取措施，保障消费者依法行使权利，维护消费者的合法权益。具体讲，就是当消费者的合法权益受到侵害时，国家从法律、行政、经济等方面向消费者提供支持和帮助。

3. 平等自愿、诚实信用原则

《民法总则》第 5 条规定，民事主体从事民事活动，应当遵循自愿原则；第 7 条规定，民事主体从事民事活动，应当遵循诚信原则，秉持诚实，恪守承诺。这既是对消费品经营者、服务提供者的要求，也是我们制定消费者权益保护法的主要依据。因此，经营者在与消费者进行交易时，应当遵守自愿、公平、诚实、守信原则，不能强卖、垄断价格和欺骗消费者。如果经营者违反了这一原则，不仅要承担民事赔偿责任，情节严重的还要承担行政责任，乃至刑事责任。

4. 社会监督原则

社会监督原则是指全社会共同保护消费者合法权益的原则。首先，合法权益受到侵害的消费者要勇于揭发、控告不法经营者。这既是消费者的权利，也是其应该承担的社会义务。其次，其他的社会组织和个人也有责任和义务对损害消费者合法权益的行为进行揭发和批判。另外，大众传媒应运用各种形式做好维护消费者合法权益的舆论宣传和舆论监督。《消费者权益保护法》第 6 条规定，保护消费者的合法权益是全社会的共同责任。国家鼓励、支持一切组织和个人对损害消费者合法权益的行为进行社会监督。大众传播媒介应当做好维护消费者合法权益的宣传，对损害消费者合法权益的行为进行舆论监督。消费者合法权益的保护涉及社会生活的方方面面，单纯依靠国家的力量是远远不够的。因此，国家鼓励、支持全社会对损害消费者合法权益的行为进行社会监督。

　　思考题：我国《消费者权益保护法》的基本原则是什么？

第二节　消费者的权利

消费者权利是指消费者在消费过程中，即在购买、使用商品或者接受服务中享有权利的总称。消费者权利是保护消费者权益的核心问题，作为一个消费者，如果不明了自己享有什么权利，就无法有效地维护自己的权利。

一、消费者权利的提出

根据 1985 年联合国大会通过的《保护消费者准则》的规定，消费者具有以下 6 点权利：(1) 保护消费者的健康和安全不受危害；(2) 促进和保护消费者的经济利益；(3) 使消费者得到充分信息，使他们能够按照个人愿望和需要作出掌握情况的选择；(4) 接受消费者教育；(5) 提供有效的赔偿办法；(6) 有成立消费者组织及其他有关的团体或组织的自由等权利，要求各国政府保护消费者的权利。

二、我国消费者权利

我国《消费者权益保护法》把消费者的权利概括为 9 个方面：安全权、知情权、自主选择权、公平交易权、依法求偿权、依法结社权、获取有关知识权、受尊重权和批评监督权等。

（一）安全权

安全权是指消费者在购买、使用商品或接受服务时享有人身、财产安全不受损害的权利,有权利要求经营者在提供商品和服务时,应符合保证人身、财产安全的要求。消费者享有的安全保障权按照权利内容可分为人身安全和财产安全两类。人身安全和财产安全是宪法和法律赋予每个公民的一项基本权利,也是《消费者权益保护法》赋予每一个消费者的一项基本消费权利。和消费者安全权相对应的是经营者的安全保障义务,经营者提供的商品和服务必须符合《消费者权益保护法》规定的安全义务。换一句话讲,经营者提供的商品和服务必须符合我国法律法规关于产品质量和服务质量的相关规定。具体讲,在产品质量方面有国家标准的必须符合该标准,没有国家标准的,有行业标准的必须符合该行业标准;没有国家标准、行业标准的应当符合社会公认的卫生、安全标准。经营者提供的服务,也是如此。如果经营者造成了消费者人身财产损害,应当依法承担民事责任、行政责任,构成犯罪的,依法追究刑事责任。

（二）知情权

消费者的知情权是指消费者享有知悉其购买、使用的商品或接受服务的真实情况的权利。《消费者权益保护法》第 8 条规定,消费者在使用商品和接受服务时享有知情权,有权要求经营者提供商品的价格、产地、生产者、用途、性能、规格、等级、主要成分、生产日期、有效期、检验合格证、使用方法说明书、售后服务或者服务的内容、规格、费用等有关情况。消费者在选择商品和服务时,与经营者相比处于弱势地位。其中,信息不对称是消费者利益经常受到损害的原因之一。众所周知,现代社会科技发展日新月异,产品和服务的科技化程度越来越高。不要说消费者,即便受过专门训练的专家学者对某些高科技产品和服务也不是都很精通。因此,消费者在消费和接受服务时,常常受到经营者的误导,不能作出正确的判断和选择。更有甚者,有些经营者有意隐瞒商品信息,欺骗消费者,甚至销售假冒伪劣产品。因此,法律赋予消费者知情权是非常必要的。经营者应该向消费者提供必要的商品和服务信息,其内容包括两个方面:一是商品或者服务的基本情况,二是商品性质状况等。具体讲,主要是:经营者向消费者提供有关商品或者服务的信息应当真实、全面,不得作虚假或者引人误解的宣传;经营者应当标明其真实名称和标记;经营者在经营活动中使用格式条款,应当以显著方式提请消费者注意商品或者服务的数量和质量、价款或者费用、履行期限和方式、安全注意事项和风险警示、售后服务等;采用网络、电视、电话、邮购等方式提供商品或者服务的经营者,以及提供证券、保险、银行等金融服务的经营者,应当向消费者提供经营地址、联系方式、商品或者服务的数量和质量、价款或者费用、履行期限和方式、安全注意事项和风险警示、售后服务、民事责任等信息;消费者因经营者利用虚假广告或者其他虚假宣传方式提供商品或者服务,其合法权益受到损害的,可以向经营者要求赔偿;对侵害消费者知情权的,经营者还应当依法承担行政责任,构成犯罪的,依法追究刑事责任。

（三）自主选择权

自主选择权是指消费者可以根据自己的消费需求,自主选择自己满意的商品或者服务,决定购买或接受的权利。《消费者权益保护法》第 9 条规定,消费者享有自主选择商品或服务的权利。消费者有权自主选择提供商品或者服务的经营者，自主选择商品品种或服务方式，自主决定购买或不购买某一种商品、接受不接受某项服务。消费者在自主选择商品或者服务时，有权进行比较、鉴别和挑选。消费者还有权选择商品的商标、产地、规格、等级、价格等事项或服务的名称、内容、规格、费用等事项。

（四）公平交易权

公平交易权是指消费者在购买商品或者接受服务时所享有的获得质量保障和价格合理，计量正确等公平交易条件的权利。消费者购买商品或者接受服务，与经营者之间是平等主体之间的交易关系。消费者公平交易权主要体现在两个方面：交易条件公平和拒绝强制交易行为。前者指商品或者服务的质量合格、价格合理、计量正确；后者指消费者在购买商品或者接受服务时，是否出于自愿。落实公平交易权，要求从事交易活动的经营者以诚实信用为原则，以消费安全为前提，以平等互利为条件，避免欺诈、强迫、乘人之危等不公平交易行为的发生。

（五）依法求偿权

消费者因购买、使用商品或接受服务受到人身、财产损害的，享有依法索取和获得赔偿的权利。经营者应当保证其提供的商品或者服务符合保障人身、财产安全的要求。消费者因购买使用商品或者接受服务受到的人身伤害主要有生命健康权、姓名权、肖像权、名誉权、隐私权的损害，也包括人身自由、人格尊严等人格权的损害。消费者因购买使用商品或者接受服务受到的财产损害主要有金钱、时间、可得利益等损害。享有获得赔偿权的主体分为4种类型：（1）商品购买者，指购买的商品为自己所有的人；（2）商品使用者，指消费者在购买商品后，自己没有使用而由他人使用的使用人；（3）服务的接受者；（4）第三人，别人购买、使用商品或接受服务时因在场而受到商品或服务的伤害，致使人身或财产受损害的人，他们也享有获得赔偿的权利。经营者提供的商品或者服务有欺诈行为的，应当按照消费者的要求增加赔偿其受到的损失，增加的金额为消费者购买商品的价款或者接受服务的费用3倍；增加赔偿的金额不足500元的，为500元。法律另有规定的，依照其规定。经营者明知商品或者服务存在缺陷，造成消费者或者其他受害人死亡或者健康严重损害的，受害人有权要求经营者按照本法规定赔偿损失，并有权要求所受损失2倍以下的惩罚性赔偿。生产不符合食品安全标准的食品或者销售明知是不符合食品安全标准的食品，消费者除要求赔偿损失外，还可以向生产者或者销售者要求支付价款10倍的赔偿金。

（六）依法结社权

依法结社权是指消费者享有的依法成立维护自身合法权益的社会团体的权利。宪法规定公民享有依法结社的政治权利，消费者的结社权正是这一公民权利在消费者权益保护问题上的具体体现。消费者成立专门性的社会团体是维护自身合法权益的好途径。我国自1982年成立第一个消费者团体以来，全国各消费者组织在维护消费者权益方面作了大量的工作。我国消费者协会共有约3280个，其中，全国性的1个，即中国消费者协会，省级的有31个，地级的有409个，县级的有2839个。消费者组织应当依法开展活动，依法保护消费者合法权益。其主要职责是在国家制定有关消费者权益保护的规范文件时发表意见和建议。同时，向有关部门反映消费者意见，对商品和服务进行社会监督，依法维护消费者合法权益。需要指出的是,消费者组织是公益性的社会团体,不得从事牟利和经营性活动。

(七) 获取有关知识权

获取有关知识权又称消费者的受教育权,是指消费者享有获得有关消费和消费者权益保护方面的知识的权利。《消费者权益保护法》第13条规定,消费者享有获得有关消费和消费权益方面知识的权利。消费者应当努力掌握所需商品或者服务的知识和使用技能,正确使用商品,提高自我保护意识。消费者一般是通过经营者的介绍、媒体的宣传、自身体验获得商品和服务方面的知识。国家和社会也通过各种各样的方法指导和培训消费者掌握消费知识和技能,提高消费者的素质。例如,欧盟、日本都在其消费者保护法中规定了对消费者进行教育、培训的内容。我国消费者权益保护法有关教育权的规定对消费者权益的保护具有引导启蒙意义。

(八) 受尊重权

消费者受尊重权是指消费者在购买、使用商品或接受服务时,享有其人格尊严、民族风俗习惯得到尊重的权利。《消费者权益保护法》第14条规定,消费者在购买、使用商品或接受服务时,享有人格尊严、民族风俗习惯得到尊重的权利,享有个人信息依法得到保护的权利。人格尊严是人身权的重要内容,涉及姓名权、名誉权、荣誉权、隐私权等方面。人格尊严权是消费者享有的基本权利。但是在现实生活中,经营者侵犯消费者人格尊严的事情经常发生,如非法搜查消费者人身、限制消费者人身自由、侮辱消费者等。如果消费者是少数民族,经营者还应当尊重少数民族的风俗习惯。我国是一个统一的多民族国家,各民族在风土人情、饮食习惯、婚丧嫁娶、礼节禁忌等方面都存在着差异。因此,少数民族消费者的风俗习惯、特殊禁忌等应当受到尊重。消费者的个人信息包括个人信息和个人隐私等。消费者的个人信息属于个人隐私,经营者不得传播和滥用。否则,将承担民事责任、行政责任,情节严重的还要承担刑事责任。

(九) 批评监督权

批评监督权是指消费者享有对商品和服务以及保护消费者权利的工作进行监督的权利。消费者有权检举、控告侵害消费者权益的行为和国家机关及其工作人员在保护消费者权益工作中的违法失职行为,有权对保护消费者权益工作提出批评与建议。我国《消费者权益保护法》列举了消费者所享有的安全权、知情权、自主选择权、公平交易权、依法求偿权、依法结社权、获取有关知识权、受尊重权等权利,批评监督权是上述权利的自然延伸,对实现消费者权利至关重要。监督权体现在以下三个方面:一是有权监督经营者,有权监举、控告侵害消费者利益的行为;二是有权监督国家机关及其工作人员,有权监举、控告在保护消费者利益工作中的违法失职行为;三是有权对保护消费者权益工作提出批评建议。

消费者享有的上述权利符合国际消费者联盟宗旨并在某些方面有所发展,同时,也是对我国改革开放以来消费者权益保护工作经验的总结。我们相信只要认真贯彻执行《消费者权益保护法》,认真对待消费者的权利,消费者合法权益就能得到切实的保障。

　　💬 思考题:我国法律对消费者是如何界定的? 消费者的主要权利有哪些?

第三节　经营者的义务

消费者和经营者是经济交易活动中的相对人,在某种程度上讲,消费者所享有的权利,就是经营者应当承担的责任和义务。但是这二者的内涵并不完全一致。同时,为了保护消费者的合法权益,《消费者权益保护法》对经营者的责任和义务作了更为严格、明确的界定,强化了经营者对消费者合法权益应承担的责任和义务。

一、经营者概念

经营者是指从事商品经营、销售或者其他营利性服务的个人、法人和其他经济组织。经营者包括生产者、销售者和服务者,经营者的活动包括制造、销售商品和提供服务,经营者一般以营利和提供商品、服务为目的。经营者向消费者提供商品和服务,要遵守国家法律法规;经营者向消费者提供商品和服务,其和消费者有约定的,从其约定。否则,经营者要承担民事责任、行政责任,情节严重的,还要承担刑事责任。

二、经营者的义务

经营者的义务是指经营者在经营活动中应当履行的法律上的义务。《消费者权益保护法》第3章对经营者的义务作了明确、具体的规定,有利于维护消费者的合法权益。

（一）依法定或约定履行义务

经营者向消费者提供商品或服务时,应当按照《产品质量法》和其他有关法律、法规的规定履行义务。经营者和消费者双方有约定的,应当按照约定履行义务。《消费者权益保护法》第16条规定,经营者和消费者有约定的,应当按照约定履行义务,但双方的约定不得违背法律、法规的规定。经营者与消费者的约定,可以是口头形式,也可以是书面形式,一旦约定生效,经营者应当履行承诺。当然,约定内容应是法律、法规许可的事项。如果约定内容违法,比如约定提供毒品,则不受法律保护。

（二）接受消费者监督的义务

经营者应当听取消费者对其提供的商品或服务的意见,接受消费者的监督。如果条件许可,经营者应设立专门机构,配置专职人员,听取、收集消费者的批评和意见,并把其提供的商品或服务置于消费者有效的监督之下。《消费者权益保护法》第17条规定,经营者应当听取消费者对其提供的商品或者服务的意见,接受消费者的监督。听取消费者意见,接受消费者监督可转变经营理念,提高管理水平,提高产品和服务的质量,有利于经营者的竞争。

（三）安全保障义务

经营者安全保障义务是指经营者提供商品或服务符合保障人身、财产安全的要求。安全保障义务是一种默示的义务,不需要经营者在其产品或者服务约定上明确标示。《消费者权益保护法》第18条规定,经营者应当保证其提供的商品或者服务符合保障人身、财产安全的要求。对可能危及人身、财产安全的商品和服务,应当向消费者作出真实的说明和明确的警示,并说明和标明正确使用商品或者接受服务的方法以及防止危害发生的方法。宾馆、商场、餐馆、银行、机场、车站、港口、影剧院等经营场所的经营者,应当对消费者尽到安全保障义务。《消费者权益保护法》第18条规定,经营者发现其提供的商品或者服务存在缺陷,有危及人身、财产安全的,应当立即向有关行政部门报告和告知消费者,并采取停止销售、警示、召回、无害化处理、销毁、停止生产或者服务等措施。采取召回措施的,经营者应当承担消费者因商品召回所支出的必要费用。

（四）真实信息告知义务

真实信息告知义务是指经营者应当向消费者提供有关商品或者服务的真实信息,不得作引人误解的虚假宣传。《消费者权益保护法》第20条规定,经营者向消费者提供有关商品或者服务的质量、性能、用途、有效期限等信息,应当真实、全面,不得作虚假或者引人误解的宣传。经营者对消费者就其提供的商品或者服务的质量和使用方法等问题提出的询问,应当作出真实、明确的答复。经营者提供商品或者服务应当明码标价。因此,经营者应对其提供的商品或服务的质量和使用方法作出真实、明确的解答。经营者提供的商品应当明码标价,其标明的价格应当真实、明确,不存在引人误解的表示。

（五）出具凭据和单据的义务

经营者提供商品或者服务应当向消费者提供相关凭证或单据。购货凭证或服务单据一般指发票、保修单。消费凭证或单据是消费者和经营者之间存在法律关系的依据,也是消费者合法权益受到侵害时请求损害赔偿的法律依据。《消费者权益保护法》第22条规定,经营者提供商品或者服务,应当按照国家有关规定或者商业惯例向消费者出具发票等购货凭证或者服务单据;消费者索要发票等购货凭证或者服务单据的,经营者必须出具。

（六）质量保证义务

经营者要保证其提供的商品或者服务具有消费者所期待的使用价值,即商品或者服务应当具有法律规定或者合同约定的质量、性能、用途、有效期限等义务,但消费者在购买该商品或者接受该服务前已经知道其存在瑕疵,且该瑕疵不违反法律强制性规定的除外。经营者以广告、产品说明、实物样品或者其他方式表明商品或者服务的质量状况的,应当保证其提供的商品或者服务的实际质量与表明的质量状况相符。经营者提供的机动车、计算机、电视机、电冰箱、空调器、洗衣机等耐用商品或者装饰装修等服务,消费者自接受商品或者服务之日起6个月内发现瑕疵,发生争议的,由经营者承担有关瑕疵的举证责任。

（七）售后服务义务

售后服务义务也称履行"三包"义务,指经营者提供商品或者服务,按照国家规定或者与消费者约定,承担包修、包换、包退或其他责任的,应按规定或约定履行,不得故意拖延或无理拒绝。《消费者权益保护法》第24条规定,经营者提供的商品或者服务不符合质量要求的,消费者可以依照国家规定、当事人约定退货,或者要求经营者履行更换、修理等义务。没有国家规定和当事人约定的,消费者可以自收到商品之日起7日内退货;7日后符合法定解除合同条件的,消费者可以及时退货,不符合法定解除合同条件的,可以要求经营者履行更换、修理等义务。依照前款规定进行退货、更换、修理的,经营者应当承担运输等必要费用。

对于远程交易,《消费者权益保护法》规定了经营者7天退货义务。《消费者权益保护法》第 25 条规定,经营者采用网络、电视、电话、邮购等方式销售商品,消费者有权自收到商品之日起 7 日内退货,且无需说明理由,但下列商品除外:(1)消费者定作的;(2)鲜活易腐的;(3)在线下载或者消费者拆封的音像制品、计算机软件等数字化商品;(4)交付的报纸、期刊。除前款所列商品外,其他根据商品性质并经消费者在购买时确认不宜退货的商品,不适用无理由退货。消费者退货的商品应当完好。经营者应当自收到退回商品之日起 7 日内返还消费者支付的商品价款。退回商品的运费由消费者承担,经营者和消费者另有约定的,按照约定。

(八)不得以店堂告示免责的义务

不得以店堂告示免责的义务也称不得不当免责的义务,指经营者在经营活动中使用格式条款的,应当以显著、明显的方式提请消费者注意商品或者服务的数量、质量、价款、费用、履行期限、方式、安全注意事项和风险警示、售后服务、民事责任等与消费者有重大利害关系的内容,并按照消费者的要求予以说明。《消费者权益保护法》第 26 条规定,经营者不得以格式条款、通知、声明、店堂告示等方式,作出排除或者限制消费者权利、减轻或者免除经营者责任、加重消费者责任等对消费者不公平、不合理的规定,不得利用格式条款并借助技术手段强制交易。格式条款、通知、声明、店堂告示等含有前款所列内容的,其内容无效。

(九)尊重人格与风俗习惯的义务

经营者应当尊重消费者的人格尊严与风俗习惯。经营者不得对消费者进行侮辱、诽谤,不得搜查消费者的身体及其携带的物品,不得侵犯消费者的人身自由,应当尊重少数民族的风俗习惯。《消费者权益保护法》第 27 条规定,经营者不得对消费者进行侮辱、诽谤,不得搜查消费者的身体及其携带的物品,不得侵犯消费者的人身自由。

(十)信息披露义务

随着科技发展,互联网技术的应用,人们的消费方式、消费观念等发生了深刻的变化,网络购物、电视购物、电话购物、邮送购物等成为现代人主要的消费方式。在这种消费方式下,经营者和消费者的交易是在网络平台上进行。这样就产生了传统消费方式下没有的新问题,即经营者身份的真实性、信用的可靠性。提供证券、银行、保险等金融服务的经营者,也应履行信息披露义务。事实上,近年不断发生的电信诈骗、网络诈骗就是利用经营者和消费者互不见面这一特点实施的。为了保障消费者合法权益,杜绝各种形式的损害消费者合法利益的不法行为。《消费者权益保护法》第 28 条规定,采用网络、电视、电话、邮购等方式提供商品或者服务的经营者,以及提供证券、保险、银行等金融服务的经营者,应当向消费者提供经营地址、联系方式、商品或者服务的数量和质量、价款或者费用、履行期限和方式、安全注意事项和风险警示、售后服务、民事责任等信息。经营者信息披露义务对保障消费者知情权,解决在特殊领域无法找到经营者这一特殊问题具有重要的现实意义。

(十一)真实标识义务

经营者的标识是经营者法律人格的体现,是一个经营者区别于另一个经营者的主要形式。《消费者权益保护法》第 21 条规定,经营者应当标明其真实名称和标记。租赁他人柜台或者场地的经营者,应当标明其真实名称和标记。《产品质量法》第 27 条规定,产品或者其包装上的标识必须真实,并符合下列要求:(1)有产品质量检验合格证明;(2)有中文标明的产品名称、生产厂厂名和厂址;(3)根据产品的特点和使用要求,需要标明产品规格、等级、所含主要成份的名称和含量的,用中文相应予以标明;需要事先让消费者知晓的,应当在外包装上标明,或者预先向消费者提供有关资料;(4)限期使用的产品,应当在显著位置清晰地标明生产日期和安全使用期或者失效日期;(5)使用不当,容易造成产品本身损坏或者可能危及人身、财产安全的产品,应当有警示标志或者中文警示说明。裸装的食品和其他根据产品的特点难以附加标识的裸装产品,可以不附加产品标识。我国《食品安全法》第42条规定,预包装食品的包装上应当有标签,标签应当标明生产者的名称、地址、联系方式等。

(十二)个人信息保护义务

经营者与消费者交易时,会掌握一些消费者的个人信息。这些信息对保护消费者人身安全、财产安全具有重要的意义。因此,保护消费者的个人信息就成为经营者不可推卸的法律责任。我国法律法规对保护公民个人信息有明确的法律规定,违法者情节较轻的承担民事责任、行政责任,情节严重的还要承担刑事责任。《消费者权益保护法》第29条规定,经营者收集、使用消费者个人信息,应当遵循合法、正当、必要的原则,明示收集、使用信息的目的、方式和范围,并经消费者同意。经营者收集、使用消费者个人信息,应当公开其收集、使用规则,不得违反法律、法规的规定和双方的约定收集、使用信息。经营者及其工作人员对收集的消费者个人信息必须严格保密,不得泄露、出售或者非法向他人提供。经营者应当采取技术措施和其他必要措施,确保信息安全,防止消费者个人信息泄露、丢失。在发生或者可能发生信息泄露、丢失的情况时,应当立即采取补救措施。经营者未经消费者同意或者请求,或者消费者明确表示拒绝的,不得向其发送商业性信息。

以上就是经营者应当对消费者承担的12项主要义务。这些义务同时也是消费者应当享有的权利。消费者要维护自己合法权益,既要不断学习,积累消费经验,强化辨识能力,加强维权意识。同时,经营者也要不断加强管理,提高产品质量,强化服务意识。只有这样,经营者和消费者才能互相促进,共建和谐美好的消费环境。

思考题:我国法律对经营者是如何界定的?经营者的主要义务有哪些?

第四节 消费争议的解决

消费是发生在消费者和经营者之间的商品交易和服务活动。既然是市场经济条件下的交易活动,必然会发生权益纠纷。因为人们对商品和服务质量、价格或者价款、数量等会产生权益纠纷。同时,更有一些不良经营者采用不正当竞争手段损害消费者合法权益。因此,如果发生了消费者权益争议,就必须有一个解决争议的机制。按照一般纠纷的解决机制,消费者完全可以通过协商、调解、诉讼等方式解决其与经营者之间的纠纷。但在现实生活中,由于消费者和经营者在经济、地位等方面的不对等,致使消费者权益不能得到有效保护。因此,世界各国对消费者权益除了采取常规保护方法外,还会采取一些特殊措施,予以保护。

一、 消费者权益争议

消费者权益争议是指消费者与经营者之间因权利义务关系产生的矛盾和纠纷,主要表现为消费者在购买、使用商品或接受服务时,由于经营者不依法履行义务或不适当履行义务使消费者的合法权益受到损害,或者是消费者对经营者提供的商品或服务不满意因而产生的矛盾和纠纷。经营者违法或不适当履行义务,主要表现为以下几个方面:(1)经营者提供的商品或服务存在危及人身、财产安全的危险,或不符合有关的国家标准、行业标准;(2)经营者提供的商品或服务作虚假宣传,误导消费者;(3)经营者侵犯消费者的人身权,进行侮辱、诽谤、搜查身体及其携带的物品;(4)经营者隐匿或冒用他人的名称、标记等使消费者产生误认;(5)无理拒绝履行国家规定的义务或双方约定的义务等。如果消费者和经营者因上述问题产生了矛盾和纠纷就属于消费者权益争议。

我国解决消费争议的机构主要有以下几个。

1. 消费者协会

中国消费者协会和省、市、地方各级消费者协会是消费者的社团组织,在保护消费者合法权益方面具有重要的作用。《消费者权益保护法》第 36 条规定,消费者协会和其他消费者组织是依法成立的对商品和服务进行社会监督的保护消费者合法权益的社会组织。消费者协会从提供意见、建议等方面维护消费者合法权益。各级人民政府对消费者协会履行职责应当予以必要的经费等支持。当然,消费者协会应当认真履行保护消费者合法权益的职责,听取消费者的意见和建议,接受社会监督,消费者组织依照法律、法规及其章程的规定,开展保护消费者合法权益的活动。消费者组织不得从事商品经营和营利性服务,不得以收取费用或者其他牟取利益的方式向消费者推荐商品和服务。所以,消费者如果有消费权益争议可向各级消费者协会投诉。

2. 立法保护机关

全国人大及其常务委员会,国务院及所属主管机关,省、自治区、直辖市人大及常务委员制定和颁布有关消费者权益保护方面的法律、法规。它们是国家保护消费者合法权益的机关之一。

3. 行政保护机关

各级人民政府及其所属机关,诸如工商行政管理机关、技术监督部门、卫生监督管理部门、进出口商品检验部门等是《消费者权益保护法》的主要实施者,都承担着保护消费者权益的职责。当消费者认为其合法权益受到损害时,可依法向有关行政机关申请以求得保护。

4. 司法保护机关

人民法院是我国的司法审判机关,承担着解决纠纷,维护社会公平正义的重任。当消费争议通过其他机构不能解决时,消费者可向人民法院提起诉讼,维护其合法权益。《消费者权益保护法》第 39 条规定,消费者和经营者发生消费者权益争议的,可向人民法院提起诉讼。人民法院应当依据《民事诉讼法》的起诉条件,根据方便消费者的原则,及时、快速地审理案件,依法惩处侵害消费者权益的违法犯罪行为,保护消费者的合法权益。

二、 消费争议解决的途径

根据《消费者权益保护法》第 39 条规定,消费者和经营者发生消费者权益争议的,可以通过与经营者协商和解、请求消费者协会或者依法成立的其他调解组织调解、向有关行政部门投诉、根据与经营者达成的仲裁协议提请仲裁机构仲裁、向人民法院提起诉讼等途径解决。

(一) 与经营者协商解决

争议发生后,消费者与经营者直接交涉,自愿协商,互相谅解,达成协议,友好解决争议,这是解决争议最简便的途径。需要说明的是双方当事人自愿和解,其和解协议内容必须合法,不得损害第三方利益。《消费者权益保护法》第 39 条规定,消费者和经营者发生消费者权益争议的,可以通过与经营者协商解决。

(二) 请求消费者协会调解

消费者协会是消费者自己的社团组织,是消费者权利的代言人,在消费者心目中享有崇高的威信。因此,将权益纠纷提交消费者协会调解是维护自己权利的最好选择。消费者协会作为中间人,化解纠纷,达成协议,实现了双方利益的共赢。需要注意的是,消费者协会是中间人,并非消费者的代理人,所以在调解工作中必须遵循自愿原则、合法原则,在查明事实,分清是非的基础上,协助双方达成协议。消费者协会的调解是一种民间性质的调解,不具有法律强制力。另外,在行政申诉程序、仲裁程序和诉讼程序中,消费者与经营者也可在有关行政管理机关、仲裁庭、审判庭主持下达成调解协议。《消费者权益保护法》第 39 条规定,消费者和经营者发生消费权益争议的,可请求消费者协会或者依法成立的其他调解组织调解解决。

(三) 向有关行政部门投诉

争议发生后,消费者可以根据商品或者服务的性质及侵害事由向工商行政管理机关、产品质量监督部门及有关专业行政管理部门投诉。这里所说的投诉主要是指消费者就权益纠纷向工商行政管理部门投诉,请求工商行政管理部门处理的行为。工商行政机关在接到消费者投诉之后,要对案件进行调查取证,然后进行调解,调解不成时,可依其职权对争议进行处理,并对违法行为作出行政处罚。《消费者权益保护法》第 39 条规定,消费者和经营者发生消费者权益争议的,可向有关行政部门投诉。

(四) 向仲裁机构申请仲裁

对于符合仲裁条件的消费者权益争议,不论是否经过了协商、调解、投诉程序,消费者都可以向仲裁机构申请仲裁。根据仲裁规则,只有消费者和经营者之间有仲裁协议,或者争议发生后,双方达成了仲裁协议,才能向仲裁机构申请仲裁,否则,仲裁机构不予受理。仲裁机构是民间组织,以第三者身份依法对争议的事实作出判断,作出裁决。仲裁裁决实行一裁终局,不能上诉,裁决对双方当事人均有约束力。另外,消费者和经营者之间有仲裁协议的,当事人不能向人民法院起诉。《消费者权益保护法》第 39 条规定,消费者和经营者发生消费者权益争议的,可提请仲裁机构仲裁。

(五) 向人民法院起诉

如果消费者和经营者之间通过双方协商、消费者协会调解、向相关行政部门投诉仍不能解决消费争议时,可向人民法院提起诉讼,请求人民法院依法维护其权益。诉讼是解决一切争议的最后途径,也是维护消费者权益的最后防线。《消费者权益保护法》第39条规定,消费者和经营者发生消费者权益争议的,可向人民法院提起诉讼,解决纠纷。

思考题:我国消费权益争议解决的途径有哪些? 消费者应如何选择?

第五节　法律责任

当消费者合法权益受到侵害时,消费者有权要求经营者承担损害赔偿责任。这不仅是法律赋予消费者的合法权利,也是对经营者经营行为的规制。因为,只有这样,才能使经营者不断提高产品质量,改善服务,为消费者提供更好的产品和服务。《消费者权益保护法》第48条规定,经营者提供商品或者服务损害消费者利益的,应当依照本法和其他有关法律、法规的规定,承担民事责任、行政责任和刑事责任。

一、赔偿责任主体

消费者合法权受到损害的,经营者应当承担损害赔偿责任。为了避免生产者、销售者相互推诿,逃避法律责任,必须确定赔偿责任主体,以利于消费者的求偿。

(一) 生产者、销售者、服务者

消费者在购买、使用商品时,其合法权益受到损害的,可以向销售者要求赔偿。销售者赔偿后,属于生产者的责任或者属于向销售者提供商品的其他销售者的责任的,销售者有权向生产者或者其他销售者追偿。

消费者或者其他受害人因商品缺陷造成人身、财产损害的,可以向销售者要求赔偿,也可以向生产者要求赔偿。属于生产者责任的,销售者赔偿后,有权向生产者追偿。属于销售者责任的,生产者赔偿后,有权向销售者追偿。

消费者在接受服务时,其合法权益受到损害的,可以向服务者要求赔偿。

消费者在展销会、租赁柜台购买商品或者接受服务,其合法权益受到损害的,可以向销售者或者服务者要求赔偿。展销会结束或者柜台租赁期满后,可以向展销会的举办者、柜台的出租者要求赔偿。展销会的举办者、柜台的出租者赔偿后,有权向销售者或者服务者追偿。

(二) 变更后的企业

消费者在购买、使用商品或者接受服务时,其合法权益受到损害,因原企业分立、合并的,可以向变更后承受其权利义务的企业要求赔偿。

(三) 营业执照的持有人或使用人

使用他人营业执照的违法经营者提供商品或者服务,损害消费者合法权益的,消费者可以向其要求赔偿,也可以向营业执照的持有人要求赔偿。

(四) 虚假广告行为的经营者和广告的经营者

消费者因经营者利用虚假广告或者其他虚假宣传方式提供商品或者服务,其合法权益受到损害的,可以向经营者要求赔偿。广告经营者、发布者发布虚假广告的,消费者可以请求行政主管部门予以惩处。广告经营者、发布者不能提供经营者的真实名称、地址和有效联系方式的,应当承担赔偿责任。广告经营者、发布者设计、制作、发布关系消费者生命健康商品或者服务的虚假广告,造成消费者损害的,应当与提供该商品或者服务的经营者承担连带责任。

（五）社会团体和社会中介

社会团体或者其他组织、个人在关系消费者生命健康商品或者服务的虚假广告或者其他虚假宣传中向消费者推荐商品或者服务,造成消费者损害的,应当与提供该商品或者服务的经营者承担连带责任。

二、法律责任的确定

我国《民法总则》第8章规定了民事主体违法应当承担的民事责任,如果经营者违反了其中有关消费者权益保护的规定,就要承担民事赔偿责任。另外,依据《消费者权益保护法》《产品质量法》等法律法规,如果经营者损害了消费者合法权益,也应承担民事责任、行政责任、刑事责任。而且,行政责任、刑事责任的承担不影响民事责任的承担。

（一）民事责任

依据《民法总则》《消费者权益保护法》《产品质量法》相关规定,如果经营者损害了消费者的合法权益,就要承担民事责任。在民事责任的承担方面,《消费者权益保护法》以过错责任原则确定经营者的责任,《产品质量法》则按严格责任原则确定经营者的责任。

1. 经营者承担一般民事责任的情形

商品或者服务存在缺陷的;不具备商品应当具备的使用性能而出售时未作说明的;不符合在商品或者其包装上注明采用的商品标准的;不符合商品说明、实物样品等方式表明的质量状况的;生产国家明令淘汰的商品或者销售失效、变质的商品的;销售的商品数量不足的;服务的内容和费用违反约定的;对消费者提出的修理、重作、更换、退货、补足商品数量、退还货款和服务费用或者赔偿损失的要求,故意拖延或者无理拒绝的;法律、法规规定的其他损害消费者权益的情形。对于经营者以上违法行为,根据其损害程度不同,应当承担相应的民事责任。

2. 经营者承担人身伤害责任

经营者侵犯消费者人身权应承担的民事责任有以下几种方式。

（1）经营者提供商品或者服务,造成消费者或者其他受害人人身伤害的,应当赔偿医疗费、护理费、交通费等为治疗和康复支出的合理费用,以及因误工减少的收入。造成残疾的,还应当赔偿残疾生活辅助器具费和残疾赔偿金。

（2）经营者提供商品或服务,造成消费者或其他受害人死亡的,应当支付丧葬费、死亡赔偿金以及由死者生前扶养的人所必需的生活费等费用。

（3）经营者侵害消费者的人格尊严或侵犯消费者人身自由的,应当停止侵害、恢复名誉、消除影响、赔礼道歉,并赔偿损失。

3. 侮辱、诽谤消费者的责任

经营者侵害消费者的人格尊严、侵犯消费者人身自由或者侵害消费者个人信息依法得到保护的权利的,应当停止侵害、恢复名誉、消除影响、赔礼道歉,并赔偿损失。经营者有侮辱诽谤、搜查身体、侵犯人身自由等侵害消费者或者其他受害人人身权益的行为,造成严重精神损害的,受害人可以要求精神损害赔偿。

4. 财产损害赔偿责任

(1)"三包"责任

经营者提供商品或服务,造成消费者财产损害的,应当按照消费者的要求,以修理、重作、更换、退货、补足商品数量、退还货款和服务费用或赔偿损失等方式承担民事责任。对国家规定或经营者与消费者约定"三包"的商品,经营者应当负责修理、更换或者退货。在保修期内两次修理仍不能正常使用的,经营者应当负责更换或退货。对实行"三包"的大件商品,消费者要求经营者修理、更换、退货的,经营者还应承担运输等合理费用。

(2)预收款方式的责任

经营者以预收款方式提供商品或服务的,应按照约定提供。未按照约定提供的,应按照消费者的要求履行约定或退回预付款,并应承担预付款的利息、消费者必须支付的合理费用。

(3)商品不合格责任

依法经有关行政机关认定为不合格的商品,消费者要求退货的,经营者应当负责退货。

(4)远程交易责任

经营者以邮购方式提供商品的,应当按照约定提供。未按约定提供的,应当按消费者的要求履行约定或退回货款,并承担消费者必须支付的合理费用。

(5)欺诈消费者责任

经营者提供商品或者服务有欺诈行为的,应当按照消费者的要求增加赔偿其受到的损失,增加赔偿的金额为消费者购买商品的价款或者接受服务的费用的 3 倍;增加赔偿的金额不足 500 元的,为 500 元。法律另有规定的,依照其规定。经营者明知商品或者服务存在缺陷,仍然向消费者提供,造成消费者或者其他受害人死亡或者健康严重损害的,受害人有权要求经营者依照本法第 49 条、第 51 条等法律规定赔偿损失,并有权要求所受损失 2 倍以下的惩罚性赔偿。

(二)行政责任

行政责任是指经济法主体违反经济法律法规依法应承担的行政法律后果,包括行政处罚和行政处分。行政责任是指因违反行政法或因行政法规定而应承担的法律责任,行政法律规范要求国家行政机关及其公务人员在行政活动中履行和承担的义务,分为惩罚性行政责任、强制性行政责任和补救性行政责任。惩罚性行政责任的主要形式有通报批评、行政处分等;强制性行政责任主要有强制划拨、执行罚等;补救性行政责任的形式主要有认错道歉、恢复名誉、消除影响、撤销违法、纠正不当、返还权益、行政赔偿等。

(三)刑事责任

根据《消费者权益保护法》第 57 条规定,经营者违反本法规定提供商品或者服务,侵害消费者合法权益,构成犯罪的,依法追究刑事责任。

本章引用法律资源：

1.《中华人民共和国消费者权益保护法》。

2.《中华人民共和国消费者权益保护法实施条例(送审稿)》。

本章参考文献：

1. 李昌麒,许明月.消费者保护法[M].北京：法律出版社,2014.

2. 李适时.《中华人民共和国消费者权益保护法》释义[M].北京：法律出版社,2013.

本章网站资源：

1. 中国消费者权益保护网：www.315.gov.cn。

2. 中国消费者协会网站：www.cca.org.cn。

3. 中国质量新闻网：www.cqn.com.cn。

第十一章　财政法

■■■■ **本章教学目标**

通过学习,明白财政法和政府采购法的基本内容。了解财政的概念和财政的职能,了解财政法律体系、财政法的基本原则;知晓预算法的基本内容,重点掌握预算的分类,掌握预算的管理职权,掌握预算的编制、初步审定、审批、执行、调整、监督的程序要求;了解政府采购的含义,掌握政府采购当事人的设立和政府采购机构的规定,重点掌握政府采购方式,重点掌握招标的法律规定;掌握政府采购的程序,掌握政府采购合同的签订、履行;了解质疑与投诉,掌握政府采购的监督等。

第一节　财政法概述

一、财政的概念

财政是国家的收支活动,是国家凭国家权力依法参与国民收入的分配和再分配活动,是国家集聚收入用于公共需要支出的活动。国家集中社会资源,用于提供公共物品和公共服务,满足社会公共需要的分配活动,这就是公共财政。

🤔 思考题:什么是公共财政?

二、财政的职能

(一) 收入分配职能

国家的财政收支活动,实质是国家凭借政权参与国民收入的分配和再分配。国家依法从国民那里征收财政收入,通过征收税收收入、国有资产收入、非税收入等取得财政资金,通过财政支出、转移支付等手段将财政资金投向公共需求领域。从收入高者多征收财政资金,转移给收入低者,避免社会成员间的收入差距多大,形成合理的收入分配格局,维护社会公平。

(二) 资源配置职能

市场是资源配置的有效手段,但市场固有缺陷往往造成市场资源配置的失灵,导致资源浪费。国家在市场失灵时介入市场,运用财政等手段对资源进行配置。财政活动通过预算,将部分社会资金资源集聚成为财政收入,以财政支出使用资金资源,向社会提供公共物品和公共服务,有效地弥补市场缺陷带来的市场失灵,强制或引导资金资源流向市场需要的领域,优化社会资金和公共资源的配置。

(三) 宏观调控职能

财政实际上是一种调控工具,有宏观调控职能。国家可以通过实施不同的财政政策,对就业、物价、国际收支等活动进行调控,促进国家的就业提高、物价稳定、国际收支平衡的调控目标实现。不同的财政政策有不同的调控效果。我国的财政政策可以分为中性财政政策、积极的财政政策、紧缩性财政政策,三种财政政策的调控效果不同。中性财政政策,实现社会总需求与总供给的平衡。积极的财政政策,增加财政支出,扩大社会总需求,避免经济危机。紧缩性财政政策,减少财政支出,降低社会总需求,抑制通货膨胀。

(四) 监督管理职能

国家在利用财政手段实现收入分配、资源配置、宏观调控等职能的时候,有必要对使用财政资金的单位进行监督,通过预算法、税法、会计法、政府采购法等法律规范政府机关、事业单位、国有企业等单位财政收支活动,严肃财经秩序,避免财政资源浪费,规范微观财政经济活动。国家通过国有资本经营预算,对国有资产经营进行监管,保证国有资产保值增值。国家通过财政监管,对宏观经济进行监测、分析、收集信息,为国家宏观决策提供依据,避免宏观决策失误。

❓ 思考题:财政的职能有哪些?

三、 分税制财政管理体制

(一) 分税制的确立

1993 年,国务院发布《关于实行分税制财政管理体制的决定》,实行分税制财政管理体制。《预算法》规定,国家实行中央和地方分税制。实行分税制的目的,是为了理顺中央与地方的财政分配关系,发挥国家财政的职能作用,增强中央的宏观调控能力,促进社会主义市场经济体制的建立和国民经济持续、快速、健康的发展。

分税制有利于正确处理中央与地方的分配关系,调动两个积极性,促进国家财政收入合理增长。分税制可以合理调节地区之间财力分配,既要有利于经济发达地区保持较快的发展势头,又要通过中央财政对地方的税收返还和转移支付,扶持经济不发达地区的发展和老工业基地的改造。同时,促使地方加强对财政支出的约束。

分税制坚持统一政策与分级管理相结合的原则。中央税、共享税以及地方税的立法权都要集中在中央,以保证中央政令统一,维护全国统一市场和企业平等竞争。

(二) 分税制财政管理体制的具体内容

1. 中央与地方事权和支出的划分

根据中央政府与地方政府事权的划分,中央财政主要承担国家安全、外交和中央国家机关运转所需经费、调整国民经济结构、协调地区发展、实施宏观调控所必需的支出以及由中央直接管理的事业发展支出。具体包括:国防费,武警经费、外交和援外支出,中央级行政管理费,中央统管的基本建设投资,中央直属企业的技术改造和新产品试制费,地质勘探费,由中央财政安排的支农支出,由中央负担的国内外债务的还本付息支出,以及中央本级负担的公检法支出和文化、教育、卫生、科学等各项事业费支出。

地方财政主要承担本地区政权机关运转所需支出以及本地区经济、事业发展所需支出。具体包括:地方行政管理费,公检法支出,部分武警经费,民兵事业费,地方统筹的基本建设投资,地方企业的技术改造和新产品试制经费,支农支出,城市维护和建设经费,地方文化、教育、卫生等各项事业费,价格补贴支出以及其他支出。

2. 中央与地方收入的划分

根据事权与财权相结合的原则,按税种划分中央与地方的收入。将维护国家权益、实施宏观调控所必需的税种划为中央税;将同经济发展直接相关的主要税种划为中央与地方共享税;将适合地方的税种划为地方税,并充实地方税税种,增加地方税收入。具体划分如下。

(1)中央固定收入包括:关税,海关代征消费税和增值税,消费税,中央企业所得税,地方银行和外资银行及非银行金融企业所得税,铁道部门、各银行总行、各保险总公司等集中交纳的收入(包括增值税、所得税、利润和城市维护建设税),中央企业上缴利润等。

(2)地方固定收入包括:地方企业所得税、地方企业上缴利润、个人所得税、城镇土地使用税、城市维护建设税、房产税、车船使用税,印花税、耕地占用税、契税、土地增值税、国有土地有偿使用收入等。

(3)中央与地方共享收入包括:增值税、资源税、证券交易税。增值税中央分享50%,地方分享50%。资源税按不同的资源品种划分,大部分资源税作为地方收入,海洋石油资源税作为中央收入。

🐛 思考题:分税制的内容有哪些?

四、财政法

财政法,是调整财政活动中产生的社会关系的法律规范总称。财政法可以分为财政基本法、财政收入法、财政支出法、国债法、财政监督法。财政基本法有《预算法》《预算法实施条例》等。财政收入法主要是税法、非税收入法,包括《企业所得税法》《个人所得税法》《车船税法》《环境保护税法》《烟叶税法》《增值税暂行条例》《消费税暂行条例》《房产税暂行条例》《车辆购置税暂行条例》《资源税暂行条例》《耕地占用税暂行条例》《税收征收管理法》《政府非税收入管理办法》等。财政支出法有《企业国有资产法》《政府采购法》《政府采购法实施条例》等。国债法有《国库券条例》《国务院关于加强地方政府性债务管理的意见》《地方政府一般债务预算管理办法》《新增地方政府债务限额分配管理暂行办法》等。

🐛 思考题:财政法律有哪些?

第二节　预算法

1994年3月22日,第八届全国人民代表大会第二次会议通过《中华人民共和国预算法》(以下简称《预算法》),自1995年1月1日起施行。第十二届全国人大常委会在2014年8月31日修订了《预算法》,自2015年1月1日起施行。制定预算法的目的是为了规范政府收支行为,强化预算约束,加强对预算的管理和监督,建立健全全面规范、公开透明的预算制度,保障经济社会的健康发展。

一、预算

(一)预算的含义
预算是指一国的年度财政收支的预估与计划。预算年度自公历1月1日起至12月

31 日止。

（二）预算的分类

预算分为一般公共预算、政府性基金预算、国有资本经营预算、社会保险基金预算四大类。

1. 一般公共预算

这是指对以税收为主体的财政收入，安排用于保障和改善民生、推动经济社会发展、维护国家安全、维持国家机构正常运转等方面的收支预算。中央一般公共预算包括中央各部门（含直属单位，下同）的预算和中央对地方的税收返还、转移支付预算。中央一般公共预算收入包括中央本级收入和地方向中央的上解收入。中央一般公共预算支出包括中央本级支出、中央对地方的税收返还和转移支付。地方各级一般公共预算包括本级各部门（含直属单位，下同）的预算和税收返还、转移支付预算。地方各级一般公共预算收入包括地方本级收入、上级政府对本级政府的税收返还和转移支付、下级政府的上解收入。地方各级一般公共预算支出包括地方本级支出、对上级政府的上解支出、对下级政府的税收返还和转移支付。各部门预算由本部门及其所属各单位预算组成。

2. 政府性基金预算

这是指对依照法律、行政法规的规定在一定期限内向特定对象征收、收取或者以其他方式筹集的资金，专项用于特定公共事业发展的收支预算。政府性基金预算应当根据基金项目收入情况和实际支出需要，按基金项目编制，做到以收定支。

3. 国有资本经营预算

这是指对国有资本收益作出支出安排的收支预算。国有资本经营预算应当按照收支平衡的原则编制，不列赤字，并安排资金调入一般公共预算。

4. 社会保险基金预算

这是指对社会保险缴款、一般公共预算安排和其他方式筹集的资金，专项用于社会保险的收支预算。社会保险基金预算应当按照统筹层次和社会保险项目分别编制，做到收支平衡。

以上四类预算，即一般公共预算、政府性基金预算、国有资本经营预算、社会保险基金预算应当保持完整、独立。政府性基金预算、国有资本经营预算、社会保险基金预算应当与一般公共预算相衔接。

思考题：预算的分类有哪些？

（三）预算体系

预算法确立了"一级政府，一级预算"的预算体系。按照政府的级次，预算分别设立中央，省、自治区、直辖市，设区的市、自治州，县、自治县、不设区的市、市辖区，乡、民族乡、镇五级预算。

全国预算由中央预算和地方预算组成。地方预算由各省、自治区、直辖市总预算组成。地方各级总预算由本级预算和汇总的下一级总预算组成；下一级只有本级预算的，下一级总预算即指下一级的本级预算。没有下一级预算的，总预算即指本级预算。

思考题：我国设立了什么样的预算体系？

（四）预算收支范围

预算法实行全面预算。预算由预算收入和预算支出组成。政府的全部收入和支出都应当纳入预算。

一般公共预算收入包括各项税收收入、行政事业性收费收入、国有资源（资产）有偿使用收入、转移性收入和其他收入。一般公共预算支出按照其功能分类，包括一般公共服务支出，外交、公共安全、国防支出，农业、环境保护支出，教育、科技、文化、卫生、体育支出，社会保障及就业支出和其他支出。一般公共预算支出按照其经济性质分类，包括工资福利支出、商品和服务支出、资本性支出和其他支出。

政府性基金预算、国有资本经营预算和社会保险基金预算的收支范围，按照法律、行政法规和国务院的规定执行。

中央预算与地方预算有关收入和支出项目的划分、地方向中央上解收入、中央对地方税收返还或者转移支付的具体办法，由国务院规定，报全国人民代表大会常务委员会备案。上级政府不得在预算之外调用下级政府预算的资金。下级政府不得挤占或者截留属于上级政府预算的资金。

国家实行财政转移支付制度。财政转移支付应当规范、公平、公开，以推进地区间基本公共服务均等化为主要目标。财政转移支付包括中央对地方的转移支付和地方上级政府对下级政府的转移支付，以为均衡地区间基本财力、由下级政府统筹安排使用的一般性转移支付为主体。按照法律、行政法规和国务院的规定可以设立专项转移支付，用于办理特定事项。建立健全专项转移支付定期评估和退出机制。市场竞争机制能够有效调节的事项不得设立专项转移支付。上级政府在安排专项转移支付时，不得要求下级政府承担配套资金。但是，按照国务院的规定应当由上下级政府共同承担的事项除外。

💬 思考题：预算的收支范围有哪些？

二、 预算原则

（一） 预算法定原则

预算、决算的编制、审查、批准、监督，以及预算的执行和调整，依照法律规定执行。经人民代表大会批准的预算，非经法定程序，不得调整。

（二） 全面预算原则

预算由预算收入和预算支出组成。国家建立健全全面预算制度，即各级政府、各部门、各单位应当依照预算法规定，将所有政府收入全部列入预算，不得隐瞒、少列。各级预算的收入和支出实行收付实现制。特定事项按照国务院的规定实行权责发生制的有关情况，应当向本级人民代表大会常务委员会报告。

（三） 勤俭节约原则

各级预算应当遵循统筹兼顾、勤俭节约、量力而行、讲求绩效和收支平衡的原则。各级政府应当建立跨年度预算平衡机制。各级政府、各部门、各单位的支出必须以经批准的预算为依据，未列入预算的不得支出。各级预算的编制、执行应当建立健全相互制约、相互协调的机制。各级预算支出应当依照预算法规定，按其功能和经济性质分类编制。各级预算支出的编制，应当贯彻勤俭节约的原则，严格控制各部门、各单位的机关运行经费和楼堂馆所等基本建设支出。各级一般公共预算支出的编制，应当统筹兼顾，在保证基本公共服务合理需要的前提下，优先安排国家确定的重点支出。

（四）预算公开原则

经本级人民代表大会或者本级人民代表大会常务委员会批准的预算、预算调整、决算、预算执行情况的报告及报表，应当在批准后 20 日内由本级政府财政部门向社会公开，并对本级政府财政转移支付安排、执行的情况以及举借债务的情况等重要事项作出说明。经本级政府财政部门批复的部门预算、决算及报表，应当在批复后 20 日内由各部门向社会公开，并对部门预算、决算中机关运行经费的安排、使用情况等重要事项作出说明。各级政府、各部门、各单位应当将政府采购的情况及时向社会公开。涉及国家秘密的除外。

❓ 思考题：预算的原则有哪些？

三、预算管理职权

（一）全国人大与地方各级人大的预算管理职权

全国人大审查中央和地方预算草案及中央和地方预算执行情况的报告；批准中央预算和中央预算执行情况的报告；改变或者撤销全国人民代表大会常务委员会关于预算、决算的不适当的决议。

全国人大常委会监督中央和地方预算的执行；审查和批准中央预算的调整方案；审查和批准中央决算；撤销国务院制定的同宪法、法律相抵触的关于预算、决算的行政法规、决定和命令；撤销省、自治区、直辖市人民代表大会及其常务委员会制定的同宪法、法律和行政法规相抵触的关于预算、决算的地方性法规和决议。

县级以上各级人大审查本级总预算草案及本级总预算执行情况的报告；批准本级预算和本级预算执行情况的报告；改变或者撤销本级人民代表大会常务委员会关于预算、决算的不适当的决议；撤销本级政府关于预算、决算的不适当的决定和命令。

县级以上地方各级人大常委会监督本级总预算的执行；审查和批准本级预算的调整方案；审查和批准本级决算；撤销本级政府和下一级人民代表大会及其常务委员会关于预算、决算的不适当的决定、命令和决议。

乡、镇级人大审查和批准本级预算和本级预算执行情况的报告；监督本级预算的执行；审查和批准本级预算的调整方案；审查和批准本级决算；撤销本级政府关于预算、决算的不适当的决定和命令。

❓ 思考题：全国人大常委会的预算管理职权有哪些？

（二）全国人大与地方各级人大专设机构的预算初步审查权

全国人大财政经济委员会对中央预算草案初步方案及上一年预算执行情况、中央预算调整初步方案和中央决算草案进行初步审查，提出初步审查意见。国务院财政部门应当在每年全国人民代表大会会议举行的 45 日前，将中央预算草案的初步方案提交全国人民代表大会财政经济委员会进行初步审查。

省、自治区、直辖市人大有关专门委员会对本级预算草案初步方案及上一年预算执行情况、本级预算调整初步方案和本级决算草案进行初步审查，提出初步审查意见。

省、自治区、直辖市政府财政部门应当在本级人民代表大会会议举行的 30 日前，将本级预算草案的初步方案提交本级人民代表大会有关专门委员会进行初步审查。

设区的市、自治州人大有关专门委员会对本级预算草案初步方案及上一年预算执行情况、本级预算调整初步方案和本级决算草案进行初步审查,提出初步审查意见,未设立专门委员会的,由本级人民代表大会常务委员会有关工作机构研究提出意见。设区的市、自治州以上各级人民代表大会有关专门委员会进行初步审查、常务委员会有关工作机构研究提出意见时,应当邀请本级人民代表大会代表参加。设区的市、自治州政府财政部门应当在本级人民代表大会会议举行的 30 日前,将本级预算草案的初步方案提交本级人民代表大会有关专门委员会进行初步审查,或者送交本级人民代表大会常务委员会有关工作机构征求意见。

县、自治县、不设区的市、市辖区人大常务委员会对本级预算草案初步方案及上一年预算执行情况进行初步审查,提出初步审查意见。县、自治县、不设区的市、市辖区人民代表大会常务委员会有关工作机构对本级预算调整初步方案和本级决算草案研究提出意见。县、自治县、不设区的市、市辖区政府应当在本级人民代表大会会议举行的 30 日前,将本级预算草案的初步方案提交本级人民代表大会常务委员会进行初步审查。县、自治县、不设区的市、市辖区、乡、民族乡、镇的人民代表大会举行会议审查预算草案前,应当采用多种形式,组织本级人民代表大会代表,听取选民和社会各界的意见。

❓ 思考题:各级人大对预算的初步审查权如何配置?

(三) 中央人民政府与地方各级人民政府的预算管理职权

国务院编制中央预算、决算草案,向全国人民代表大会作关于中央和地方预算草案的报告,将省、自治区、直辖市政府报送备案的预算汇总后报全国人民代表大会常务委员会会备案,组织中央和地方预算的执行,决定中央预算预备费的动用,编制中央预算调整方案,监督中央各部门和地方政府的预算执行,改变或者撤销中央各部门和地方政府关于预算、决算的不适当的决定、命令,向全国人民代表大会、全国人民代表大会常务委员会报告中央和地方预算的执行情况。

县级以上地方政府编制本级预算、决算草案,向本级人民代表大会作关于本级总预算草案的报告,将下一级政府报送备案的预算汇总后报本级人民代表大会常务委员会会备案,组织本级总预算的执行,决定本级预算预备费的动用,编制本级预算的调整方案,监督本级各部门和下级政府的预算执行,改变或者撤销本级各部门和下级政府关于预算、决算的不适当的决定、命令,向本级人民代表大会、本级人民代表大会常务委员会会报告本级总预算的执行情况。

乡级政府编制本级预算、决算草案;向本级人民代表大会作关于本级预算草案的报告,组织本级预算的执行,决定本级预算预备费的动用,编制本级预算的调整方案,向本级人民代表大会报告本级预算的执行情况。经省、自治区、直辖市政府批准,乡、民族乡、镇本级预算草案、预算调整方案、决算草案,可以由上一级政府代编,并报乡、民族乡、镇的人民代表大会审查和批准。

❓ 思考题:各级政府的预算管理职权如何配置?

(四) 财政部和地方各级财政部门的预算管理职权

国务院财政部门具体编制中央预算、决算草案,具体组织中央和地方预算的执行,提出中央预算预备费动用方案,具体编制中央预算的调整方案,定期向国务院报告中央和地方预算的执行情况。

地方各级政府财政部门具体编制本级预算、决算草案,具体组织本级总预算的执行,提出本级预算预备费动用方案,具体编制本级预算的调整方案;定期向本级政府和上一级政府财政部门报告本级总预算的执行情况。

各部门编制本部门预算、决算草案,组织和监督本部门预算的执行,定期向本级政府财政部门报告预算的执行情况。

各单位编制本单位预算、决算草案;按照国家规定上缴预算收入,安排预算支出,并接受国家有关部门的监督。

⁇ 思考题:各级财政部门的预算管理职权如何配置?

四、 预算的编制

各级预算收入的编制,应当与经济社会发展水平相适应,与财政政策相衔接。各级政府、各部门、各单位应当依照本法规定,将所有政府收入全部列入预算,不得隐瞒、少列。

(一) 预算编制部署

国务院应当及时下达关于编制下一年预算草案的通知。编制预算草案的具体事项由国务院财政部门部署。各级政府、各部门、各单位应当按照国务院规定的时间编制预算草案。

(二) 预算预测

各级预算应当根据年度经济社会发展目标、国家宏观调控总体要求和跨年度预算平衡的需要,参考上一年预算执行情况、有关支出绩效评价结果和本年度收支预测,按照规定程序征求各方面意见后,进行编制。各级政府依据法定权限作出决定或者制定行政措施,凡涉及增加或者减少财政收入或者支出的,应当在预算批准前提出并在预算草案中作出相应安排。

(三) 预算科目

各部门、各单位应当按照国务院财政部门制定的政府收支分类科目、预算支出标准和要求,以及绩效目标管理等预算编制规定,根据其依法履行职能和事业发展的需要以及存量资产情况,编制本部门、本单位预算草案。前述所称政府收支分类科目,收入分为类、款、项、目;支出按其功能分类分为类、款、项;按其经济性质分类分为类、款。

(四) 预算报送

省、自治区、直辖市政府应当按照国务院规定的时间,将本级总预算草案报国务院审核汇总。

(五) 中央举债安排

中央一般公共预算中必需的部分资金,可以通过举借国内和国外债务等方式筹措,举借债务应当控制适当的规模,保持合理的结构。对中央一般公共预算中举借的债务实行余额管理,余额的规模不得超过全国人民代表大会批准的限额。国务院财政部门具体负责对中央政府债务的统一管理。

(六) 地方赤字与举债

地方各级预算按照量入为出、收支平衡的原则编制,除预算法另有规定外,不列赤字。经国务院批准的省、自治区、直辖市的预算中必需的建设投资的部分资金,可以在国务院确定的限额内,通过发行地方政府债券举借债务的方式筹措。举借债务的规模,由国务院报全国人民代表大会或者全国人民代表大会常务委员会批准。省、自治区、直辖市依照国务院下达的限额举借的债务,列入本级预算调整方案,报本级人民代表大会常务委员会批准。举借的债务应当有偿还计划和稳定的偿还资金来源,只能用于公益性资本支出,不得用于经常性支出。除前述规定外,地方政府及其所属部门不得以任何方式举借债务。

除法律另有规定外,地方政府及其所属部门不得为任何单位和个人的债务以任何方式提供担保。国务院建立地方政府债务风险评估和预警机制、应急处置机制以及责任追究制度。国务院财政部门对地方政府债务实施监督。

❓ 思考题:地方政府举债有哪些限制?

(七) 预算支出编制

各级预算支出应当依照预算法规定,按其功能和经济性质分类编制。各级预算支出的编制,应当贯彻勤俭节约的原则,严格控制各部门、各单位的机关运行经费和楼堂馆所等基本建设支出。各级一般公共预算支出的编制,应当统筹兼顾,在保证基本公共服务合理需要的前提下,优先安排国家确定的重点支出。

(八) 转移支付的编制

一般性转移支付应当按照国务院规定的基本标准和计算方法编制。专项转移支付应当分地区、分项目编制。县级以上各级政府应当将对下级政府的转移支付预计数提前下达下级政府。地方各级政府应当将上级政府提前下达的转移支付预计数编入本级预算。

(九) 特别预算安排

中央预算和有关地方预算中应当安排必要的资金,用于扶助革命老区、民族地区、边疆地区、贫困地区发展经济社会建设事业。各级一般公共预算应当按照本级一般公共预算支出额的 $1\% \sim 3\%$ 设置预备费,用于当年预算执行中的自然灾害等突发事件处理增加的支出及其他难以预见的开支。各级一般公共预算按照国务院的规定可以设置预算周转金,用于本级政府调剂预算年度内季节性收支差额。各级一般公共预算按照国务院的规定可以设置预算稳定调节基金,用于弥补以后年度预算资金的不足。各级政府上一年预算的结转资金,应当在下一年用于结转项目的支出;连续两年未用完的结转资金,应当作为结余资金管理。各部门、各单位上一年预算的结转、结余资金按照国务院财政部门的规定办理。

❓ 思考题:预算法规定了哪些特别预算?

五、 预算审查和批准

(一) 审批权限

中央预算由全国人民代表大会审查和批准。地方各级预算由本级人民代表大会审查和批准。

(二) 初步方案提交

国务院财政部门应当在每年全国人民代表大会会议举行的 45 日前,将中央预算草案的初步方案提交全国人民代表大会财政经济委员会进行初步审查。省、自治区、直辖市政府财政部门应当在本级人民代表大会会议举行的 30 日前,将本级预算草案的初步方案提交本级人民代表大会有关专门委员会进行初步审查。设区的市、自治州政府财政部门应当在本级人民代表大会会议举行的 30 日前,将本级预算草案的初步方案提交本级人民代表大会有关专门委员会进行初步审查,或者送交本级人民代表大会常务委员会有关工作机构征求意见。县、自治县、不设区的市、市辖区政府应当在本级人民代表大会会议举行的 30 日前,将本级预算草案的初步方案提交本级人民代表大会常务委员会进行初步审查。

(三)预算报告

国务院在全国人民代表大会举行会议时,向大会作关于中央和地方预算草案以及中央和地方预算执行情况的报告。地方各级政府在本级人民代表大会举行会议时,向大会作关于总预算草案和总预算执行情况的报告。

(四)重点审查内容

全国人民代表大会和地方各级人民代表大会对预算草案及其报告、预算执行情况的报告重点审查下列内容:上一年预算执行情况是否符合本级人民代表大会预算决议的要求;预算安排是否符合预算法的规定;预算安排是否贯彻国民经济和社会发展的方针政策,收支政策是否切实可行;重点支出和重大投资项目的预算安排是否适当;预算的编制是否完整,是否符合预算法第 46 条的规定;对下级政府的转移性支出预算是否规范、适当;预算安排举借的债务是否合法、合理,是否有偿还计划和稳定的偿还资金来源;与预算有关重要事项的说明是否清晰。

思考题:各级人大对预算的重点审查内容有哪些?

(五)审查结果报告

全国人民代表大会财政经济委员会向全国人民代表大会主席团提出关于中央和地方预算草案及中央和地方预算执行情况的审查结果报告。省、自治区、直辖市、设区的市、自治州人民代表大会有关专门委员会,县、自治县、不设区的市、市辖区人民代表大会常务委员会,向本级人民代表大会主席团提出关于总预算草案及上一年总预算执行情况的审查结果报告。审查结果报告应当包括下列内容:对上一年预算执行和落实本级人民代表大会预算决议的情况作出评价;对本年度预算草案是否符合预算法的规定,是否可行作出评价;对本级人民代表大会批准预算草案和预算报告提出建议;对执行年度预算、改进预算管理、提高预算绩效、加强预算监督等提出意见和建议。

(六)预算备案

乡、民族乡、镇政府应当及时将经本级人民代表大会批准的本级预算报上一级政府备案。县级以上地方各级政府应当及时将经本级人民代表大会批准的本级预算及下一级政府报送备案的预算汇总,报上一级政府备案。县级以上地方各级政府将下一级政府依照前款规定报送备案的预算汇总后,报本级人民代表大会常务委员会备案。国务院将省、自治区、直辖市政府依照前款规定报送备案的预算汇总后,报全国人民代表大会常务委员会备案。国务院和县级以上地方各级政府对下一级政府依照规定报送备案的预算,认为有同法律、行政法规相抵触或者有其他不适当之处,需要撤销批准预算的决议的,应当提请本级人民代表大会常务委员会审议决定。

（七）预算批复

各级预算经本级人民代表大会批准后,本级政府财政部门应当在 20 日内向本级各部门批复预算。各部门应当在接到本级政府财政部门批复的本部门预算后 15 日内向所属各单位批复预算。

（八）转移支付的下达

中央对地方的一般性转移支付应当在全国人民代表大会批准预算后 30 日内正式下达。中央对地方的专项转移支付应当在全国人民代表大会批准预算后 90 日内正式下达。省、自治区、直辖市政府接到中央一般性转移支付和专项转移支付后,应当在 30 日内正式下达到本行政区域县级以上各级政府。县级以上地方各级预算安排对下级政府的一般性转移支付和专项转移支付,应当分别在本级人民代表大会批准预算后的 30 日和 60 日内正式下达。对自然灾害等突发事件处理的转移支付,应当及时下达预算;对据实结算等特殊项目的转移支付,可以分期下达预算,或者先预付后结算。县级以上各级政府财政部门应当将批复本级各部门的预算和批复下级政府的转移支付预算,抄送本级人民代表大会财政经济委员会、有关专门委员会和常务委员会有关工作机构。

❓ 思考题:转移支付如何下达?

六、预算执行

（一）执行主体

各级预算由本级政府组织执行,具体工作由本级政府财政部门负责。各部门、各单位是本部门、本单位的预算执行主体,负责本部门、本单位的预算执行,并对执行结果负责。各级政府应当加强对预算执行的领导,支持政府财政、税务、海关等预算收入的征收部门依法组织预算收入,支持政府财政部门严格管理预算支出。财政、税务、海关等部门在预算执行中,应当加强对预算执行的分析;发现问题时应当及时建议本级政府采取措施予以解决。各部门、各单位应当加强对预算收入和支出的管理,不得截留或者动用应当上缴的预算收入,不得擅自改变预算支出的用途。

（二）预先安排

预算年度开始后,各级预算草案在本级人民代表大会批准前,可以安排下列支出:上一年度结转的支出;参照上一年同期的预算支出数额安排必须支付的本年度部门基本支出、项目支出,以及对下级政府的转移性支出;法律规定必须履行支付义务的支出,以及用于自然灾害等突发事件处理的支出。根据前述规定安排支出的情况,应当在预算草案的报告中作出说明。预算经本级人民代表大会批准后,按照批准的预算执行。

（三）收入征缴

预算收入征收部门和单位,必须依照法律、行政法规的规定,及时、足额征收应征的预算收入。不得违反法律、行政法规规定,多征、提前征收或者减征、免征、缓征应征的预算收入,不得截留、占用或者挪用预算收入。各级政府不得向预算收入征收部门和单位下达收入指标。政府的全部收入应当上缴国家金库,任何部门、单位和个人不得截留、占用、挪用或者拖欠。对于法律有明确规定或者经国务院批准的特定专用资金,可以依照国务院的规定设立财政专户。

思考题：预算收入如何征缴？

（四）预算支出的监管

各级政府财政部门必须依照法律、行政法规和国务院财政部门的规定,及时、足额地拨付预算支出资金,加强对预算支出的管理和监督。各级政府、各部门、各单位的支出必须按照预算执行,不得虚假列支。各级政府、各部门、各单位应当对预算支出情况开展绩效评价。各级预算的收入和支出实行收付实现制。特定事项按照国务院的规定实行权责发生制的有关情况,应当向本级人民代表大会常务委员会报告。

（五）国库管理

县级以上各级预算必须设立国库;具备条件的乡、民族乡、镇也应当设立国库。中央国库业务由中国人民银行经理,地方国库业务依照国务院的有关规定办理。各级国库应当按照国家有关规定,及时准确地办理预算收入的收纳、划分、留解、退付和预算支出的拨付。各级国库库款的支配权属于本级政府财政部门。除法律、行政法规另有规定外,未经本级政府财政部门同意,任何部门、单位和个人都无权冻结、动用国库库款或者以其他方式支配已入国库的库款。

各级政府应当加强对本级国库的管理和监督,按照国务院的规定完善国库现金管理,合理调节国库资金余额。已经缴入国库的资金,依照法律、行政法规的规定或者国务院的决定需要退付的,各级政府财政部门或者其授权的机构应当及时办理退付。按照规定应当由财政支出安排的事项,不得用退库处理。国家实行国库集中收缴和集中支付制度,对政府全部收入和支出实行国库集中收付管理。

思考题：国库如何管理？

（六）预算平衡资金的监管

各级预算预备费的动用方案,由本级政府财政部门提出,报本级政府决定。各级预算周转金由本级政府财政部门管理,不得挪作他用。各级一般公共预算年度执行中有超收收入的,只能用于冲减赤字或者补充预算稳定调节基金。各级一般公共预算的结余资金,应当补充预算稳定调节基金。省、自治区、直辖市一般公共预算年度执行中出现短收,通过调入预算稳定调节基金、减少支出等方式仍不能实现收支平衡的,省、自治区、直辖市政府报本级人民代表大会或者其常务委员会批准,可以增列赤字,报国务院财政部门备案,并应当在下一年度预算中予以弥补。

七、预算的调整

（一）预算调整情形

经全国人民代表大会批准的中央预算和经地方各级人民代表大会批准的地方各级预算,在执行中出现下列情况之一的,应当进行预算调整：需要增加或者减少预算总支出的;需要调入预算稳定调节基金的;需要调减预算安排的重点支出数额的;需要增加举借债务数额的。在预算执行中,各级政府一般不制定新的增加财政收入或者支出的政策和措施,也不制定减少财政收入的政策和措施;必须作出并需要进行预算调整的,应当在预算调整方案中作出安排。

思考题：预算调整的情形有哪些？

（二）预算调整方案编制

在预算执行中,各级政府对于必须进行的预算调整,应当编制预算调整方案。预算调整方案应当说明预算调整的理由、项目和数额。在预算执行中,由于发生自然灾害等突发事件,必须及时增加预算支出的,应当先动支预备费;预备费不足支出的,各级政府可以先安排支出,属于预算调整的,列入预算调整方案。

国务院财政部门应当在全国人民代表大会常务委员会举行会议审查和批准预算调整方案的 30 日前,将预算调整初步方案送交全国人民代表大会财政经济委员会进行初步审查。省、自治区、直辖市政府财政部门应当在本级人民代表大会常务委员会举行会议审查和批准预算调整方案的 30 日前,将预算调整初步方案送交本级人民代表大会有关专门委员会进行初步审查。设区的市、自治州政府财政部门应当在本级人民代表大会常务委员会举行会议审查和批准预算调整方案的 30 日前,将预算调整初步方案送交本级人民代表大会有关专门委员会进行初步审查,或者送交本级人民代表大会常务委员会有关工作机构征求意见。县、自治县、不设区的市、市辖区政府财政部门应当在本级人民代表大会常务委员会举行会议审查和批准预算调整方案的 30 日前,将预算调整初步方案送交本级人民代表大会常务委员会有关工作机构征求意见。

❓ 思考题:预算调整方案如何编制?

（三）预算调整方案的审批

中央预算的调整方案应当提请全国人民代表大会常务委员会审查和批准。县级以上地方各级预算的调整方案应当提请本级人民代表大会常务委员会审查和批准;乡、民族乡、镇预算的调整方案应当提请本级人民代表大会审查和批准。未经批准,不得调整预算。地方各级预算的调整方案经批准后,由本级政府报上一级政府备案。

（四）预算调整方案的执行

经批准的预算调整方案,各级政府应当严格执行。未经本法规定的程序,各级政府不得作出预算调整的决定。对违反前述程序规定作出的决定,本级人民代表大会、本级人民代表大会常务委员会或者上级政府应当责令其改变或者撤销。各部门、各单位的预算支出应当按照预算科目执行。严格控制不同预算科目、预算级次或者项目间的预算资金的调剂,确需调剂使用的,按照国务院财政部门的规定办理。

（五）专项转移支付的变化

在预算执行中,地方各级政府因上级政府增加不需要本级政府提供配套资金的专项转移支付而引起的预算支出变化,不属于预算调整。接受增加专项转移支付的县级以上地方各级政府应当向本级人民代表大会常务委员会报告有关情况,接受增加专项转移支付的乡、民族乡、镇政府应当向本级人民代表大会报告有关情况。

❓ 思考题:预算调整的程序有哪些?

八、决算

（一）决算部署

决算草案由各级政府、各部门、各单位,在每一预算年度终了后按照国务院规定的时间编制。编制决算草案的具体事项,由国务院财政部门部署。

（二） 决算草案编制

编制决算草案,必须符合法律、行政法规,做到收支真实、数额准确、内容完整、报送及时。决算草案应当与预算相对应,按预算数、调整预算数、决算数分别列出。一般公共预算支出应当按其功能分类编列到项,按其经济性质分类编列到款。

（三） 决算草案的审核

各部门对所属各单位的决算草案,应当审核并汇总编制本部门的决算草案,在规定的期限内报本级政府财政部门审核。各级政府财政部门对本级各部门决算草案审核后发现有不符合法律、行政法规规定的,有权予以纠正。

（四） 决算草案的提请

国务院财政部门编制中央决算草案,经国务院审计部门审计后,报国务院审定,由国务院提请全国人民代表大会常务委员会审查和批准。县级以上地方各级政府财政部门编制本级决算草案,经本级政府审计部门审计后,报本级政府审定,由本级政府提请本级人民代表大会常务委员会审查和批准。乡、民族乡、镇政府编制本级决算草案,提请本级人民代表大会审查和批准。

（五） 决算草案的初步审查

国务院财政部门应当在全国人民代表大会常务委员会举行会议审查和批准中央决算草案的 30 日前,将上一年度中央决算草案提交全国人民代表大会财政经济委员会进行初步审查。省、自治区、直辖市政府财政部门应当在本级人民代表大会常务委员会举行会议审查和批准本级决算草案的 30 日前,将上一年度本级决算草案提交本级人民代表大会有关专门委员会进行初步审查。设区的市、自治州政府财政部门应当在本级人民代表大会常务委员会举行会议审查和批准本级决算草案的 30 日前,将上一年度本级决算草案提交本级人民代表大会有关专门委员会进行初步审查,或者送交本级人民代表大会常务委员会有关工作机构征求意见。县、自治县、不设区的市、市辖区政府财政部门应当在本级人民代表大会常务委员会举行会议审查和批准本级决算草案的 30 日前,将上一年度本级决算草案送交本级人民代表大会常务委员会有关工作机构征求意见。

思考题：决算草案的初步审查时间规定有哪些?

（六） 决算草案的报告

全国人民代表大会财政经济委员会和省、自治区、直辖市、设区的市、自治州人民代表大会有关专门委员会,向本级人民代表大会常务委员会提出关于本级决算草案的审查结果报告。

（七） 决算草案的重点审查

县级以上各级人民代表大会常务委员会和乡、民族乡、镇人民代表大会对本级决算草案,重点审查下列内容：预算收入情况;支出政策实施情况和重点支出、重大投资项目资金的使用及绩效情况;结转资金的使用情况;资金结余情况;本级预算调整及执行情况;财政转移支付安排执行情况;经批准举借债务的规模、结构、使用、偿还等情况;本级预算周转金规模和使用情况;本级预备费使用情况;超收收入安排情况,预算稳定调节基金的规模和使用情况;本级人民代表大会批准的预算决议落实情况;其他与决算有关的重要情况。县级以上各级人民代表大会常务委员会应当结合本级政府提出的上一年度预算执行和其他财政收支的审计工作报告,对本级决算草案进行审查。

　　💭 思考题:各级人大常委会对决算草案重点审查的内容有哪些?

(八) 决算的批复

　　各级决算经批准后,财政部门应当在 20 日内向本级各部门批复决算。各部门应当在接到本级政府财政部门批复的本部门决算后 15 日内向所属单位批复决算。

　　地方各级政府应当将经批准的决算及下一级政府上报备案的决算汇总,报上一级政府备案。县级以上各级政府应当将下一级政府报送备案的决算汇总后,报本级人民代表大会常务委员会备案。

(九) 决算的撤销

　　国务院和县级以上地方各级政府对下一级政府依照规定报送备案的决算,认为有同法律、行政法规相抵触或者有其他不适当之处,需要撤销批准该项决算的决议的,应当提请本级人民代表大会常务委员会审议决定;经审议决定撤销的,该下级人民代表大会常务委员会应当责成本级政府依照预算法规定重新编制决算草案,提请本级人民代表大会常务委员会审查和批准。

　　💭 思考题:决算的程序有哪些?

九、 预算和决算的监督

(一) 全国人大与地方各级人大的监督

　　全国人民代表大会及其常务委员会对中央和地方预算、决算进行监督。县级以上地方各级人民代表大会及其常务委员会对本级和下级预算、决算进行监督。乡、民族乡、镇人民代表大会对本级预算、决算进行监督。

　　各级人民代表大会和县级以上各级人民代表大会常务委员会有权就预算、决算中的重大事项或者特定问题组织调查,有关的政府、部门、单位和个人应当如实反映情况和提供必要的材料。

　　各级人民代表大会和县级以上各级人民代表大会常务委员会举行会议时,人民代表大会代表或者常务委员会组成人员,依照法律规定程序就预算、决算中的有关问题提出询问或者质询,受询问或者受质询的有关的政府或者财政部门必须及时给予答复。

　　💭 思考题:全国人大与地方各级人大如何对预算和决算进行监督?

(二) 中央政府与地方各级政府的监督

　　国务院和县级以上地方各级政府应当在每年 6 月至 9 月间向本级人民代表大会常务委员会报告预算执行情况。各级政府监督下级政府的预算执行;下级政府应当定期向上一级政府报告预算执行情况。

　　各级政府财政部门负责监督检查本级各部门及其所属各单位预算的编制、执行,并向本级政府和上一级政府财政部门报告预算执行情况。

　　县级以上政府审计部门依法对预算执行、决算实行审计监督。对预算执行和其他财政收支的审计工作报告应当向社会公开。

　　政府各部门负责监督检查所属各单位的预算执行,及时向本级政府财政部门反映本部门预算执行情况,依法纠正违反预算的行为。

（三）公民、法人或者其他组织的监督

公民、法人或者其他组织发现有违反本法的行为,可以依法向有关国家机关进行检举、控告。接受检举、控告的国家机关应当依法进行处理,并为检举人、控告人保密。任何单位或者个人不得压制和打击报复检举人、控告人。

思考题:各级政府如何对预算和决算进行监督?

第三节　政府采购法

全国人大常委会于 2002 年 6 月 29 日通过《中华人民共和国政府采购法》(以下简称《政府采购法》),并于 2014 年 8 月 31 日修订了《政府采购法》。国务院于 2014 年通过《政府采购法实施条例》。制定政府采购法的目的是为了规范政府采购行为,提高政府采购资金的使用效益,维护国家利益和社会公共利益,保护政府采购当事人的合法权益,促进廉政建设。

一、　政府采购

（一）政府采购的概念

政府采购,是指各级国家机关、事业单位和团体组织,使用财政性资金采购依法制定的集中采购目录以内的或者采购限额标准以上的货物、工程和服务的行为。采购,是指以合同方式有偿取得货物、工程和服务的行为,包括购买、租赁、委托、雇用等。货物,是指各种形态和种类的物品,包括原材料、燃料、设备、产品等。工程,是指建设工程,包括建筑物和构筑物的新建、改建、扩建、装修、拆除、修缮等。服务,是指除货物和工程以外的其他政府采购对象。

思考题:政府采购的含义是什么?

（二）政府采购的原则

1. 依法采购原则

政府采购要严格按照政府采购法、政府采购法实施条例等法律法规进行。政府采购工程进行招标投标的,适用招标投标法。政府采购应当严格按照批准的预算执行。

2. 政府采购应当遵循公开透明原则、公平竞争原则、公正原则和诚实信用原则

政府采购信息要充分公开。政府采购的信息应当在政府采购监督管理部门指定的媒体上及时向社会公开发布,但涉及商业秘密的除外。政府采购项目的采购标准应当公开。采用政府采购法规定的采购方式的,采购人在采购活动完成后,应当将采购结果予以公布。

任何单位和个人不得违反政府采购法规定,要求采购人或者采购工作人员向其指定的供应商进行采购。政府采购要公平竞争,任何单位和个人不得采用任何方式,阻挠和限制供应商自由进入本地区和本行业的政府采购市场。采购人、供应商、采购代理机构都不得以向采购人行贿或者采取其他不正当手段谋取非法利益。

思考题:政府采购的原则有哪些?

（三）政府采购制度

1. 集中采购制度

政府采购实行集中采购和分散采购相结合。集中采购的范围由省级以上人民政府公布的集中采购目录确定。属于中央预算的政府采购项目,其集中采购目录由国务院确定并公布;属于地方预算的政府采购项目,其集中采购目录由省、自治区、直辖市人民政府或者其授权的机构确定并公布。纳入集中采购目录的政府采购项目,应当实行集中采购。

2. 特殊保护制度

政府采购应当有助于实现国家的经济和社会发展政策目标,包括保护环境,扶持不发达地区和少数民族地区,促进中小企业发展等。

3. 本国采购制度

政府采购应当采购本国货物、工程和服务。但有下列情形之一的除外:需要采购的货物、工程或者服务在中国境内无法获取或者无法以合理的商业条件获取的;为在中国境外使用而进行采购的;其他法律、行政法规另有规定的。

4. 回避制度

在政府采购活动中,采购人员及相关人员与供应商有利害关系的,必须回避。供应商认为采购人员及相关人员与其他供应商有利害关系的,可以申请其回避。前述所称相关人员,包括招标采购中评标委员会的组成人员,竞争性谈判采购中谈判小组的组成人员,询价采购中询价小组的组成人员等。

5. 各级人民政府财政部门是负责政府采购监督管理的部门,依法履行对政府采购活动的监督管理职责

各级人民政府其他有关部门依法履行与政府采购活动有关的监督管理职责。

❓ 思考题:政府采购制度有哪些?

二、 政府采购当事人

政府采购当事人是指在政府采购活动中享有权利和承担义务的各类主体,包括采购人、采购机构和供应商等。

（一）采购人

采购人是指依法进行政府采购的国家机关、事业单位、团体组织。

（二）采购机构

政府采购机构可以分为集中采购机构和其他采购代理机构两类。

1. 集中采购机构

(1)集中采购机构的设立

集中采购机构为采购代理机构。设区的市、自治州以上人民政府根据本级政府采购项目组织集中采购的需要设立集中采购机构。集中采购机构是非营利事业法人,根据采购人的委托办理采购事宜。政府采购监督管理部门不得设置集中采购机构,不得参与政府采购项目的采购活动。采购代理机构与行政机关不得存在隶属关系或者其他利益关系。

(2)集中采购机构的内部管理

集中采购机构应当建立健全内部监督管理制度。采购活动的决策和执行程序应当明

确,并相互监督、相互制约。经办采购的人员与负责采购合同审核、验收人员的职责权限应当明确,并相互分离。集中采购机构的采购人员应当具有相关职业素质和专业技能,符合政府采购监督管理部门规定的专业岗位任职要求。集中采购机构对其工作人员应当加强教育和培训;对采购人员的专业水平、工作实绩和职业道德状况定期进行考核。采购人员经考核不合格的,不得继续任职。

（3）集中采购的要求

集中采购机构进行政府采购活动,应当符合采购价格低于市场平均价格、采购效率更高、采购质量优良和服务良好的要求。采购人采购纳入集中采购目录的政府采购项目,必须委托集中采购机构代理采购;采购未纳入集中采购目录的政府采购项目,可以自行采购,也可以委托集中采购机构在委托的范围内代理采购。纳入集中采购目录属于通用的政府采购项目的,应当委托集中采购机构代理采购;属于本部门、本系统有特殊要求的项目,应当实行部门集中采购;属于本单位有特殊要求的项目,经省级以上人民政府批准,可以自行采购。

2. 其他采购代理机构

其他采购代理机构是指社会上依法设立的从事政府采购代理业务的机构,其他采购代理机构是民营性质的采购代理机构。

采购人可以委托集中采购机构以外的采购代理机构,在委托的范围内办理政府采购事宜。采购人有权自行选择采购代理机构,任何单位和个人不得以任何方式为采购人指定采购代理机构。采购人依法委托采购代理机构办理采购事宜的,应当由采购人与采购代理机构签订委托代理协议,依法确定委托代理的事项,约定双方的权利义务。

❓ 思考题：政府采购机构有哪些？

（三）供应商

供应商是指向采购人提供货物、工程或者服务的法人、其他组织或者自然人。

供应商参加政府采购活动应当具备下列条件:具有独立承担民事责任的能力;具有良好的商业信誉和健全的财务会计制度;具有履行合同所必需的设备和专业技术能力;有依法缴纳税收和社会保障资金的良好记录;参加政府采购活动前三年内,在经营活动中没有重大违法记录;法律、行政法规规定的其他条件。采购人可以根据采购项目的特殊要求,规定供应商的特定条件,但不得以不合理的条件对供应商实行差别待遇或者歧视待遇。采购人可以要求参加政府采购的供应商提供有关资质证明文件和业绩情况,并根据政府采购法规定的供应商条件和采购项目对供应商的特定要求,对供应商的资格进行审查。

两个以上的自然人、法人或者其他组织可以组成一个联合体,以一个供应商的身份共同参加政府采购。以联合体形式进行政府采购的,参加联合体的供应商均应当具备规定的条件,并应当向采购人提交联合协议,载明联合体各方承担的工作和义务。联合体各方应当共同与采购人签订采购合同,就采购合同约定的事项对采购人承担连带责任。

政府采购当事人不得相互串通损害国家利益、社会公共利益和其他当事人的合法权益,不得以任何手段排斥其他供应商参与竞争。供应商不得以向采购人、采购代理机构、评标委员会的组成人员、竞争性谈判小组的组成人员、询价小组的组成人员行贿或者采取其他不正当手段谋取中标或者成交。

　　❓ 思考题：政府采购的供应商有哪些？

三、 政府采购方式

　　政府采购采用以下方式：公开招标，邀请招标，竞争性谈判，单一来源采购，询价采购，国务院政府采购监督管理部门认定的其他采购方式。

（一） 公开招标

　　公开招标应作为政府采购的主要采购方式。采购人采购货物或者服务应当采用公开招标方式的，其具体数额标准，属于中央预算的政府采购项目，由国务院规定；属于地方预算的政府采购项目，由省、自治区、直辖市人民政府规定；因特殊情况需要采用公开招标以外的采购方式的，应当在采购活动开始前获得设区的市、自治州以上人民政府采购监督管理部门的批准。采购人不得将应当以公开招标方式采购的货物或者服务化整为零或者以其他任何方式规避公开招标采购。

（二） 邀请招标

　　符合下列情形之一的货物或者服务，可以依照政府采购法采用邀请招标方式采购：具有特殊性，只能从有限范围的供应商处采购的；采用公开招标方式的费用占政府采购项目总价值的比例过大的。

　　❓ 思考题：可以采用邀请招标的情形有哪些？

（三） 竞争性谈判

　　符合下列情形之一的货物或者服务，可以依照政府采购法采用竞争性谈判方式采购：招标后没有供应商投标或者没有合格标的或者重新招标未能成立的；技术复杂或者性质特殊，不能确定详细规格或者具体要求的；采用招标所需时间不能满足用户紧急需要的；不能事先计算出价格总额的。

（四） 单一来源采购

　　符合下列情形之一的货物或者服务，可以依照政府采购法采用单一来源方式采购：只能从唯一供应商处采购的；发生了不可预见的紧急情况不能从其他供应商处采购的；必须保证原有采购项目一致性或者服务配套的要求，需要继续从原供应商处添购，且添购资金总额不超过原合同采购金额10％的。

（五） 询价采购

　　采购的货物规格、标准统一、现货货源充足且价格变化幅度小的政府采购项目，可以依照本法采用询价方式采购。

　　❓ 思考题：政府采购的方式有哪些？

四、 政府采购程序

（一） 采购预算

　　负有编制部门预算职责的部门在编制下一财政年度部门预算时，应当将该财政年度政府采购的项目及资金预算列出，报本级财政部门汇总。部门预算的审批，按预算管理权限和程序进行。

（二）招标采购程序

公开招标按照《招标投标法》规定的程序进行。货物或者服务项目采取邀请招标方式采购的,采购人应当从符合相应资格条件的供应商中,通过随机方式选择 3 家以上的供应商,并向其发出投标邀请书。货物和服务项目实行招标方式采购的,自招标文件开始发出之日起至投标人提交投标文件截止之日止,不得少于 20 日。

在招标采购中,出现下列情形之一的,应予废标:符合专业条件的供应商或者对招标文件作实质响应的供应商不足 3 家的;出现影响采购公正的违法、违规行为的;投标人的报价均超过了采购预算,采购人不能支付的;因重大变故,采购任务取消的。废标后,采购人应当将废标理由通知所有投标人。废标后,除采购任务取消情形外,应当重新组织招标;需要采取其他方式采购的,应当在采购活动开始前获得设区的市、自治州以上人民政府采购监督管理部门或者政府有关部门批准。

💬 思考题:招标采购的程序有哪些?

（三）竞争性谈判程序

采用竞争性谈判方式采购的,应当遵循下列程序。

1. 成立谈判小组

谈判小组由采购人的代表和有关专家共 3 人以上的单数组成,其中专家的人数不得少于成员总数的 2/3。

2. 制定谈判文件

谈判文件应当明确谈判程序、谈判内容、合同草案的条款以及评定成交的标准等事项。

3. 确定邀请参加谈判的供应商名单

谈判小组从符合相应资格条件的供应商名单中确定不少于 3 家的供应商参加谈判,并向其提供谈判文件。

4. 谈判

谈判小组所有成员集中与单一供应商分别进行谈判。在谈判中,谈判的任何一方不得透露与谈判有关的其他供应商的技术资料、价格和其他信息。谈判文件有实质性变动的,谈判小组应当以书面形式通知所有参加谈判的供应商。

5. 确定成交供应商

谈判结束后,谈判小组应当要求所有参加谈判的供应商在规定时间内进行最后报价,采购人从谈判小组提出的成交候选人中根据符合采购需求、质量和服务相等且报价最低的原则确定成交供应商,并将结果通知所有参加谈判的未成交的供应商。

💬 思考题:竞争性谈判的程序有哪些?

（四）单一来源方式采购程序

采取单一来源方式采购的,采购人与供应商应当遵循政府采购法规定的原则,在保证采购项目质量和双方商定合理价格的基础上进行采购。

（五）询价采购程序

采取询价方式采购的,应当遵循下列程序。

1. 成立询价小组

询价小组由采购人的代表和有关专家共 3 人以上的单数组成,其中专家的人数不得少于成员总数的 2/3。询价小组应当对采购项目的价格构成和评定成交的标准等事项作出规定。

2．确定被询价的供应商名单

询价小组根据采购需求，从符合相应资格条件的供应商名单中确定不少于 3 家的供应商，并向其发出询价通知书让其报价。

3．询价

询价小组要求被询价的供应商一次报出不得更改的价格。

4．确定成交供应商

采购人根据符合采购需求、质量和服务相等且报价最低的原则确定成交供应商，并将结果通知所有被询价的未成交的供应商。

　　思考题：询价采购的程序有哪些？

（六）供应商履约的验收

采购人或者其委托的采购代理机构应当组织对供应商履约的验收。大型或者复杂的政府采购项目，应当邀请国家认可的质量检测机构参加验收工作。验收方成员应当在验收书上签字，并承担相应的法律责任。

（七）供应商履约的文件保管

采购人、采购代理机构对政府采购项目每项采购活动的采购文件应当妥善保存，不得伪造、变造、隐匿或者销毁。采购文件的保存期限为从采购结束之日起至少保存 15 年。采购文件包括采购活动记录、采购预算、招标文件、投标文件、评标标准、评估报告、定标文件、合同文本、验收证明、质疑答复、投诉处理决定及其他有关文件、资料。

五、政府采购合同

（一）政府采购合同的签订与备案

政府采购合同适用合同法。采购人和供应商之间的权利和义务，应当按照平等、自愿的原则以合同方式约定。采购人可以委托采购代理机构代表其与供应商签订政府采购合同。由采购代理机构以采购人名义签订合同的，应当提交采购人的授权委托书，作为合同附件。中标、成交通知书对采购人和中标、成交供应商均具有法律效力。

政府采购合同应当采用书面形式。国务院政府采购监督管理部门应当会同国务院有关部门，规定政府采购合同必须具备的条款。采购人与中标、成交供应商应当在中标、成交通知书发出之日起 30 日内，按照采购文件确定的事项签订政府采购合同。中标、成交通知书发出后，采购人改变中标、成交结果的，或者中标、成交供应商放弃中标、成交项目的，应当依法承担法律责任。

政府采购项目的采购合同自签订之日起 7 个工作日内，采购人应当将合同副本报同级政府采购监督管理部门和有关部门备案。

　　思考题：政府采购合同的签订要求有哪些？

（二）政府采购合同的履行

政府采购合同具有法律效力，政府采购合同的当事人应严格履行政府采购合同。经采购人同意，中标、成交供应商可以依法采取分包方式履行合同。政府采购合同分包履行的,中标、成交供应商就采购项目和分包项目向采购人负责,分包供应商就分包项目承担责任。

政府采购合同履行中,采购人需追加与合同标的相同的货物、工程或者服务的,在不改变合同其他条款的前提下,可以与供应商协商签订补充合同,但所有补充合同的采购金额不得超过原合同采购金额的 10%。

政府采购合同的双方当事人不得擅自变更、中止或者终止合同。政府采购合同继续履行将损害国家利益和社会公共利益的,双方当事人应当变更、中止或者终止合同。有过错的一方应当承担赔偿责任,双方都有过错的,各自承担相应的责任。

思考题:政府采购合同如何履行?

六、 质疑与投诉

(一) 询问

供应商对政府采购活动事项有疑问的,可以向采购人提出询问,采购人应当及时作出答复,但答复的内容不得涉及商业秘密。

(二) 质疑

供应商认为采购文件、采购过程和中标、成交结果使自己的权益受到损害的,可以在知道或者应知其权益受到损害之日起 7 个工作日内,以书面形式向采购人提出质疑。

(三) 答复

采购人应当在收到供应商的书面质疑后 7 个工作日内作出答复,并以书面形式通知质疑供应商和其他有关供应商,但答复的内容不得涉及商业秘密。

采购人委托采购代理机构采购的,供应商可以向采购代理机构提出询问或者质疑,采购代理机构应当依照法律规定就采购人委托授权范围内的事项作出答复。

(四) 投诉

质疑供应商对采购人、采购代理机构的答复不满意或者采购人、采购代理机构未在规定的时间内作出答复的,可以在答复期满后 15 个工作日内向同级政府采购监督管理部门投诉。

(五) 投诉处理

政府采购监督管理部门应当在收到投诉后 30 个工作日内,对投诉事项作出处理决定,并以书面形式通知投诉人和与投诉事项有关的当事人。

政府采购监督管理部门在处理投诉事项期间,可以视具体情况书面通知采购人暂停采购活动,但暂停时间最长不得超过 30 日。

(六) 复议与诉讼

投诉人对政府采购监督管理部门的投诉处理决定不服或者政府采购监督管理部门逾期未作处理的,可以依法申请行政复议或者向人民法院提起行政诉讼。

思考题:质疑与投诉的程序有哪些?

七、 监督检查

(一) 监督检查的内容

政府采购监督管理部门应当加强对政府采购活动及集中采购机构的监督检查。监督检查的主要内容是：有关政府采购的法律、行政法规和规章的执行情况，采购范围、采购方式和采购程序的执行情况，政府采购人员的职业素质和专业技能。

（二） 政府采购监管机构的检查

政府采购监督管理部门应当对政府采购项目的采购活动进行检查，政府采购当事人应当如实反映情况，提供有关材料。

政府采购监督管理部门应当对集中采购机构的采购价格、节约资金效果、服务质量、信誉状况、有无违法行为等事项进行考核，并定期如实公布考核结果。

依照法律、行政法规的规定对政府采购负有行政监督职责的政府有关部门，应当按照其职责分工，加强对政府采购活动的监督。

（三） 审计监督

审计机关应当对政府采购进行审计监督。政府采购监督管理部门、政府采购各当事人有关政府采购活动，应当接受审计机关的审计监督。

（四） 监察机关的监察

监察机关应当加强对参与政府采购活动的国家机关、国家公务员和国家行政机关任命的其他人员实施监察。

（五） 社会监督

任何单位和个人对政府采购活动中的违法行为，有权控告和检举，有关部门、机关应当依照各自职责及时处理。

？ 思考题：政府采购的监督类型有哪些？

本章引用法律资源：

1.《中华人民共和国预算法》。

2.《中华人民共和国政府采购法》。

3.《中华人民共和国预算法实施条例》。

4.《中华人民共和国政府采购实施条例》。

本章参考文献：

1. 刘剑文，熊伟. 财政税收法[M]. 北京：法律出版社，2015.

2. 张守文. 财税法学[M]. 北京：中国人民大学出版社，2016.

本章网站资源：

1. 中华人民共和国财政部网站：www. mof. gov. cn。

2. 国家税务总局网站：www. chinatax. gov. cn。

第十二章 税 法

■■■ **本章教学目标**

通过学习,明白税法的基本内容。了解税收和税法的含义,明确税收法律关系的构成要素;知晓流转税的种类,重点掌握增值税的基本规定,掌握消费税的基本规定,了解关税的基本内容;了解所得税的分类,重点掌握企业所得税的基本规定,重点掌握个人所得税的基本规定;掌握房产税、契税、车辆购置税、车船税、资源税、环境保护税、土地增值税等的基本规定;了解违反税法的行政责任、民事责任和刑事责任,明白各种法律责任的具体形式。

第一节 税法概述

一、税收

税收是国家凭借公共权力介入国民收入分配,取得财政收入的一种分配关系。税收是国家财政收入的主要来源。

税收具有强制性、无偿性、固定性三个特性。强制性是税收机关凭借国家赋予的征税权强制从纳税人处征收税收。无偿性是税收机关不会直接向纳税人支付报酬,也不会将税收直接返还给纳税人。固定性是指纳税人、征税的范围、税率、应纳税额、征收期限等都是由法律规定。

❓ 思考题:税收的特征有哪些?

二、税法

税法是调整征税人与纳税人之间的税收关系的法律规范的总称。税法包括了宪法规范、税收法律、税收行政法规、税收规章等。税法分为税收实体法和税收程序法。

税收实体法有:《中华人民共和国企业所得税法》(2007年)、《中华人民共和国个人所得税法》(1980年)、《中华人民共和国车船税法》(2011年)、《中华人民共和国环境保护税法》(2016年)、《中华人民共和国烟叶税法》(2017年)、《中华人民共和国增值税暂行条例》(1993年)、《中华人民共和国消费税暂行条例》(1993年)、《中华人民共和国房产税暂行条例》(1986年)、《中华人民共和国车辆购置税暂行条例》(2000年)、《中华人民共和国资源税暂行条例》(1993年)、《中华人民共和国耕地占用税暂行条例》(1987年)、《中华人民共和国契税暂行条例》(1950年)、《中华人民共和国土地增值税暂行条例》(1993年)、《中华人民共和国城镇土地使用税暂行条例》(1988年)、《中华人民共和国城市维护建设税暂行条例》(1985年)、《征收教育费附加的暂行规定》(1986年)等。这些法律法规陆续经过修订,现在依然生效。税收实体法根据征税对象不同可以分为流转税法、所得税法、财产和行为税法、资源税法等。

税收程序法：全国人大常委会于 1992 年 9 月 4 日通过《中华人民共和国税收征收管理法》，又分别于 1995 年、2001 年、2013 年、2015 年对《中华人民共和国税收征收管理法》作出修订。

　　思考题：税收实体法有哪些？

三、税收法律关系

税收法律关系是指经税法调整在税收征收主体与纳税人之间形成的具有权利义务内容的社会关系。税收法律关系由主体、内容、客体三个要素构成。税收法律关系的主体主要分为纳税主体和征税主体。纳税主体是指承担纳税义务的单位和个人。征税主体指负责征收管理税收的国家机关，包括财政机关、国家税务机关、地方税务机关、海关等机关。2018 年国家税务机关和地方税务机关合二为一。征税主体依法征税，纳税主体依法纳税，是税收法律关系中两种最重要的主体。税收法律关系的内容包括权利和义务两个方面。征税机关的权利对应纳税主体的义务，纳税主体的权利也就是征税主体的义务，权利和义务是统一的，没有无义务的权利，也没有无权利的义务。税收法律关系的客体即征税对象。征税对象可以是货币，可以是物，也可以是行为。

　　思考题：税收法律关系有哪些构成要素？

第二节　流转税法

一、流转税法

流转税是对货物和劳务征收的税种。流转税是间接税，可以转嫁。流转税法是指调整对货物和劳务征税过程中产生的税收关系的法律规范的总称。流转税法包括增值税法、消费税法、关税法等。

我国流转税体系中原来还有营业税，2011 年我国开始营业税改征增值税改革，2016 年 5 月 1 日营业税全面改征增值税，2017 年国务院通过《国务院关于废止〈中华人民共和国营业税暂行条例〉和修改〈中华人民共和国增值税暂行条例〉的决定》，从此，营业税成为历史，营业税法也成了历史。

二、增值税

国务院于 1993 年 12 月 13 日颁行《中华人民共和国增值税暂行条例》，并于 2008 年、2016 年、2017 年三次修订《增值税暂行条例》。2017 年国务院通过《国务院关于废止〈中华人民共和国营业税暂行条例〉和修改〈中华人民共和国增值税暂行条例〉的决定》，将原来营业税的征收范围全部纳入了增值税的征收范围。

（一）纳税人

在中国境内销售货物或者加工、修理修配劳务、销售服务、无形资产、不动产以及进口货物的单位和个人，为增值税的纳税人。

增值税的纳税人分为一般纳税人和小规模纳税人两种。小规模纳税人的标准由国务院财政、税务主管部门规定。小规模纳税人以外的纳税人应当向主管税务机关办理登记。具体登记办法由国务院税务主管部门制定。小规模纳税人会计核算健全,能够提供准确税务资料的,可以向主管税务机关办理登记,不作为小规模纳税人。

中国境外的单位或者个人在境内销售劳务,在境内未设有经营机构的,以其境内代理人为扣缴义务人;在境内没有代理人的,以购买方为扣缴义务人。

❓ 思考题:纳税人有哪些?

(二) 征收范围

增值税是针对在中国境内销售货物或者劳务征收的税种。增值税的征收范围包括销售货物、加工、修理修配劳务、销售服务、无形资产、不动产以及进口货物。

(三) 税率

税率有以下几类。

(1)纳税人销售货物、劳务、有形动产租赁服务或者进口货物,除另有规定外,税率为17%。

(2)纳税人销售交通运输、邮政、基础电信、建筑、不动产租赁服务,销售不动产,转让土地使用权,销售或者进口下列货物,税率为11%:粮食等农产品、食用植物油、食用盐,自来水、暖气、冷气、热水、煤气、石油液化气、天然气、二甲醚、沼气、居民用煤炭制品,图书、报纸、杂志、音像制品、电子出版物,饲料、化肥、农药、农机、农膜,国务院规定的其他货物。

(3)纳税人销售服务、无形资产,除另有规定外,税率为6%。

(4)纳税人出口货物,税率为零;但是,国务院另有规定的除外;境内单位和个人跨境销售国务院规定范围内的服务、无形资产,税率为零。

(5)小规模纳税人增值税征收率为3%,国务院另有规定的除外。

税率的调整,由国务院决定。纳税人兼营不同税率的项目,应当分别核算不同税率项目的销售额;未分别核算销售额的,从高适用税率。

从2018年5月1日起,将制造业等行业增值税税率从17%降至16%,将交通运输、建筑、基础电信服务等行业及农产品等货物的增值税税率从11%降至10%。

❓ 思考题:增值税的税率有哪些?

(四) 应纳税额

1. 应纳税额

纳税人销售货物、劳务、服务、无形资产、不动产(以下统称应税销售行为),应纳税额为当期销项税额抵扣当期进项税额后的余额。应纳税额计算公式如下:

应纳税额=当期销项税额-当期进项税额。

当期销项税额小于当期进项税额不足抵扣时,其不足部分可以结转下期继续抵扣。

2. 销项税额

纳税人发生应税销售行为,按照销售额和规定的税率计算收取的税额,为销项税额。销项税额计算公式为:

销项税额=销售额×税率。

销售额为纳税人发生应税销售行为收取的全部价款和价外费用,但是不包括收取的销项税额。销售额以人民币计算。纳税人以人民币以外的货币结算销售额的,应当折合成人民币计算。纳税人发生应税销售行为的价格明显偏低并无正当理由的,由主管税务机关核定其销售额。

3. 进项税额

纳税人购进货物、劳务、服务、无形资产、不动产支付或者负担的税额,为进项税额。

(1)下列进项税额准予从销项税额中抵扣:从销售方取得的增值税专用发票上注明的增值税额;从海关取得的海关进口增值税专用缴款书上注明的增值税额;购进农产品,除取得增值税专用发票或者海关进口增值税专用缴款书外,按照农产品收购发票或者销售发票上注明的农产品买价和 11% 的扣除率计算的进项税额,国务院另有规定的除外,其进项税额计算公式为:进项税额=买价×扣除率;自境外单位或者个人购进劳务、服务、无形资产或者境内的不动产,从税务机关或者扣缴义务人取得的代扣代缴税款的完税凭证上注明的增值税额。

准予抵扣的项目和扣除率的调整,由国务院决定。纳税人购进货物、劳务、服务、无形资产、不动产,取得的增值税扣税凭证不符合法律、行政法规或者国务院税务主管部门有关规定的,其进项税额不得从销项税额中抵扣。

思考题:可以抵扣的进项税额有哪些?

(2)下列项目的进项税额不得从销项税额中抵扣:用于简易计税方法计税项目、免征增值税项目、集体福利或者个人消费的购进货物、劳务、服务、无形资产和不动产;非正常损失的购进货物,以及相关的劳务和交通运输服务;非正常损失的在产品、产成品所耗用的购进货物(不包括固定资产)、劳务和交通运输服务;国务院规定的其他项目。

(五)小规模纳税人的应纳税额

小规模纳税人发生应税销售行为,实行按照销售额和征收率计算应纳税额的简易办法,并不得抵扣进项税额。应纳税额计算公式为:

应纳税额=销售额×征收率。

(六)进口货物的应纳税额

纳税人进口货物,按照组成计税价格和规定的税率计算应纳税额。组成计税价格和应纳税额计算公式为:

组成计税价格=关税完税价格+关税+消费税;

应纳税额=组成计税价格×税率。

(七)税收优惠

下列项目免征增值税:农业生产者销售的自产农产品,避孕药品和用具,古旧图书,直接用于科学研究、科学试验和教学的进口仪器、设备,外国政府、国际组织无偿援助的进口物资和设备,由残疾人的组织直接进口供残疾人专用的物品,销售的自己使用过的物品。

除前述规定外,增值税的免税、减税项目由国务院规定。任何地区、部门均不得规定免税、减税项目。纳税人兼营免税、减税项目的,应当分别核算免税、减税项目的销售额;未分别核算销售额的,不得免税、减税。纳税人销售额未达到国务院财政、税务主管部门规定的增值税起征点的,免征增值税;达到起征点的,依照规定全额计算缴纳增值税。

思考题:增值税的税收优惠项目有哪些?

（八）征收管理

1. 征收管理机关

增值税由税务机关征收,进口货物的增值税由海关代征。个人携带或者邮寄进境自用物品的增值税,连同关税一并计征。

2. 增值税发票

纳税人发生应税销售行为,应当向索取增值税专用发票的购买方开具增值税专用发票,并在增值税专用发票上分别注明销售额和销项税额。属于以下情形之一的,不得开具增值税专用发票:(1)应税销售行为的购买方为消费者个人的;(2)发生应税销售行为适用免税规定的。

（九）增值税纳税义务发生时间

发生应税销售行为,为收讫销售款项或者取得索取销售款项凭据的当天;先开具发票的,为开具发票的当天。

进口货物,为报关进口的当天。

增值税扣缴义务发生时间为纳税人增值税纳税义务发生的当天。

（十）增值税纳税地点

固定业户应当向其机构所在地的主管税务机关申报纳税。总机构和分支机构不在同一县(市)的,应当分别向各自所在地的主管税务机关申报纳税;经国务院财政、税务主管部门或者其授权的财政、税务机关批准,可以由总机构汇总向总机构所在地的主管税务机关申报纳税。

固定业户到外县(市)销售货物或者劳务,应当向其机构所在地的主管税务机关报告外出经营事项,并向其机构所在地的主管税务机关申报纳税;未报告的,应当向销售地或者劳务发生地的主管税务机关申报纳税;未向销售地或者劳务发生地的主管税务机关申报纳税的,由其机构所在地的主管税务机关补征税款。

非固定业户销售货物或者劳务,应当向销售地或者劳务发生地的主管税务机关申报纳税;未向销售地或者劳务发生地的主管税务机关申报纳税的,由其机构所在地或者居住地的主管税务机关补征税款。

进口货物,应当向报关地海关申报纳税。

扣缴义务人应当向其机构所在地或者居住地的主管税务机关申报缴纳其扣缴的税款。

❓ 思考题：增值税的纳税地点都有哪些?

（十一）纳税期限

增值税的纳税期限分别为1日、3日、5日、10日、15日、1个月或者1个季度。纳税人的具体纳税期限,由主管税务机关根据纳税人应纳税额的大小分别核定;不能按照固定期限纳税的,可以按次纳税。纳税人以1个月或者1个季度为1个纳税期的,自期满之日起15日内申报纳税;以1日、3日、5日、10日或者15日为1个纳税期的,自期满之日起5日内预缴税款,于次月1日起15日内申报纳税并结清上月应纳税款。扣缴义务人解缴税款的期限,依照前述款规定执行。

纳税人进口货物,应当自海关填发海关进口增值税专用缴款书之日起15日内缴纳税款。

三、消费税

国务院于 1993 年 12 月 13 日发布《中华人民共和国消费税暂行条例》(以下简称《消费税暂行条例》)。2008 年 11 月 5 日国务院修订通过《消费税暂行条例》。

（一）纳税人

在中国境内生产、委托加工和进口《消费税暂行条例》规定的消费品的单位和个人,以及国务院确定的销售《消费税暂行条例》规定的消费品的其他单位和个人,为消费税的纳税人。单位,是指企业、行政单位、事业单位、军事单位、社会团体及其他单位。个人,是指个体工商户及其他个人。

（二）征税范围

1993 年的《消费税暂行条例》规定了消费税的 11 个税目。2008 年修订后的《消费税暂行条例》规定了 14 个税目,2014 年取消汽车轮胎税目,2016 年将化妆品税目名称更名为高档化妆品。

消费税有 13 个税目：烟、酒、高档化妆品、贵重首饰及珠宝玉石、鞭炮焰火、成品油、摩托车、小汽车、高尔夫球及球具、高档手表、游艇、木制一次性筷子、实木地板。

❓ 思考题：消费税的征收范围都有哪些?

（三）税率

1. 烟

卷烟税率分别为：甲类卷烟税率为 45% 加 0.003 元/支,乙类卷烟税率为 30% 加 0.003 元/支;雪茄烟税率为 25%;烟丝税率为 30%。

2. 酒

白酒税率为 20% 加 0.5 元/500 克;黄酒税率为 240 元/吨;啤酒分为两类,甲类啤酒税率为 250 元/吨,乙类啤酒税率为 220 元/吨;其他酒税率为 10%。

3. 高档化妆品

征收范围包括高档美容、修饰类化妆品、高档护肤类化妆品和成套化妆品,税率调整为 15%。

4. 贵重首饰及珠宝玉石

金银首饰、铂金首饰和钻石及钻石饰品为 5%;其他贵重首饰和珠宝玉石为 10%。

5. 鞭炮、焰火

税率为 15%。

6. 成品油

汽油税率为 0.20 元/升,柴油税率为 0.10 元/升,航空煤油税率为 0.10 元/升,石脑油税率为 0.20 元/升;溶剂油税率为 0.20 元/升,润滑油税率为 0.20 元/升,燃料油税率为 0.10 元/升。

7. 摩托车

气缸容量(排气量,下同)在 250 毫升(含 250 毫升)以下的税率为 3%,气缸容量在 250 毫升以上的税率为 10%。

8. 小汽车

乘用车按气缸容量税率在 $1\%\sim40\%$ 之间,中轻型商用客车税率为 5%。

9. 高尔夫球及球具

税率为 10%。

10. 高档手表

税率为 20%。

11. 游艇

税率为 10%。

12. 木制一次性筷子

税率为 5%。

13. 实木地板

税率为 5%。

　　思考题:消费税的税率有哪些?

(四) 应纳税额

消费税实行从价定率、从量定额或者从价定率和从量定额复合计税(以下简称复合计税)的办法计算应纳税额,具体如下。

(1)纳税人经营烟丝、雪茄烟、高档化妆品、贵重首饰及珠宝玉石、鞭炮焰火、摩托车、小汽车、高尔夫球及球具、高档手表、游艇、木制一次性筷子、实木地板等实行从价定率办法,应纳税额＝销售额×比例税率。

(2)纳税人经营黄酒、啤酒、汽油、柴油实行从量定额办法,应纳税额＝销售数量×定额税率。

(3)白酒和卷烟实行复合计税的办法,应纳税额＝销售额×比例税率＋销售数量×定额税率。

(4)委托加工的应税消费品,按照受托方的同类消费品的销售价格计算纳税;没有同类消费品销售价格的,按照组成计税价格计算纳税。

实行从价定率办法计算纳税的组成计税价格＝(材料成本＋加工费)÷(1－比例税率);

实行复合计税办法计算纳税的组成计税价格＝(材料成本＋加工费＋委托加工数量×定额税率)÷(1－比例税率)。

(5)进口的应税消费品,按照组成计税价格计算纳税。

实行从价定率办法计算纳税的组成计税价格＝(关税完税价格＋关税)÷(1－消费税比例税率);

实行复合计税办法计算纳税的组成计税价格＝(关税完税价格＋关税＋进口数量×消费税定额税率)÷(1－消费税比例税率)。

　　思考题:消费税的应纳税额如何计算?

(五) 征收管理

消费税由税务机关征收,进口的应税消费品的消费税由海关代征。个人携带或者邮寄进境的应税消费品的消费税,连同关税一并计征。具体办法由国务院关税税则委员会会同有关部门制定。

(六) 纳税地点

纳税人销售的应税消费品,以及自产自用的应税消费品,除国务院财政、税务主管部门另有规定外,应当向纳税人机构所在地或者居住地的主管税务机关申报纳税。委托加工的应税消费品,除受托方为个人外,由受托方向机构所在地或者居住地的主管税务机关解缴消费税税款。进口的应税消费品,应当向报关地海关申报纳税。

(七) 纳税期限

消费税的纳税期限分别为 1 日、3 日、5 日、10 日、15 日、1 个月或者 1 个季度。纳税人的具体纳税期限,由主管税务机关根据纳税人应纳税额的大小分别核定;不能按照固定期限纳税的,可以按次纳税。纳税人以 1 个月或者 1 个季度为 1 个纳税期的,自期满之日起 15 日内申报纳税;以 1 日、3 日、5 日、10 日或者 15 日为 1 个纳税期的,自期满之日起 5 日内预缴税款,于次月 1 日起 15 日内申报纳税并结清上月应纳税款。

思考题:消费税的纳税期限有哪些?

四、 关税

国务院于 1985 年 3 月 7 日发布《中华人民共和国进出口关税条例》(以下简称《进出口关税条例》),并于 1987 年、1992 年、2003 年先后修订《进出口关税条例》。

(一) 纳税人
进口货物的收货人、出口货物的发货人、进境物品的所有人,是关税的纳税义务人。

(二) 征收范围
中国准许进出口的货物、进境物品,除法律、行政法规另有规定外,海关依照《进出口关税条例》规定征收进出口关税。

(三) 税率
关税税率分为进口关税税率和出口关税税率。进口关税设置最惠国税率、协定税率、特惠税率、普通税率、关税配额税率等税率。对进口货物在一定期限内可以实行暂定税率。出口关税设置出口税率。对出口货物在一定期限内可以实行暂定税率。

1. 进口关税税率

(1)最惠国税率。原产于共同适用最惠国待遇条款的世界贸易组织成员的进口货物,原产于与中华人民共和国签订含有相互给予最惠国待遇条款的双边贸易协定的国家或地区的进口货物,以及原产于中华人民共和国境内的进口货物,适用最惠国税率。

(2)协定税率。原产于与中华人民共和国签订含有关税优惠条款的区域性贸易协定的国家或地区的进口货物,适用协定税率。

(3)特惠税率。原产于与中华人民共和国签订含有特殊关税优惠条款的贸易协定的国家或地区的进口货物,适用特惠税率。

(4)普通税率。原产于前述三种所列国家以外国家或地区的进口货物,以及原产地不明的进口货物,适用普通税率。

(5)关税配额税率。按照国家规定实行关税配额管理的进口货物,关税配额内的,适用关税配额税率。

(6)暂定税率。适用最惠国税率的进口货物有暂定税率的,应当适用暂定税率;适用协定税率、特惠税率的进口货物有暂定税率的,应当从低适用税率;适用普通税率的进口货物,不适用暂定税率。

(7) 按照有关法律、行政法规的规定对进口货物采取反倾销、反补贴、保障措施的,其税率的适用按照《中华人民共和国反倾销条例》《中华人民共和国反补贴条例》和《中华人民共和国保障措施条例》的有关规定执行。

(8) 任何国家或地区违反与中华人民共和国签订或者共同参加的贸易协定及相关协定,对中华人民共和国在贸易方面采取禁止、限制、加征关税或者其他影响正常贸易的措施的,对原产于该国家或地区的进口货物可以征收报复性关税,适用报复性关税税率。征收报复性关税的货物、适用国别、税率、期限和征收办法,由国务院关税税则委员会决定并公布。

2. 出口关税税率

出口关税设置出口税率。适用出口税率的出口货物有暂定税率的,应当适用暂定税率。

❓ 思考题：关税的税率有哪些?

3. 税率确定

(1) 进出口货物,应当适用海关接受该货物申报进口或者出口之日实施的税率。进口货物到达前,经海关核准先行申报的,应当适用装载该货物的运输工具申报进境之日实施的税率。转关运输货物税率的适用日期,由海关总署另行规定。

(2) 有下列情形之一,需缴纳税款的,应当适用海关接受申报办理纳税手续之日实施的税率：保税货物经批准不复运出境的;减免税货物经批准转让或者移作他用的;暂准进境货物经批准不复运出境,以及暂准出境货物经批准不复运进境的;租赁进口货物,分期缴纳税款的。

(3) 补征和退还进出口货物关税,应当按照《进出口关税条例》第 15 条或者第 16 条的规定确定适用的税率。因纳税义务人违反规定需要追征税款的,应当适用该行为发生之日实施的税率;行为发生之日不能确定的,适用海关发现该行为之日实施的税率。

（四）进出口货物完税价格的确定

1. 进口货物完税价格

(1) 进口货物的完税价格由海关以成交价格以及该货物运抵中华人民共和国境内输入地点起卸前的运输及其相关费用、保险费为基础审查确定。进口货物的成交价格,是指卖方向中国境内销售该货物时买方为进口该货物向卖方实付、应付的,并按照规定调整后的价款总额,包括直接支付的价款和间接支付的价款。

(2) 进口货物的下列费用应当计入完税价格：由买方负担的购货佣金以外的佣金和经纪费;由买方负担的在审查确定完税价格时与该货物视为一体的容器的费用;由买方负担的包装材料费用和包装劳务费用;与该货物的生产和向中华人民共和国境内销售有关的,由买方以免费或者以低于成本的方式提供并可以按适当比例分摊的料件、工具、模具、消耗材料及类似货物的价款,以及在境外开发、设计等相关服务的费用;作为该货物向中华人民共和国境内销售的条件,买方必须支付的、与该货物有关的特许权使用费;卖方直接或者间接从买方获得的该货物进口后转售、处置或者使用的收益。

(3) 进口时在货物的价款中列明的下列税收、费用,不计入该货物的完税价格：厂房、机械、设备等货物进口后进行建设、安装、装配、维修和技术服务的费用,进口货物运抵境内输入地点起卸后的运输及其相关费用、保险费,进口关税及国内税收。

（4）进口货物的成交价格不符合规定条件的，或者成交价格不能确定的，海关经了解有关情况，并与纳税义务人进行价格磋商后，依次以下列价格估定该货物的完税价格：与该货物同时或者大约同时向中华人民共和国境内销售的相同货物的成交价格；与该货物同时或者大约同时向中华人民共和国境内销售的类似货物的成交价格；与该货物进口的同时或者大约同时，将该进口货物、相同或者类似进口货物在第一级销售环节销售给无特殊关系买方最大销售总量的单位价格，但应当扣除规定的项目；按照下列各项总和计算的价格：生产该货物所使用的料件成本和加工费用，向中华人民共和国境内销售同等级或者同种类货物通常的利润和一般费用，该货物运抵境内输入地点起卸前的运输及其相关费用、保险费；以合理方法估定的价格。

（5）以租赁方式进口的货物，以海关审查确定的该货物的租金作为完税价格。纳税义务人要求一次性缴纳税款的，纳税义务人可以选择按照规定估定完税价格，或者按照海关审查确定的租金总额作为完税价格。

（6）运往境外加工的货物，出境时已向海关报明并在海关规定的期限内复运进境的，应当以境外加工费和料件费以及复运进境的运输及其相关费用和保险费审查确定完税价格。

（7）运往境外修理的机械器具、运输工具或者其他货物，出境时已向海关报明并在海关规定的期限内复运进境的，应当以境外修理费和料件费审查确定完税价格。

2. 出口货物完税价格

（1）出口货物的完税价格由海关以该货物的成交价格以及该货物运至中华人民共和国境内输出地点装载前的运输及其相关费用、保险费为基础审查确定。出口货物的成交价格，是指该货物出口时卖方为出口该货物应当向买方直接收取和间接收取的价款总额。出口关税不计入完税价格。

（2）出口货物的成交价格不能确定的，海关经了解有关情况，并与纳税义务人进行价格磋商后，依次以下列价格估定该货物的完税价格：与该货物同时或者大约同时向同一国家或地区出口的相同货物的成交价格；与该货物同时或者大约同时向同一国家或地区出口的类似货物的成交价格；按照下列各项总和计算的价格：境内生产相同或者类似货物的料件成本、加工费用，通常的利润和一般费用，境内发生的运输及其相关费用、保险费；以合理方法估定的价格。

　　思考题：关税的完税价格如何确定？

（五）进出口货物关税的应纳税额

1. 进出口货物关税，以从价计征、从量计征或者国家规定的其他方式征收

（1）从价计征的计算公式为：应纳税额＝完税价格×关税税率。

（2）从量计征的计算公式为：应纳税额＝货物数量×单位税额。

2. 进口税从价计征

进口税的计算公式为：进口税税额＝完税价格×进口税税率。

（六）进出口货物关税的征收管理

1. 申报

进口货物的纳税义务人应当自运输工具申报进境之日起 14 日内，出口货物的纳税义务人除海关特准的外，应当在货物运抵海关监管区后、装货的 24 小时以前，向货物的进出

境地海关申报。

2. 缴纳税款

纳税义务人应当自海关填发税款缴款书之日起 15 日内向指定银行缴纳税款。纳税义务人未按期缴纳税款的,从滞纳税款之日起,按日加收滞纳税款 5‰的滞纳金。纳税义务人因不可抗力或者在国家税收政策调整的情形下,不能按期缴纳税款的,经海关总署批准,可以延期缴纳税款,但是最长不得超过 6 个月。

（七）税收优惠

下列进出口货物,免征关税:关税税额在人民币 50 元以下的一票货物;无商业价值的广告品和货样;外国政府、国际组织无偿赠送的物资;在海关放行前损失的货物;进出境运输工具装载的途中必需的燃料、物料和饮食用品。

在海关放行前遭受损坏的货物,可以根据海关认定的受损程度减征关税。法律规定的其他免征或者减征关税的货物,海关根据规定予以免征或者减征。

（八）补征和追征

进出口货物放行后,海关发现少征或者漏征税款的,应当自缴纳税款或者货物放行之日起 1 年内,向纳税义务人补征税款。但因纳税义务人违反规定造成少征或者漏征税款的,海关可以自缴纳税款或者货物放行之日起 3 年内追征税款,并从缴纳税款或者货物放行之日起按日加收少征或者漏征税款 5‰的滞纳金。

海关发现海关监管货物因纳税义务人违反规定造成少征或者漏征税款的,应当自纳税义务人应缴纳税款之日起 3 年内追征税款,并从应缴纳税款之日起按日加收少征或者漏征税款 5‰的滞纳金。

❓ 思考题：关税如何补征和追征?

第三节 所得税法

所得税是对单位或者个人的所得额征收的税种的总称。所得税是直接税,不能转嫁,由纳税人直接承担税负。所得税分为企业所得税和个人所得税。所得税法是调整所得税缴纳和征收过程中产生的税收关系的法律规范的总称。所得税法包括企业所得税法和个人所得税法。

一、企业所得税

第十届全国人民代表大会第五次会议于 2007 年 3 月 16 日通过《中华人民共和国企业所得税法》(以下简称《企业所得税法》),并于 2017 年 2 月 24 日第十二届全国人民代表大会常务委员会第二十六次会议修订《企业所得税法》。国务院颁行了《企业所得税法实施条例》。

（一）纳税人

在中国境内,企业和其他取得收入的组织(以下统称企业)为企业所得税的纳税人,依照《企业所得税法》的规定缴纳企业所得税。个人独资企业、合伙企业不适用企业所得税法。

企业分为居民企业和非居民企业。居民企业,是指依法在中国境内成立,或者依照外国(地区)法律成立但实际管理机构在中国境内的企业。非居民企业,是指依照外国(地区)法律成立且实际管理机构不在中国境内,但在中国境内设立机构、场所的,或者在中国境内未设立机构、场所,但有来源于中国境内所得的企业。

　　思考题:企业所得税的纳税人有哪些?

(二) 征收范围

　　居民企业应当就其来源于中国境内、境外的所得缴纳企业所得税。非居民企业在中国境内设立机构、场所的,应当就其所设机构、场所取得的来源于中国境内的所得,以及发生在中国境外但与其所设机构、场所有实际联系的所得,缴纳企业所得税。非居民企业在中国境内未设立机构、场所的,或者虽设立机构、场所但取得的所得与其所设机构、场所没有实际联系的,应当就其来源于中国境内的所得缴纳企业所得税。

(三) 税率

　　企业所得税一般适用 25% 的税率。非居民企业适用 20% 的税率。符合条件的小型微利企业,减按 20% 的税率征收企业所得税。国家需要重点扶持的高新技术企业,减按 15% 的税率征收企业所得税。

　　思考题:企业所得税的税率有哪些?

(四) 应纳税所得额

　　居民企业以每一纳税年度的收入总额,减除不征税收入、免税收入、各项扣除以及允许弥补的以前年度亏损后的余额,为应纳税所得额。

　　1. 收入总额

　　(1) 企业以货币形式和非货币形式从各种来源取得的收入,为收入总额。包括销售货物收入,提供劳务收入,转让财产收入,股息、红利等权益性投资收益,利息收入,租金收入,特许权使用费收入,接受捐赠收入,其他收入。

　　(2) 收入总额中的下列收入为不征税收入:财政拨款,依法收取并纳入财政管理的行政事业性收费、政府性基金,国务院规定的其他不征税收入。

　　2. 扣除项目

　　企业实际发生的与取得收入有关的、合理的支出,包括成本、费用、税金、损失和其他支出,准予在计算应纳税所得额时扣除。

　　(1) 成本,是指企业在生产经营活动中发生的销售成本、销货成本、业务支出以及其他耗费。

　　(2) 费用,是指企业在生产经营活动中发生的销售费用、管理费用和财务费用,已经计入成本的有关费用除外。

　　(3) 税金,是指企业发生的除企业所得税和允许抵扣的增值税以外的各项税金及其附加。

　　(4) 损失,是指企业在生产经营活动中发生的固定资产和存货的盘亏、毁损、报废损失,转让财产损失,呆账损失,坏账损失,自然灾害等不可抗力因素造成的损失以及其他损失。

　　(5) 企业发生的合理的工资、薪金支出,准予扣除。

　　(6) 企业依照国务院有关主管部门或者省级人民政府规定的范围和标准为职工缴纳的基本养老保险费、基本医疗保险费、失业保险费、工伤保险费、生育保险费等基本社会保险费和住房公积金,准予扣除。企业参加财产保险,按照规定缴纳的保险费,准予扣除。

　　(7) 企业在生产经营活动中发生的合理的不需要资本化的借款费用,准予扣除。企业为购置、建造固定资产、无形资产和经过 12 个月以上的建造才能达到预定可销售状态的存货发生借款的,在有关资产购置、建造期间发生的合理的借款费用,应当作为资本性支出计入有关资产的成本,并依照规定扣除。

(8)企业在生产经营活动中发生的下列利息支出,准予扣除:非金融企业向金融企业借款的利息支出、金融企业的各项存款利息支出和同业拆借利息支出、企业经批准发行债券的利息支出;非金融企业向非金融企业借款的利息支出,不超过按照金融企业同期同类贷款利率计算的数额的部分。

(9)职工福利费、教育经费、工会经费。企业发生的职工福利费支出,不超过工资、薪金总额 14%的部分,准予扣除。企业拨缴的工会经费,不超过工资、薪金总额 2%的部分,准予扣除。除国务院财政、税务主管部门另有规定外,企业发生的职工教育经费支出,不超过工资、薪金总额 8%的部分,准予扣除;超过部分,准予在以后纳税年度结转扣除。

(10)业务招待费。企业发生的与生产经营活动有关的业务招待费支出,按照发生额的 60%扣除,但最高不得超过当年销售(营业)收入的 5‰。

(11)广告费和业务宣传费支出。企业发生的符合条件的广告费和业务宣传费支出,除国务院财政、税务主管部门另有规定外,不超过当年销售(营业)收入 15%的部分,准予扣除;超过部分,准予在以后纳税年度结转扣除。

(12)公益性捐赠支出。

企业发生的公益性捐赠支出,在年度利润总额 12%以内的部分,准予在计算应纳税所得额时扣除。年度利润总额,是指企业依照国家统一会计制度的规定计算的年度会计利润。

(13)其他项目依法律规定扣除。

💡 思考题:企业所得税计税时可以扣除的项目有哪些?

3. 不得扣除的支出项目

在计算应纳税所得额时,下列支出不得扣除:向投资者支付的股息、红利等权益性投资收益款项;企业所得税税款;税收滞纳金;罚金、罚款和被没收财物的损失;公益性捐赠以外的捐赠支出;赞助支出,是指企业发生的与生产经营活动无关的各种非广告性质支出;未经核定的准备金支出,是指不符合国务院财政、税务主管部门规定的各项资产减值准备、风险准备等准备金支出;与取得收入无关的其他支出。

4. 固定资产折旧

在计算应纳税所得额时,企业按照规定计算的固定资产折旧,准予扣除。下列固定资产不得计算折旧扣除:房屋、建筑物以外未投入使用的固定资产,以经营租赁方式租入的固定资产,以融资租赁方式租出的固定资产,已足额提取折旧仍继续使用的固定资产,与经营活动无关的固定资产,单独估价作为固定资产入账的土地;其他不得计算折旧扣除的固定资产。

5. 无形资产摊销

在计算应纳税所得额时,企业按照规定计算的无形资产摊销费用,准予扣除。下列无形资产不得计算摊销费用扣除:自行开发的支出已在计算应纳税所得额时扣除的无形资产,自创商誉,与经营活动无关的无形资产,其他不得计算摊销费用扣除的无形资产。

6. 长期待摊费用

在计算应纳税所得额时,企业发生的下列支出作为长期待摊费用,按照规定摊销的,准予扣除：已足额提取折旧的固定资产的改建支出，租入固定资产的改建支出，固定资产的大修理支出，其他应当作为长期待摊费用的支出。

🤔 思考题：企业所得税计税时不可以扣除的项目有哪些？

7. 亏损处理

企业在汇总计算缴纳企业所得税时，其境外营业机构的亏损不得抵减境内营业机构的盈利。企业纳税年度发生的亏损，准予向以后年度结转，用以后年度的所得弥补，但结转年限最长不得超过5年。

8. 应纳税所得额计算的特殊规定

非居民企业在中国境内未设立机构、场所的，或者虽设立机构、场所但取得的所得与其所设机构、场所没有实际联系的，应当就其来源于中国境内的所得缴纳企业所得税。

非居民企业在中国境内未设立机构、场所的，或者虽设立机构、场所但取得的所得与其所设机构、场所没有实际联系的，其来源于中国境内的所得，按照下列方法计算其应纳税所得额：股息、红利等权益性投资收益和利息、租金、特许权使用费所得，以收入全额为应纳税所得额；转让财产所得，以收入全额减除财产净值后的余额为应纳税所得额；其他所得，参照前两项规定的方法计算应纳税所得额。

（五）应纳税额

企业的应纳税所得额乘以适用税率，减除依照《企业所得税法》关于税收优惠的规定减免和抵免的税额后的余额，为应纳税额。

企业取得的下列所得已在境外缴纳的所得税税额，可以从其当期应纳税额中抵免，抵免限额为该项所得依照《企业所得税法》规定计算的应纳税额，超过抵免限额的部分，可以在以后5个年度内，用每年度抵免限额抵免当年应抵税额后的余额进行抵补：居民企业来源于中国境外的应税所得；非居民企业在中国境内设立机构、场所，取得发生在中国境外但与该机构、场所有实际联系的应税所得。

居民企业从其直接或者间接控制的外国企业分得的来源于中国境外的股息、红利等权益性投资收益，外国企业在境外实际缴纳的所得税税额中属于该项所得负担的部分，可以作为该居民企业的可抵免境外所得税税额，在规定的抵免限额内抵免。

🤔 思考题：企业所得税的应纳税额如何计算？

（六）税收优惠

国家对重点扶持和鼓励发展的产业和项目，给予企业所得税优惠。

企业的下列收入为免税收入：国债利息收入，符合条件的居民企业之间的股息、红利等权益性投资收益，在中国境内设立机构、场所的非居民企业从居民企业取得与该机构、场所有实际联系的股息、红利等权益性投资收益，符合条件的非营利组织的收入。

企业的下列所得，可以免征、减征企业所得税：从事农、林、牧、渔业项目的所得，从事国家重点扶持的公共基础设施项目投资经营的所得，从事符合条件的环境保护、节能节水项目的所得，符合条件的技术转让所得。

民族自治地方的自治机关对本民族自治地方的企业应缴纳的企业所得税中属于地方分享的部分，可以决定减征或者免征。自治州、自治县决定减征或者免征的，须报省、自治区、直辖市人民政府批准。

企业的下列支出,可以在计算应纳税所得额时加计扣除:开发新技术、新产品、新工艺发生的研究开发费用,安置残疾人员及国家鼓励安置的其他就业人员所支付的工资。

创业投资企业从事国家需要重点扶持和鼓励的创业投资,可以按投资额的一定比例抵扣应纳税所得额。

企业的固定资产由于技术进步等原因,确需加速折旧的,可以缩短折旧年限或者采取加速折旧的方法。

企业综合利用资源,生产符合国家产业政策规定的产品所取得的收入,可以在计算应纳税所得额时减计收入。

企业购置用于环境保护、节能节水、安全生产等专用设备的投资额,可以按一定比例实行税额抵免。

思考题:企业所得税的税收优惠项目有哪些?

(七) 源泉扣缴

对非居民企业取得《企业所得税法》第 3 条第 3 款规定的所得应缴纳的所得税,实行源泉扣缴,以支付人为扣缴义务人。税款由扣缴义务人在每次支付或者到期应支付时,从支付或者到期应支付的款项中扣缴。对非居民企业在中国境内取得工程作业和劳务所得应缴纳的所得税,税务机关可以指定工程价款或者劳务费的支付人为扣缴义务人。

(八) 特别纳税调整

企业与其关联方之间的业务往来,不符合独立交易原则而减少企业或者其关联方应纳税收入或者所得额的,税务机关有权按照合理方法调整。

企业与其关联方共同开发、受让无形资产,或者共同提供、接受劳务发生的成本,在计算应纳税所得额时应当按照独立交易原则进行分摊。

企业可以向税务机关提出与其关联方之间业务往来的定价原则和计算方法,税务机关与企业协商、确认后,达成预约定价安排。

由居民企业,或者由居民企业和中国居民控制的设立在实际税负明显低于规定税率水平的国家(地区)的企业,并非由于合理的经营需要而对利润不作分配或者减少分配的,上述利润中应归属于该居民企业的部分,应当计入该居民企业的当期收入。

企业从其关联方接受的债权性投资与权益性投资的比例超过规定标准而发生的利息支出,不得在计算应纳税所得额时扣除。

企业实施其他不具有合理商业目的的安排而减少其应纳税收入或者所得额的,税务机关有权按照合理方法调整。

税务机关依照规定作出纳税调整,需要补征税款的,应当补征税款,并按照国务院规定加收利息。

(九) 征收管理

企业所得税的征收管理依照《税收征收管理法》的规定执行。

除税收法律、行政法规另有规定外,居民企业以企业登记注册地为纳税地点;但登记注册地在境外的,以实际管理机构所在地为纳税地点。居民企业在中国境内设立不具有法人资格的营业机构的,应当汇总计算并缴纳企业所得税。除国务院另有规定外,企业之间不得合并缴纳企业所得税。

非居民企业取得规定的所得,以机构、场所所在地为纳税地点。非居民企业在中国境内设立两个或者两个以上机构、场所的,经税务机关审核批准,可以选择由其主要机构、场所汇总缴纳企业所得税。

企业所得税按纳税年度计算。纳税年度自公历 1 月 1 日起至 12 月 31 日止。企业在一个纳税年度中间开业,或者终止经营活动,使该纳税年度的实际经营期不足 12 个月的,应当以其实际经营期为一个纳税年度。企业依法清算时,应当以清算期间作为一个纳税年度。

企业所得税分月或者分季预缴。企业应当自月份或者季度终了之日起 15 日内,向税务机关报送预缴企业所得税纳税申报表,预缴税款。企业应当自年度终了之日起 5 个月内,向税务机关报送年度企业所得税纳税申报表,并汇算清缴,结清应缴应退税款。企业在年度中间终止经营活动的,应当自实际经营终止之日起 60 日内,向税务机关办理当期企业所得税汇算清缴。

企业应当在办理注销登记前,就其清算所得向税务机关申报并依法缴纳企业所得税。

思考题:企业所得税如何征管?

二、 个人所得税

全国人大于 1980 年 9 月 10 日通过《中华人民共和国个人所得税法》(以下简称《个人所得税法》),并于 1993 年、1999 年、2005 年、2007 年、2011 年先后修订《个人所得税法》。全国人大常委会 2018 年 8 月 31 日再次修订了《个人所得税法》。

(一) 纳税人

在中国境内有住所,或者无住所而一个纳税年度内在中国境内居住累计满 183 天的个人,为居民个人。居民个人从中国境内和境外取得的所得,依法缴纳个人所得税。在中国境内无住所又不居住,或者无住所而一个纳税年度内在中国境内居住累计不满 183 天的个人,为非居民个人。非居民个人从中国境内取得的所得,依法缴纳个人所得税。

个人所得税以所得人为纳税人,以支付所得的单位或者个人为扣缴义务人。纳税人有中国公民身份号码的,以中国公民身份号码为纳税人识别号;纳税人没有中国公民身份号码的,由税务机关赋予其纳税人识别号。

(二) 征税范围

个人所得税法规定的各项个人所得的范围如下。

1. 工资、薪金所得

工资、薪金所得是指个人因任职或者受雇取得的工资、薪金、奖金、年终加薪、劳动分红、津贴、补贴以及与任职或者受雇有关的其他所得。

2. 劳务报酬所得

劳务报酬所得是指个人从事劳务取得的所得,包括从事设计、装潢、安装、制图、化验、测试、医疗、法律、会计、咨询、讲学、翻译、审稿、书画、雕刻、影视、录音、录像、演出、表演、广告、展览、技术服务、介绍服务、经纪服务、代办服务以及其他劳务取得的所得。

3. 稿酬所得

稿酬所得是指个人因其作品以图书、报刊等形式出版、发表而取得的所得。

4. 特许权使用费所得

特许权使用费所得是指个人提供专利权、商标权、著作权、非专利技术以及其他特许权的使用权取得的所得;提供著作权的使用权取得的所得,不包括稿酬所得。

5. 经营所得

经营所得是指如下收入。

(1) 个体工商户从事生产、经营活动的所得,个人独资企业投资人、合伙企业的个人合伙人来源于境内注册的个人独资企业、合伙企业生产、经营的所得。

(2) 个人依法从事办学、医疗、咨询以及其他有偿服务活动取得的所得。

(3) 个人对企业、事业单位承包经营、承租经营以及转包、转租取得的所得。

(4) 个人从事其他生产、经营活动取得的所得。

6. 利息、股息、红利所得

利息、股息、红利所得是指个人拥有债权、股权等而取得的利息、股息、红利所得。

7. 财产租赁所得

财产租赁所得是指个人出租不动产、机器设备、车船以及其他财产取得的所得。

8. 财产转让所得

财产转让所得是指个人转让有价证券、股权、合伙企业中的财产份额、不动产、机器设备、车船以及其他财产取得的所得。

9. 偶然所得

偶然所得是指个人得奖、中奖、中彩以及其他偶然性质的所得。

居民个人取得前款第 1 项至第 4 项所得(以下称综合所得),按纳税年度合并计算个人所得税;非居民个人取得前款第 1 项至第 4 项所得,按月或者按次分项计算个人所得税。纳税人取得前款第 5 项至第 9 项所得,依照《个人所得税法》规定分别计算个人所得税。

个人取得的所得,难以界定应纳税所得项目的,由国务院税务主管部门确定。

❓ 思考题:个人所得税的征收范围有哪些?

(三) 税率

个人所得税的税率如下。

(1) 综合所得,适用 3%～45% 的超额累进税率。

(2) 经营所得,适用 5%～35% 的超额累进税率。

(3) 利息、股息、红利所得,财产租赁所得,财产转让所得和偶然所得,适用比例税率,税率为 20%。

❓ 思考题:个人所得税的税率有哪些?

(四) 应纳税所得额

1. 居民个人的综合所得

居民个人的综合所得以每一纳税年度的收入额减除费用 60000 元以及专项扣除、专项附加扣除和依法确定的其他扣除后的余额,为应纳税所得额。

2. 非居民个人的工资、薪金所得

非居民个人的工资、薪金所得以每月收入额减除费用 5000 元后的余额为应纳税所得额;劳务报酬所得、稿酬所得、特许权使用费所得,以每次收入额为应纳税所得额。

3. 经营所得

经营所得以每一纳税年度的收入总额减除成本、费用以及损失后的余额,为应纳税所得额。

4. 财产租赁所得

财产租赁所得每次收入不超过 4000 元的,减除费用 800 元;4000 元以上的,减除 20％的费用,其余额为应纳税所得额。

5. 财产转让所得

财产转让所得以转让财产的收入额减除财产原值和合理费用后的余额,为应纳税所得额。

6. 利息、股息、红利所得和偶然所得

利息、股息、红利所得和偶然所得以每次收入额为应纳税所得额。

劳务报酬所得、稿酬所得、特许权使用费所得以收入减除 20％的费用后的余额为收入额。稿酬所得的收入额减按 70％计算。个人将其所得对教育、扶贫、济困等公益慈善事业进行捐赠,捐赠额未超过纳税人申报的应税所得额 30％的部分,可以从其应税所得额中扣除。

专项扣除,包括居民个人按照国家规定的范围和标准缴纳的基本养老保险、基本医疗保险、失业保险等社会保险费和住房公积金等;专项附加扣除,包括子女教育、继续教育、大病医疗、住房贷款利息或者住房租金、赡养老人等支出。

❓思考题:个人所得税的应纳税所得额如何计算?

（五）应纳税额

个人所得应纳税额＝应纳税所得额×适用税率。

纳税义务人从中国境外取得的所得,准予其在应纳税额中扣除已在境外缴纳的个人所得税税额。但扣除额不得超过该纳税义务人境外所得依照《个人所得税法》规定计算的应纳税额。

（六）税收优惠

税收优惠主要是个人所得的免税。下列各项个人所得,免征个人所得税:省级人民政府、国务院部委和中国人民解放军军以上单位,以及外国组织、国际组织颁发的科学、教育、技术、文化、卫生、体育、环境保护等方面的奖金;国债和国家发行的金融债券利息;按照国家统一规定发给的补贴、津贴;福利费、抚恤金、救济金;保险赔款;军人的转业费、复员费、退役金;按照国家统一规定发给干部、职工的安家费、退职费、基本养老金或者退休费、离休费、离休生活补助费;依照有关法律规定应予免税的各国驻华使馆、领事馆的外交代表、领事官员和其他人员的所得;中国政府参加的国际公约、签订的协议中规定免税的所得;国务院规定的其他免税所得。其他免税所得,由国务院报全国人大常委会备案。

❓思考题:个人所得税的税收优惠项目有哪些?

（七）征收管理

个人所得税征收管理,依照《个人所得税法》《税收征收管理法》规定执行。

居民个人取得综合所得,按年计算个人所得税;有扣缴义务人的,由扣缴义务人按月或者按次预扣预缴税款;需要办理汇算清缴的,应当在取得所得的次年 3 月 1 日至 6 月 30 日内办理汇算清缴。居民个人向扣缴义务人提供专项附加扣除信息的,扣缴义务人按月预扣预缴税款时应当按照规定予以扣除,不得拒绝。

纳税人取得经营所得,按年计算个人所得税,由纳税人在月度或者季度终了后 15 日内向税务机关报送纳税申报表,并预缴税款;在取得所得的次年 3 月 31 日前办理汇算清缴。纳税人取得利息、股息、红利所得,财产租赁所得,财产转让所得和偶然所得,按月或者按次计算个人所得税,有扣缴义务人的,由扣缴义务人按月或者按次代扣代缴税款。

纳税人取得应税所得没扣缴义务人的,应在取得所得的次月 15 日内向税务机关报送纳税申报表,并纳税。纳税人取得应税所得,扣缴义务人未扣缴税款的,纳税人应在取得所得的次年 6 月 30 日前纳税;税务机关通知限期缴纳的,纳税人应按照期限纳税。

第四节　财产与行为税法

财产与行为税法包括《中华人民共和国车船税法》《中华人民共和国环境保护税法》《中华人民共和国房产税暂行条例》《中华人民共和国契税暂行条例》《中华人民共和国车辆购置税暂行条例》《中华人民共和国资源税暂行条例》《中华人民共和国土地增值税暂行条例》等。

一、房产税

国务院 1986 年 9 月 15 日发布《中华人民共和国房产税暂行条例》,并于 2011 年修订该条例。

（一）纳税人

房产税由产权所有人缴纳。产权属于全民所有的,由经营管理的单位缴纳。产权出典的,由承典人缴纳。产权所有人、承典人不在房产所在地的,或者产权未确定及租典纠纷未解决的,由房产代管人或者使用人缴纳。

（二）征收范围

房产税在城市、县城、建制镇和工矿区征收。

（三）计税依据

1. 从价计征

房产税依照房产原值一次减除 10%～30% 后的余值计算缴纳。具体减除幅度,由省、自治区、直辖市人民政府规定。没有房产原值作为依据的,由房产所在地税务机关参考同类房产核定。

2. 从租计征

房产出租的,以房产租金收入为房产税的计税依据。

? 思考题：房产税的计税依据如何确定?

（四）税率

1. 从价计征的税率

依照房产余值计算缴纳的,税率为 1.2%。

2. 从租计征的税率

依照房产租金收入计算缴纳的,税率为 12%。

（五）税收优惠

下列房产免纳房产税：国家机关、人民团体、军队自用的房产，由国家财政部门拨付事业经费的单位自用的房产，宗教寺庙、公园、名胜古迹自用的房产，个人所有非营业用的房产，经财政部批准免税的其他房产。

（六）征收管理

房产税按年征收、分期缴纳。房产税由房产所在地的税务机关征收。

二、契税

现行《中华人民共和国契税暂行条例》是国务院于 1997 年 4 月 23 日通过的，1997 年 10 月 1 日实施。

（一）纳税人

在中国境内转移土地、房屋权属，承受的单位和个人为契税的纳税人。

（二）征收范围

契税的征收对象是转移土地、房屋权属的行为。转移土地、房屋权属是指下列行为：国有土地使用权出让；土地使用权转让，包括出售、赠与和交换；房屋买卖；房屋赠与；房屋交换。土地使用转让，不包括农村集体土地承包经营权的转移。

（三）税率

契税税率为 3%～5%。契税的适用税率，由省、自治区、直辖市人民政府在前述规定的幅度内按照本地区的实际情况确定，并报财政部和国家税务总局备案。

（四）计税依据

契税的计税依据：国有土地使用权出让、土地使用权出售、房屋买卖，为成交价格；土地使用权赠与、房屋赠与，由征收机关参照土地使用权出售、房屋买卖的市场价格核定；土地使用权交换、房屋交换，为所交换的土地使用权、房屋的价格的差额。前述成交价格明显低于市场价格并且无正当理由的，或者所交换土地使用权、房屋的价格的差额明显不合理并且无正当理由的，由征收机关参照市场价格核定。

　思考题：契税的计税依据如何确定？

（五）应纳税额

应纳税额依照规定的税率和规定的计税依据计算征收。应纳税额计算公式：

应纳税额＝计税依据×税率。

（六）税收优惠

有下列情形之一的，减征或者免征契税：国家机关、事业单位、社会团体、军事单位承受土地、房屋用于办公、教学、医疗、科研和军事设施的，免征；城镇职工按规定第一次购买公有住房的，免征；因不可抗力灭失住房而重新购买住房的，酌情准予减征或者免征；财政部规定的其他减征、免征契税的项目。

（七）征收管理

契税的纳税义务发生时间，为纳税人签订土地、房屋权属转移合同的当天，或者纳税人取得其他具有土地、房屋权属转移合同性质凭证的当天。纳税人应当纳税义务发生之日起 10 日内，向土地、房屋所在地的契税征收机关办理纳税申报，并在契税征收机关核定的期限内缴纳税款。

契税征收机关为土地、房屋所在地的财政机关或者地方税务机关。具体征收机关由省、自治区、直辖市人民政府确定。

三、车辆购置税

国务院于 2000 年 10 月 22 日发布《中华人民共和国车辆购置税暂行条例》,自 2001 年 1 月 1 日起施行。2018 年全国人大常委会颁布了《车辆购置税法》。

(一) 纳税人

在中华人民共和国境内购置《车辆购置税法》规定的应税车辆的单位和个人,为车辆购置税的纳税人。购置,包括购买、进口、自产、受赠、获奖或者以其他方式取得并自用应税车辆的行为。单位,包括国有企业、集体企业、私营企业、股份制企业、外商投资企业、外国企业以及其他企业和事业单位、社会团体、国家机关、部队以及其他单位;个人,包括个体工商户以及其他个人。

(二) 征收范围

车辆购置税的征收范围包括汽车、有轨电车、汽车挂车、排气量超过 150 毫升的摩托车。

(三) 计税依据

车辆购置税的计税价格根据不同情况,按照下列规定确定。

(1) 纳税人购买自用的应税车辆的计税价格,为纳税人购买应税车辆而支付给销售者的全部价款和价外费用,不包括增值税税款。

(2) 纳税人进口自用的应税车辆的计税价格的计算公式为:

计税价格＝关税完税价格＋关税＋消费税。

(3) 纳税人自产自用应税车辆的计税价格,按照纳税人生产的同类应税车辆的销售价格确定,不包括增值税税款。

(4) 纳税人以受赠、获奖或者其他方式取得自用应税车辆的计税价格,按照购置应税车辆时相关凭证载明的价格确定,不包括增值税税款。

纳税人申报的计税价格明显偏低,又无正当理由的,由税务机关核定其应纳税额。

思考题:车辆购置税的计税依据如何确定?

(四) 税率

车辆购置税的税率为 10%。

(五) 应纳税额

车辆购置税实行从价定率的办法计算应纳税额。应纳税额的计算公式为:

应纳税额＝计税价格×税率。

(六) 税收优惠

下列车辆免税:依法应当予以免税的外国驻华使馆、领事馆和国际组织驻华机构及其有关人员自用的车辆,中国人民解放军和中国人民武装警察部队列入装备订货计划的车辆,悬挂应急救援专用号牌的国家综合性消防救援车辆,设有固定装置的非运输专用作业车辆,城市公交企业购置的公共汽电车辆。

（七）征收管理

车辆购置税实行一次征收制度。购置已征车辆购置税的车辆,不再征收车辆购置税。

车辆购置税由国家税务局征收。纳税人购置应税车辆,应当向车辆登记注册地的主管税务机关申报纳税;购置不需要办理车辆登记注册手续的应税车辆,应当向纳税人所在地的主管税务机关申报纳税。

纳税人购买自用应税车辆的,应当自购买之日起 60 日内申报纳税;进口自用应税车辆的,应当自进口之日起 60 日内申报纳税;自产、受赠、获奖或者以其他方式取得并自用应税车辆的,应当自取得之日起 60 日内申报纳税。

车辆购置税税款应当一次缴清。纳税人应当在向公安机关车辆管理机构办理车辆登记注册前,缴纳车辆购置税。纳税人应当持主管税务机关出具的完税证明或者免税证明,向公安机关车辆管理机构办理车辆登记注册手续;没有完税证明或者免税证明的,公安机关车辆管理机构不得办理车辆登记注册手续。

思考题：车辆购置税如何征管?

四、 车船税

第十一届全国人民代表大会常务委员会第十九次会议于 2011 年 2 月 25 日通过《中华人民共和国车船税法》(以下简称《车船税法》),自 2012 年 1 月 1 日起施行。

（一）纳税人

在中国境内属于《车船税法》所附《车船税税目税额表》规定的车辆、船舶的所有人或者管理人,为车船税的纳税人。

（二）征收范围

车船税的征收对象是《车船税法》所附《车船税税目税额表》中规定的车辆、船舶,具体范围是：车辆,包括乘用车、商用车、半挂牵引车、三轮汽车、低速载货汽车、挂车、专用作业车、轮式专用机械车、摩托车;船舶,是指各类机动、非机动船舶以及其他水上移动装置,但是船舶上装备的救生艇筏和长度小于 5 米的艇筏除外。

（三）计税依据

车船税实行从量计征。车船税的计税依据有辆、吨。

（四）车船税的税率

车船税实行定额税率。车船的适用税额依照《车船税税目税额表》执行。车辆的具体适用税额由省、自治区、直辖市人民政府依照《车船税税目税额表》规定的税额幅度和国务院的规定确定。船舶的具体适用税额由国务院在《车船税税目税额表》规定的税额幅度内确定。

1. 乘用车、客车、摩托车以每辆作为计税单位

乘用车按照排气量确定基准税额,每辆 60～5400 元。客车每辆基准税额从 480～1440 元。摩托车每辆基准税额从 36～180 元。

2. 货车、挂车、其他车辆以整备质量每吨作为计税单位

货车每吨基准税额从 16～120 元,挂车每吨基准税额按照货车税额的 50% 计算,其他车辆每吨基准税额从 16～120 元。

3. 船舶以净吨位每吨或者艇身长度每米作为计税单位

机动船舶净吨位每吨基准税额从 3～6 元。游艇艇身长度每米基准税额从 36～180 元。拖船、非机动驳船分别按照机动船舶税额的 50%计算。

❓ 思考题：车辆购置税的税率有哪些？

（五）应纳税额

车船税的应纳税额依照计税依据和规定的税率计算。计算公式为：

应纳税额＝计税价格×税率。

（六）税收优惠

下列车船免征车船税：捕捞、养殖渔船，军队、武装警察部队专用的车船，警用车船，依照法律规定应当予以免税的外国驻华使领馆、国际组织驻华代表机构及其有关人员的车船。

（七）征收管理

车船税的纳税地点为车船的登记地或者车船税扣缴义务人所在地。依法不需要办理登记的车船，车船税的纳税地点为车船的所有人或者管理人所在地。

车船税纳税义务发生时间为取得车船所有权或者管理权的当月。车船税按年申报，分月计算，一次性缴纳。具体申报纳税期限由省、自治区、直辖市人民政府规定。

五、资源税

国务院于 1993 年 12 月 25 日发布《中华人民共和国资源税暂行条例》，并于 2011 年修订该条例。

（一）纳税人

在中国领域及管辖海域开采《中华人民共和国资源税暂行条例》规定的矿产品或者生产盐的单位和个人，为资源税的纳税人。

（二）征收范围

资源税的征税对象是在中国领域及管辖海域开采的矿产品或者盐。资源税的征收范围包括以下矿产品和盐：原油、天然气、煤炭、其他非金属矿原矿、黑色金属矿原矿、有色金属矿原矿、盐。

（三）计税依据

资源税的计税依据为应税产品的销售额或者应税产品的销售数量，原油、天然气以销售额作为计税依据，煤炭、其他非金属矿原矿、黑色金属矿原矿、有色金属矿原矿和盐则以应税产品的销售数量为计税依据。

（四）税率

资源税的税率分为比例税率和定额税率。资源税的税率具体为：原油实行比例税率，为销售额的 5%～10%；天然气实行比例税率，为销售额的 5%～10%；煤炭实行定额税率，焦煤每吨 8～20 元、其他煤炭每吨 0.3～5 元；其他非金属矿原矿实行定额税率，普通非金属矿原矿每吨或者每立方米 0.5～20 元、贵重非金属矿原矿每千克或者每克拉 0.5～20 元；黑色金属矿原矿实行定额税率，每吨 2～30 元；有色金属矿原矿实行定额税率，稀土矿每吨 0.4～60 元、其他有色金属矿原矿每吨 0.4～30 元；盐实行定额税率，固体盐每吨 10～60 元、液体盐每吨 2～10 元。

❓ 思考题：资源税的税率有哪些？

（五）应纳税额

资源税的应纳税额,按照从价定率或者从量定额的办法,分别以应税产品的销售额乘以纳税人具体适用的比例税率或者以应税产品的销售数量乘以纳税人具体适用的定额税率计算。

原油、天然气应纳税额等于应税产品的销售额乘以纳税人具体适用的比例税率,煤炭、其他非金属矿原矿、黑色金属矿原矿、有色金属矿原矿和盐的应纳税额等于应税产品的销售数量乘以纳税人具体适用的定额税率。

（六）税收优惠

有下列情形之一的,减征或者免征资源税:开采原油过程中用于加热、修井的原油,免税;纳税人开采或者生产应税产品过程中,因意外事故或者自然灾害等原因遭受重大损失的,由省、自治区、直辖市人民政府酌情决定减税或者免税;国务院规定的其他减税、免税项目。

（七）征收管理

资源税由税务机关征收。纳税人应纳的资源税,应当向应税产品的开采或者生产所在地主管税务机关缴纳。

纳税人销售应税产品,纳税义务发生时间为收讫销售款或者取得索取销售款凭据的当天;自产自用应税产品,纳税义务发生时间为移送使用的当天。纳税人的纳税期限为1日、3日、5日、10日、15日或者1个月,由主管税务机关根据实际情况具体核定。不能按固定期限计算纳税的,可以按次计算纳税。纳税人以1个月为一期纳税的,自期满之日起10日内申报纳税;以1日、3日、5日、10日或者15日为一期纳税的,自期满之日起5日内预缴税款,于次月1日起10日内申报纳税并结清上月税款。

思考题:资源税如何征管?

六、环境保护税

第十二届全国人民代表大会常务委员会第二十五次会议于2016年12月25日通过《中华人民共和国环境保护税法》(以下简称《环境保护税法》),自2018年1月1日起施行。制定环境保护税法的目的是为了保护和改善环境,减少污染物排放,推进生态文明建设。

（一）纳税人

在中国领域和中国管辖的其他海域,直接向环境排放应税污染物的企业事业单位和其他生产经营者为环境保护税的纳税人。

（二）征收范围

环境保护税的征收对象是排放应税污染物的行为。应税污染物,是指环境保护税法所附《环境保护税税目税额表》《应税污染物和当量值表》规定的大气污染物、水污染物、固体废物和噪声。

有下列情形之一的,不属于直接向环境排放污染物,不缴纳相应污染物的环境保护税:企业事业单位和其他生产经营者向依法设立的污水集中处理、生活垃圾集中处理场所排放应税污染物的;企业事业单位和其他生产经营者在符合国家和地方环境保护标准的设施、场所贮存或者处置固体废物的。

依法设立的城乡污水集中处理、生活垃圾集中处理场所超过国家和地方规定的排放标准向环境排放应税污染物的,应当缴纳环境保护税。企业事业单位和其他生产经营者贮存或者处置固体废物不符合国家和地方环境保护标准的,应当缴纳环境保护税。

　　❓ 思考题:环境保护税的征收范围有哪些?

(三) 计税依据

　　应税污染物的计税依据,按照下列方法确定:应税大气污染物按照污染物排放量折合的污染当量数确定,应税水污染物按照污染物排放量折合的污染当量数确定,应税固体废物按照固体废物的排放量确定,应税噪声按照超过国家规定标准的分贝数确定。

(四) 税率

　　环境保护税实行从量定额征收,实行定额税率,税额依照环境保护税法所附《环境保护税税目税额表》执行。具体税额为:大气污染物税额为每污染当量 1.2～12 元,水污染物每污染当量 1.4～14 元,固体废物为每吨 5～1000 元,噪声为每月 350～11200 元。

(五) 应纳税额

　　环境保护税应纳税额按照下列方法计算:应税大气污染物的应纳税额为污染当量数乘以具体适用税额,应税水污染物的应纳税额为污染当量数乘以具体适用税额,应税固体废物的应纳税额为固体废物排放量乘以具体适用税额,应税噪声的应纳税额为超过国家规定标准的分贝数对应的具体适用税额。

　　❓ 思考题:环境保护税的应纳税额如何计算?

(六) 税收优惠

　　下列情形,暂予免征环境保护税:农业生产(不包括规模化养殖)排放应税污染物的;机动车、铁路机车、非道路移动机械、船舶和航空器等流动污染源排放应税污染物的;依法设立的城乡污水集中处理、生活垃圾集中处理场所排放相应应税污染物,不超过国家和地方规定的排放标准的;纳税人综合利用的固体废物,符合国家和地方环境保护标准的;国务院批准免税的其他情形。

(七) 征收管理

　　环境保护税由税务机关依照《税收征收管理法》和《环境保护税法》的有关规定征收管理。环境保护主管部门依照《环境保护税法》和有关环境保护法律法规的规定负责对污染物的监测管理。环境保护主管部门和税务机关应当建立涉税信息共享平台和工作配合机制。

　　纳税义务发生时间为纳税人排放应税污染物的当日。环境保护税按月计算,按季申报缴纳。不能按固定期限计算缴纳的,可以按次申报缴纳。纳税人按季申报缴纳的,应当自季度终了之日起 15 日内,向税务机关办理纳税申报并缴纳税款。纳税人按次申报缴纳的,应当自纳税义务发生之日起 15 日内,向税务机关办理纳税申报并缴纳税款。

七、 土地增值税

　　国务院于 1993 年 11 月 26 日通过《中华人民共和国土地增值税暂行条例》,自 1994 年 1 月 1 日起施行。制定《中华人民共和国土地增值税暂行条例》的目的是为了规范土地、房地产市场交易秩序,合理调节土地增值收益,维护国家权益。

（一）纳税人

转让国有土地使用权、地上的建筑物及其附着物并取得收入的单位和个人，为土地增值税的纳税义务人。单位，是指各类企业单位、事业单位、国家机关和社会团体及其他组织。个人，包括个体经营者和个人。

（二）征收范围

土地增值税的征税对象是房地产转让行为。房地产转让行为是指转让国有土地使用权、地上的建筑物及其附着物并取得收入的行为。国有土地，是指按国家法律规定属于国家所有的土地。地上的建筑物，是指建于土地上的一切建筑物，包括地上地下的各种附属设施。附着物，是指附着于土地上的不能移动，一经移动即遭损坏的物品。房地产转让行为是指以出售或者其他方式有偿转让房地产的行为，不包括以继承、赠与方式无偿转让房地产的行为。

思考题：土地增值税的征收范围有哪些？

（三）计税依据

土地增值税的计税依据为土地增值额。土地增值额是纳税人转让房地产所取得的收入减除规定扣除项目金额后的余额。纳税人转让房地产所取得的收入，是指转让房地产的全部价款及有关的经济收益，包括货币收入、实物收入和其他收入。计算增值额的扣除项目：取得土地使用权所支付的金额、开发土地和新建房及配套设施的费用、新建房及配套设施的成本、费用，或者旧房及建筑物的评估价格、与转让房地产有关的税金、财政部规定的其他扣除项目。

（四）税率

土地增值税实行四级超率累进税率：增值额未超过扣除项目金额50%的部分，税率为30%；增值额超过扣除项目金额50%、未超过扣除项目金额100%的部分，税率为40%；增值额超过扣除项目金额100%、未超过扣除项目金额200%的部分，税率为50%；增值额超过扣除项目金额200%的部分，税率为60%。

思考题：土地增值税的税率有哪些？

（五）应纳税额

土地增值税应纳税额，按照纳税人转让房地产所取得的增值额和规定税率计算征收。

土地增值税应纳税额，可按增值额乘以适用的税率减去扣除项目金额乘以速算扣除系数的简便方法计算，具体公式如下。

（1）增值额未超过扣除项目金额50%的：土地增值税税额＝增值额×30%。

（2）增值额超过扣除项目金额50%，未超过100%的：土地增值税税额＝增值额×40%－扣除项目金额×5%。

（3）增值额超过扣除项目金额100%，未超过200%的：土地增值税税额＝增值额×50%－扣除项目金额×15%。

（4）增值额超过扣除项目金额200%的：土地增值税税额＝增值额×60%－扣除项目金额×35%。

公式中的5%、15%、35%为速算扣除系数。

思考题：土地增值税应纳税额如何计算？

（六）税收优惠

有下列情形之一的，免征土地增值税：纳税人建造普通标准住宅出售，增值额未超过扣除项目金额 20％的；因国家建设需要依法征用、收回的房地产。

个人因工作调动或改善居住条件而转让原自用住房，经向税务机关申报核准，凡居住满 5 年或 5 年以上的，免予征收土地增值税；居住满 3 年未满 5 年的，减半征收土地增值税。居住未满 3 年的，按规定计征土地增值税。

（七）征收管理

土地增值税由税务机关征收。土地管理部门、房产管理部门应当向税务机关提供有关资料，并协助税务机关依法征收土地增值税。纳税人未按照规定缴纳土地增值税的，土地管理部门、房产管理部门不得办理有关的权属变更手续。

纳税人应当自转让房地产合同签订之日起 7 日内向房地产所在地主管税务机关办理纳税申报，并在税务机关核定的期限内缴纳土地增值税。

第五节　税收征收管理法

《中华人民共和国税收征收管理法》（以下简称《税收征收管理法》）是税收程序法。第九届全国人民代表大会常务委员会第二十一次会议于 1992 年 9 月 4 日通过《税收征收管理法》，并于 1995 年、2001 年、2013 年、2015 年先后修订该法。国务院于 2002 年 9 月 7 日通过《税收征收管理法实施细则》，并于 2012 年、2013 年先后修订该实施细则。制定《税收征收管理法》的目的是为了加强税收征收管理，规范税收征收和缴纳行为，保障国家税收收入，保护纳税人的合法权益，促进经济和社会发展。凡依法由税务机关征收的各种税收的征收管理，均适用《税收征收管理法》。

一、税收征收管理法的主体

（一）纳税人

法律、行政法规规定负有纳税义务的单位和个人为纳税人。法律、行政法规规定负有代扣代缴、代收代缴税款义务的单位和个人为扣缴义务人。纳税人、扣缴义务人必须依照法律、行政法规的规定缴纳税款、代扣代缴、代收代缴税款。

纳税人、扣缴义务人有权向税务机关了解国家税收法律、行政法规的规定以及与纳税程序有关的情况。纳税人、扣缴义务人有权要求税务机关为纳税人、扣缴义务人的情况保密。税务机关应当依法为纳税人、扣缴义务人的情况保密。纳税人依法享有申请减税、免税、退税的权利。纳税人、扣缴义务人对税务机关所作出的决定，享有陈述权、申辩权；依法享有申请行政复议、提起行政诉讼、请求国家赔偿等权利。纳税人、扣缴义务人有权控告和检举税务机关、税务人员的违法违纪行为。

（二）征税人

征税人是指具体负责税收征收管理的机关，包括税务机关和其他依法征税的机关或者组织，主要是税务机关。税务机关是指各级税务局、税务分局、税务所和按照国务院规定设立的并向社会公告的税务机构。

国务院税务主管部门主管全国税收征收管理工作。各地税务机关应当按照国务院规定的税收征收管理范围分别进行征收管理。地方各级人民政府应当依法加强对本行政区域内税收征收管理工作的领导或者协调,支持税务机关依法执行职务,依照法定税率计算税额,依法征收税款。

各级税务机关应当建立、健全内部制约和监督管理制度。税务机关负责征收、管理、稽查、行政复议的人员的职责应当明确,并相互分离、相互制约。上级税务机关应当对下级税务机关的执法活动依法进行监督。各级税务机关应当对其工作人员执行法律、行政法规和廉洁自律准则的情况进行监督检查。国家有计划地用现代信息技术装备各级税务机关,加强税收征收管理信息系统的现代化建设,建立、健全税务机关与政府其他管理机关的信息共享制度。

税务机关应当广泛宣传税收法律、行政法规,普及纳税知识,无偿地为纳税人提供纳税咨询服务。税务机关应当加强队伍建设,提高税务人员的政治业务素质。税务机关、税务人员必须秉公执法,忠于职守,清正廉洁,礼貌待人,文明服务,尊重和保护纳税人、扣缴义务人的权利,依法接受监督。税务人员不得索贿受贿、徇私舞弊、玩忽职守、不征或者少征应征税款;不得滥用职权多征税款或者故意刁难纳税人和扣缴义务人。税务人员征收税款和查处税收违法案件,与纳税人、扣缴义务人或者税收违法案件有利害关系的,应当回避。

各有关部门和单位应当支持、协助税务机关依法执行职务。税务机关依法执行职务,任何单位和个人不得阻挠。纳税人、扣缴义务人和其他有关单位应当按照国家有关规定如实向税务机关提供与纳税和代扣代缴、代收代缴税款有关的信息。任何单位和个人都有权检举违反税收法律、行政法规的行为。收到检举的机关和负责查处的机关应当为检举人保密。税务机关应当按照规定对检举人给予奖励。

❓ 思考题:税务机关享有哪些权利和义务?

二、 税务管理

(一) 税务登记

企业,企业在外地设立的分支机构和从事生产、经营的场所,个体工商户和从事生产、经营的事业单位(以下统称从事生产、经营的纳税人)自领取营业执照之日起 30 日内,持有关证件,向税务机关申报办理税务登记。税务机关应当于收到申报的当日办理登记并发给税务登记证件。市场监督管理机关应当将办理登记注册、核发营业执照的情况,定期向税务机关通报。其他纳税人办理税务登记和扣缴义务人办理扣缴税款登记的范围和办法,由国务院规定。

从事生产、经营的纳税人,税务登记内容发生变化的,自工商行政管理机关办理变更登记之日起 30 日内或者在向工商行政管理机关申请办理注销登记之前,持有关证件向税务机关申报办理变更或者注销税务登记。

从事生产、经营的纳税人应当按照国家有关规定,持税务登记证件,在银行或者其他金融机构开立基本存款账户和其他存款账户,并将其全部账号向税务机关报告。银行和其他金融机构应当在从事生产、经营的纳税人的账户中登录税务登记证件号码,并在税务登记证件中登录从事生产、经营的纳税人的账户。税务机关依法查询从事生产、经营的纳税人开立账户的情况时，有关银行和其他金融机构应当予以协助。

纳税人按照国务院税务主管部门的规定使用税务登记证件。税务登记证件不得转借、涂改、损毁、买卖或者伪造。

　　思考题：纳税人如何进行税务登记？

（二）账簿、凭证管理

纳税人、扣缴义务人按照有关法律、行政法规和国务院财政、税务主管部门的规定设置账簿，根据合法、有效凭证记账，进行核算。从事生产、经营的纳税人、扣缴义务人必须按照国务院财政、税务主管部门规定的保管期限保管账簿、记账凭证、完税凭证及其他有关资料。账簿、记账凭证、完税凭证及其他有关资料不得伪造、变造或者擅自损毁。

从事生产、经营的纳税人的财务、会计制度或者财务、会计处理办法和会计核算软件，应当报送税务机关备案。纳税人、扣缴义务人的财务、会计制度或者财务、会计处理办法与国务院或者国务院财政、税务主管部门有关税收的规定抵触的，依照国务院或者国务院财政、税务主管部门有关税收的规定计算应纳税款、代扣代缴和代收代缴税款。

税务机关是发票的主管机关，负责发票印制、领购、开具、取得、保管、缴销的管理和监督。单位、个人在购销商品、提供或者接受经营服务以及从事其他经营活动中，应当按照规定开具、使用、取得发票。发票的管理办法由国务院规定。

增值税专用发票由国务院税务主管部门指定的企业印制；其他发票，按照国务院税务主管部门的规定，分别由省、自治区、直辖市国家税务局、地方税务局指定企业印制。未经前款规定的税务机关指定，不得印制发票。

国家根据税收征收管理的需要，积极推广使用税控装置。纳税人应当按照规定安装、使用税控装置，不得损毁或者擅自改动税控装置。

　　思考题：纳税人账簿、凭证如何管理？

（三）纳税申报

纳税人必须依照法律、行政法规规定或者税务机关依照法律、行政法规的规定确定的申报期限、申报内容如实办理纳税申报，报送纳税申报表、财务会计报表以及税务机关根据实际需要要求纳税人报送的其他纳税资料。

扣缴义务人必须依照法律、行政法规规定或者税务机关依照法律、行政法规的规定确定的申报期限、申报内容如实报送代扣代缴、代收代缴税款报告表以及税务机关根据实际需要要求扣缴义务人报送的其他有关资料。

纳税人、扣缴义务人可以直接到税务机关办理纳税申报或者报送代扣代缴、代收代缴税款报告表，也可以按照规定采取邮寄、数据电文或者其他方式办理上述申报、报送事项。

纳税人、扣缴义务人不能按期办理纳税申报或者报送代扣代缴、代收代缴税款报告表的，经税务机关核准，可以延期申报。经核准延期办理前述规定的申报、报送事项的，应当在纳税期内按照上期实际缴纳的税额或者税务机关核定的税额预缴税款，并在核准的延期内办理税款结算。

三、 税款征收

（一）依法征收

除税务机关、税务人员以及经税务机关依照法律、行政法规委托的单位和人员外，任何单位和个人不得进行税款征收活动。税务机关依照法律、行政法规的规定征收税款，不得违反法律、行政法规的规定开征、停征、多征、少征、提前征收、延缓征收或者摊派税款。

纳税人依照法律、行政法规的规定办理减税、免税。地方各级人民政府、各级人民政府主管部门、单位和个人违反法律、行政法规规定，擅自作出的减税、免税决定无效，税务机关不得执行，并向上级税务机关报告。

税务机关征收税款时，必须给纳税人开具完税凭证。扣缴义务人代扣、代收税款时，纳税人要求扣缴义务人开具代扣、代收税款凭证的，扣缴义务人应当开具。

（二）依法缴纳税款

扣缴义务人依照法律、行政法规的规定履行代扣、代收税款的义务。对法律、行政法规没有规定负有代扣、代收税款义务的单位和个人，税务机关不得要求其履行代扣、代收税款义务。扣缴义务人依法履行代扣、代收税款义务时，纳税人不得拒绝。纳税人拒绝的，扣缴义务人应当及时报告税务机关处理。税务机关按照规定付给扣缴义务人代扣、代收手续费。

纳税人、扣缴义务人按照法律、行政法规规定或者税务机关依照法律、行政法规的规定确定的期限，缴纳或者解缴税款。纳税人因有特殊困难，不能按期缴纳税款的，经省、自治区、直辖市国家税务局、地方税务局批准，可以延期缴纳税款，但是最长不得超过3个月。

纳税人未按照规定期限缴纳税款的，扣缴义务人未按照规定期限解缴税款的，税务机关除责令限期缴纳外，从滞纳税款之日起，按日加收滞纳税款5‰的滞纳金。

（三）核定税额

纳税人有下列情形之一的，税务机关有权核定其应纳税额：依照法律、行政法规的规定可以不设置账簿的；依照法律、行政法规的规定应当设置账簿但未设置的；擅自销毁账簿或者拒不提供纳税资料的；虽设置账簿，但账目混乱或者成本资料、收入凭证、费用凭证残缺不全，难以查账的；发生纳税义务，未按照规定的期限办理纳税申报，经税务机关责令限期申报，逾期仍不申报的；纳税人申报的计税依据明显偏低，又无正当理由的。税务机关核定应纳税额的具体程序和方法由国务院税务主管部门规定。

思考题：税务机关有权核定应纳税额的情形有哪些？

（四）纳税调整

企业或者外国企业在中国境内设立的从事生产、经营的机构、场所与其关联企业之间的业务往来，应当按照独立企业之间的业务往来收取或者支付价款、费用；不按照独立企业之间的业务往来收取或者支付价款、费用，而减少其应纳税的收入或者所得额的，税务机关有权进行合理调整。

（五）采取临时措施

对未按照规定办理税务登记的从事生产、经营的纳税人以及临时从事经营的纳税人，由税务机关核定其应纳税额,责令缴纳;不缴纳的,税务机关可以扣押其价值相当于应纳税款的商品、货物。扣押后缴纳应纳税款的,税务机关必须立即解除扣押,并归还所扣押的商品、货物;扣押后仍不缴纳应纳税款的,经县以上税务局(分局)局长批准,依法拍卖或者变卖所扣押的商品、货物,以拍卖或者变卖所得抵缴税款。

(六) 税收保全措施

税务机关有根据认为从事生产、经营的纳税人有逃避纳税义务行为的,可以在规定的纳税期之前,责令限期缴纳应纳税款;在限期内发现纳税人有明显的转移、隐匿其应纳税的商品、货物以及其他财产或者应纳税的收入的迹象的,税务机关可以责成纳税人提供纳税担保。如果纳税人不能提供纳税担保,经县以上税务局(分局)局长批准,税务机关可以采取下列税收保全措施:书面通知纳税人开户银行或者其他金融机构冻结纳税人的金额相当于应纳税款的存款;扣押、查封纳税人的价值相当于应纳税款的商品、货物或者其他财产。

纳税人在前述规定的限期内缴纳税款的,税务机关必须立即解除税收保全措施;限期期满仍未缴纳税款的,经县以上税务局(分局)局长批准,税务机关可以书面通知纳税人开户银行或者其他金融机构从其冻结的存款中扣缴税款,或者依法拍卖或者变卖所扣押、查封的商品、货物或者其他财产,以拍卖或者变卖所得抵缴税款。个人及其所扶养家属维持生活必需的住房和用品,不在税收保全措施的范围之内。

纳税人在限期内已缴纳税款,税务机关未立即解除税收保全措施,使纳税人的合法利益遭受损失的,税务机关应当承担赔偿责任。

采取税收保全措施的权力,不得由法定的税务机关以外的单位和个人行使。税务机关采取税收保全措施必须依照法定权限和法定程序,不得查封、扣押纳税人个人及其所扶养家属维持生活必需的住房和用品。税务机关滥用职权违法采取税收保全措施,或者采取税收保全措施不当,使纳税人、扣缴义务人或者纳税担保人的合法权益遭受损失的,应当依法承担赔偿责任。

思考题:税务机关采取税收保全措施要注意哪些问题?

(七) 税收强制措施

从事生产、经营的纳税人、扣缴义务人未按照规定的期限缴纳或者解缴税款,纳税担保人未按照规定的期限缴纳所担保的税款,由税务机关责令限期缴纳,逾期仍未缴纳的,经县以上税务局(分局)局长批准,税务机关可以采取下列强制执行措施:书面通知其开户银行或者其他金融机构从其存款中扣缴税款;扣押、查封、依法拍卖或者变卖其价值相当于应纳税款的商品、货物或者其他财产,以拍卖或者变卖所得抵缴税款。

税务机关采取强制执行措施时,对前述所列纳税人、扣缴义务人、纳税担保人未缴纳的滞纳金同时强制执行。个人及其所扶养家属维持生活必需的住房和用品,不在强制执行措施的范围之内。

采取强制执行措施的权力,不得由法定的税务机关以外的单位和个人行使。税务机关采取强制执行措施必须依照法定权限和法定程序,不得查封、扣押纳税人个人及其所扶养家属维持生活必需的住房和用品。税务机关滥用职权违法采取强制执行措施,或者采取强制执行措施不当,使纳税人、扣缴义务人或者纳税担保人的合法权益遭受损失的,应当依法承担赔偿责任。

❓ 思考题：税务机关可以采取的税收强制执行措施有哪些？

（八）阻止出境

欠缴税款的纳税人或者他的法定代表人需要出境的，应当在出境前向税务机关结清应纳税款、滞纳金或者提供担保。未结清税款、滞纳金，又不提供担保的，税务机关可以通知出境管理机关阻止其出境。

（九）优先权

税务机关征收税款，税收优先于无担保债权，法律另有规定的除外；纳税人欠缴的税款发生在纳税人以其财产设定抵押、质押或者纳税人的财产被留置之前的，税收应当先于抵押权、质权、留置权执行。

纳税人欠缴税款，同时又被行政机关决定处以罚款、没收违法所得的，税收优先于罚款、没收违法所得。

（十）纳税担保

税务机关应当对纳税人欠缴税款的情况定期予以公告。纳税人欠缴税款，税务机关可以依法责令纳税人提供担保。纳税人有欠税情形而以其财产设定抵押、质押的，应当向抵押权人、质权人说明其欠税情况。抵押权人、质权人可以请求税务机关提供有关的欠税情况。

（十一）代位权与撤销权

欠缴税款数额较大的纳税人在处分其不动产或者大额资产之前，应当向税务机关报告。

欠缴税款的纳税人因怠于行使到期债权，或者放弃到期债权，或者无偿转让财产，或者以明显不合理的低价转让财产而受让人知道该情形，对国家税收造成损害的，税务机关可以依照合同法第73条、第74条的规定行使代位权、撤销权。税务机关依照前款规定行使代位权、撤销权的，不免除欠缴税款的纳税人尚未履行的纳税义务和应承担的法律责任。

❓ 思考题：税务机关应如何行使代位权和撤销权？

（十二）税款退还

纳税人超过应纳税额缴纳的税款，税务机关发现后应当立即退还；纳税人自结算缴纳税款之日起3年内发现的，可以向税务机关要求退还多缴的税款并加算银行同期存款利息，税务机关及时查实后应当立即退还；涉及从国库中退库的，依照法律、行政法规有关国库管理的规定退还。

（十三）追征

因税务机关的责任，致使纳税人、扣缴义务人未缴或者少缴税款的，税务机关在3年内可以要求纳税人、扣缴义务人补缴税款，但是不得加收滞纳金。

因纳税人、扣缴义务人计算错误等失误，未缴或者少缴税款的，税务机关在3年内可以追征税款、滞纳金；有特殊情况的，追征期可以延长到5年。

对偷税、抗税、骗税的，税务机关追征其未缴或者少缴的税款、滞纳金或者所骗取的税款，不受前述规定期限的限制。

❓ 思考题：税务机关追征税款的期限有哪些要求？

（十四）税款入库

国家税务局和地方税务局应当按照国家规定的税收征收管理范围和税款入库预算级次,将征收的税款缴入国库。对审计机关、财政机关依法查出的税收违法行为,税务机关应当根据有关机关的决定、意见书,依法将应收的税款、滞纳金按照税款入库预算级次缴入国库,并将结果及时回复有关机关。

四、税务检查

（一）税务检查权力与义务

税务机关有权进行下列税务检查:检查纳税人的账簿、记账凭证、报表和有关资料,检查扣缴义务人代扣代缴、代收代缴税款账簿、记账凭证和有关资料;到纳税人的生产、经营场所和货物存放地检查纳税人应纳税的商品、货物或者其他财产,检查扣缴义务人与代扣代缴、代收代缴税款有关的经营情况;责成纳税人、扣缴义务人提供与纳税或者代扣代缴、代收代缴税款有关的文件、证明材料和有关资料;询问纳税人、扣缴义务人与纳税或者代扣代缴、代收代缴税款有关的问题和情况;到车站、码头、机场、邮政企业及其分支机构检查纳税人托运、邮寄应纳税商品、货物或者其他财产的有关单据、凭证和有关资料;经县以上税务局(分局)局长批准,凭全国统一格式的检查存款账户许可证明,查询从事生产、经营的纳税人、扣缴义务人在银行或者其他金融机构的存款账户。税务机关在调查税收违法案件时,经设区的市、自治州以上税务局(分局)局长批准,可以查询案件涉嫌人员的储蓄存款。税务机关查询所获得的资料,不得用于税收以外的用途。

税务机关对从事生产、经营的纳税人以前纳税期的纳税情况依法进行税务检查时,发现纳税人有逃避纳税义务行为,并有明显的转移、隐匿其应纳税的商品、货物以及其他财产或者应纳税的收入的迹象的,可以按照规定的批准权限采取税收保全措施或者强制执行措施。

税务机关依法进行税务检查时,有权向有关单位和个人调查纳税人、扣缴义务人和其他当事人与纳税或者代扣代缴、代收代缴税款有关的情况,有关单位和个人有义务向税务机关如实提供有关资料及证明材料。

税务机关调查税务违法案件时,对与案件有关的情况和资料,可以记录、录音、录像、照相和复制。

税务机关派出的人员进行税务检查时,应当出示税务检查证和税务检查通知书,并有责任为被检查人保守秘密;未出示税务检查证和税务检查通知书的,被检查人有权拒绝检查。

　　思考题:税务机关的税收检查权有哪些?

（二）纳税人接受检查的义务

纳税人、扣缴义务人必须接受税务机关依法进行的税务检查,如实反映情况,提供有关资料,不得拒绝、隐瞒。

五、税收法律责任

税收法律责任是税收主体违反了税法在法律上应当承担的后果。税收法律责任可以分为民事责任、行政责任、刑事责任。

（一）纳税人、扣缴义务人的法律责任

1. 违反税务管理的责任

纳税人有下列行为之一的，由税务机关责令限期改正，可以处 2000 元以下的罚款；情节严重的，处 2000 元以上 10000 元以下的罚款：未按照规定的期限申报办理税务登记、变更或者注销登记的；未按照规定设置、保管账簿或者保管记账凭证和有关资料的；未按照规定将财务、会计制度或者财务、会计处理办法和会计核算软件报送税务机关备查的；未按照规定将其全部银行账号向税务机关报告的；未按照规定安装、使用税控装置，或者损毁或者擅自改动税控装置的。

纳税人不办理税务登记的，由税务机关责令限期改正；逾期不改正的，经税务机关提请，由工商行政管理机关吊销其营业执照。

纳税人未按照规定使用税务登记证件，或者转借、涂改、损毁、买卖、伪造税务登记证件的，处 2000 元以上 10000 元以下的罚款；情节严重的，处 10000 元以上 50000 元以下的罚款。

扣缴义务人未按照规定设置、保管代扣代缴、代收代缴税款账簿或者保管代扣代缴、代收代缴税款记账凭证及有关资料的，由税务机关责令限期改正，可以处 2000 元以下的罚款；情节严重的，处 2000 元以上 5000 元以下的罚款。

纳税人未按照规定的期限办理纳税申报和报送纳税资料的，或者扣缴义务人未按照规定的期限向税务机关报送代扣代缴、代收代缴税款报告表和有关资料的，由税务机关责令限期改正，可以处 2000 元以下的罚款；情节严重的，可以处 2000 元以上 10000 元以下的罚款。

2. 偷税的责任

纳税人伪造、变造、隐匿、擅自销毁账簿、记账凭证，或者在账簿上多列支出或者不列、少列收入，或者经税务机关通知申报而拒不申报或者进行虚假的纳税申报，不缴或者少缴应纳税款的，是偷税。对纳税人偷税的，由税务机关追缴其不缴或者少缴的税款、滞纳金，并处不缴或者少缴的税款 50% 以上 5 倍以下的罚款；构成犯罪的，依法追究刑事责任。扣缴义务人采取前述所列手段，不缴或者少缴已扣、已收税款，由税务机关追缴其不缴或者少缴的税款、滞纳金，并处不缴或者少缴的税款 50% 以上 5 倍以下的罚款；构成犯罪的，依法追究刑事责任。

纳税人、扣缴义务人编造虚假计税依据的，由税务机关责令限期改正，并处 50000 元以下的罚款。

3. 不申报的责任

纳税人不进行纳税申报，不缴或者少缴应纳税款的，由税务机关追缴其不缴或者少缴的税款、滞纳金，并处不缴或者少缴的税款 50% 以上 5 倍以下的罚款。

4. 欠税的责任

纳税人欠缴应纳税款，采取转移或者隐匿财产的手段，妨碍税务机关追缴欠缴的税款的，由税务机关追缴欠缴的税款、滞纳金，并处欠缴税款 50% 以上 5 倍以下的罚款；构成犯罪的，依法追究刑事责任。

5. 骗税的责任

以假报出口或者其他欺骗手段,骗取国家出口退税款的,由税务机关追缴其骗取的退税款,并处骗取税款 1 倍以上 5 倍以下的罚款;构成犯罪的,依法追究刑事责任。对骗取国家出口退税款的,税务机关可以在规定期间内停止为其办理出口退税。

6. 抗税的责任

以暴力、威胁方法拒不缴纳税款的,是抗税,除由税务机关追缴其拒缴的税款、滞纳金外,依法追究刑事责任。情节轻微,未构成犯罪的,由税务机关追缴其拒缴的税款、滞纳金,并处拒缴税款 1 倍以上 5 倍以下的罚款。

(二) 行政复议与诉讼

纳税人、扣缴义务人、纳税担保人同税务机关在纳税上发生争议时,必须先依照税务机关的纳税决定缴纳或者解缴税款及滞纳金或者提供相应的担保,然后可以依法申请行政复议;对行政复议决定不服的,可以依法向人民法院起诉。

当事人对税务机关的处罚决定、强制执行措施或者税收保全措施不服的,可以依法申请行政复议,也可以依法向人民法院起诉。

当事人对税务机关的处罚决定逾期不申请行政复议也不向人民法院起诉、又不履行的,作出处罚决定的税务机关可以采取税收征管法规定的强制执行措施,或者申请人民法院强制执行。

本章引用法律资源:

1.《中华人民共和国增值税暂行条例》。

2.《中华人民共和国消费税暂行条例》。

3.《中华人民共和国企业所得税法》。

4.《中华人民共和国个人所得税法》。

5.《中华人民共和国税收征收管理法》。

本章参考文献:

1. 刘剑文,熊伟. 财政税收法[M]. 北京:法律出版社,2015.

2. 张守文. 财税法学[M]. 北京:中国人民大学出版社,2016.

本章网站资源:

1. 中华人民共和国财政部网站:www.mof.gov.cn。

2. 国家税务总局网站:www.chinatax.gov.cn。

第十三章 银行法

本章教学目标

通过学习,了解中国人民银行法、商业银行法、银行业监督管理法、政策银行规范的基本内容。了解中国人民银行的性质、地位、职责、组织机构、业务规则等内容;知晓商业银行法的立法概况、调整对象和适用范围,掌握商业银行的设立、变更、终止、业务范围、经营规则等内容;了解政策性银行的分类、市场定位、管理等内容。掌握银行业监管机构、监管职责、监管措施等内容;通过自学中国人民银行法、商业银行法、银行业监督管理法的法律条文,了解违反银行法的行政责任、民事责任和刑事责任,明白各种法律责任的具体形式。

第一节 中国人民银行法

1995年3月18日第八届全国人民代表大会第三次会议通过《中华人民共和国中国人民银行法》(以下简称《中国人民银行法》),2003年12月27日第十届全国人民代表大会常务委员会第六次会议修订了《中国人民银行法》。制定《中国人民银行法》的目的是为了确立中国人民银行的地位,明确其职责,保证国家货币政策的正确制定和执行,建立和完善中央银行宏观调控体系,维护金融稳定。

一、 中国人民银行的性质、地位、职责

中国人民银行是中国的中央银行,是发行的银行、银行的银行和政府的银行,是依法从事金融调控和金融监管的政府机关。中国人民银行的全部资本由国家出资,属于国家所有。中国人民银行在国务院领导下,制定和执行货币政策,防范和化解金融风险,维护金融稳定。

货币政策目标是保持货币币值的稳定,并以此促进经济增长。中国人民银行就年度货币供应量、利率、汇率和国务院规定的其他重要事项作出的决定,报国务院批准后执行。中国人民银行应当向全国人民代表大会常务委员会提出有关货币政策情况和金融业运行情况的工作报告。中国人民银行为执行货币政策,可以依法从事金融业务活动。中国人民银行在国务院领导下依法独立执行货币政策,履行职责,开展业务,不受地方政府、各级政府部门、社会团体和个人的干涉。

中国人民银行履行下列职责:发布与履行其职责有关的命令和规章;依法制定和执行货币政策;发行人民币,管理人民币流通;监督管理银行间同业拆借市场和银行间债券市场;实施外汇管理,监督管理银行间外汇市场;监督管理黄金市场;持有、管理、经营国家外汇储备、黄金储备;经理国库;维护支付、清算系统的正常运行;指导、部署金融业反洗钱工作,负责反洗钱的资金监测;负责金融业的统计、调查、分析和预测;作为国家的中央银行,从事有关的国际金融活动;国务院规定的其他职责。

思考题：中国人民银行的职责有哪些？

二、 中国人民银行的组织机构

中国人民银行设行长 1 人，副行长若干人。中国人民银行行长的人选，根据国务院总理的提名，由全国人民代表大会决定；全国人民代表大会闭会期间，由全国人民代表大会常务委员会决定，由中华人民共和国主席任免。中国人民银行副行长由国务院总理任免。

中国人民银行实行行长负责制。行长领导中国人民银行的工作，副行长协助行长工作。中国人民银行设立货币政策委员会。货币政策委员会的职责、组成和工作程序，由国务院规定，报全国人民代表大会常务委员会备案。中国人民银行货币政策委员会应当在国家宏观调控、货币政策制定和调整中，发挥重要作用。

中国人民银行根据履行职责的需要设立分支机构，作为中国人民银行的派出机构。中国人民银行对分支机构实行统一领导和管理。中国人民银行的分支机构根据中国人民银行的授权，维护本辖区的金融稳定，承办有关业务。

中国人民银行的行长、副行长及其他工作人员应当恪尽职守，不得滥用职权、徇私舞弊，不得在任何金融机构、企业、基金会兼职。中国人民银行的行长、副行长及其他工作人员，应当依法保守国家秘密，并有责任为与履行其职责有关的金融机构及当事人保守秘密。

思考题：中国人民银行的组织机构有哪些？

三、 中国人民银行发行人民币

人民币是我国唯一合法货币。以人民币支付中华人民共和国境内的一切公共的和私人的债务，任何单位和个人不得拒收。人民币的单位为元，人民币辅币单位为角、分。

中国人民银行是我国唯一的货币发行机关，是发行的银行。人民币由中国人民银行统一印制、发行。中国人民银行设立人民币发行库，在其分支机构设立分支库。分支库调拨人民币发行基金，应当按照上级库的调拨命令办理。任何单位和个人不得违反规定，动用发行基金。严禁任何其他部门发行任何货币、变相货币。任何单位和个人不得印制、发售代币票券，以代替人民币在市场上流通。

禁止伪造、变造人民币。禁止出售、购买伪造、变造的人民币。禁止运输、持有、使用伪造、变造的人民币。禁止故意毁损人民币。禁止在宣传品、出版物或者其他商品上非法使用人民币图样。残缺、污损的人民币，按照中国人民银行的规定兑换，并由中国人民银行负责收回、销毁。

思考题：人民币的发行要遵守哪些规定？

四、 中国人民银行的业务

中国人民银行为执行货币政策，可以运用下列货币政策工具：要求银行业金融机构按照规定的比例交存存款准备金，确定中央银行基准利率，为在中国人民银行开立账户的银行业金融机构办理再贴现，向商业银行提供贷款，在公开市场上买卖国债、其他政府债券和金融债券及外汇，国务院确定的其他货币政策工具。

中国人民银行依照法律、行政法规的规定经理国库。中国人民银行可以代理国务院财政部门向各金融机构组织发行、兑付国债和其他政府债券。中国人民银行可以根据需要,为银行业金融机构开立账户,但不得对银行业金融机构的账户透支。中国人民银行应当组织或者协助组织银行业金融机构相互之间的清算系统,协调银行业金融机构相互之间的清算事项,提供清算服务。中国人民银行会同国务院银行业监督管理机构制定支付结算规则。中国人民银行根据执行货币政策的需要,可以决定对商业银行贷款的数额、期限、利率和方式,但贷款的期限不得超过1年。

中国人民银行不得对政府财政透支,不得直接认购、包销国债和其他政府债券。中国人民银行不得向地方政府、各级政府部门提供贷款,不得向非银行金融机构以及其他单位和个人提供贷款,但国务院决定中国人民银行可以向特定的非银行金融机构提供贷款的除外。中国人民银行不得向任何单位和个人提供担保。

思考题:中国人民银行的业务有哪些?

五、 中国人民银行的金融监管

中国人民银行依法监测金融市场的运行情况,对金融市场实施宏观调控,促进其协调发展。

中国人民银行有权对金融机构以及其他单位和个人的下列行为进行检查监督:执行有关存款准备金管理规定的行为,与中国人民银行特种贷款有关的行为,执行有关人民币管理规定的行为,执行有关银行间同业拆借市场、银行间债券市场管理规定的行为,执行有关外汇管理规定的行为,执行有关黄金管理规定的行为,代理中国人民银行经理国库的行为,执行有关清算管理规定的行为,执行有关反洗钱规定的行为。

中国人民银行根据执行货币政策和维护金融稳定的需要,可以建议国务院银行业监督管理机构对银行业金融机构进行检查监督。国务院银行业监督管理机构应当自收到建议之日起30日内予以回复。

当银行业金融机构出现支付困难,可能引发金融风险时,为了维护金融稳定,中国人民银行经国务院批准,有权对银行业金融机构进行检查监督。中国人民银行根据履行职责的需要,有权要求银行业金融机构报送必要的资产负债表、利润表以及其他财务会计、统计报表和资料。中国人民银行应当和国务院银行业监督管理机构、国务院其他金融监督管理机构建立监督管理信息共享机制。

中国人民银行负责统一编制全国金融统计数据、报表,并按照国家有关规定予以公布。中国人民银行应当建立、健全本系统的稽核、检查制度,加强内部的监督管理。

思考题:中国人民银行监管的行为有哪些?

第二节 商业银行法

《中华人民共和国商业银行法》(以下简称《商业银行法》)于1995年5月10日第八届全国人民代表大会常务委员会第十三次会议通过并经2003年12月27日第十届全国人民代表大会常务委员会第六次会议修订。2015年8月29日第十二届全国人民代表大会常务委员会第十六次会议第二次修正《商业银行法》。其立法目的是为了保护商业银行、存款人和其他客户的合法权益,规范商业银行的行为,提高信贷资产质量,加强监督管理,保障商业银行的稳健运行,维护金融秩序,促进社会主义市场经济的发展。

一、 商业银行的性质与业务范围

商业银行是指依照《商业银行法》和《公司法》设立的吸收公众存款、发放贷款、办理结算等业务的企业法人。商业银行以安全性、流动性、效益性为经营原则,实行自主经营,自担风险,自负盈亏,自我约束。商业银行以其全部法人财产独立承担民事责任。商业银行依法开展业务,不受任何单位和个人的干涉。

商业银行可以经营下列部分或者全部业务:吸收公众存款,发放短期、中期和长期贷款,办理国内外结算,办理票据承兑与贴现,发行金融债券,代理发行、代理兑付、承销政府债券,买卖政府债券、金融债券,从事同业拆借,买卖、代理买卖外汇,从事银行卡业务,提供信用证服务及担保,代理收付款项及代理保险业务,提供保管箱服务,经国务院银行业监督管理机构批准的其他业务。经营范围由商业银行章程规定,报国务院银行业监督管理机构批准。商业银行经中国人民银行批准,可以经营结汇、售汇业务。

商业银行与客户的业务往来,应当遵循平等、自愿、公平和诚实信用的原则。商业银行应当保障存款人的合法权益不受任何单位和个人的侵犯。商业银行开展信贷业务,应当严格审查借款人的资信,实行担保,保障按期收回贷款。商业银行依法向借款人收回到期贷款的本金和利息,受法律保护。

商业银行开展业务,应当遵守法律、行政法规的有关规定,不得损害国家利益、社会公共利益。商业银行开展业务,应当遵守公平竞争的原则,不得从事不正当竞争。商业银行依法接受国务院银行业监督管理机构的监督管理,但法律规定其有关业务接受其他监督管理部门或者机构监督管理的,依照其规定。

思考题:商业银行的业务范围有哪些?

二、 商业银行的设立与组织机构

设立商业银行,应当经国务院银行业监督管理机构审查批准。经批准设立的商业银行,由国务院银行业监督管理机构颁发经营许可证,并凭该许可证向工商行政管理部门办理登记,领取营业执照。未经国务院银行业监督管理机构批准,任何单位和个人不得从事吸收公众存款等商业银行业务,任何单位不得在名称中使用"银行"字样。

设立商业银行,应当具备下列条件:有符合《商业银行法》和《公司法》规定的章程;有符合规定的注册资本最低限额,设立全国性商业银行的注册资本最低限额为 10 亿元人民币,设立城市商业银行的注册资本最低限额为 1 亿元人民币,设立农村商业银行的注册资本最低限额为 5000 万元人民币,注册资本应当是实缴资本;有具备任职专业知识和业务工作经验的董事、高级管理人员;有健全的组织机构和管理制度;有符合要求的营业场所、安全防范措施和与业务有关的其他设施。设立商业银行,还应当符合其他审慎性条件。

商业银行的组织形式、组织机构适用《公司法》的规定。商业银行的组织形式可以是有限责任公司或者股份有限公司,也有设立国有独资公司的。商业银行一般都建立股东会、董事会、监事会,依照公司法的规定结合银行实际确立三会的职权。

商业银行的董事、高级管理人员有严格的资格限制。有下列情形之一的,不得担任商业银行的董事、高级管理人员：因犯有贪污、贿赂、侵占财产、挪用财产罪或者破坏社会经济秩序罪，被判处刑罚，或者因犯罪被剥夺政治权利的；担任因经营不善破产清算的公司、企业的董事或者厂长、经理，并对该公司、企业的破产负有个人责任的；担任因违法被吊销营业执照的公司、企业的法定代表人，并负有个人责任的；个人所负数额较大的债务到期未清偿的。

商业银行根据业务需要可以在中国境内外设立分支机构。设立分支机构必须经国务院银行业监督管理机构审查批准。在中国境内的分支机构，不按行政区划设立。商业银行在中华人民共和国境内设立分支机构，应当按照规定拨付与其经营规模相适应的营运资金额。拨付各分支机构营运资金额的总和，不得超过总行资本金总额的60%。商业银行对其分支机构实行全行统一核算，统一调度资金，分级管理的财务制度。商业银行分支机构不具有法人资格，在总行授权范围内依法开展业务，其民事责任由总行承担。

❓ 思考题：商业银行的设立条件有哪些？

三、 商业银行的业务规则

（一） 对存款人的保护

商业银行办理个人储蓄存款业务，应当遵循存款自愿、取款自由、存款有息、为存款人保密的原则。对个人储蓄存款，商业银行有权拒绝任何单位或者个人查询、冻结、扣划，但法律另有规定的除外。对单位存款，商业银行有权拒绝任何单位或者个人查询，但法律、行政法规另有规定的除外；有权拒绝任何单位或者个人冻结、扣划，但法律另有规定的除外。

商业银行应当按照中国人民银行规定的存款利率的上下限，确定存款利率，并予以公告。商业银行应当保证存款本金和利息的支付，不得拖延、拒绝支付存款本金和利息。商业银行应当按照中国人民银行的规定，向中国人民银行交存存款准备金，留足备付金。

❓ 思考题：商业银行对存款人的保护措施有哪些？

（二） 商业银行的贷款和其他业务规则

1. 商业银行的贷款业务规则

商业银行根据国民经济和社会发展的需要，在国家产业政策指导下开展贷款业务。商业银行贷款，应当对借款人的借款用途、偿还能力、还款方式等情况进行严格审查。应当实行审贷分离、分级审批的制度。

商业银行贷款，应当与借款人订立书面合同。合同应当约定贷款种类、借款用途、金额、利率、还款期限、还款方式、违约责任和双方认为需要约定的其他事项。商业银行应当按照中国人民银行规定的贷款利率的上下限，确定贷款利率。商业银行不得违反规定提高或者降低利率以及采用其他不正当手段，吸收存款，发放贷款。

商业银行贷款，借款人应当提供担保。商业银行应当对保证人的偿还能力，抵押物、质物的权属和价值以及实现抵押权、质权的可行性进行严格审查。经商业银行审查、评估，确认借款人资信良好，确能偿还贷款的，可以不提供担保。

商业银行贷款，应当遵守下列资产负债比例管理的规定：资本充足率不得低于8%，流动性资产余额与流动性负债余额的比例不得低于25%，对同一借款人的贷款余额与商业银行资本余额的比例不得超过10%，国务院银行业监督管理机构对资产负债比例管理的其他规定。

商业银行不得向关系人发放信用贷款，向关系人发放担保贷款的条件不得优于其他借款人同类贷款的条件。关系人是指:商业银行的董事、监事、管理人员、信贷业务人员及其近亲属,前项所列人员投资或者担任高级管理职务的公司、企业和其他经济组织。

任何单位和个人不得强令商业银行发放贷款或者提供担保。商业银行有权拒绝任何单位和个人强令要求其发放贷款或者提供担保。

❓ 思考题:商业银行的贷款业务规则有哪些?

2. 借款人的规则

企业事业单位可以自主选择一家商业银行的营业场所开立一个办理日常转账结算和现金收付的基本账户,不得开立两个以上基本账户。任何单位和个人不得将单位的资金以个人名义开立账户存储。

借款人应当按期归还贷款的本金和利息。借款人到期不归还担保贷款的,商业银行依法享有要求保证人归还贷款本金和利息或者就该担保物优先受偿的权利。商业银行因行使抵押权、质权而取得的不动产或者股权,应当自取得之日起 2 年内予以处分。借款人到期不归还信用贷款的,应当按照合同约定承担责任。

❓ 思考题:借款人的规则有哪些?

3. 商业银行的其他业务规则

商业银行在中华人民共和国境内不得从事信托投资和证券经营业务,不得向非自用不动产投资或者向非银行金融机构和企业投资,但国家另有规定的除外。

商业银行办理票据承兑、汇兑、委托收款等结算业务,应当按照规定的期限兑现,收付入账,不得压单、压票或者违反规定退票。有关兑现、收付入账期限的规定应当公布。

商业银行发行金融债券或者到境外借款,应当依照法律、行政法规的规定报经批准。

同业拆借,应当遵守中国人民银行的规定。禁止利用拆入资金发放固定资产贷款或者用于投资。拆出资金限于交足存款准备金、留足备付金和归还中国人民银行到期贷款之后的闲置资金。拆入资金用于弥补票据结算、联行汇差头寸的不足和解决临时性周转资金的需要。

商业银行办理业务,提供服务,按照规定收取手续费。商业银行应当按照国家有关规定保存财务会计报表、业务合同以及其他资料。

❓ 思考题:商业银行的其他业务规则有哪些?

4. 商业银行工作人员的业务规则

商业银行的工作人员应当遵守法律、行政法规和其他各项业务管理的规定,不得有下列行为:利用职务上的便利,索取、收受贿赂或者违反国家规定收受各种名义的回扣、手续费;利用职务上的便利,贪污、挪用、侵占本行或者客户的资金;违反规定徇私向亲属、朋友发放贷款或者提供担保;在其他经济组织兼职;违反法律、行政法规和业务管理规定的其他行为。商业银行的工作人员不得泄露其在任职期间知悉的国家秘密、商业秘密。

❓ 思考题:商业银行工作人员的业务规则有哪些?

四、 商业银行的变更、接管与终止

(一) 商业银行的变更

商业银行有下列变更事项之一的,应当经国务院银行业监督管理机构批准:变更名称,变更注册资本,变更总行或者分支行所在地,调整业务范围,变更持有资本总额或者股份总额 5% 以上的股东,修改章程,国务院银行业监督管理机构规定的其他变更事项。更换董事、高级管理人员时,应当报经国务院银行业监督管理机构审查其任职资格。

商业银行的分立、合并,适用《公司法》的规定。商业银行的分立、合并,应当经国务院银行业监督管理机构审查批准。

❓ 思考题:商业银行的变更条件有哪些?

(二) 商业银行的接管

商业银行已经或者可能发生信用危机,严重影响存款人的利益时,国务院银行业监督管理机构可以对该银行实行接管。

接管的目的是对被接管的商业银行采取必要措施,以保护存款人的利益,恢复商业银行的正常经营能力。被接管的商业银行的债权债务关系不因接管而变化。

接管由国务院银行业监督管理机构决定,并组织实施。接管决定由国务院银行业监督管理机构予以公告。接管自接管决定实施之日起开始。自接管开始之日起,由接管组织行使商业银行的经营管理权力。接管期限届满,国务院银行业监督管理机构可以决定延期,但接管期限最长不得超过 2 年。

有下列情形之一的,接管终止:接管决定规定的期限届满或者国务院银行业监督管理机构决定的接管延期届满;接管期限届满前,该商业银行已恢复正常经营能力;接管期限届满前,该商业银行被合并或者被依法宣告破产。

❓ 思考题:商业银行应予接管的情形有哪些?

(三) 商业银行的终止

商业银行因解散、被撤销和被宣告破产而终止。

商业银行因分立、合并或者出现公司章程规定的解散事由需要解散的,应当向国务院银行业监督管理机构提出申请,并附解散的理由和支付存款的本金和利息等债务清偿计划。经国务院银行业监督管理机构批准后解散。商业银行解散的,应当依法成立清算组,进行清算,按照清偿计划及时偿还存款本金和利息等债务。国务院银行业监督管理机构监督清算过程。

商业银行因吊销经营许可证被撤销的,国务院银行业监督管理机构应当依法及时组织成立清算组,进行清算,按照清偿计划及时偿还存款本金和利息等债务。商业银行不能支付到期债务,经国务院银行业监督管理机构同意,由人民法院依法宣告其破产。商业银行被宣告破产的,由人民法院组织国务院银行业监督管理机构等有关部门和有关人员成立清算组,进行清算。商业银行破产清算时,在支付清算费用、所欠职工工资和劳动保险费用后,应当优先支付个人储蓄存款的本金和利息。

❓ 思考题:商业银行终止如何清算?

第三节　政策性银行

政策性银行是指由政府成立,执行政府的政策,开展特定金融业务的、不以营利为目的的专业性银行。1994 年我国成立了国家开发银行、中国进出口银行、中国农业发展银行三大政策性银行。2017 年银监会发布《国家开发银行监督管理办法》《中国进出口银行监督管理办法》《中国农业发展银行监督管理办法》,均自 2018 年 1 月 1 日起施行。

一、 政策性银行的市场定位

政策性银行应当紧紧围绕服务国家战略,建立市场化运行、约束机制,发展成为定位明确、业务清晰、功能突出、资本充足、治理规范、内控严密、运营安全、服务良好的政策性金融机构。

(一) 国家开发银行的市场定位

开发银行应当认真贯彻落实国家经济金融方针政策,充分运用服务国家战略、依托信用支持、市场运作、保本微利的开发性金融功能,发挥中长期投融资作用,加大对经济社会重点领域和薄弱环节的支持力度,促进经济社会持续健康发展。开发银行应当坚守开发性金融定位,根据依法确定的服务领域和经营范围开展业务,以开发性业务为主,辅以商业性业务。开发银行应当遵守市场秩序,与商业性金融机构建立互补合作关系,积极践行普惠金融,可通过与其他银行业金融机构合作,开展小微企业等经济社会薄弱环节金融服务。

思考题:国家开发银行的市场定位如何确定?

(二) 中国进出口银行的市场定位

中国进出口银行应当依托国家信用,紧紧围绕国家战略,充分发挥政策性金融机构在支持国民经济发展方面的重要作用,重点支持外经贸发展、对外开放、国际合作、"走出去"等领域。中国进出口银行应当坚守政策性金融定位,根据依法确定的服务领域和经营范围开展政策性业务和自营性业务。中国进出口银行应当坚持以政策性业务为主体开展经营活动,遵守市场秩序,与商业性金融机构建立互补合作关系。中国进出口银行应当创新金融服务模式,发挥政策性金融作用,加强和改进普惠金融服务,可通过与其他银行业金融机构合作的方式开展小微企业金融服务。

思考题:中国进出口银行的市场定位如何确定?

(三) 中国农业发展银行的市场定位

中国农业发展银行应当依托国家信用,服务经济社会发展的重点领域和薄弱环节。主要服务维护国家粮食安全、脱贫攻坚、实施乡村振兴战略、促进农业农村现代化、改善农村基础设施建设等领域,在农村金融体系中发挥主体和骨干作用。中国农业发展银行应当坚守政策性金融定位,根据依法确定的服务领域和经营范围开展政策性业务和自营性业务。中国农业发展银行应当坚持以政策性业务为主体开展经营活动,遵守市场秩序,与商业性金融机构建立互补合作关系。中国农业发展银行应当创新金融服务模式,发挥政策性金融作用,加强和改进农村地区普惠金融服务,可通过与其他银行业金融机构合作的方式开展小微企业金融服务和扶贫小额信贷业务。

思考题:中国农业发展银行的市场定位如何确定?

二、 政策性银行的公司治理

政策性银行应当构建由董事会、高级管理层和监事会组成的公司治理架构,遵循各治理主体独立运作、有效制衡、相互合作、协调运转的基本原则,形成决策科学、执行有力、监督有效的公司治理机制。

政策性银行董事会由执行董事、非执行董事组成。执行董事指在政策性银行担任董事长、行长和其他高级管理职务的董事。非执行董事指在政策性银行不担任除董事外其他职务的董事,包括部委董事和股权董事。部委董事由相关部委指派的部委负责人兼任,股权董事由股东单位负责选派。董事会对经营和管理承担最终责任,依照相关法律法规和本行章程履行职责。

董事会应当充分发挥在落实国家政策、制定经营战略、完善公司治理、制定风险管理及资本管理战略、决策重大项目等方面的作用,监督并确保高级管理层有效履行管理职责。董事会应当建立对高级管理层的授权制度,明确对高级管理层的授权范围、授权限额和职责要求等。

董事会下设专门委员会,负责向董事会提供专业意见或根据董事会授权就专业事项进行决策。专门委员会主要包括战略发展和投资管理委员会、风险管理委员会、审计委员会、人事与薪酬委员会、关联交易控制委员会等,其中战略发展和投资管理委员会、审计委员会、人事与薪酬委员会成员应当包含部委董事。

政策性银行监事会依照《国有重点金融机构监事会暂行条例》等有关法律法规设置和管理,人员由国务院派出,对国务院负责。政策性银行监事会依照《国有重点金融机构监事会暂行条例》等法律法规履行职责,代表国家对政策性银行资产质量及国有资产保值增值情况实施监督,对董事和高级管理人员履职行为和尽职情况进行监督和评价,指导政策性银行内部审计和监察等内部监督部门的工作,并有权要求上述内部监督部门协助监事会履行监督检查职责,对经营决策、风险管理和内部控制等情况进行监督检查并督促整改。

高级管理层由行长、副行长、行长助理、董事会秘书及银监会行政许可的其他高级管理人员组成,可根据实际需要设置首席财务官、首席风险官、首席审计官、首席信息官等高级管理人员职位。政策性银行调整首席风险官应当得到董事会批准,并向银监会报告调整原因。

高级管理层对董事会负责,同时接受监事会的监督。高级管理层应当按照政策性银行章程及董事会授权开展经营管理活动,确保政策性银行经营发展与董事会所制定批准的发展战略、风险偏好及其他政策相一致。高级管理人员应当遵守法律法规及其他相关规定,遵循诚信原则,忠实勤勉履职,不得利用职务上的便利谋取私利或损害本行利益,包括为自己或他人谋取属于本行的商业机会、接受与本行交易有关的利益等。

思考题:政策性银行的董事会如何构建?

三、政策性银行的管理

(一)风险管理

政策性银行应当建立适合政策性金融机构业务特点的风险管理模式,构建与本行职能定位、风险状况、业务规模和复杂程度相匹配的全面风险管理体系,加强对各类风险的识别、计量、监测、控制和处置。政策性银行应当建立组织架构健全、职责边界清晰的风险治理体系,明确董事会、高级管理层、业务部门、风险管理部门和内审部门在风险管理中的职责分工,加强对分支机构业务条线、风险条线和内部审计条线的垂直管理,设立独立于业务经营条线的全面风险管理职能部门,由其牵头履行风险管理职责。

政策性银行应当建立覆盖各类风险的风险分析与报告制度。政策性银行应当根据政策性业务和自营性业务的不同特点,建立与本行职能定位、战略目标、风险敞口规模和业务复杂程度相适应的国(地区)别风险管理体系。政策性银行应当结合业务特点和风险补偿方式,有效识别、计量、监测和控制各项业务面临的信用风险。

　　❓思考题:政策性银行的风险管理制度如何构建?

(二) 内部控制

　　政策性银行应当建立由董事会、高级管理层、内控管理职能部门、内部审计部门、业务部门组成的分工合理、相互制约、职责明确、报告关系清晰的内部控制治理和组织架构,健全符合政策性业务和自营性业务特点的内部控制制度体系,落实内部控制管理责任制,完善信息科技控制措施,培育良好的内部控制文化。持续开展内控合规评价和监督,加强总行对分支机构的管理,强化内部控制问题整改和责任追究。

　　政策性银行应当强化内控管理、风险管理、合规管理、内部审计部门的职能,保障其履职独立性。建立内部控制问题整改机制,明确整改责任部门,规范整改工作流程,确保整改措施有效落实。政策性银行应当结合政策性业务和自营性业务特点,按照内控先行原则,对各项业务活动和管理活动制定全面、系统、规范的业务制度和管理制度。

　　❓思考题:政策性银行的内部控制制度如何构建?

(三) 资本管理

　　政策性银行应当建立健全资本约束机制,完善资本管理的政策、制度及实施流程,将符合条件的附属机构纳入并表管理范围,确保资本能够充分抵御各项风险,满足业务发展需要。政策性银行应当在充分计提贷款损失准备等各项减值准备的基础上计算并表和未并表的资本充足率,执行银监会有关资本充足率监管要求。

　　❓思考题:政策性银行的资本管理有哪些要求?

(四) 激励约束

　　政策性银行应当以服务国家战略、实现可持续发展为导向,以保障政策性业务为原则,建立市场化的人力资源管理体制,健全激励约束机制,完善绩效考核和问责机制。政策性银行应当结合业务发展、风险管理需要和人员结构、薪酬水平等因素,建立健全科学的人才规划、招聘、培养、评估、激励和使用机制,逐步建立市场化的人力资源管理体系,确保本行人员素质、数量与业务发展速度、风险管理需要相适应。

　　❓思考题:政策性银行应如何进行激励和约束?

第四节　银行业监督管理法

　　《中华人民共和国银行业监督管理法》经 2003 年 12 月 27 日第十届全国人民代表大会常务委员会第六次会议通过,并于 2006 年 10 月 31 日第十届全国人民代表大会常务委员会第二十四次会议修订,其立法目的是为了加强对银行业的监督管理,规范监督管理行为,防范和化解银行业风险,保护存款人和其他客户的合法权益,促进银行业健康发展。

一、 银行业监督管理机构

　　国务院银行业监督管理机构负责对全国银行业金融机构及其业务活动监督管理的工作。2018 年,国务院银行业监督管理机构与保险业监督管理机构合并,建立中国银行保险监督管理委员会。

（一） 银行业监督管理机构的监管范围

国务院银行业监督管理机构负责对全国银行业金融机构、部分非银行金融机构及其业务活动监督管理。

银行业金融机构，是指在中华人民共和国境内设立的商业银行、城市信用合作社、农村信用合作社等吸收公众存款的金融机构以及政策性银行。对在中华人民共和国境内设立的金融资产管理公司、信托投资公司、财务公司、金融租赁公司以及经国务院银行业监督管理机构批准设立的其他金融机构的监督管理，也由银行业监督管理机构监管。国务院银行业监督管理机构依法对经其批准在境外设立的金融机构以及前二款金融机构在境外的业务活动实施监督管理。

思考题：银行业监督管理机构的业务范围如何确定？

（二） 银行业监督管理机构的监管目标与原则

银行业监督管理的目标是促进银行业的合法、稳健运行，维护公众对银行业的信心。银行业监督管理应当保护银行业公平竞争，提高银行业竞争能力。

银行业监督管理机构对银行业实施监督管理，应当遵循依法、公开、公正和效率的原则。银行业监督管理机构及其从事监督管理工作的人员依法履行监督管理职责，受法律保护。地方政府、各级政府部门、社会团体和个人不得干涉。国务院银行业监督管理机构应当和中国人民银行、国务院其他金融监督管理机构建立监督管理信息共享机制。国务院银行业监督管理机构可以和其他国家或者地区的银行业监督管理机构建立监督管理合作机制，实施跨境监督管理。

思考题：银行业监督管理机构的监管原则有哪些？

（三） 银行业监督管理机构的设立与运行

中国银行业监督管理委员会成立于 2003 年 4 月 25 日，是国务院直属正部级事业单位。国务院银行业监督管理机构根据履行职责的需要设立派出机构。国务院银行业监督管理机构对派出机构实行统一领导和管理。国务院银行业监督管理机构的派出机构在国务院银行业监督管理机构的授权范围内，履行监督管理职责。

银行业监督管理机构从事监督管理工作的人员，应当具备与其任职相适应的专业知识和业务工作经验。银行业监督管理机构工作人员，应当忠于职守，依法办事，公正廉洁，不得利用职务便利牟取不正当的利益，不得在金融机构等企业中兼任职务。银行业监督管理机构工作人员，应当依法保守国家秘密，并有责任为其监督管理的银行业金融机构及当事人保守秘密。

银行业监督管理机构在处置银行业金融机构风险、查处有关金融违法行为等监督管理活动中，地方政府、各级有关部门应当予以配合和协助。国务院审计、监察等机关，应当依照法律规定对国务院银行业监督管理机构的活动进行监督。

思考题：银行业监督管理机构的工作人员有哪些要求？

二、 银行业监督管理机构的职责

国务院银行业监督管理机构依照法律、行政法规制定并发布对银行业金融机构及其业务活动监督管理的规章、规则。依法制定银行业金融机构的风险管理、内部控制、资本充足率、资产质量、损失准备金、风险集中、关联交易、资产流动性等审慎经营规则。银行业金融机构应当严格遵守审慎经营规则。

国务院银行业监督管理机构依法审查批准银行业金融机构的设立、变更、终止以及业务范围。未经国务院银行业监督管理机构批准,任何单位或者个人不得设立银行业金融机构或者从事银行业金融机构的业务活动。国务院银行业监督管理机构对银行业金融机构的董事和高级管理人员实行任职资格管理。

申请设立银行业金融机构,或者银行业金融机构变更持有资本总额或者股份总额达到规定比例以上的股东的,国务院银行业监督管理机构应当对股东的资金来源、财务状况、资本补充能力和诚信状况进行审查。对银行业金融机构业务范围内的业务品种进行审查批准或者备案。

银行业监督管理机构应当对银行业金融机构的业务活动及其风险状况进行非现场监管,建立银行业金融机构监督管理信息系统,分析、评价银行业金融机构的风险状况。

银行业监督管理机构应当对银行业金融机构的业务活动及其风险状况进行现场检查。国务院银行业监督管理机构应当对银行业金融机构实行并表监督管理。国务院银行业监督管理机构应当建立银行业金融机构监督管理评级体系和风险预警机制,根据银行业金融机构的评级情况和风险状况,确定对其现场检查的频率、范围和需要采取的其他措施。国务院银行业监督管理机构应当建立银行业突发事件的发现、报告岗位责任制度。

银行业监督管理机构发现可能引发系统性银行业风险、严重影响社会稳定的突发事件的,应当立即向国务院银行业监督管理机构负责人报告;国务院银行业监督管理机构负责人认为需要向国务院报告的,应当立即向国务院报告,并告知中国人民银行、国务院财政部门等有关部门。

国务院银行业监督管理机构应当会同中国人民银行、国务院财政部门等有关部门建立银行业突发事件处置制度,制定银行业突发事件处置预案,明确处置机构和人员及其职责、处置措施和处置程序,及时、有效地处置银行业突发事件。

国务院银行业监督管理机构负责统一编制全国银行业金融机构的统计数据、报表,并按照国家有关规定予以公布。

国务院银行业监督管理机构对银行业自律组织的活动进行指导和监督。银行业自律组织的章程应当报国务院银行业监督管理机构备案。

国务院银行业监督管理机构可以开展与银行业监督管理有关的国际交流、合作活动。

思考题:银行业监督管理机构的职责有哪些?

三、银行业监督管理机构的监管措施

银行业监督管理措施,是指银行业监督管理机构为履行监督管理职责而采用的具体方法以及相关程序。银行业监督管理机构有权采取以下监管措施。

(一)要求报送报表资料

银行业监督管理机构根据履行职责的需要,有权要求银行业金融机构按照规定报送资产负债表、利润表和其他财务会计、统计报表、经营管理资料以及注册会计师出具的审

计报告。

（二）现场检查

银行业监督管理机构根据审慎监管的要求，可以采取下列措施进行现场检查：进入银行业金融机构进行检查；询问银行业金融机构的工作人员，要求其对有关检查事项作出说明；查阅、复制银行业金融机构与检查事项有关的文件、资料，对可能被转移、隐匿或者毁损的文件、资料予以封存；检查银行业金融机构运用电子计算机管理业务数据的系统。

进行现场检查，应当经银行业监督管理机构负责人批准。现场检查时，检查人员不得少于2人，并应当出示合法证件和检查通知书；检查人员少于2人或者未出示合法证件和检查通知书的，银行业金融机构有权拒绝检查。

（三）审慎监管谈话

银行业监督管理机构根据履行职责的需要，可以与银行业金融机构董事、高级管理人员进行监督管理谈话，要求银行业金融机构董事、高级管理人员就银行业金融机构的业务活动和风险管理的重大事项作出说明。

（四）责令信息披露

银行业监督管理机构应当责令银行业金融机构按照规定，如实向社会公众披露财务会计报告、风险管理状况、董事和高级管理人员变更以及其他重大事项等信息。

（五）违反审慎规则的处置

银行业金融机构违反审慎经营规则的，国务院银行业监督管理机构或者其省一级派出机构应当责令限期改正；逾期未改正的，或者其行为严重危及该银行业金融机构的稳健运行、损害存款人和其他客户合法权益的，经国务院银行业监督管理机构或者其省一级派出机构负责人批准，可以区别情形，采取下列措施。

（1）责令暂停部分业务、停止批准开办新业务。

（2）限制分配红利和其他收入。

（3）限制资产转让。

（4）责令控股股东转让股权或者限制有关股东的权利。

（5）责令调整董事、高级管理人员或者限制其权利。

（6）停止批准增设分支机构。

（六）接管

银行业金融机构已经或者可能发生信用危机，严重影响存款人和其他客户合法权益的，国务院银行业监督管理机构可以依法对该银行业金融机构实行接管或者促成机构重组，接管和机构重组依照有关法律和国务院的规定执行。

（七）撤销银行业金融机构

银行业金融机构有违法经营、经营管理不善等情形，不予撤销将严重危害金融秩序、损害公众利益的，国务院银行业监督管理机构有权予以撤销。

（八）采取限制出境等措施

银行业金融机构被接管、重组或者被撤销的，国务院银行业监督管理机构有权要求该银行业金融机构的董事、高级管理人员和其他工作人员，按照国务院银行业监督管理机构的要求履行职责。

在接管、机构重组或者撤销清算期间,经国务院银行业监督管理机构负责人批准,对直接负责的董事、高级管理人员和其他直接责任人员,可以采取下列措施。

(1) 直接负责的董事、高级管理人员和其他直接责任人员出境将对国家利益造成重大损失的,通知出境管理机关依法阻止其出境。

(2) 申请司法机关禁止其转移、转让财产或者对其财产设定其他权利。

（九） 查询、冻结资金

经国务院银行业监督管理机构或者其省一级派出机构负责人批准,银行业监督管理机构有权查询涉嫌金融违法的银行业金融机构及其工作人员以及关联行为人的账户;对涉嫌转移或者隐匿违法资金的,经银行业监督管理机构负责人批准,可以申请司法机关予以冻结。

（十） 采取询问、查阅、复制、保存等措施

银行业监督管理机构依法对银行业金融机构进行检查时,经设区的市一级以上银行业监督管理机构负责人批准,可以对与涉嫌违法事项有关的单位和个人采取下列措施:询问有关单位或者个人,要求其对有关情况作出说明;查阅、复制有关财务会计、财产权登记等文件、资料;对可能被转移、隐匿、毁损或者伪造的文件、资料,予以先行登记保存。

（十一） 处分、处罚

银行业监督管理机构依法对其从事监督管理工作的人员违法的进行行政处分。银行业监督管理机构对违法的银行业金融机构及其工作人员进行行政处罚,采取责令改正、没收违法所得、罚款、责令停业整顿、吊销其经营许可证、限制或者终身禁入;构成犯罪的,依法移送司法机关追究刑事责任。

🤔 思考题：银行业监督管理机构的监管措施有哪些？

本章引用法律资源：

1.《中华人民共和国中国人民银行法》。

2.《中华人民共和国商业银行法》。

3.《国家开发银行监督管理办法》。

4.《中国进出口银行监督管理办法》。

5.《中国农业发展银行监督管理办法》。

6.《中华人民共和国银行业监督管理法》。

本章参考文献：

1. 郭庆平. 中央银行法的理论与实践［M］. 北京：中国金融出版社,2016.

2. 刘隆亨. 银行金融法学［M］. 北京：北京大学出版社,2010.

本章网站资源：

1. 中国人民银行网站：www.pbc.gov.cn。

2. 中国银行保险监督管理委员会网站：www.cbrc.gov.cn。

第十四章 保险法

■■■ **本章教学目标**

通过学习,了解保险法的基本内容。了解保险的含义和分类、保险法的基本原则;知晓保险主体的类型、范围、设立、变更、终止、经营规则等内容;掌握保险合同的一般规定,掌握人身保险合同和财产保险合同的特殊规定,重点关注保险合同条款、保险金额、保险价值、保险费用、保险索赔、代为求偿权等内容;掌握保险业监管机构、监管措施,关注保险公司的整顿、接管、破产等内容;通过自学保险法条文,了解违反保险法的行政责任、民事责任和刑事责任,明白各种法律责任的具体形式。

第一节　保险法概述

1995 年 6 月 30 日第八届全国人大常委会通过《中华人民共和国保险法》(以下简称《保险法》),2002 年、2009 年、2014 年全国人大先后三次修订《保险法》。《保险法》立法的目的是为了规范保险活动,保护保险活动当事人的合法权益,加强对保险业的监督管理,维护社会经济秩序和社会公共利益,促进保险事业的健康发展。

一、保险的概述

(一)保险的概念

保险,是指投保人根据合同约定,向保险人支付保险费,保险人对于合同约定的可能发生的事故因其发生所造成的财产损失承担赔偿保险金责任,或者当被保险人死亡、伤残、疾病或者达到合同约定的年龄、期限等条件时承担给付保险金责任的商业保险行为。

(二)保险的特征

《保险法》规定的保险,都具有以下特征。

1. 自愿性

商业保险法律关系的确立,是投保人与保险人根据意思自治原则,在平等互利、协商一致的基础上通过自愿订立保险合同来实现的。

2. 营利性

不论是人身保险还是财产保险,都是商业保险。商业保险是一种商业行为,经营商业保险业务的公司无论采取何种组织形式都是以营利为目的。从业务范围及赔偿保险金和支付保障金的原则来看,投入相应多的保险费,在保险价值范围内就可以取得相应多的保险金赔付,体现的是多投多保、少投少保的商业营利性。

　 思考题:什么叫保险?

二、 保险的分类

（一） 按照保险的实施方式不同，保险可以分为自愿保险和强制保险

自愿保险是当事人在平等互利基础上自愿签订保险合同，投保人对是否投保、保险标的、保险金额等自主选择，保险人自主决定是否承保、承保的内容等。强制保险又称法定保险，是法律规定必须参加的保险，当事人不得选择。我国法律规定的保险大部分都是自愿保险，也有强制保险的险种。

（二） 根据保险标的的不同，保险可以分为人身保险和财产保险

人身保险是以人的寿命和身体为保险标的的保险，人身保险业务包括人寿保险、健康保险、意外伤害保险等保险业务。财产保险是以财产及其有关利益为保险标的的保险，财产保险业务分为财产损失保险、责任保险、信用保险、保证保险等保险业务。我国保险法规定的保险既有人身保险，也有财产保险。保险法规定，保险人不得兼营人身保险业务和财产保险业务。但是，经营财产保险业务的保险公司经国务院保险监督管理机构批准，可以经营短期健康保险业务和意外伤害保险业务。

（三） 按保险人是否承担全责，保险可分为原保险和再保险

原保险就是第一次保险，保险人就保险事故发生的损失依照法律和合同自己承担全部责任，不得转移保险责任。保险人将其承担的保险业务，以分保形式部分转移给其他保险人的，为再保险，再保险就是分保，实质是第二次保险。

（四） 依照保险人的人数，保险可以分为单保险和复保险

单保险，是指投保人就同一保险标的、同一保险利益、同一保险事故只向一个保险人投保的保险。复保险，又称重复保险，是指投保人对同一保险标的、同一保险利益、同一保险事故分别与两个以上保险人订立保险合同，且保险金额总和超过保险价值的保险。

　　思考题：保险有哪些分类？

三、 保险法的基本原则

（一） 尊法守德原则

从事保险活动必须遵守法律、行政法规，尊重社会公德，不得损害社会公共利益。

（二） 诚实信用原则

保险活动当事人行使权利、履行义务应当遵循诚实信用原则。

（三） 分业经营原则

保险业务由依法设立的保险公司以及法律、行政法规规定的其他保险组织经营，其他单位和个人不得经营保险业务。在中国境内的法人和其他组织需要办理境内保险的，应当向中国境内的保险公司投保。

保险业和银行业、证券业、信托业实行分业经营、分业管理，保险公司与银行、证券、信托业务机构分别设立。国家另有规定的除外。

（四） 统一监管原则

国务院保险监督管理机构依法对保险业实施监督管理。国务院保险监督管理机构根据履行职责的需要设立派出机构。派出机构按照国务院保险监督管理机构的授权履行监

督管理职责。2018 年,中国银行保险监督管理委员会成立,履行国务院保险监督管理机构的职责。

　　❓ 思考题：保险法的基本原则有哪些？

第二节　保险主体

　　保险主体是指保险法律关系中承担义务享受权利的单位或者个人。保险的主体包括保险合同的当事人、保险关系人、保险辅助人等主体。

一、保险合同的当事人

（一）投保人

　　投保人是指与保险人订立保险合同,并按照合同约定负有支付保险费义务的人。

　　1. 投保人具有保险利益

　　投保人对保险标的或者被保险人应当具有保险利益。投保人对保险标的或者被保险人不具有保险利益的,保险合同无效。被保险人是指其财产或者人身受保险合同保障,享有保险金请求权的人。投保人可以为被保险人。

　　保险利益是指投保人或者被保险人对保险标的具有的法律上承认的利益。人身保险的投保人在保险合同订立时,对被保险人应当具有保险利益。财产保险的被保险人在保险事故发生时,对保险标的应当具有保险利益,保险事故发生时,被保险人对保险标的不具有保险利益的,不得向保险人请求赔偿保险金。

　　人身保险合同中的投保人对下列人员具有保险利益：本人;配偶、子女、父母;前项以外与投保人有抚养、赡养或者扶养关系的家庭其他成员、近亲属;与投保人有劳动关系的劳动者。除前款规定外,被保险人同意投保人为其订立合同的,视为投保人对被保险人具有保险利益。订立合同时,投保人对被保险人不具有保险利益的,合同无效。

　　2. 投保人的如实告知义务

　　订立保险合同,保险人应当向投保人说明保险合同的条款内容,并可以就保险标的或者被保险人的有关情况提出询问,投保人应当如实告知。

　　投保人故意或者因重大过失未履行前款规定的如实告知义务,足以影响保险人决定是否同意承保或者提高保险费率的,保险人有权解除合同。合同解除权,自保险人知道有解除事由之日起,超过 30 日不行使而消灭。自合同成立之日起超过 2 年的,保险人不得解除合同;发生保险事故的,保险人应当承担赔偿或者给付保险金的责任。

　　投保人故意隐瞒事实,不履行如实告知义务的,或者因过失未履行如实告知义务,足以影响保险人决定是否同意承保或者提高保险费率的,保险人有权解除保险合同。

　　投保人故意不履行如实告知义务的,保险人对于保险合同解除前发生的保险事故,不承担赔偿或者给付保险金的责任,并不退还保险费。

　　投保人因过失未履行如实告知义务,对保险事故的发生有严重影响的,保险人对于保险合同解除前发生的保险事故,不承担赔偿或者给付保险金的责任,但可以退还保险费。

　　❓ 思考题：投保人对哪些人员具有保险利益？

（二）保险人

保险人是指与投保人订立保险合同,并按照合同约定承担赔偿或者给付保险金责任的保险公司。

1. 保险公司的设立

设立保险公司应当经国务院保险监督管理机构批准。国务院保险监督管理机构审查保险公司的设立申请时,应当考虑保险业的发展和公平竞争的需要。

设立保险公司应当具备下列条件:主要股东具有持续盈利能力,信誉良好,最近 3 年内无重大违法违规记录,净资产不低于人民币 2 亿元;有符合《保险法》和《公司法》规定的章程;有符合本法规定的注册资本,注册资本为实收资本,最低限额为人民币 2 亿元;有具备任职专业知识和业务工作经验的董事、监事和高级管理人员;有健全的组织机构和管理制度;有符合要求的营业场所和与经营业务有关的其他设施;法律、行政法规和国务院保险监督管理机构规定的其他条件。

申请设立保险公司,应当向国务院保险监督管理机构提出书面申请。国务院保险监督管理机构应当对设立保险公司的申请进行审查,自受理之日起 6 个月内作出批准或者不批准筹建的决定,并书面通知申请人。决定不批准的,应当书面说明理由。申请人应当自收到批准筹建通知之日起 1 年内完成筹建工作;筹建期间不得从事保险经营活动。筹建工作完成后,申请人具备规定的设立条件的,可以向国务院保险监督管理机构提出开业申请。国务院保险监督管理机构应当自受理开业申请之日起 60 日内,作出批准或者不批准开业的决定。决定批准的,颁发经营保险业务许可证;决定不批准的,应当书面通知申请人并说明理由。

保险公司在中华人民共和国境内设立分支机构,应当经保险监督管理机构批准。保险公司分支机构不具有法人资格,其民事责任由保险公司承担。

🤔 思考题:保险公司的设立条件有哪些?

2. 保险公司的变更

保险公司有下列情形之一的,应当经保险监督管理机构批准:变更注册资本;变更公司或者分支机构的营业场所;撤销分支机构;公司分立或者合并;修改公司章程;变更出资额占有限责任公司资本总额 5% 以上的股东,或者变更持有股份有限公司股份 5% 以上的股东;国务院保险监督管理机构规定的其他情形。

3. 保险公司的终止

保险公司因解散、被撤销、破产等原因终止。

（1）解散和撤销

保险公司因分立、合并需要解散,或者股东会、股东大会决议解散,或者公司章程规定的解散事由出现,经国务院保险监督管理机构批准后解散。经营有人寿保险业务的保险公司,除因分立、合并或者被依法撤销外,不得解散。保险公司解散,应当依法成立清算组进行清算。

（2）破产和撤销

保险公司,经国务院保险监督管理机构同意,保险公司或者其债权人可以依法向人民法院申请重整、和解或者破产清算;国务院保险监督管理机构也可以依法向人民法院申请对该保险公司进行重整或者破产清算。

破产财产在优先清偿破产费用和共益债务后,按照下列顺序清偿:(1)所欠职工工资和医疗、伤残补助、抚恤费用,所欠应当划入职工个人账户的基本养老保险、基本医疗保险费用,以及法律、行政法规规定应当支付给职工的补偿金;(2)赔偿或者给付保险金;(3)保险公司欠缴的除第(1)项规定以外的社会保险费用和所欠税款;(4)普通破产债权。破产财产不足以清偿同一顺序的清偿要求的,按照比例分配。破产保险公司的董事、监事和高级管理人员的工资,按照该公司职工的平均工资计算。

经营有人寿保险业务的保险公司被依法撤销或者被依法宣告破产的,其持有的人寿保险合同及责任准备金,必须转让给其他经营有人寿保险业务的保险公司;不能同其他保险公司达成转让协议的,由国务院保险监督管理机构指定经营有人寿保险业务的保险公司接受转让。转让或者由国务院保险监督管理机构指定接受转让前款规定的人寿保险合同及责任准备金的,应当维护被保险人、受益人的合法权益。

保险公司依法终止其业务活动,应当注销其经营保险业务许可证。

❓ 思考题:保险公司的终止原因有哪些?

4. 保险公司的财务规则

保险公司应当按照其注册资本总额的20%提取保证金,存入国务院保险监督管理机构指定的银行,除公司清算时用于清偿债务外,不得动用。

保险公司应当根据保障被保险人利益、保证偿付能力的原则,提取各项责任准备金。保险公司应当依法提取公积金。

保险公司应当缴纳保险保障基金。保险保障基金应当集中管理,并在法定情形下统筹使用:在保险公司被撤销或者被宣告破产时,向投保人、被保险人或者受益人提供救济;在保险公司被撤销或者被宣告破产时,向依法接受其人寿保险合同的保险公司提供救济;国务院规定的其他情形。保险保障基金筹集、管理和使用的具体办法,由国务院制定。

保险公司应当按照国务院保险监督管理机构的规定,真实、准确、完整地披露财务会计报告、风险管理状况、保险产品经营情况等重大事项。

5. 禁止性行为

保险公司及其工作人员在保险业务活动中不得有下列行为:欺骗投保人、被保险人或者受益人;对投保人隐瞒与保险合同有关的重要情况;阻碍投保人履行本法规定的如实告知义务,或者诱导其不履行本法规定的如实告知义务;给予或者承诺给予投保人、被保险人、受益人保险合同约定以外的保险费回扣或者其他利益;拒不依法履行保险合同约定的赔偿或者给付保险金义务;故意编造未曾发生的保险事故、虚构保险合同或者故意夸大已经发生的保险事故的损失程度进行虚假理赔,骗取保险金或者牟取其他不正当利益;挪用、截留、侵占保险费;委托未取得合法资格的机构或者个人从事保险销售活动;利用开展保险业务为其他机构或者个人牟取不正当利益;利用保险代理人、保险经纪人或者保险评估机构,从事以虚构保险中介业务或者编造退保等方式套取费用等违法活动;以捏造、散布虚假事实等方式损害竞争对手的商业信誉,或者以其他不正当竞争行为扰乱保险市场秩序;泄露在业务活动中知悉的投保人、被保险人的商业秘密;违反法律、行政法规和国务院保险监督管理机构规定的其他行为。

❓ 思考题:保险及其工作人员的禁止性行为有哪些?

二、 保险关系人

保险关系人包括被保险人和收益人。

被保险人是指其财产或者人身受保险合同保障,享有保险金请求权的人。投保人可以为被保险人。

受益人是指人身保险合同中由被保险人或者投保人指定的享有保险金请求权的人。投保人、被保险人可以为受益人。

❓ 思考题:保险关系人有哪些?

三、 保险辅助人

(一) 保险代理人

保险代理人是根据保险人的委托,向保险人收取佣金,并在保险人授权的范围内代为办理保险业务的机构或者个人。保险代理机构包括专门从事保险代理业务的保险专业代理机构和兼营保险代理业务的保险兼业代理机构。个人保险代理人在代为办理人寿保险业务时,不得同时接受两个以上保险人的委托。

保险人委托保险代理人代为办理保险业务,应当与保险代理人签订委托代理协议,依法约定双方的权利和义务。保险代理人根据保险人的授权代为办理保险业务的行为,由保险人承担责任。

保险代理人没有代理权、超越代理权或者代理权终止后以保险人名义订立合同,使投保人有理由相信其有代理权的,该代理行为有效。保险人可以依法追究越权的保险代理人的责任。

❓ 思考题:保险代理人有哪些?

(二) 保险经纪人

保险经纪人是基于投保人的利益,为投保人与保险人订立保险合同提供中介服务,并依法收取佣金的机构。保险经纪人因过错给投保人、被保险人造成损失的,依法承担赔偿责任。

(三) 保险辅助人的设立

保险代理机构、保险经纪人应当具备国务院保险监督管理机构规定的条件,取得保险监督管理机构颁发的经营保险代理业务许可证、保险经纪业务许可证。保险专业代理机构、保险经纪人凭保险监督管理机构颁发的许可证向工商行政管理机关办理登记,领取营业执照。保险兼业代理机构凭保险监督管理机构颁发的许可证,向工商行政管理机关办理变更登记。

以公司形式设立保险专业代理机构、保险经纪人,其注册资本最低限额适用《公司法》的规定。国务院保险监督管理机构根据保险专业代理机构、保险经纪人的业务范围和经营规模,可以调整其注册资本的最低限额,但不得低于《公司法》规定的限额。保险专业代理机构、保险经纪人的注册资本或者出资额必须为实缴货币资本。

保险专业代理机构、保险经纪人的高级管理人员,应当品行良好,熟悉保险法律、行政法规,具有履行职责所需的经营管理能力,并在任职前取得保险监督管理机构核准的任职资格。个人保险代理人、保险代理机构的代理从业人员、保险经纪人的经纪从业人员,应当具备国务院保险监督管理机构规定的资格条件,取得保险监督管理机构颁发的资格证书。

思考题:保险辅助人如何设立?

（四）保险辅助人的经营规则

保险代理机构、保险经纪人应当有自己的经营场所,设立专门账簿记载保险代理业务、经纪业务的收支情况。

保险代理机构、保险经纪人应当按照国务院保险监督管理机构的规定缴存保证金或者投保职业责任保险。未经保险监督管理机构批准,保险代理机构、保险经纪人不得动用保证金。

保险佣金只限于向具有合法资格的保险代理人、保险经纪人支付,不得向其他人支付。

保险代理人、保险经纪人及其从业人员在办理保险业务活动中不得有下列行为:欺骗保险人、投保人、被保险人或者受益人;隐瞒与保险合同有关的重要情况;阻碍投保人履行本法规定的如实告知义务,或者诱导其不履行本法规定的如实告知义务;给予或者承诺给予投保人、被保险人或者受益人保险合同约定以外的利益;利用行政权力、职务或者职业便利以及其他不正当手段强迫、引诱或者限制投保人订立保险合同;伪造、擅自变更保险合同,或者为保险合同当事人提供虚假证明材料;挪用、截留、侵占保险费或者保险金;利用业务便利为其他机构或者个人牟取不正当利益;串通投保人、被保险人或者受益人,骗取保险金;泄露在业务活动中知悉的保险人、投保人、被保险人的商业秘密。

思考题:保险辅助人的经营规则有哪些?

第三节　保险合同的一般规定

保险合同是投保人与保险人约定保险权利义务关系的协议。订立保险合同,应当协商一致,遵循公平原则确定各方的权利和义务。除法律、行政法规规定必须保险的外,保险合同自愿订立。

一、保险合同的成立与变更

投保人提出保险要求,经保险人同意承保,保险合同成立。保险人应当及时向投保人签发保险单或者其他保险凭证。保险单或者其他保险凭证应当载明当事人双方约定的合同内容。当事人也可以约定采用其他书面形式载明合同内容。

依法成立的保险合同,自成立时生效。投保人和保险人可以对合同的效力约定附条件或者附期限。

保险合同成立后,投保人按照约定交付保险费,保险人按照约定的时间开始承担保险责任。除本法另有规定或者保险合同另有约定外,保险合同成立后,投保人可以解除合同,保险人不得解除合同。

投保人和保险人可以协商变更合同内容。变更保险合同的,应当由保险人在保险单或者其他保险凭证上批注或者附贴批单,或者由投保人和保险人订立变更的书面协议。

二、 保险合同的主要条款

保险合同应当包括下列事项：保险人的名称和住所；投保人、被保险人的姓名或者名称、住所，以及人身保险的受益人的姓名或者名称、住所；保险标的；保险责任和责任免除；保险期间和保险责任开始时间；保险金额，就是保险人承担赔偿或者给付保险金责任的最高限额；保险费以及支付办法；保险金赔偿或者给付办法；违约责任和争议处理；订立合同的年、月、日。投保人和保险人可以约定与保险有关的其他事项。

三、 保险格式条款的效力

订立保险合同，采用保险人提供的格式条款的，保险人向投保人提供的投保单应当附格式条款，保险人应当向投保人说明合同的内容。

对保险合同中免除保险人责任的条款，保险人在订立合同时应当在投保单、保险单或者其他保险凭证上作出足以引起投保人注意的提示，并对该条款的内容以书面或者口头形式向投保人作出明确说明；未作提示或者明确说明的，该条款不产生效力。

采用保险人提供的格式条款订立的保险合同中的下列条款无效：免除保险人依法应承担的义务或者加重投保人、被保险人责任的，排除投保人、被保险人或者受益人依法享有的权利的。

采用保险人提供的格式条款订立的保险合同，保险人与投保人、被保险人或者受益人对合同条款有争议的，应当按照通常理解予以解释。对合同条款有两种以上解释的，人民法院或者仲裁机构应当作出有利于被保险人和受益人的解释。

思考题：保险合同条款有哪些？

四、 保险事故的通知和证明

保险事故是指保险合同约定的保险责任范围内的事故。

1. 通知

投保人、被保险人或者受益人知道保险事故发生后，应当及时通知保险人。故意或者因重大过失未及时通知，致使保险事故的性质、原因、损失程度等难以确定的，保险人对无法确定的部分，不承担赔偿或者给付保险金的责任，但保险人通过其他途径已经及时知道或者应当及时知道保险事故发生的除外。

2. 证明

保险事故发生后，按照保险合同请求保险人赔偿或者给付保险金时，投保人、被保险人或者受益人应当向保险人提供其所能提供的与确认保险事故的性质、原因、损失程度等有关的证明和资料。保险人按照合同的约定，认为有关的证明和资料不完整的，应当及时一次性通知投保人、被保险人或者受益人补充提供。

五、 保险人的核定与赔偿

（一） 核定

保险人收到被保险人或者受益人的赔偿或者给付保险金的请求后，应当及时作出核定;情形复杂的,应当在 30 日内作出核定,但合同另有约定的除外。保险人应当将核定结果通知被保险人或者受益人。

(二) 赔偿

保险人核定后,对属于保险责任的,在与被保险人或者受益人达成赔偿或者给付保险金的协议后 10 日内,履行赔偿或者给付保险金义务。保险合同对赔偿或者给付保险金的期限有约定的,保险人应当按照约定履行赔偿或者给付保险金义务。保险人未及时履行前款规定义务的,除支付保险金外,应当赔偿被保险人或者受益人因此受到的损失。保险人核定后,对不属于保险责任的,应当自作出核定之日起 3 日内向被保险人或者受益人发出拒绝赔偿或者拒绝给付保险金通知书,并说明理由。任何单位和个人不得非法干预保险人履行赔偿或者给付保险金的义务,也不得限制被保险人或者受益人取得保险金的权利。

保险人自收到赔偿或者给付保险金的请求和有关证明、资料之日起 60 日内,对其赔偿或者给付保险金的数额不能确定的,应当根据已有证明和资料可以确定的数额先予支付;保险人最终确定赔偿或者给付保险金的数额后,应当支付相应的差额。

(三) 保险欺诈的赔偿

未发生保险事故,被保险人或者受益人谎称发生了保险事故,向保险人提出赔偿或者给付保险金请求的,保险人有权解除合同,并不退还保险费。

投保人、被保险人故意制造保险事故的,保险人有权解除合同,不承担赔偿或者给付保险金的责任;除法律另有规定外,不退还保险费。

保险事故发生后,投保人、被保险人或者受益人以伪造、变造的有关证明、资料或者其他证据,编造虚假的事故原因或者夸大损失程度的,保险人对其虚报的部分不承担赔偿或者给付保险金的责任。

投保人、被保险人或者受益人有上述 3 项行为之一,致使保险人支付保险金或者支出费用的,应当退回或者赔偿。

❓ 思考题:保险欺诈赔偿的具体情形有哪些?

六、 再保险

经国务院保险监督管理机构批准,保险公司可以经营下列再保险业务:分出保险,分入保险。

保险人将其承担的保险业务,以分保形式部分转移给其他保险人的,为再保险。应再保险接受人的要求,再保险分出人应当将其自负责任及原保险的有关情况书面告知再保险接受人。再保险接受人不得向原保险的投保人要求支付保险费。

原保险的被保险人或者受益人不得向再保险接受人提出赔偿或者给付保险金的请求。再保险分出人不得以再保险接受人未履行再保险责任为由,拒绝履行或者迟延履行其原保险责任。

❓ 思考题:请阐述再保险业务的类型与具体内容。

七、 保险合同的诉讼时效

人寿保险的被保险人或者受益人向保险人请求给付保险金的诉讼时效期间为 5 年,

自其知道或者应当知道保险事故发生之日起计算。人寿保险以外的其他保险的被保险人或者受益人，向保险人请求赔偿或者给付保险金的诉讼时效期间为 2 年，自其知道或者应当知道保险事故发生之日起计算。

第四节　人身保险合同

人身保险合同既要遵守保险合同的一般规定，也具有自身的特殊性，要遵守保险法的特殊规定。

一、投保的真实性

投保人申报的被保险人年龄不真实，并且其真实年龄不符合合同约定的年龄限制的，保险人可以解除合同，并按照合同约定退还保险单的现金价值。

投保人申报的被保险人年龄不真实，致使投保人支付的保险费少于应付保险费的，保险人有权更正并要求投保人补交保险费，或者在给付保险金时按照实付保险费与应付保险费的比例支付。

投保人申报的被保险人年龄不真实，致使投保人支付的保险费多于应付保险费的，保险人应当将多收的保险费退还投保人。

思考题：简述投保真实性要求。

二、保险金

投保人不得为无民事行为能力人投保以死亡为给付保险金条件的人身保险，保险人也不得承保。父母为其未成年子女投保的人身保险，不受前款规定限制。但是，因被保险人死亡给付的保险金总和不得超过国务院保险监督管理机构规定的限额。

以死亡为给付保险金条件的合同，未经被保险人同意并认可保险金额的，合同无效。按照以死亡为给付保险金条件的合同所签发的保险单，未经被保险人书面同意，不得转让或者质押。父母为其未成年子女投保的人身保险，不受此限制。

三、保险费

投保人可以按照合同约定向保险人一次支付全部保险费或者分期支付保险费。保险人对人寿保险的保险费，不得用诉讼方式要求投保人支付。合同约定分期支付保险费，投保人支付首期保险费后，除合同另有约定外，投保人自保险人催告之日起超过 30 日未支付当期保险费，或者超过约定的期限 60 日未支付当期保险费的，合同效力中止，或者由保险人按照合同约定的条件减少保险金额。被保险人在前款规定期限内发生保险事故的，保险人应当按照合同约定给付保险金，但可以扣减欠交的保险费。

合同效力依照法律规定中止的，经保险人与投保人协商并达成协议，在投保人补交保险费后，合同效力恢复。但是，自合同效力中止之日起满 2 年双方未达成协议的，保险人有权解除合同。保险人依照规定解除合同的，应当按照合同约定退还保险单的现金价值。

四、受益人

人身保险的受益人由被保险人或者投保人指定。投保人指定受益人时须经被保险人同意。投保人为与其有劳动关系的劳动者投保人身保险，不得指定被保险人及其近亲属以外的人为受益人。被保险人为无民事行为能力人或者限制民事行为能力人的，可以由其监护人指定受益人。

被保险人或者投保人可以指定一人或者数人为受益人。受益人为数人的，被保险人或者投保人可以确定受益顺序和受益份额；未确定受益份额的，受益人按照相等份额享有受益权。

被保险人或者投保人可以变更受益人并书面通知保险人。保险人收到变更受益人的书面通知后，应当在保险单或者其他保险凭证上批注或者附贴批单。投保人变更受益人时须经被保险人同意。

被保险人死亡后，有下列情形之一的，保险金作为被保险人的遗产，由保险人依照《继承法》的规定履行给付保险金的义务：没有指定受益人，或者受益人指定不明无法确定的；受益人先于被保险人死亡，没有其他受益人的；受益人依法丧失受益权或者放弃受益权，没有其他受益人的。受益人与被保险人在同一事件中死亡，且不能确定死亡先后顺序的，推定受益人死亡在先。

受益人故意造成被保险人死亡、伤残、疾病的，或者故意杀害被保险人未遂的，该受益人丧失受益权。

❓ 思考题：保险受益人有哪些？

五、保险赔偿

投保人故意造成被保险人死亡、伤残或者疾病的，保险人不承担给付保险金的责任。投保人已交足 2 年以上保险费的，保险人应当按照合同约定向其他权利人退还保险单的现金价值。

以被保险人死亡为给付保险金条件的合同，自合同成立或者合同效力恢复之日起 2 年内，被保险人自杀的，保险人不承担给付保险金的责任，但被保险人自杀时为无民事行为能力人的除外。保险人依照前款规定不承担给付保险金责任的，应当按照合同约定退还保险单的现金价值。

因被保险人故意犯罪或者抗拒依法采取的刑事强制措施导致其伤残或者死亡的，保险人不承担给付保险金的责任。投保人已交足 2 年以上保险费的，保险人应当按照合同约定退还保险单的现金价值。

被保险人因第三者的行为而发生死亡、伤残或者疾病等保险事故的，保险人向被保险人或者受益人给付保险金后，不享有向第三者追偿的权利，但被保险人或者受益人仍有权向第三者请求赔偿。

投保人解除合同的，保险人应当自收到解除合同通知之日起 30 日内，按照合同约定退还保险单的现金价值。

❓ 思考题：保险赔偿的具体情形有哪些？

第五节　财产保险合同

财产保险合同既要遵守保险合同的一般规定,也具有自身的特殊性,要遵守保险法的特殊规定。

一、保险标的的转让

保险标的转让的,保险标的的受让人承继被保险人的权利和义务。保险标的转让的,被保险人或者受让人应当及时通知保险人,但货物运输保险合同和另有约定的合同除外。

因保险标的的转让导致危险程度显著增加的,保险人自收到前款规定的通知之日起30日内,可以按照合同约定增加保险费或者解除合同。保险人解除合同的,应当将已收取的保险费,按照合同约定扣除自保险责任开始之日起至合同解除之日止应收的部分后,退还投保人。

被保险人、受让人未履行规定的通知义务的,因转让导致保险标的的危险程度显著增加而发生的保险事故,保险人不承担赔偿保险金的责任。

二、保险标的的安全

被保险人应当遵守国家有关消防、安全、生产操作、劳动保护等方面的规定,维护保险标的的安全。投保人、被保险人未按照约定履行其对保险标的的安全应尽责任的,保险人有权要求增加保险费或者解除合同。

保险人可以按照合同约定对保险标的的安全状况进行检查,及时向投保人、被保险人提出消除不安全因素和隐患的书面建议。保险人为维护保险标的的安全,经被保险人同意,可以采取安全预防措施。

在合同有效期内,保险标的的危险程度显著增加的,被保险人应当按照合同约定及时通知保险人,保险人可以按照合同约定增加保险费或者解除合同。保险人解除合同的,应当将已收取的保险费,按照合同约定扣除自保险责任开始之日起至合同解除之日止应收的部分后,退还投保人。

被保险人未履行规定的通知义务的,因保险标的的危险程度显著增加而发生的保险事故,保险人不承担赔偿保险金的责任。

三、保险费用

有下列情形之一的,除合同另有约定外,保险人应当降低保险费,并按日计算退还相应的保险费:据以确定保险费率的有关情况发生变化,保险标的的危险程度明显减少的;保险标的的保险价值明显减少的。

保险责任开始前,投保人要求解除合同的,应当按照合同约定向保险人支付手续费,保险人应当退还保险费。保险责任开始后,投保人要求解除合同的,保险人应当将已收取的保险费,按照合同约定扣除自保险责任开始之日起至合同解除之日止应收的部分后,退还投保人。

　　❓ 思考题：什么叫保险费？

四、保险价值

　　投保人和保险人约定保险标的的保险价值并在合同中载明的，保险标的发生损失时，以约定的保险价值为赔偿计算标准。

　　投保人和保险人未约定保险标的的保险价值的，保险标的发生损失时，以保险事故发生时保险标的的实际价值为赔偿计算标准。

　　保险金额不得超过保险价值。超过保险价值的，超过部分无效，保险人应当退还相应的保险费。

　　保险金额低于保险价值的，除合同另有约定外，保险人按照保险金额与保险价值的比例承担赔偿保险金的责任。

　　保险事故发生后，保险人已支付了全部保险金额，并且保险金额等于保险价值的，受损保险标的的全部权利归于保险人；保险金额低于保险价值的，保险人按照保险金额与保险价值的比例取得受损保险标的的部分权利。

　　❓ 思考题：保险价值与保险金额有什么关系？

五、重复保险

　　重复保险的投保人应当将重复保险的有关情况通知各保险人。

　　重复保险的各保险人赔偿保险金的总和不得超过保险价值。除合同另有约定外，各保险人按照其保险金额与保险金额总和的比例承担赔偿保险金的责任。

　　重复保险的投保人可以就保险金额总和超过保险价值的部分，请求各保险人按比例返还保险费。

六、损失赔偿

　　保险事故发生时，被保险人应当尽力采取必要的措施，防止或者减少损失。保险事故发生后，被保险人为防止或者减少保险标的的损失所支付的必要的、合理的费用，由保险人承担；保险人所承担的费用数额在保险标的损失赔偿金额以外另行计算，最高不超过保险金额的数额。

　　保险标的发生部分损失的，自保险人赔偿之日起 30 日内，投保人可以解除合同；除合同另有约定外，保险人也可以解除合同，但应当提前 15 日通知投保人。合同解除的，保险人应当将保险标的未受损失部分的保险费，按照合同约定扣除自保险责任开始之日起至合同解除之日止应收的部分后，退还投保人。

　　❓ 思考题：保险损失如何赔偿？

七、代为求偿权

　　因第三者对保险标的的损害而造成保险事故的，保险人自向被保险人赔偿保险金之日起，在赔偿金额范围内代位行使被保险人对第三者请求赔偿的权利。前款规定的保险事故发生后,被保险人已经从第三者取得损害赔偿的,保险人赔偿保险金时,可以相应扣减被保险人从第三者已取得的赔偿金额。

保险人依照规定行使代位请求赔偿的权利,不影响被保险人就未取得赔偿的部分向第三者请求赔偿的权利。保险事故发生后,保险人未赔偿保险金之前,被保险人放弃对第三者请求赔偿的权利的,保险人不承担赔偿保险金的责任。

保险人向被保险人赔偿保险金后,被保险人未经保险人同意放弃对第三者请求赔偿的权利的,该行为无效。

被保险人故意或者因重大过失致使保险人不能行使代位请求赔偿的权利的,保险人可以扣减或者要求返还相应的保险金。

除被保险人的家庭成员或者其组成人员故意造成法律规定的保险事故外,保险人不得对被保险人的家庭成员或者其组成人员行使代位请求赔偿的权利。

保险人向第三者行使代位请求赔偿的权利时,被保险人应当向保险人提供必要的文件和所知道的有关情况。

保险人、被保险人为查明和确定保险事故的性质、原因和保险标的的损失程度所支付的必要的、合理的费用,由保险人承担。

💬 思考题:什么叫代为求偿权?

八、责任保险

责任保险是指以被保险人对第三者依法应负的赔偿责任为保险标的的保险。

保险人对责任保险的被保险人给第三者造成的损害,可以依照法律的规定或者合同的约定,直接向该第三者赔偿保险金。

责任保险的被保险人给第三者造成损害,被保险人对第三者应负的赔偿责任确定的,根据被保险人的请求,保险人应当直接向该第三者赔偿保险金。被保险人怠于请求的,第三者有权就其应获赔偿部分直接向保险人请求赔偿保险金。

责任保险的被保险人给第三者造成损害,被保险人未向该第三者赔偿的,保险人不得向被保险人赔偿保险金。

责任保险的被保险人因给第三者造成损害的保险事故而被提起仲裁或者诉讼的,被保险人支付的仲裁或者诉讼费用以及其他必要的、合理的费用,除合同另有约定外,由保险人承担。

第六节 保险业监督管理

一、保险业监管

保险监督管理机构依照本法和国务院规定的职责,遵循依法、公开、公正的原则,对保险业实施监督管理,维护保险市场秩序,保护投保人、被保险人和受益人的合法权益。

国务院保险监督管理机构依照法律、行政法规制定并发布有关保险业监督管理的规章。关系社会公众利益的保险险种、依法实行强制保险的险种和新开发的人寿保险险种等的保险条款和保险费率,应当报国务院保险监督管理机构批准。国务院保险监督管理机构审批时,应当遵循保护社会公众利益和防止不正当竞争的原则。其他保险险种的保险条款和保险费率,应当报保险监督管理机构备案。

保险公司使用的保险条款和保险费率违反法律、行政法规或者国务院保险监督管理机构的有关规定的,由保险监督管理机构责令停止使用,限期修改;情节严重的,可以在一定期限内禁止申报新的保险条款和保险费率。

国务院保险监督管理机构应当建立健全保险公司偿付能力监管体系,对保险公司的偿付能力实施监控。

二、 保险业监管措施

(一) 对偿付能力不足的保险公司,国务院保险监督管理机构应当将其列为重点监管对象,并可以根据具体情况采取下列措施

责令增加资本金、办理再保险,限制业务范围,限制向股东分红,限制固定资产购置或者经营费用规模,限制资金运用的形式、比例,限制增设分支机构,责令拍卖不良资产、转让保险业务,限制董事、监事、高级管理人员的薪酬水平,限制商业性广告,责令停止接受新业务。

保险公司未依照规定提取或者结转各项责任准备金,或者未依照本法规定办理再保险,或者严重违反本法关于资金运用的规定的,由保险监督管理机构责令限期改正,并可以责令调整负责人及有关管理人员。

(二) 保险监督管理机构依法履行职责,可以采取下列措施

对保险公司、保险代理人、保险经纪人、保险资产管理公司、外国保险机构的代表机构进行现场检查;进入涉嫌违法行为发生场所调查取证;询问当事人及与被调查事件有关的单位和个人,要求其对与被调查事件有关的事项作出说明;查阅、复制与被调查事件有关的财产权登记等资料;查阅、复制保险公司、保险代理人、保险经纪人、保险资产管理公司、外国保险机构的代表机构以及与被调查事件有关的单位和个人的财务会计资料及其他相关文件和资料;对可能被转移、隐匿或者毁损的文件和资料予以封存;查询涉嫌违法经营的保险公司、保险代理人、保险经纪人、保险资产管理公司、外国保险机构的代表机构以及与涉嫌违法事项有关的单位和个人的银行账户;对有证据证明已经或者可能转移、隐匿违法资金等涉案财产或者隐匿、伪造、毁损重要证据的,经保险监督管理机构主要负责人批准,申请人民法院予以冻结或者查封。

思考题:保险业监管措施有哪些?

三、 整顿、接管、破产

(一) 整顿

保险监督管理机构依照法律规定作出限期改正的决定后,保险公司逾期未改正的,国务院保险监督管理机构可以决定选派保险专业人员和指定该保险公司的有关人员组成整顿组,对公司进行整顿。

整顿决定应当载明被整顿公司的名称、整顿理由、整顿组成员和整顿期限,并予以公

告。整顿组有权监督被整顿保险公司的日常业务。被整顿公司的负责人及有关管理人员应当在整顿组的监督下行使职权。

整顿过程中,被整顿保险公司的原有业务继续进行。但是,国务院保险监督管理机构可以责令被整顿公司停止部分原有业务、停止接受新业务,调整资金运用。

被整顿保险公司经整顿已纠正其违反本法规定的行为,恢复正常经营状况的,由整顿组提出报告,经国务院保险监督管理机构批准,结束整顿,并由国务院保险监督管理机构予以公告。

　　❓ 思考题:保险公司如何整顿?

(二)接管

保险公司有下列情形之一的,国务院保险监督管理机构可以对其实行接管:公司的偿付能力严重不足的;违反本法规定,损害社会公共利益,可能严重危及或者已经严重危及公司的偿付能力的。被接管的保险公司的债权债务关系不因接管而变化。接管组的组成和接管的实施办法,由国务院保险监督管理机构决定,并予以公告。

接管期限届满,国务院保险监督管理机构可以决定延长接管期限,但接管期限最长不得超过 2 年。接管期限届满,被接管的保险公司已恢复正常经营能力的,由国务院保险监督管理机构决定终止接管,并予以公告。

(三)破产

被整顿、被接管的保险公司有《破产法》第 2 条规定情形的,国务院保险监督管理机构可以依法向人民法院申请对该保险公司进行重整或者破产清算。

本章引用法律资源:

1.《中华人民共和国保险法》。

2. 全国人民代表大会《中华人民共和国保险法》条文释义。

3. 最高人民法院关于适用《中华人民共和国保险法》若干问题的解释。

本章参考文献:

1. 范健,王建文,张莉莉. 保险法[M]. 北京:法律出版社,2017.

2. 温世扬. 保险法[M]. 北京:法律出版社,2016.

本章网站资源:

1. 中国人大网:www. npc. gov. cn。

2. 中国银行保险监督管理委员会网站:www. cbrc. gov. cn。

第十五章 证券法

■■■**本章教学目标**

通过学习,明白证券法的基本内容。了解证券和证券市场的含义,明确证券法的基本原则;知晓证券交易所、证券公司、证券登记结算机构、证券服务机构、证券业协会、证券监督管理机构等证券法主体的设立、审批、职能及其运营规则;掌握证券发行的条件、审核程序、承销和保荐;掌握证券交易的一般规则,掌握证券发行条件、上市程序,掌握证券的暂停上市和终止上市的情形;掌握证券的信息披露;掌握禁止的交易行为;掌握上市公司的收购;了解违反证券法的行政责任、民事责任和刑事责任,明白各种法律责任的具体形式。

第一节 证券法概述

一、证券

广义的证券包括了商品证券、财物证券、货币证券等凭证,如股票、债券、储蓄存款单、提货单、保险单、票据、单证等。狭义的证券是指资本证券。我国证券法采用的是狭义的证券定义,仅指资本证券。资本证券是投资者权利的证券化。证券是代表投资者的财产权利、收益权利、流通权利等的凭证,包括了股票、债券、基金凭证、股票期货凭证、股指期货凭证、认购权证、其他衍生品等。

❓思考题:什么是证券?

二、证券市场

有闲余资本的资本持有者有投资需求,企业、公司等市场主体需要资金而有筹资需求,证券市场就是为投资者和筹资者的需求对接提供机会的场所,是证券产品发行和交易的场所。证券发行市场是筹资者为筹资目的,依照一定的条件和程序向投资者销售证券的市场,是初级市场,又称为一级市场。证券交易市场是证券投资者转让其持有的已发行证券的场所,是二级市场。

证券市场,一般就是指证券交易所。世界上第一家证券交易所是荷兰于1602年设立的阿姆斯特丹股票交易所。现今世界上比较有名的证券交易所有纽约证券交易所、伦敦证券交易所、东京证券交易所、香港证券交易所。我国的证券交易所是为证券集中交易提供场所和设施,组织和监督证券交易,实行自律管理的法人。我国先后设立了上海证券交易所、深圳证券交易所,证券交易主要通过这两个证券交易所进行。

❓思考题:什么是证券市场?

三、 证券法

证券法是调整证券发行和交易中产生的社会关系的法律规范的总称。1998 年 12 月 29 日第九届全国人大常委会通过《中华人民共和国证券法》(以下简称《证券法》)。2004 年、2005 年、2013 年、2014 年全国人大常委会先后修订《证券法》。中国证券监督管理委员会作为证券监督管理机构,也发布了不少涉及证券发行和交易的规范性文件,这些规范性文件也是证券发行人、上市公司等主体要遵从的。

证券法的立法目的是为了规范证券发行和交易行为,保护投资者的合法权益,维护社会经济秩序和社会公共利益,促进社会主义市场经济的发展。

⁇ 思考题：什么是证券法?

四、 证券法的基本原则

证券的发行、交易活动,必须实行公开、公平、公正的原则。

证券发行、交易活动的当事人具有平等的法律地位,应当遵守自愿、有偿、诚实信用的原则。

证券的发行、交易活动,必须遵守法律、行政法规;禁止欺诈、内幕交易和操纵证券市场的行为。

证券业和银行业、信托业、保险业实行分业经营、分业管理,证券公司与银行、信托、保险业务机构分别设立。国家另有规定的除外。

国务院证券监督管理机构依法对全国证券市场实行集中统一监督管理。国务院证券监督管理机构根据需要可以设立派出机构,按照授权履行监督管理职责。

在国家对证券发行、交易活动实行集中统一监督管理的前提下,依法设立证券业协会,实行自律性管理。

国家审计机关依法对证券交易所、证券公司、证券登记结算机构、证券监督管理机构进行审计监督。

⁇ 思考题：证券法的基本原则有哪些?

第二节　证券法的主体

证券法的主体就是参与证券法律关系,享受权利和承担义务的组织和个人。证券法的主体主要有证券交易所、证券公司、证券登记结算机构、证券服务机构、证券业协会、证券监督管理机构、投资者等。

一、 证券交易所

证券交易所的设立和解散,由国务院决定。设立证券交易所必须制定章程。证券交易所章程的制定和修改,必须经国务院证券监督管理机构批准。

证券交易所分为公司制的证券交易所和会员制的证券交易所。我国实行会员制的证券交易所。进入证券交易所参与集中交易的,必须是证券交易所的会员。实行会员制的证券交易所的财产积累归会员所有,其权益由会员共同享有,在其存续期间,不得将其财产积累分配给会员。

证券交易所设理事会。证券交易所设总经理一人,由国务院证券监督管理机构任免。有《公司法》第146条规定的情形或者下列情形之一的,不得担任证券交易所的负责人:因违法行为或者违纪行为被解除职务的证券交易所、证券登记结算机构的负责人或者证券公司的董事、监事、高级管理人员,自被解除职务之日起未逾5年;因违法行为或者违纪行为被撤销资格的律师、注册会计师或者投资咨询机构、财务顾问机构、资信评级机构、资产评估机构、验证机构的专业人员,自被撤销资格之日起未逾5年。因违法行为或者违纪行为被开除的证券交易所、证券登记结算机构、证券服务机构、证券公司的从业人员和被开除的国家机关工作人员,不得招聘为证券交易所的从业人员。证券交易所的负责人和其他从业人员在执行与证券交易有关的职务时,与其本人或者其亲属有利害关系的,应当回避。在证券交易所内从事证券交易的人员,违反证券交易所有关交易规则的,由证券交易所给予纪律处分;对情节严重的,撤销其资格,禁止其入场进行证券交易。

投资者应当与证券公司签订证券交易委托协议,并在证券公司开立证券交易账户,以书面、电话以及其他方式,委托该证券公司代其买卖证券。证券公司根据投资者的委托,按照证券交易规则提出交易申报,参与证券交易所场内的集中交易,并根据成交结果承担相应的清算交收责任;证券登记结算机构根据成交结果,按照清算交收规则,与证券公司进行证券和资金的清算交收,并为证券公司客户办理证券的登记过户手续。

证券交易所依照证券法律、行政法规制定上市规则、交易规则、会员管理规则和其他有关规则,并报国务院证券监督管理机构批准。证券交易所应当为组织公平的集中交易提供保障,公布证券交易即时行情,并按交易日制作证券市场行情表,予以公布。未经证券交易所许可,任何单位和个人不得发布证券交易即时行情。

因突发性事件而影响证券交易的正常进行时,证券交易所可以采取技术性停牌的措施;因不可抗力的突发性事件或者为维护证券交易的正常秩序,证券交易所可以决定临时停市。证券交易所采取技术性停牌或者决定临时停市,必须及时报告国务院证券监督管理机构。证券交易所对证券交易实行实时监控,并按照国务院证券监督管理机构的要求,对异常的交易情况提出报告。证券交易所应当对上市公司及相关信息披露义务人披露信息进行监督,督促其依法及时、准确地披露信息。证券交易所根据需要,可以对出现重大异常交易情况的证券账户限制交易,并报国务院证券监督管理机构备案。

证券交易所应当从其收取的交易费用和会员费、席位费中提取一定比例的金额设立风险基金。风险基金由证券交易所理事会管理。风险基金提取的具体比例和使用办法,由国务院证券监督管理机构会同国务院财政部门规定。证券交易所应当将收存的风险基金存入开户银行专门账户,不得擅自使用。

思考题:哪些人不得担任证券交易所的负责人?

二、证券公司

(一)证券公司的概念

证券公司是指依照《公司法》和《证券法》规定设立的经营证券业务的有限责任公司或

者股份有限公司。

（二）证券公司的设立条件

设立证券公司,应当具备下列条件:有符合法律、行政法规规定的公司章程;主要股东具有持续盈利能力,信誉良好,最近 3 年无重大违法违规记录,净资产不低于人民币 2 亿元;有符合本法规定的注册资本;董事、监事、高级管理人员具备任职资格,从业人员具有证券从业资格;有完善的风险管理与内部控制制度;有合格的经营场所和业务设施;法律、行政法规规定的和经国务院批准的国务院证券监督管理机构规定的其他条件。

（三）证券公司的经营范围与注册资本

经国务院证券监督管理机构批准,证券公司可以经营下列部分或者全部业务。

（1）证券经纪。

（2）证券投资咨询。

（3）与证券交易、证券投资活动有关的财务顾问。

（4）证券承销与保荐。

（5）证券自营。

（6）证券资产管理。

（7）其他证券业务。

证券公司经营第(1)至(3)项业务的,注册资本最低限额为人民币 5000 万元;经营第(4)至(7)项业务之一的,注册资本最低限额为人民币 1 亿元;经营第(4)至(7)项业务中两项以上的,注册资本最低限额为人民币 5 亿元。证券公司的注册资本应当是实缴资本。国务院证券监督管理机构根据审慎监管原则和各项业务的风险程度,可以调整注册资本最低限额,但不得少于前款规定的限额。

（四）证券公司的审批

设立证券公司,必须经国务院证券监督管理机构审查批准。未经国务院证券监督管理机构批准,任何单位和个人不得经营证券业务。

国务院证券监督管理机构应当自受理证券公司设立申请之日起 6 个月内,依照法定条件和法定程序并根据审慎监管原则进行审查,作出批准或者不予批准的决定,并通知申请人;不予批准的,应当说明理由。证券公司设立申请获得批准的,申请人应当在规定的期限内向公司登记机关申请设立登记,领取营业执照。证券公司应当自领取营业执照之日起 15 日内,向国务院证券监督管理机构申请经营证券业务许可证。未取得经营证券业务许可证,证券公司不得经营证券业务。

证券公司设立、收购或者撤销分支机构,变更业务范围,增加注册资本且股权结构发生重大调整,减少注册资本,变更持有 5% 以上股权的股东、实际控制人,变更公司章程中的重要条款,合并、分立、停业、解散、破产,必须经国务院证券监督管理机构批准。证券公司在境外设立、收购或者参股证券经营机构,必须经国务院证券监督管理机构批准。

（五）证券公司的从业人员

证券公司的董事、监事、高级管理人员,应当正直诚实,品行良好,熟悉证券法律、行政法规,具有履行职责所需的经营管理能力,并在任职前取得国务院证券监督管理机构核准的任职资格。

有《公司法》第 146 规定的情形或者下列情形之一的，不得担任证券公司的董事、监事、高级管理人员：因违法行为或者违纪行为被解除职务的证券交易所、证券登记结算机构的负责人或者证券公司的董事、监事、高级管理人员，自被解除职务之日起未逾 5 年；因违法行为或者违纪行为被撤销资格的律师、注册会计师或者投资咨询机构、财务顾问机构、资信评级机构、资产评估机构、验证机构的专业人员，自被撤销资格之日起未逾 5 年。

因违法行为或者违纪行为被开除的证券交易所、证券登记结算机构、证券服务机构、证券公司的从业人员和被开除的国家机关工作人员，不得招聘为证券公司的从业人员。国家机关工作人员和法律、行政法规规定的禁止在公司中兼职的其他人员，不得在证券公司中兼任职务。

（六）证券公司的经营规则

证券公司不得为其股东或者股东的关联人提供融资或者担保。证券公司为客户买卖证券提供融资融券服务，应当按照国务院的规定并经国务院证券监督管理机构批准。

证券公司应当建立健全内部控制制度，采取有效隔离措施，防范公司与客户之间、不同客户之间的利益冲突。证券公司必须将其证券经纪业务、证券承销业务、证券自营业务和证券资产管理业务分开办理，不得混合操作。证券公司的自营业务必须以自己的名义进行，不得假借他人名义或者以个人名义进行。证券公司的自营业务必须使用自有资金和依法筹集的资金。证券公司不得将其自营账户借给他人使用。

证券公司客户的交易结算资金应当存放在商业银行，以每个客户的名义单独立户管理。具体办法和实施步骤由国务院规定。证券公司不得将客户的交易结算资金和证券归入其自有财产。禁止任何单位或者个人以任何形式挪用客户的交易结算资金和证券。证券公司破产或者清算时，客户的交易结算资金和证券不属于其破产财产或者清算财产。非因客户本身的债务或者法律规定的其他情形，不得查封、冻结、扣划或者强制执行客户的交易结算资金和证券。

证券公司办理经纪业务，不得接受客户的全权委托而决定证券买卖、选择证券种类、决定买卖数量或者买卖价格。证券公司办理经纪业务，应当置备统一制定的证券买卖委托书，供委托人使用。采取其他委托方式的，必须作出委托记录。证券公司不得以任何方式对客户证券买卖的收益或者赔偿证券买卖的损失作出承诺。证券公司及其从业人员不得未经过其依法设立的营业场所私下接受客户委托买卖证券。证券公司的从业人员在证券交易活动中，执行所属的证券公司的指令或者利用职务违反交易规则的，由所属的证券公司承担全部责任。

客户的证券买卖委托，不论是否成交，其委托记录应当按照规定的期限，保存于证券公司。证券公司接受证券买卖的委托，应当根据委托书载明的证券名称、买卖数量、出价方式、价格幅度等，按照交易规则代理买卖证券，如实进行交易记录；买卖成交后，应当按照规定制作买卖成交报告单交付客户。证券交易中确认交易行为及其交易结果的对账单必须真实，并由交易经办人员以外的审核人员逐笔审核，保证账面证券余额与实际持有的证券相一致。

证券公司应当妥善保存客户开户资料、委托记录、交易记录和与内部管理、业务经营有关的各项资料，任何人不得隐匿、伪造、篡改或者毁损。上述资料的保存期限不得少于

20年。

（七）证券公司的监管

证券公司应当按照规定向国务院证券监督管理机构报送业务、财务等经营管理信息和资料。国务院证券监督管理机构有权要求证券公司及其股东、实际控制人在指定的期限内提供有关信息、资料。证券公司及其股东、实际控制人向国务院证券监督管理机构报送或者提供的信息、资料，必须真实、准确、完整。

国务院证券监督管理机构认为有必要时，可以委托会计师事务所、资产评估机构对证券公司的财务状况、内部控制状况、资产价值进行审计或者评估。具体办法由国务院证券监督管理机构会同有关主管部门制定。

证券公司的净资本或者其他风险控制指标不符合规定的，国务院证券监督管理机构应当责令其限期改正；逾期未改正，或者其行为严重危及该证券公司的稳健运行、损害客户合法权益的，国务院证券监督管理机构可以区别情形，对其采取下列措施：限制业务活动，责令暂停部分业务，停止批准新业务；停止批准增设、收购营业性分支机构；限制分配红利，限制向董事、监事、高级管理人员支付报酬、提供福利；限制转让财产或者在财产上设定其他权利；责令更换董事、监事、高级管理人员或者限制其权利；责令控股股东转让股权或者限制有关股东行使股东权利；撤销有关业务许可。证券公司整改后，应当向国务院证券监督管理机构提交报告。国务院证券监督管理机构经验收，符合有关风险控制指标的，应当自验收完毕之日起3日内解除对其采取的前款规定的有关措施。

证券公司的股东有虚假出资、抽逃出资行为的，国务院证券监督管理机构应当责令其限期改正，并可责令其转让所持证券公司的股权。在前述规定的股东按照要求改正违法行为、转让所持证券公司的股权前，国务院证券监督管理机构可以限制其股东权利。

证券公司的董事、监事、高级管理人员未能勤勉尽责，致使证券公司存在重大违法违规行为或者重大风险的，国务院证券监督管理机构可以撤销其任职资格，并责令公司予以更换。

证券公司违法经营或者出现重大风险，严重危害证券市场秩序、损害投资者利益的，国务院证券监督管理机构可以对该证券公司采取责令停业整顿、指定其他机构托管、接管或者撤销等监管措施。

在证券公司被责令停业整顿、被依法指定托管、接管或者清算期间，或者出现重大风险时，经国务院证券监督管理机构批准，可以对该证券公司直接负责的董事、监事、高级管理人员和其他直接责任人员采取以下措施：通知出境管理机关依法阻止其出境；申请司法机关禁止其转移、转让或者以其他方式处分财产，或者在财产上设定其他权利。

思考题：证券公司的设立条件有哪些？

三、证券登记结算机构

（一）证券登记结算机构的概念

证券登记结算机构是为证券交易提供集中登记、存管与结算服务，不以营利为目的的法人。

（二）证券登记结算机构的设立和审批

设立证券登记结算机构，应当具备下列条件：自有资金不少于人民币2亿元，具有证券登记、存管和结算服务所必须的场所和设施,主要管理人员和从业人员必须具有证券从业资格,国务院证券监督管理机构规定的其他条件。证券登记结算机构的名称中应当标明证券登记结算字样。

设立证券登记结算机构必须经国务院证券监督管理机构批准。证券登记结算机构章程、业务规则应当依法制定,并经国务院证券监督管理机构批准。证券登记结算机构申请解散,应当经国务院证券监督管理机构批准。

(三) 证券登记结算机构的职能

证券登记结算机构履行下列职能:证券账户、结算账户的设立,证券的存管和过户,证券持有人名册登记,证券交易所上市证券交易的清算和交收,受发行人的委托派发证券权益,办理与上述业务有关的查询,国务院证券监督管理机构批准的其他业务。

(四) 证券登记结算机构的经营规则

证券登记结算采取全国集中统一的运营方式。证券持有人持有的证券,在上市交易时,应当全部存管在证券登记结算机构。证券登记结算机构不得挪用客户的证券。证券登记结算机构应当向证券发行人提供证券持有人名册及其有关资料。证券登记结算机构应当根据证券登记结算的结果,确认证券持有人持有证券的事实,提供证券持有人登记资料。证券登记结算机构应当保证证券持有人名册和登记过户记录真实、准确、完整,不得隐匿、伪造、篡改或者毁损。证券登记结算机构应当妥善保存登记、存管和结算的原始凭证及有关文件和资料。其保存期限不得少于 20 年。

证券登记结算机构应当采取下列措施保证业务的正常进行:具有必备的服务设备和完善的数据安全保护措施,建立完善的业务、财务和安全防范等管理制度,建立完善的风险管理系统。

证券登记结算机构应当设立证券结算风险基金,用于垫付或者弥补因违约交收、技术故障、操作失误、不可抗力造成的证券登记结算机构的损失。证券结算风险基金从证券登记结算机构的业务收入和收益中提取,并可以由结算参与人按照证券交易业务量的一定比例缴纳。证券结算风险基金的筹集、管理办法,由国务院证券监督管理机构会同国务院财政部门规定。证券结算风险基金应当存入指定银行的专门账户,实行专项管理。证券登记结算机构以证券结算风险基金赔偿后,应当向有关责任人追偿。

投资者委托证券公司进行证券交易,应当申请开立证券账户。证券登记结算机构应当按照规定以投资者本人的名义为投资者开立证券账户。投资者申请开立账户,必须持有证明中国公民身份或者中国法人资格的合法证件。国家另有规定的除外。

证券登记结算机构为证券交易提供净额结算服务时,应当要求结算参与人按照货银对付的原则,足额交付证券和资金,并提供交收担保。在交收完成之前,任何人不得动用用于交收的证券、资金和担保物。结算参与人未按时履行交收义务的,证券登记结算机构有权按照业务规则处理前款所述财产。证券登记结算机构按照业务规则收取的各类结算资金和证券,必须存放于专门的清算交收账户,只能按业务规则用于已成交的证券交易的清算交收,不得被强制执行。

思考题:证券登记结算结构的经营规则有哪些?

四、 证券服务机构

（一） 证券服务机构的概念

证券服务机构是指为证券的发行和上市提供服务的机构。证券服务机构包括投资咨询机构、财务顾问机构、资信评级机构、资产评估机构、会计师事务所等。

（二） 证券服务机构的审批

投资咨询机构、财务顾问机构、资信评级机构、资产评估机构、会计师事务所从事证券服务业务，必须经国务院证券监督管理机构和有关主管部门批准。

（三） 证券服务机构从业人员的资格与行为限制

投资咨询机构、财务顾问机构、资信评级机构从事证券服务业务的人员，必须具备证券专业知识和从事证券业务或者证券服务业务 2 年以上经验。认定其证券从业资格的标准和管理办法，由国务院证券监督管理机构制定。

投资咨询机构及其从业人员从事证券服务业务不得有下列行为：代理委托人从事证券投资，与委托人约定分享证券投资收益或者分担证券投资损失，买卖本咨询机构提供服务的上市公司股票，利用传播媒介或者通过其他方式提供、传播虚假或者误导投资者的信息，法律、行政法规禁止的其他行为。有前述所列行为之一，给投资者造成损失的，依法承担赔偿责任。

（四） 证券服务机构的经营规则

从事证券服务业务的投资咨询机构和资信评级机构，应当按照国务院有关主管部门规定的标准或者收费办法收取服务费用。

证券服务机构为证券的发行、上市、交易等证券业务活动制作、出具审计报告、资产评估报告、财务顾问报告、资信评级报告或者法律意见书等文件，应当勤勉尽责，对所依据的文件资料内容的真实性、准确性、完整性进行核查和验证。其制作、出具的文件有虚假记载、误导性陈述或者重大遗漏，给他人造成损失的，应当与发行人、上市公司承担连带赔偿责任，但是能够证明自己没有过错的除外。

思考题：证券从业人员有哪些行为限制？

五、 证券业协会

（一） 证券业协会的概念

证券业协会是证券业的自律性组织，是社会团体法人。

证券公司应当加入证券业协会。证券业协会的权力机构为全体会员组成的会员大会。证券业协会章程由会员大会制定，并报国务院证券监督管理机构备案。证券业协会设理事会。理事会成员依章程的规定由选举产生。

（二） 证券业协会的职责

证券业协会履行下列职责：教育和组织会员遵守证券法律、行政法规；依法维护会员的合法权益，向证券监督管理机构反映会员的建议和要求；收集整理证券信息，为会员提供服务；制定会员应遵守的规则，组织会员单位的从业人员的业务培训，开展会员间的业务交流；对会员之间、会员与客户之间发生的证券业务纠纷进行调解；组织会员就证券业的发展、运作及有关内容进行研究;监督、检查会员行为,对违反法律、行政法规或者协会章程的,按照规定给予纪律处分;证券业协会章程规定的其他职责。

❓ 思考题:证券业协会的职责有哪些?

六、 证券监督管理机构

(一) 证券监督管理机构的概念

国务院证券监督管理机构是专门负责对证券市场进行监督管理的机构,国务院证券监督管理机构是中国证券业监督管理委员会。国务院证券监督管理机构依法对证券市场实行监督管理,维护证券市场秩序,保障其合法运行。国务院证券监督管理机构可以和其他国家或者地区的证券监督管理机构建立监督管理合作机制,实施跨境监督管理。

(二) 证券监督管理机构的职责

国务院证券监督管理机构在对证券市场实施监督管理中履行下列职责:依法制定有关证券市场监督管理的规章、规则,并依法行使审批或者核准权;依法对证券的发行、上市、交易、登记、存管、结算,进行监督管理;依法对证券发行人、上市公司、证券公司、证券投资基金管理公司、证券服务机构、证券交易所、证券登记结算机构的证券业务活动,进行监督管理;依法制定从事证券业务人员的资格标准和行为准则,并监督实施;依法监督检查证券发行、上市和交易的信息公开情况;依法对证券业协会的活动进行指导和监督;依法对违反证券市场监督管理法律、行政法规的行为进行查处;法律、行政法规规定的其他职责。

(三) 证券监督管理机构的监管措施

国务院证券监督管理机构依法履行职责,有权采取下列措施:对证券发行人、上市公司、证券公司、证券投资基金管理公司、证券服务机构、证券交易所、证券登记结算机构进行现场检查;进入涉嫌违法行为发生场所调查取证;询问当事人和与被调查事件有关的单位和个人,要求其对与被调查事件有关的事项作出说明;查阅、复制与被调查事件有关的财产权登记、通信记录等资料;查阅、复制当事人和与被调查事件有关的单位和个人的证券交易记录、登记过户记录、财务会计资料及其他相关文件和资料;对可能被转移、隐匿或者毁损的文件和资料,可以予以封存;查询当事人和与被调查事件有关的单位和个人的资金账户、证券账户和银行账户;对有证据证明已经或者可能转移或者隐匿违法资金、证券等涉案财产或者隐匿、伪造、毁损重要证据的,经国务院证券监督管理机构主要负责人批准,可以冻结或者查封;在调查操纵证券市场、内幕交易等重大证券违法行为时,经国务院证券监督管理机构主要负责人批准,可以限制被调查事件当事人的证券买卖,但限制的期限不得超过15个交易日;案情复杂的,可以延长15个交易日。

(四) 证券监督管理机构的履职规则

国务院证券监督管理机构依法履行职责,进行监督检查或者调查时,有关部门应当予以配合。国务院证券监督管理机构依法履行职责,进行监督检查或者调查,其监督检查、调查的人员不得少于2人,并应当出示合法证件和监督检查、调查通知书。监督检查、调查的人员少于2人或者未出示合法证件和监督检查、调查通知书的,被检查、调查的单位有权拒绝。

国务院证券监督管理机构的人员不得在被监管的机构中任职。国务院证券监督管理机构工作人员必须忠于职守,依法办事,公正廉洁,不得利用职务便利牟取不正当利益,不得泄露所知悉的有关单位和个人的商业秘密。

国务院证券监督管理机构依法履行职责,被检查、调查的单位和个人应当配合,如实提供有关文件和资料,不得拒绝、阻碍和隐瞒。国务院证券监督管理机构依法履行职责,发现证券违法行为涉嫌犯罪的,应当将案件移送司法机关处理。

国务院证券监督管理机构依法制定的规章、规则和监督管理工作制度应当公开。国务院证券监督管理机构依据调查结果,对证券违法行为作出的处罚决定,应当公开。国务院证券监督管理机构应当与国务院其他金融监督管理机构建立监督管理信息共享机制。

思考题:证券监督管理机构的职责有哪些?

第三节　证券发行

一、证券发行

证券的发行是证券发行人为筹集资本,在证券市场依照法定条件和法定程序向投资者出售证券的行为。证券发行可以分为公开发行和不公开发行,前者叫公募,后者叫私募。

公开发行是证券发行人向社会公众发行证券。证券法规定,有下列情形之一的,为公开发行:向不特定对象发行证券的,向特定对象发行证券累计超过200人的,法律、行政法规规定的其他公开发行行为。非公开发行则是指向特定的对象发行,不能对社会公众发行证券。非公开发行证券,不得采用广告、公开劝诱和变相公开方式。

思考题:什么是证券发行?

二、证券发行的条件

(一)股票发行条件

股票发行分为首次发行和新股发行。设立股份有限公司公开发行股票,应当符合《公司法》规定的条件和经国务院批准的国务院证券监督管理机构规定的其他条件。

1. 公司法关于发行股票的规定

设立股份有限公司,应当具备下列条件:发起人符合法定人数;有符合公司章程规定的全体发起人认购的股本总额或者募集的实收股本总额;股份发行、筹办事项符合法律规定;发起人制订公司章程,采用募集方式设立的经创立大会通过;有公司名称,建立符合股份有限公司要求的组织机构;有公司住所。

股份的发行,实行公平、公正的原则,同种类的每一股份应当具有同等权利。同次发行的同种类股票,每股的发行条件和价格应当相同;任何单位或者个人所认购的股份,每股应当支付相同价额。股票发行价格可以按票面金额,也可以超过票面金额,但不得低于票面金额。

股票采用纸面形式或者国务院证券监督管理机构规定的其他形式。公司发行的股票,可以为记名股票,也可以为无记名股票。公司向发起人、法人发行的股票,应当为记名股票,并应当记载该发起人、法人的名称或者姓名,不得另立户名或者以代表人姓名记名。

2. 首次发行股票的条件

《首次公开发行股票并上市管理办法》详细规定了股票发行的条件。

(1)主体资格

发行人自股份有限公司成立后,持续经营时间应当在 3 年以上。发行人的注册资本已足额缴纳,发行人的主要资产不存在重大权属纠纷。发行人的生产经营合法合章程并符合国家产业政策。发行人最近 3 年内主营业务和董事、高级管理人员没有发生重大变化,实际控制人没有发生变更。发行人的股权清晰,控股股东和受控股股东、实际控制人支配的股东持有的发行人股份不存在重大权属纠纷。

(2)规范运行

发行人已经依法建立健全股东大会、董事会、监事会、独立董事、董事会秘书制度,相关机构和人员能够依法履行职责。发行人的董事、监事和高级管理人员已经了解与股票发行上市有关的法律法规,知悉上市公司及其董事、监事和高级管理人员的法定义务和责任。发行人的董事、监事和高级管理人员符合法律、行政法规和规章规定的任职资格,且不得有下列情形:被中国证监会采取证券市场禁入措施尚在禁入期的;最近 36 个月内受到中国证监会行政处罚,或者最近 12 个月内受到证券交易所公开谴责;因涉嫌犯罪被司法机关立案侦查或者涉嫌违法违规被中国证监会立案调查,尚未有明确结论意见。

发行人的内部控制制度健全且被有效执行,能够合理保证财务报告的可靠性、生产经营的合法性、营运的效率与效果。

发行人不得有下列情形:最近 36 个月内未经法定机关核准,擅自公开或者变相公开发行过证券;或者有关违法行为虽然发生在 36 个月前,但目前仍处于持续状态;最近 36 个月内违反工商、税收、土地、环保、海关以及其他法律、行政法规,受到行政处罚,且情节严重;最近 36 个月内曾向中国证监会提出发行申请,但报送的发行申请文件有虚假记载、误导性陈述或重大遗漏;或者不符合发行条件以欺骗手段骗取发行核准;或者以不正当手段干扰。

发行人的公司章程中已明确对外担保的审批权限和审议程序,不存在为控股股东、实际控制人及其控制的其他企业进行违规担保的情形。发行人有严格的资金管理制度,不得有资金被控股股东、实际控制人及其控制的其他企业以借款、代偿债务、代垫款项或者其他方式占用的情形。

发行人资产质量良好,资产负债结构合理,盈利能力较强,现金流量正常。发行人的内部控制在所有重大方面是有效的,并由注册会计师出具了无保留结论的内部控制鉴证报告。发行人会计基础工作规范,财务报表的编制符合企业会计准则和相关会计制度的规定,在所有重大方面公允地反映了发行人的财务状况、经营成果和现金流量,并由注册会计师出具了无保留意见的审计报告。发行人应完整披露关联方关系并按重要性原则恰当披露关联交易。关联交易价格公允,不存在通过关联交易操纵利润的情形。

(3)财务与会计

发行人在财务上应当符合下列条件:最近 3 个会计年度净利润均为正数且累计超过

人民币 3000 万元,净利润以扣除非经常性损益前后较低者为计算依据;最近 3 个会计年度经营活动产生的现金流量净额累计超过人民币 5000 万元;或者最近 3 个会计年度营业收入累计超过人民币 3 亿元;发行前股本总额不少于人民币 3000 万元;最近一期末无形资产(扣除土地使用权、水面养殖权和采矿权等后)占净资产的比例不高于 20%;最近一期末不存在未弥补亏损。发行人依法纳税,各项税收优惠符合相关法律法规的规定。发行人的经营成果对税收优惠不存在严重依赖。发行人不存在重大偿债风险,不存在影响持续经营的担保、诉讼以及仲裁等重大或有事项。

发行人申报文件中不得有下列情形:故意遗漏或虚构交易、事项或者其他重要信息;滥用会计政策或者会计估计;操纵、伪造或篡改编制财务报表所依据的会计记录或者相关凭证。

发行人不得有下列影响持续盈利能力的情形:发行人的经营模式、产品或服务的品种结构已经或者将发生重大变化,并对发行人的持续盈利能力构成重大不利影响;发行人的行业地位或发行人所处行业的经营环境已经或者将发生重大变化,并对发行人的持续盈利能力构成重大不利影响;发行人最近 1 个会计年度的营业收入或净利润对关联方或者存在重大不确定性的客户存在重大依赖;发行人最近 1 个会计年度的净利润主要来自合并财务报表范围以外的投资收益;发行人在用的商标、专利、专有技术以及特许经营权等重要资产或技术的取得或者使用存在重大不利变化的风险;其他可能对发行人持续盈利能力构成重大不利影响的情形。

(4)申请文件合格

设立股份有限公司公开发行股票,应当符合《公司法》规定的条件和经国务院批准的国务院证券监督管理机构规定的其他条件,向国务院证券监督管理机构报送募股申请和下列文件:公司章程;发起人协议;发起人姓名或者名称,发起人认购的股份数、出资种类及验资证明;招股说明书;代收股款银行的名称及地址;承销机构名称及有关的协议。依照本法规定聘请保荐人的,还应当报送保荐人出具的发行保荐书。法律、行政法规规定设立公司必须报经批准的,还应当提交相应的批准文件。

(5)募集资金用途合法

公司对公开发行股票所募集资金,必须按照招股说明书所列资金用途使用。改变招股说明书所列资金用途,必须经股东大会作出决议。擅自改变用途而未作纠正的,或者未经股东大会认可的,不得公开发行新股。

3.新股发行

公司公开发行新股,应当符合下列条件:具备健全且运行良好的组织机构;具有持续盈利能力,财务状况良好;最近 3 年财务会计文件无虚假记载,无其他重大违法行为;经国务院批准的国务院证券监督管理机构规定的其他条件。

公司公开发行新股,应当向国务院证券监督管理机构报送募股申请和下列文件:公司营业执照,公司章程,股东大会决议,招股说明书,财务会计报告,代收股款银行的名称及地址,承销机构名称及有关的协议。依照本法规定聘请保荐人的,还应当报送保荐人出具的发行保荐书。

（二）债券发行条件

公司债券,是指公司依照法定程序发行、约定在一定期限还本付息的有价证券。

1. 财务条件

公开发行公司债券,应当符合下列条件:股份有限公司的净资产不低于人民币 3000 万元,有限责任公司的净资产不低于人民币 6000 万元;累计债券余额不超过公司净资产的 40%;最近 3 年平均可分配利润足以支付公司债券 1 年的利息;筹集的资金投向符合国家产业政策;债券的利率不超过国务院限定的利率水平;国务院规定的其他条件。

公开发行公司债券筹集的资金,必须用于核准的用途,不得用于弥补亏损和非生产性支出。

上市公司发行可转换为股票的公司债券,除应当符合债券发行条件外,还应当符合本法关于公开发行股票的条件,并报国务院证券监督管理机构核准。

2. 债券发行的申请资料

申请公开发行公司债券,应当向国务院授权的部门或者国务院证券监督管理机构报送下列文件:公司营业执照,公司章程,公司债券募集办法,资产评估报告和验资报告,国务院授权的部门或者国务院证券监督管理机构规定的其他文件。依法规定聘请保荐人的,还应当报送保荐人出具的发行保荐书。

3. 不得再次发行的情形

有下列情形之一的,不得再次公开发行公司债券:前一次公开发行的公司债券尚未募足;对已公开发行的公司债券或者其他债务有违约或者延迟支付本息的事实,仍处于继续状态;违反本法规定,改变公开发行公司债券所募资金的用途。

❓ 思考题:证券发行条件有哪些?

三、 证券发行的审核

（一）证券发行的审核制度

证券发行的审核制度是指证券发行需要由法定的审核机关依照审核程序对发行人资料进行审核后才可发行的制度。证券发行审核制度可以分为审批制、核准制、注册制。我国原来实行严格的审批制,证券发行有指标、有额度,审批条件苛刻,审批程序复杂,证券发行难度大,不利于证券市场发展,后来将审批制改革为核准制。核准制就是证券监督管理机构依照法定的条件和程序对资料进行审核后发行的制度,核准制有利于证券发行。

公开发行证券,必须符合法律、行政法规规定的条件,并依法报经国务院证券监督管理机构或者国务院授权的部门核准;未经依法核准,任何单位和个人不得公开发行证券。从长远看,从核准制向登记制即注册制方向发展是趋势。

（二）证券发行的审核程序

1. 申请

发行人向证券监督管理机构提交申请书等申请文件。发行人依法申请核准发行证券所报送的申请文件的格式、报送方式,由依法负责核准的机构或者部门规定。

发行人向国务院证券监督管理机构或者国务院授权的部门报送的证券发行申请文件,必须真实、准确、完整。为证券发行出具有关文件的证券服务机构和人员,必须严格履行法定职责,保证其所出具文件的真实性、准确性和完整性。发行人申请首次公开发行股票的,在提交申请文件后,应当按照国务院证券监督管理机构的规定预先披露有关申请文件。

2. 审核

国务院证券监督管理机构设发行审核委员会,依法审核股票发行申请。发行审核委员会由国务院证券监督管理机构的专业人员和所聘请的该机构外的有关专家组成,以投票方式对股票发行申请进行表决,提出审核意见。发行审核委员会的具体组成办法、组成人员任期、工作程序,由国务院证券监督管理机构规定。国务院证券监督管理机构依照法定条件负责核准股票发行申请。核准程序应当公开,依法接受监督。

参与审核和核准股票发行申请的人员,不得与发行申请人有利害关系,不得直接或者间接接受发行申请人的馈赠,不得持有所核准的发行申请的股票,不得私下与发行申请人进行接触。国务院授权的部门对公司债券发行申请的核准,参照股票发行的审核规定执行。

国务院证券监督管理机构或者国务院授权的部门应当自受理证券发行申请文件之日起3个月内,依照法定条件和法定程序作出予以核准或者不予核准的决定,发行人根据要求补充、修改发行申请文件的时间不计算在内;不予核准的,应当说明理由。

3. 公告

证券发行申请经核准,发行人应当依照法律、行政法规的规定,在证券公开发行前,公告公开发行募集文件,并将该文件置备于指定场所供公众查阅。

发行证券的信息依法公开前,任何知情人不得公开或者泄露该信息。发行人不得在公告公开发行募集文件前发行证券。

4. 撤销

国务院证券监督管理机构或者国务院授权的部门对已作出的核准证券发行的决定,发现不符合法定条件或者法定程序,尚未发行证券的,应当予以撤销,停止发行。已经发行尚未上市的,撤销发行核准决定,发行人应当按照发行价并加算银行同期存款利息返还证券持有人;保荐人应当与发行人承担连带责任,但是能够证明自己没有过错的除外;发行人的控股股东、实际控制人有过错的,应当与发行人承担连带责任。

股票依法发行后,发行人经营与收益的变化,由发行人自行负责;由此变化引致的投资风险,由投资者自行负责。

❓ 思考题:证券发行的审核程序有哪些?

四、 保荐与承销

(一) 保荐

发行人申请公开发行股票、可转换为股票的公司债券,依法采取承销方式的,或者公开发行法律、行政法规规定实行保荐制度的其他证券的,应当聘请具有保荐资格的机构担任保荐人。保荐人的资格及其管理办法由国务院证券监督管理机构规定。

保荐人应当遵守业务规则和行业规范,诚实守信,勤勉尽责,对发行人的申请文件和信息披露资料进行审慎核查,督导发行人规范运作。

（二）承销

1. 承销方式

发行人向不特定对象发行的证券,法律、行政法规规定应当由证券公司承销的,发行人应当同证券公司签订承销协议。证券承销业务采取代销或者包销方式。

证券代销是指证券公司代发行人发售证券,在承销期结束时,将未售出的证券全部退还给发行人的承销方式。

证券包销是指证券公司将发行人的证券按照协议全部购入或者在承销期结束时将售后剩余证券全部自行购入的承销方式。

2. 承销的规则

公开发行证券的发行人有权依法自主选择承销的证券公司。证券公司不得以不正当竞争手段招揽证券承销业务。

证券公司承销证券,应当同发行人签订代销或者包销协议,载明下列事项:当事人的名称、住所及法定代表人姓名;代销、包销证券的种类、数量、金额及发行价格;代销、包销的期限及起止日期;代销、包销的付款方式及日期;代销、包销的费用和结算办法;违约责任;国务院证券监督管理机构规定的其他事项。

证券公司承销证券,应当对公开发行募集文件的真实性、准确性、完整性进行核查;发现有虚假记载、误导性陈述或者重大遗漏的,不得进行销售活动;已经销售的,必须立即停止销售活动,并采取纠正措施。

向不特定对象发行的证券票面总值超过人民币 5000 万元的,应当由承销团承销。承销团应当由主承销和参与承销的证券公司组成。

证券的代销、包销期限最长不得超过 90 日。

证券公司在代销、包销期内,对所代销、包销的证券应当保证先行出售给认购人,证券公司不得为本公司预留所代销的证券和预先购入并留存所包销的证券。

股票发行采取溢价发行的,其发行价格由发行人与承销的证券公司协商确定。

股票发行采用代销方式,代销期限届满,向投资者出售的股票数量未达到拟公开发行股票数量 70% 的,为发行失败。发行人应当按照发行价并加算银行同期存款利息返还股票认购人。

公开发行股票,代销、包销期限届满,发行人应当在规定的期限内将股票发行情况报国务院证券监督管理机构备案。

🔖 思考题:证券发行的承销规则有哪些?

第四节　证券交易

一、证券交易的一般规定

（一）证券交易方式

证券交易当事人依法买卖的证券,必须是依法发行并交付的证券。非依法发行的证券,不得买卖。依法发行的股票、公司债券及其他证券,法律对其转让期限有限制性规定的,在限定的期限内不得买卖。

依法公开发行的股票、公司债券及其他证券,应当在依法设立的证券交易所上市交易或者在国务院批准的其他证券交易场所转让。证券在证券交易所上市交易,应当采用公开的集中交易方式或者国务院证券监督管理机构批准的其他方式。证券交易当事人买卖的证券可以采用纸面形式或者国务院证券监督管理机构规定的其他形式。证券交易以现货和国务院规定的其他方式进行交易。

(二) 证券从业者的规则

证券交易所、证券公司和证券登记结算机构的从业人员、证券监督管理机构的工作人员以及法律、行政法规禁止参与股票交易的其他人员,在任期或者法定限期内,不得直接或者以化名、借他人名义持有、买卖股票,也不得收受他人赠送的股票。任何人在成为前述所列人员时,其原已持有的股票,必须依法转让。

证券交易所、证券公司、证券登记结算机构必须依法为客户开立的账户保密。

为股票发行出具审计报告、资产评估报告或者法律意见书等文件的证券服务机构和人员,在该股票承销期内和期满后 6 个月内,不得买卖该种股票。除前述规定外,为上市公司出具审计报告、资产评估报告或者法律意见书等文件的证券服务机构和人员,自接受上市公司委托之日起至上述文件公开后 5 日内,不得买卖该种股票。

证券交易的收费必须合理,并公开收费项目、收费标准和收费办法。证券交易的收费项目、收费标准和管理办法由国务院有关主管部门统一规定。

(三) 上市公司内部人员的交易规则

上市公司董事、监事、高级管理人员、持有上市公司股份 5% 以上的股东,将其持有的该公司的股票在买入后 6 个月内卖出,或者在卖出后 6 个月内又买入,由此所得收益归该公司所有,公司董事会应当收回其所得收益。但是,证券公司因包销购入售后剩余股票而持有 5% 以上股份的,卖出该股票不受 6 个月时间限制。

公司董事会不按照前述规定执行的,股东有权要求董事会在 30 日内执行。公司董事会未在上述期限内执行的,股东有权为了公司的利益以自己的名义直接向人民法院提起诉讼。

公司董事会不按照第一款的规定执行的,负有责任的董事依法承担连带责任。

思考题:证券交易的一般规定有哪些?

二、 证券上市

(一) 证券上市的审核与保荐

1. 审核

申请证券上市交易,应当向证券交易所提出申请,由证券交易所依法审核同意,并由双方签订上市协议。证券上市与证券发行的审核机构是不同的,证券发行是由证券监督管理机构审核,证券上市是由证券交易所进行审核的。证券交易所根据国务院授权的部门的决定安排政府债券上市交易。

2. 保荐

申请股票、可转换为股票的公司债券或者法律、行政法规规定实行保荐制度的其他证券上市交易,应当聘请具有保荐资格的机构担任保荐人。

（二）股票的上市

1. 股票的上市条件

股份有限公司申请股票上市,应当符合下列条件:股票经国务院证券监督管理机构核准已公开发行;公司股本总额不少于人民币 3000 万元;公开发行的股份达到公司股份总数的 25% 以上;公司股本总额超过人民币 4 亿元的,公开发行股份的比例为 10% 以上;公司最近 3 年无重大违法行为,财务会计报告无虚假记载。证券交易所可以规定高于前述规定的上市条件,并报国务院证券监督管理机构批准。

国家鼓励符合产业政策并符合上市条件的公司股票上市交易。

2. 股票上市的申请文件

申请股票上市交易,应当向证券交易所报送下列文件:上市报告书;申请股票上市的股东大会决议,公司章程,公司营业执照,依法经会计师事务所审计的公司最近 3 年的财务会计报告,法律意见书和上市保荐书,最近一次的招股说明书,证券交易所上市规则规定的其他文件。

股票上市交易申请经证券交易所审核同意后,签订上市协议的公司应当在规定的期限内公告股票上市的有关文件,并将该文件置备于指定场所供公众查阅。签订上市协议的公司除公告前条规定的文件外,还应当公告下列事项:股票获准在证券交易所交易的日期,持有公司股份最多的前 10 名股东的名单和持股数额,公司的实际控制人,董事、监事、高级管理人员的姓名及其持有本公司股票和债券的情况。

3. 股票的暂停上市

上市公司有下列情形之一的,由证券交易所决定暂停其股票上市交易:公司股本总额、股权分布等发生变化不再具备上市条件;公司不按照规定公开其财务状况,或者对财务会计报告作虚假记载,可能误导投资者;公司有重大违法行为;公司最近 3 年连续亏损;证券交易所上市规则规定的其他情形。

4. 股票的终止上市

上市公司有下列情形之一的,由证券交易所决定终止其股票上市交易:公司股本总额、股权分布等发生变化不再具备上市条件,在证券交易所规定的期限内仍不能达到上市条件;公司不按照规定公开其财务状况,或者对财务会计报告作虚假记载,且拒绝纠正;公司最近 3 年连续亏损,在其后 1 个年度内未能恢复盈利;公司解散或者被宣告破产;证券交易所上市规则规定的其他情形。

❓ 思考题:股票上市的条件有哪些?

（三）债券的上市

1. 债券的上市条件

公司申请公司债券上市交易,应当符合下列条件:公司债券的期限为 1 年以上;公司债券实际发行额不少于人民币 5000 万元;公司申请债券上市时仍符合法定的公司债券发行条件。

2. 债券上市的申请文件

申请公司债券上市交易,应当向证券交易所报送下列文件:上市报告书,申请公司债券上市的董事会决议,公司章程,公司营业执照,公司债券募集办法,公司债券的实际发行数额,证券交易所上市规则规定的其他文件。

申请可转换为股票的公司债券上市交易,还应当报送保荐人出具的上市保荐书。

公司债券上市交易申请经证券交易所审核同意后,签订上市协议的公司应当在规定的期限内公告公司债券上市文件及有关文件,并将其申请文件置备于指定场所供公众查阅。

3. 债券上市的暂停终止

公司债券上市交易后,公司有下列情形之一的,由证券交易所决定暂停其公司债券上市交易:公司有重大违法行为,公司情况发生重大变化不符合公司债券上市条件,发行公司债券所募集的资金不按照核准的用途使用,未按照公司债券募集办法履行义务,公司最近2年连续亏损。

公司有重大违法行为、未按照公司债券募集办法履行义务情形之一,经查实后果严重的,或者有公司情况发生重大变化不符合公司债券上市条件、发行公司债券所募集的资金不按照核准的用途使用、公司最近2年连续亏损3种情形之一,在限期内未能消除的,由证券交易所决定终止其公司债券上市交易。公司解散或者被宣告破产的,由证券交易所终止其公司债券上市交易。

对证券交易所作出的不予上市、暂停上市、终止上市决定不服的,可以向证券交易所设立的复核机构申请复核。

⁇ 思考题:债券上市的条件有哪些?

第五节　持续信息公开

一、信息公开要求

信息披露是保证投资人知情权和保护投资者权益的重要措施。投资人通过披露的信息了解证券发行人的经营情况,对发行人进行监督,决定证券的持有和转让。因此,发行人、上市公司依法披露的信息,必须真实、准确、完整,不得有虚假记载、误导性陈述或者重大遗漏。

⁇ 思考题:披露信息有哪些要求?

二、应当披露的信息

经国务院证券监督管理机构核准依法公开发行股票,或者经国务院授权的部门核准依法公开发行公司债券,应当公告招股说明书、公司债券募集办法。依法公开发行新股或者公司债券的,还应当公告财务会计报告。

(一)中期报告

上市公司和公司债券上市交易的公司,应当在每一会计年度的上半年结束之日起2个月内,向国务院证券监督管理机构和证券交易所报送记载以下内容的中期报告,并予公告:公司财务会计报告和经营情况,涉及公司的重大诉讼事项,已发行的股票、公司债券变动情况,提交股东大会审议的重要事项,国务院证券监督管理机构规定的其他事项。

（二）年度报告

上市公司和公司债券上市交易的公司,应当在每一会计年度结束之日起 4 个月内,向国务院证券监督管理机构和证券交易所报送记载以下内容的年度报告,并予公告:公司概况;公司财务会计报告和经营情况;董事、监事、高级管理人员简介及其持股情况;已发行的股票、公司债券情况,包括持有公司股份最多的前 10 名股东的名单和持股数额;公司的实际控制人;国务院证券监督管理机构规定的其他事项。

（三）临时报告

临时报告,又称重大事件公告。发生可能对上市公司股票交易价格产生较大影响的重大事件,投资者尚未得知时,上市公司应当立即将有关该重大事件的情况向国务院证券监督管理机构和证券交易所报送临时报告,并予公告,说明事件的起因、目前的状态和可能产生的法律后果。

下列情况为前款所称重大事件:公司的经营方针和经营范围的重大变化;公司的重大投资行为和重大的购置财产的决定;公司订立重要合同,可能对公司的资产、负债、权益和经营成果产生重要影响;公司发生重大债务和未能清偿到期重大债务的违约情况;公司发生重大亏损或者重大损失;公司生产经营的外部条件发生的重大变化;公司的董事、三分之一以上监事或者经理发生变动;持有公司 5% 以上股份的股东或者实际控制人,其持有股份或者控制公司的情况发生较大变化;公司减资、合并、分立、解散及申请破产的决定;涉及公司的重大诉讼,股东大会、董事会决议被依法撤销或者宣告无效;公司涉嫌犯罪被司法机关立案调查,公司董事、监事、高级管理人员涉嫌犯罪被司法机关采取强制措施;国务院证券监督管理机构规定的其他事项。

📖 思考题:证券发行人应当披露的信息有哪些?

三、信息披露的责任承担

上市公司董事、高级管理人员应当对公司定期报告签署书面确认意见。上市公司监事会应当对董事会编制的公司定期报告进行审核并提出书面审核意见。上市公司董事、监事、高级管理人员应当保证上市公司所披露的信息真实、准确、完整。

发行人、上市公司公告的招股说明书、公司债券募集办法、财务会计报告、上市报告文件、年度报告、中期报告、临时报告以及其他信息披露资料,有虚假记载、误导性陈述或者重大遗漏,致使投资者在证券交易中遭受损失的,发行人、上市公司应当承担赔偿责任;发行人、上市公司的董事、监事、高级管理人员和其他直接责任人员以及保荐人、承销的证券公司,应当与发行人、上市公司承担连带赔偿责任,但是能够证明自己没有过错的除外;发行人、上市公司的控股股东、实际控制人有过错的,应当与发行人、上市公司承担连带赔偿责任。

📖 思考题:信息披露的责任如何承担?

四、信息披露的监督

依法必须披露的信息,应当在国务院证券监督管理机构指定的媒体发布,同时将其置备于公司住所、证券交易所,供社会公众查阅。

国务院证券监督管理机构对上市公司年度报告、中期报告、临时报告以及公告的情况进行监督,对上市公司分派或者配售新股的情况进行监督,对上市公司控股股东和信息披露义务人的行为进行监督。

证券监督管理机构、证券交易所、保荐人、承销的证券公司及有关人员,对公司依照法律、行政法规规定必须作出的公告,在公告前不得泄露其内容。

证券交易所决定暂停或者终止证券上市交易的,应当及时公告,并报国务院证券监督管理机构备案。

☞ 思考题:信息披露如何监督?

第六节 禁止的交易行为

一、内幕交易行为

内幕交易行为就是证券交易内幕信息的知情人利用内幕信息进行证券交易的行为。禁止证券交易内幕信息的知情人和非法获取内幕信息的人利用内幕信息从事证券交易活动。

(一) 内幕信息的知情人

证券交易内幕信息的知情人包括:发行人的董事、监事、高级管理人员;持有公司5%以上股份的股东及其董事、监事、高级管理人员,公司的实际控制人及其董事、监事、高级管理人员;发行人控股的公司及其董事、监事、高级管理人员;由于所任公司职务可以获取公司有关内幕信息的人员;证券监督管理机构工作人员以及由于法定职责对证券的发行、交易进行管理的其他人员;保荐人、承销的证券公司、证券交易所、证券登记结算机构、证券服务机构的有关人员;国务院证券监督管理机构规定的其他人。

(二) 内幕信息

证券交易活动中,涉及公司的经营、财务或者对该公司证券的市场价格有重大影响的尚未公开的信息,为内幕信息。

下列信息皆属内幕信息:公司的经营方针和经营范围的重大变化;公司的重大投资行为和重大的购置财产的决定;公司订立重要合同,可能对公司的资产、负债、权益和经营成果产生重要影响;公司发生重大债务和未能清偿到期重大债务的违约情况;公司发生重大亏损或者重大损失;公司生产经营的外部条件发生的重大变化;公司的董事、1/3以上监事或者经理发生变动;持有公司5%以上股份的股东或者实际控制人,其持有股份或者控制公司的情况发生较大变化;公司减资、合并、分立、解散及申请破产的决定;涉及公司的重大诉讼,股东大会、董事会决议被依法撤销或者宣告无效;公司涉嫌犯罪被司法机关立案调查,公司董事、监事、高级管理人员涉嫌犯罪被司法机关采取强制措施;公司分配股利或者增资的计划;公司股权结构的重大变化;公司债务担保的重大变更;公司营业用主要资产的抵押、出售或者报废一次超过该资产的30%;公司的董事、监事、高级管理人员的行为可能依法承担重大损害赔偿责任;上市公司收购的有关方案;国务院证券监督管理机构认定的对证券交易价格有显著影响的其他重要信息。

（三）禁止的内幕交易行为

证券交易内幕信息的知情人和非法获取内幕信息的人，在内幕信息公开前，不得买卖该公司的证券，或者泄露该信息，或者建议他人买卖该证券。

持有或者通过协议、其他安排与他人共同持有公司 5% 以上股份的自然人、法人、其他组织收购上市公司的股份，本法另有规定的，适用其规定。

内幕交易行为给投资者造成损失的，行为人应当依法承担赔偿责任。

❓ 思考题：内幕交易行为有哪些？

二、操纵证券市场行为

操纵证券市场行为是证券交易主体利用资金、持股、信息等优势操纵证券交易数量和交易价格的行为。

禁止任何人以下列手段操纵证券市场。

（1）单独或者通过合谋，集中资金优势、持股优势或者利用信息优势联合或者连续买卖，操纵证券交易价格或者证券交易量。

（2）与他人串通，以事先约定的时间、价格和方式相互进行证券交易，影响证券交易价格或者证券交易量。

（3）在自己实际控制的账户之间进行证券交易，影响证券交易价格或者证券交易量。

（4）以其他手段操纵证券市场。

操纵证券市场行为给投资者造成损失的，行为人应当依法承担赔偿责任。

❓ 思考题：操纵市场行为有哪些？

三、虚假陈述行为

虚假陈述行为是指编造、传播虚假信息，作出虚假陈述或信息误导的行为。

禁止国家工作人员、传播媒介从业人员和有关人员编造、传播虚假信息，扰乱证券市场。

禁止证券交易所、证券公司、证券登记结算机构、证券服务机构及其从业人员，证券业协会、证券监督管理机构及其工作人员，在证券交易活动中作出虚假陈述或者信息误导。

各种传播媒介传播证券市场信息必须真实、客观，禁止误导。

❓ 思考题：虚假陈述行为有哪些？

四、欺诈行为

禁止证券公司及其从业人员从事下列损害客户利益的欺诈行为。

（1）违背客户的委托为其买卖证券。

（2）不在规定时间内向客户提供交易的书面确认文件。

（3）挪用客户所委托买卖的证券或者客户账户上的资金。

（4）未经客户的委托，擅自为客户买卖证券，或者假借客户的名义买卖证券。

（5）为牟取佣金收入，诱使客户进行不必要的证券买卖。

（6）利用传播媒介或者通过其他方式提供、传播虚假或者误导投资者的信息。

（7）其他违背客户真实意思表示，损害客户利益的行为。

欺诈客户行为给客户造成损失的，行为人应当依法承担赔偿责任。

？思考题：证券欺诈行为有哪些？

五、其他禁止行为

禁止法人非法利用他人账户从事证券交易；禁止法人出借自己或者他人的证券账户。

依法拓宽资金入市渠道，禁止资金违规流入股市。

禁止任何人挪用公款买卖证券。

国有企业和国有资产控股的企业买卖上市交易的股票，必须遵守国家有关规定。

证券交易所、证券公司、证券登记结算机构、证券服务机构及其从业人员对证券交易中发现的禁止的交易行为，应当及时向证券监督管理机构报告。

？思考题：为什么要禁止资金违规流入股市？

第七节　上市公司的收购

上市公司收购是指购买股份、投资、协议等方式取得上市公司控制权的行为。

一、上市公司的收购方式

收购人可以通过取得股份的方式成为一个上市公司的控股股东，可以通过投资关系、协议、其他安排的途径成为一个上市公司的实际控制人，也可以同时采取上述方式和途径取得上市公司控制权。收购人包括投资者及与其一致行动的他人。

投资者可以采取要约收购、协议收购及其他合法方式收购上市公司。

？思考题：上市公司的收购方式有哪些？

二、上市公司收购的报告与公告

通过证券交易所的证券交易，投资者持有或者通过协议、其他安排与他人共同持有一个上市公司已发行的股份达到5%时，应当在该事实发生之日起3日内，向国务院证券监督管理机构、证券交易所作出书面报告，通知该上市公司，并予公告；在上述期限内，不得再行买卖该上市公司的股票。

投资者持有或者通过协议、其他安排与他人共同持有一个上市公司已发行的股份达到5%后，其所持该上市公司已发行的股份比例每增加或者减少5%，应当依照前款规定进行报告和公告。在报告期限内和作出报告、公告后2日内，不得再行买卖该上市公司的股票。

依照法律规定所作的书面报告和公告，应当包括下列内容：持股人的名称、住所，持有的股票的名称、数额，持股达到法定比例或者持股增减变化达到法定比例的日期。

？思考题：上市公司的收购该如何公告？

三、 要约收购

通过证券交易所的证券交易,投资者持有或者通过协议、其他安排与他人共同持有一个上市公司已发行的股份达到 30％时,继续进行收购的,应当依法向该上市公司所有股东发出收购上市公司全部或者部分股份的要约。

收购上市公司部分股份的收购要约应当约定,被收购公司股东承诺出售的股份数额超过预定收购的股份数额的,收购人按比例进行收购。依照规定发出收购要约,收购人必须公告上市公司收购报告书,并载明下列事项:收购人的名称、住所,收购人关于收购的决定,被收购的上市公司名称,收购目的,收购股份的详细名称和预定收购的股份数额;收购期限、收购价格,收购所需资金额及资金保证,公告上市公司收购报告书时持有被收购公司股份数占该公司已发行的股份总数的比例。

收购要约约定的收购期限不得少于 30 日,并不得超过 60 日。

在收购要约确定的承诺期限内,收购人不得撤销其收购要约。收购人需要变更收购要约的,必须及时公告,载明具体变更事项。

收购要约提出的各项收购条件,适用于被收购公司的所有股东。

采取要约收购方式的,收购人在收购期限内,不得卖出被收购公司的股票,也不得采取要约规定以外的形式和超出要约的条件买入被收购公司的股票。

思考题:要约收购有哪些要求?

四、 协议收购

采取协议收购方式的,收购人可以依照法律、行政法规的规定同被收购公司的股东以协议方式进行股份转让。

以协议方式收购上市公司时,达成协议后,收购人必须在 3 日内将该收购协议向国务院证券监督管理机构及证券交易所作出书面报告,并予公告。在公告前不得履行收购协议。

采取协议收购方式的,协议双方可以临时委托证券登记结算机构保管协议转让的股票,并将资金存放于指定的银行。

采取协议收购方式的,收购人收购或者通过协议、其他安排与他人共同收购一个上市公司已发行的股份达到 30％时,继续进行收购的,应当向该上市公司所有股东发出收购上市公司全部或者部分股份的要约。但是,经国务院证券监督管理机构免除发出要约的除外。

思考题:协议收购有哪些要求?

五、 收购的法律后果

收购期限届满,被收购公司股权分布不符合上市条件的,该上市公司的股票应当由证券交易所依法终止上市交易;其余仍持有被收购公司股票的股东,有权向收购人以收购要约的同等条件出售其股票,收购人应当收购。

收购行为完成后,被收购公司不再具备股份有限公司条件的,应当依法变更企业形式。

在上市公司收购中,收购人持有的被收购的上市公司的股票,在收购行为完成后的12个月内不得转让。

收购行为完成后,收购人与被收购公司合并,并将该公司解散的,被解散公司的原有股票由收购人依法更换。

收购行为完成后,收购人应当在15日内将收购情况报告国务院证券监督管理机构和证券交易所,并予公告。

收购上市公司中由国家授权投资的机构持有的股份,应当按照国务院的规定,经有关主管部门批准。

思考题:收购的法律后果有哪些?

本章引用法律资源:

1.《中华人民共和国证券法》。

2. 全国人民代表大会《中华人民共和国证券法》条文释义。

3. 中国证券监督管理委员会《首次公开发行股票并上市管理办法》。

本章参考文献:

1. 李东方. 证券法学[M]. 北京:中国政法大学出版社,2017.

2. 叶林. 证券法[M]. 北京:中国人民大学出版社,2013.

本章网站资源:

1. 中国证券监督管理委员会网站:www.csrc.gov.cn。

2. 中国证券业协会网站:www.sac.net.cn。

第十六章　支付结算法

■■■ 本章教学目标

通过学习,明白支付结算法的基本内容。了解支付结算的含义,了解支付结算方式的分类,明确支付结算的原则和要求;了解票据的分类,掌握票据关系、票据行为、票据权利、票据抗辩的基本规定,重点掌握汇票的出票、背书、保证、承兑、付款、追索等的基本规定,了解本票、支票的规定;掌握汇兑、托收承付、委托收款、银行卡的基本规定。

第一节　支付结算法概述

一、支付结算

（一）支付结算的概念

支付结算是指单位或者个人通过现金、票据、汇兑、托收承付、委托收款、银行卡、信用证、电子支付、网络支付等方式支付货币和进行资金清算的行为。现金、票据、汇兑、托收承付、委托收款等方式是传统的支付结算方式,银行卡、信用证、电子支付、网络支付等方式是新型的支付结算方式。随着电子技术、信息技术、互联网技术、大数据技术、云计算技术、区块链技术、人工智能技术等新技术的不断创新与发展,传统的结算方式正逐步被新型的支付结算手段所替代,电子支付、网络支付等方式日渐成为主要的结算手段。

（二）支付结算的分类

根据支付结算单位的不同,可以将支付结算分为通过银行的支付结算和通过非金融机构进行的支付结算,前者叫银行支付结算,后者就是非金融机构支付服务。

银行的支付结算是指单位、个人在社会经济活动中使用票据、银行卡和汇兑、托收承付、委托收款等结算方式通过银行进行货币给付及其资金清算的行为。

非金融机构支付服务,是指非金融机构在收付款人之间作为中介机构提供下列部分或全部货币资金转移服务:网络支付,预付卡的发行与受理,银行卡收单,中国人民银行确定的其他支付服务。网络支付,是指依托公共网络或专用网络在收付款人之间转移货币资金的行为,包括货币汇兑、互联网支付、移动电话支付、固定电话支付、数字电视支付等。预付卡,是指以营利为目的发行的、在发行机构之外购买商品或服务的预付价值,包括采取磁条、芯片等技术以卡片、密码等形式发行的预付卡。银行卡收单,是指通过销售点(POS)终端等为银行卡特约商户代收货币资金的行为。

非金融机构支付的发展迅猛,越来越多的单位或者个人开始选择非金融机构支付,非金融机构支付和银行结算渐有齐头并进之势,大大便利了单位或者个人的支付结算。

❓思考题:支付结算方式有哪些?

二、 支付结算法

支付结算法是调整支付结算活动中产生的社会关系的法律规范的总称。我国制定的支付结算法律、法规、规章主要有：《中华人民共和国中国人民银行法》《中华人民共和国票据法》《票据管理实施办法》《最高人民法院关于审理票据纠纷案件若干问题的规定》《支付结算办法》《人民币银行结算账户管理办法》《非金融机构支付服务管理办法》《非银行支付机构网络支付业务管理办法》《网络借贷信息中介机构业务活动管理暂行办法》《银行卡业务管理办法》等。我国的支付结算法主要渊源是部委规章，如中国人民银行、中国银监会等部委出台的规章构成了支付结算的主要法律依据，立法级次较低，我国要提高支付结算法的立法级次，出台《支付结算办法》，促进支付结算的发展与规范。

思考题：支付结算法律体系包括哪些法律法规？

三、 支付结算的原则

（一）依法结算的原则

《支付结算办法》规定，银行、城市信用合作社、农村信用合作社以及单位和个人，办理支付结算必须遵守国家的法律、行政法规和本办法的各项规定，不得损害社会公共利益。《非金融机构支付服务管理办法》出台后，非金融机构也要按照法律、法规进行支付结算。

（二）银行结算的原则

《支付结算办法》规定，银行是支付结算和资金清算的中介机构。未经中国人民银行批准的非银行金融机构和其他单位不得作为中介机构经营支付结算业务。单位、个人和银行办理支付结算必须遵守下列原则：恪守信用，履约付款；谁的钱进谁的账，由谁支配；银行不垫款。

（三）非金融机构结算的原则

《非金融机构支付服务管理办法》规定，非金融机构办理支付业务应当遵循安全、效率、诚信和公平竞争的原则，不得损害国家利益、社会公共利益和客户合法权益。

思考题：支付结算的原则有哪些？

四、 支付结算的要求

（一）银行支付结算的要求

1. 开立账户

单位、个人和银行应当按照《银行账户管理办法》的规定开立、使用账户。在银行开立存款账户的单位和个人办理支付结算，账户内须有足够的资金保证支付，另有规定的除外。没有开立存款账户的个人向银行交付款项后，也可以通过银行办理支付结算。

2. 结算工具的要求

票据和结算凭证是办理支付结算的工具。单位、个人和银行办理支付结算，必须使用按中国人民银行统一规定印制的票据凭证和统一规定的结算凭证。未使用按中国人民银行统一规定印制的票据，票据无效；未使用中国人民银行统一规定格式的结算凭证，银行不予受理。

单位、个人和银行签发票据、填写结算凭证。票据和结算凭证上的签章,为签名、盖章或者签名加盖章。单位、银行在票据上的签章和单位在结算凭证上的签章,为该单位、银行的盖章加其法定代表人或其授权的代理人的签名或盖章。个人在票据和结算凭证上的签章,应为该个人本名的签名或盖章。

票据和结算凭证的金额、出票或签发日期、收款人名称不得更改,更改的票据无效;更改的结算凭证,银行不予受理。对票据和结算凭证上的其他记载事项,原记载人可以更改,更改时应当由原记载人在更改处签章证明。票据和结算凭证金额以中文大写和阿拉伯数字同时记载,二者必须一致,二者不一致的票据无效;二者不一致的结算凭证,银行不予受理。

票据和结算凭证上的签章和其他记载事项应当真实,不得伪造、变造。票据上有伪造、变造的签章的,不影响票据上其他当事人真实签章的效力。

3. 身份验证

办理支付结算需要交验的个人有效身份证件是指居民身份证、军官证、警官证、文职干部证、士兵证、户口簿、护照、港澳台同胞回乡证等符合法律、行政法规以及国家有关规定的身份证件。

4. 银行的审查与责任

银行以善意且符合规定和正常操作程序审查,对伪造、变造的票据和结算凭证上的签章以及需要交验的个人有效身份证件,未发现异常而支付金额的,对出票人或付款人不再承担受委托付款的责任,对持票人或收款人不再承担付款的责任。

5. 银行结算的监管

支付结算实行集中统一和分级管理相结合的管理体制。中国人民银行总行负责制定统一的支付结算制度,组织、协调、管理、监督全国的支付结算工作,调解、处理银行之间的支付结算纠纷。

(二)非金融机构支付结算的要求

非金融机构提供支付服务,应当依据规定取得《支付业务许可证》,成为支付机构。未经中国人民银行批准,任何非金融机构和个人不得从事或变相从事支付业务。支付机构依法接受中国人民银行的监督管理。

支付机构之间的货币资金转移应当委托银行业金融机构办理,不得通过支付机构相互存放货币资金或委托其他支付机构等形式办理。支付机构不得办理银行业金融机构之间的货币资金转移,经特别许可的除外。

支付机构应当遵循安全、效率、诚信和公平竞争的原则,不得损害国家利益、社会公共利益和客户合法权益。支付机构应当遵守反洗钱的有关规定,履行反洗钱义务。

思考题:支付结算的要求有哪些?

第二节　票据结算

第八届全国人民代表大会常务委员会第十三次会议于 1995 年 5 月 10 日通过《中华人民共和国票据法》(以下简称《票据法》),自 1996 年 1 月 1 日起施行。全国人大常委会于 2004 年修订《票据法》。票据结算的法律依据还包括《票据管理实施办法》《最高人民法院关于审理票据纠纷案件若干问题的规定》《支付结算办法》等。制定票据法的目的是为了规范票据行为,保障票据活动中当事人的合法权益,维护社会经济秩序,促进社会主义市场经济的发展。

一、 票据

票据法所称票据,是指汇票、本票和支票。

（一）汇票

汇票是出票人签发的,委托付款人在见票时或者在指定日期无条件支付确定的金额给收款人或者持票人的票据。汇票分为银行汇票和商业汇票。

（1）银行汇票是出票银行签发的,由其在见票时按照实际结算金额无条件支付给收款人或者持票人的票据。银行汇票的出票银行为银行汇票的付款人。

单位和个人各种款项结算,均可使用银行汇票。银行汇票可以用于转账,填明"现金"字样的银行汇票也可以用于支取现金。

（2）商业汇票是出票人签发的,委托付款人在指定日期无条件支付确定的金额给收款人或者持票人的票据。

商业汇票分为商业承兑汇票和银行承兑汇票。商业承兑汇票由银行以外的付款人承兑。商业汇票的付款人为承兑人。商业承兑汇票的使用人,为在银行开立存款账户的法人以及其他组织,与付款人具有真实的委托付款关系,具有支付汇票金额的可靠资金来源。银行承兑汇票由银行承兑。

（二）本票

银行本票是银行签发的,承诺自己在见票时无条件支付确定的金额给收款人或者持票人的票据。银行本票分为不定额本票和定额本票两种。定额银行本票面额为 1000 元、5000 元、10000 元和 50000 元。

单位和个人在同一票据交换区域需要支付各种款项,均可以使用银行本票。银行本票可以用于转账,注明"现金"字样的银行本票可以用于支取现金。

（三）支票

支票是出票人签发的,委托办理支票存款业务的银行在见票时无条件支付确定的金额给收款人或者持票人的票据。支票可以分为现金支票、转账支票、普通支票。支票上印有"现金"字样的为现金支票,现金支票只能用于支取现金。支票上印有"转账"字样的为转账支票,转账支票只能用于转账。支票上未印有"现金"或"转账"字样的为普通支票,普通支票可以用于支取现金,也可以用于转账。在普通支票左上角划两条平行线的,为划线支票,划线支票只能用于转账,不得支取现金。

单位和个人在同一票据交换区域的各种款项结算,均可以使用支票。

❓ 思考题:票据的种类有哪些?

二、 票据法上的关系

票据法上的关系可以分为票据关系和票据基础关系。

（一）票据关系

票据关系是票据当事人基于票据行为产生的权利义务关系。票据行为有出票、背书、保证、承兑、付款等。不同票据行为就产生了不同的当事人,票据当事人有出票人、受票人、持票人、保证人、承兑人、背书人、被背书人。在票据关系中,同一个人可能有双重的身份,如甲公司将票据背书给乙公司,乙公司再将票据又背书给丙公司,甲公司就是乙公司的前手,丙公司就是乙公司的后手,那么乙公司既是前手的被背书人,又是后手的背书人。基于票据出票行为产生的是票据出票人与受票人之间的出票关系,基于票据背书行为产生的是票据背书人与被背书人之间的背书关系,基于票据保证行为产生的是票据保证人与被保证人之间的保证关系,基于票据承兑行为产生的是承兑人与收款人之间的关系,这些都属于票据关系。

（二）票据基础关系

票据关系的产生有其前提,这种前提就是票据的基础关系,票据基础关系是产生票据关系的原因,票据基础关系又称票据的原因关系。票据基础关系一般是民商法等其他部门法的法律关系。票据法规定,票据的签发、取得和转让,应当遵循诚实信用的原则,具有真实的交易关系和债权债务关系。真实的交易关系和债权债务关系就是票据基础关系。譬如,买卖合同的买方需要向卖方支付货款,买方就向卖方开具汇票,卖方向承兑人或者付款人提示汇票要求承兑或付款,买卖合同就是产生汇票关系的原因,买卖合同关系就是票据基础关系。

票据基础关系是产生票据关系的前提或者原因,但票据关系一旦形成,就与票据基础关系分离。票据关系形成后,票据基础关系的存在和效力就与票据关系无关,即使票据基础关系无效,票据关系依然可以有效,票据持有人依然可以向承兑人或付款人主张票据权利。同样票据关系是否有效,也不会影响票据基础关系,即使票据无效,票据基础关系只要本身合法就可以有效,票据关系无效,票据基础关系的权利人依然可以向义务人主张债权等权利。

？？ 思考题:票据基础关系有哪些?

三、票据行为

（一）票据行为的概念

票据行为是指能产生票据权利义务关系的法律行为。票据行为有出票、背书、承兑、保证等。

（二）票据行为的分类

票据行为可以分为基本票据行为和附属票据行为。出票是签发票据的行为,出票行为有效成立后,票据才可以有效存在。票据上的权利义务关系都是由出票行为引起的。没有出票,其他票据行为就无从产生,出票是产生其他票据行为的前提,是基本票据行为。附属票据行为是指出票以外的其他票据行为,包括背书、承兑、保证、追索、付款等票据行为。

？？ 思考题:票据行为有哪些分类?

（三）票据行为的有效条件

1. 行为人具有相应的民事行为能力

无民事行为能力人或者限制民事行为能力人在票据上签章的,其签章无效,但是不影响其他签章的效力。

2. 意思表示真实

以欺诈、偷盗或者胁迫等手段取得票据的,或者明知有前列情形,出于恶意取得票据的,不得享有票据权利。持票人因重大过失取得不符合票据法规定的票据的,也不得享有票据权利。

3. 符合法定的形式

票据行为是要式行为,对签章、记载事项等有明确的形式要求。

票据上的签章,为签名、盖章或者签名加盖章。法人和其他使用票据的单位在票据上的签章,为该法人或者该单位的盖章加其法定代表人或者其授权的代理人的签章。在票据上的签名,应当为该当事人的本名。票据法所称"本名",是指符合法律、行政法规以及国家有关规定的身份证件上的姓名。

出票人在票据上的签章不符合票据法规定的,票据无效。票据出票人在票据上的签章上不符合票据法以及下述规定的,该签章不具有票据法上的效力:商业汇票上的出票人的签章,为该法人或者该单位的财务专用章或者公章加其法定代表人、单位负责人或者其授权的代理人的签名或者盖章;银行汇票上的出票人的签章和银行承兑汇票的承兑人的签章,为该银行汇票专用章加其法定代表人或者其授权的代理人的签名或者盖章;银行本票上的出票人的签章,为该银行的本票专用章加其法定代表人或者其授权的代理人的签名或者盖章;支票上的出票人的签章,出票人为单位的,为与该单位在银行预留签章一致的财务专用章或者公章加其法定代表人或者其授权的代理人的签名或者盖章;出票人为个人的,为与该个人在银行预留签章一致的签名或者盖章。

票据的背书人、承兑人、保证人在票据上的签章不符合票据法以及《票据管理实施办法》规定的,或者无民事行为能力人、限制民事行为能力人在票据上签章的,其签章无效,但不影响人民法院对票据上其他签章效力的认定。票据上的记载事项必须符合票据法的规定。票据金额以中文大写和数码同时记载,二者必须一致,二者不一致的,票据无效。票据金额、日期、收款人名称不得更改,更改的票据无效。对票据上的其他记载事项,原记载人可以更改,更改时应当由原记载人签章证明。

票据上的记载事项应当真实,不得伪造、变造。伪造是指无权限人假冒他人或虚构人名义签章的行为。签章的变造属于伪造。变造是指无权更改票据内容的人,对票据上签章以外的记载事项加以改变的行为。伪造、变造票据上的签章和其他记载事项的,应当承担法律责任。票据上有伪造、变造的签章的,不影响票据上其他真实签章的效力。票据上其他记载事项被变造的,在变造之前签章的人,对原记载事项负责;在变造之后签章的人,对变造之后的记载事项负责;不能辨别是在票据被变造之前或者之后签章的,视同在变造之前签章。

4. 票据行为的内容符合法律规定

票据法规定,票据活动应当遵守法律、行政法规,不得损害社会公共利益。票据管理应当遵守票据法以及有关法律、行政法规的规定,不得损害票据当事人的合法权益。票据当事人应当依法从事票据活动,行使票据权利,履行票据义务。

思考题:票据行为的有效条件有哪些?

（四）票据行为的代理

票据当事人可以委托其代理人在票据上签章,并应当在票据上表明其代理关系。没有代理权而以代理人名义在票据上签章的,应当由签章人承担票据责任;代理人超越代理权限的,应当就其超越权限的部分承担票据责任。

四、票据权利

票据法规定,票据权利是指持票人向票据债务人请求支付票据金额的权利,包括付款请求权和追索权。付款请求权是第一次权利,追索权是第二次权利,票据权利其实是双重请求权。

（一）票据权利的取得

票据的签发、取得和转让,应当遵循诚实信用的原则,具有真实的交易关系和债权债务关系。票据的取得,必须给付对价,即应当给付票据双方当事人认可的相对应的代价。因税收、继承、赠与可以依法无偿取得票据的,不受给付对价的限制。但是,所享有的票据权利不得优于其前手的权利。前手是指在票据签章人或者持票人之前签章的其他票据债务人。

以欺诈、偷盗或者胁迫等手段取得票据的,或者明知有前列情形,出于恶意取得票据的,不得享有票据权利。持票人因重大过失取得不符合票据法规定的票据的,也不得享有票据权利。

思考题:怎样才能取得票据权利?

（二）票据权利的行使与保全

持票人行使票据权利,应当按照法定程序在票据上签章,并出示票据。

人民法院在审理、执行票据纠纷案件时,对具有下列情形之一的票据,经当事人申请并提供担保,可以依法采取保全措施或者执行措施:不履行约定义务,与票据债务人有直接债权债务关系的票据当事人所持有的票据;持票人恶意取得的票据;应付对价而未付对价的持票人持有的票据;记载有"不得转让"字样而用于贴现的票据;记载有"不得转让"字样而用于质押的票据;法律或者司法解释规定有其他情形的票据。

持票人对票据债务人行使票据权利,或者保全票据权利,应当在票据当事人的营业场所和营业时间内进行,票据当事人无营业场所的,应当在其住所进行。

思考题:票据权利该如何行使与保全?

（三）票据权利的救济

票据丧失的救济措施有挂失止付、公示催告、诉讼三种。

1. 挂失止付

票据丧失,失票人可以及时通知票据的付款人挂失止付,但是,未记载付款人或者无法确定付款人及其代理付款人的票据除外。

允许挂失止付的票据丧失,失票人需要挂失止付的,应填写挂失止付通知书并签章。

付款人或者代理付款人收到挂失止付通知书后,查明挂失票据确未付款时,应立即暂停支付。付款人或者代理付款人自收到挂失止付通知书之日起 12 日内没有收到人民法院的止付通知书的,自第 13 日起,持票人提示付款并依法向持票人付款的,不再承担责任。付款人或者代理付款人在收到挂失止付通知书之前,已经向持票人付款的,不再承担责任。但是,付款人或者代理付款人以恶意或者重大过失付款的除外。

2. 公示催告

失票人应当在通知挂失止付后 3 日内,也可以在票据丧失后,依法向人民法院申请公示催告。人民法院决定受理公示催告申请,应当同时通知付款人及代理付款人停止支付,并自立案之日起 3 日内发出公告。付款人或者代理付款人收到人民法院发出的止付通知,应当立即停止支付,直至公示催告程序终结。非经发出止付通知的人民法院许可擅自解付的,不得免除票据责任。

人民法院决定受理公示催告申请后发布的公告应当在全国性的报刊上登载。公示催告期间,国内票据自公告发布之日起 60 日,涉外票据可根据具体情况适当延长,但最长不得超过 90 日。在公示催告期间,以公示催告的票据质押、贴现,因质押、贴现而接受该票据的持票人主张票据权利的,人民法院不予支持,但公示催告期间届满以后人民法院作出除权判决以前取得该票据的除外。

3. 诉讼

失票人应当在通知挂失止付后 3 日内,也可以在票据丧失后,依法向人民法院提起诉讼。

❓ 思考题:公示催告程序有哪些规定?

五、 票据抗辩

票据抗辩,是指票据债务人根据本法规定对票据债权人拒绝履行义务的行为。

(一) 对物的抗辩

《最高人民法院关于审理票据纠纷案件若干问题的规定》明确规定,票据债务人对持票人提出下列抗辩的,人民法院应予支持:欠缺法定必要记载事项或者不符合法定格式的,超过票据权利时效的,人民法院作出的除权判决已经发生法律效力的,以背书方式取得但背书不连续的,其他依法不得享有票据权利的。

(二) 对人的抗辩

《支付结算办法》规定,票据债务人对下列情况的持票人可以拒绝付款:对不履行约定义务的与自己有直接债权债务关系的持票人;以欺诈、偷盗或者胁迫等手段取得票据的持票人;对明知有欺诈、偷盗或者胁迫等情形,出于恶意取得票据的持票人;明知债务人与出票人或者持票人的前手之间存在抗辩事由而取得票据的持票人;因重大过失取得不符合《票据法》规定的票据的持票人;取得背书不连续票据的持票人;符合《票据法》规定的其他抗辩事由。

《票据法》规定,票据债务人不得以自己与出票人或者与持票人的前手之间的抗辩事由,对抗持票人。但是,持票人明知存在抗辩事由而取得票据的除外。票据债务人可以对不履行约定义务的与自己有直接债权债务关系的持票人,进行抗辩。

❓ 思考题:票据抗辩的事由有哪些?

六、 汇票

汇票是出票人签发的,委托付款人在见票时或者在指定日期无条件支付确定的金额给收款人或者持票人的票据。

(一) 出票

出票是指出票人签发票据并将其交付给收款人的票据行为。

1. 出票人

汇票的出票人必须与付款人具有真实的委托付款关系,并且具有支付汇票金额的可靠资金来源。不得签发无对价的汇票用以骗取银行或者其他票据当事人的资金。

2. 记载事项

汇票必须记载下列事项:表明"汇票"的字样,无条件支付的委托,确定的金额,付款人名称,收款人名称,出票日期,出票人签章。汇票上未记载前款规定事项之一的,汇票无效。

汇票上记载付款日期、付款地、出票地等事项的,应当清楚、明确。汇票上未记载付款日期的,为见票即付。汇票上未记载付款地的,付款人的营业场所、住所或者经常居住地为付款地。汇票上未记载出票地的,出票人的营业场所、住所或者经常居住地为出票地。汇票上可以记载票据法规定事项以外的其他出票事项,但是该记载事项不具有汇票上的效力。

付款日期可以按照下列形式之一记载:见票即付;定日付款;出票后定期付款;见票后定期付款。前述规定的付款日期为汇票到期日。

3. 出票人的责任

出票人签发汇票后,即承担保证该汇票承兑和付款的责任。出票人在汇票得不到承兑或者付款时,应当向持票人清偿规定的金额和费用。

❓ 思考题:汇票的记载事项有哪些?

(二) 背书

背书是指在票据背面或者粘单上记载有关事项并签章的票据行为。

1. 背书形式

持票人将汇票权利转让给他人或者将一定的汇票权利授予他人行使,应当背书并交付汇票。票据凭证不能满足背书人记载事项的需要,可以加附粘单,粘附于票据凭证上。粘单上的第一记载人,应当在汇票和粘单的粘接处签章。背书由背书人签章并记载背书日期。背书未记载日期的,视为在汇票到期日前背书。汇票以背书转让或者以背书将一定的汇票权利授予他人行使时,必须记载被背书人名称。背书人未记载被背书人名称即将票据交付他人的,持票人在票据被背书人栏内记载自己的名称与背书人记载具有同等法律效力。

2. 背书的连续性

背书连续,是指在票据转让中,转让汇票的背书人与受让汇票的被背书人在汇票上的签章依次前后衔接。以背书转让的汇票,背书应当连续。持票人以背书的连续,证明其汇票权利;非经背书转让,而以其他合法方式取得汇票的,依法举证,证明其汇票权利。

3. 禁止背书

出票人在汇票上记载"不得转让"字样的,汇票不得转让。票据的出票人在票据上记载"不得转让"字样,票据持有人背书转让的,背书行为无效。背书转让后的受让人不得享有票据权利,票据的出票人、承兑人对受让人不承担票据责任。背书人在汇票上记载"不得转让"字样,其后手再背书转让的,原背书人对后手的被背书人不承担保证责任。汇票被拒绝承兑、被拒绝付款或者超过付款提示期限的,不得背书转让;背书转让的,背书人应当承担汇票责任。

3. 附条件的背书和分别背书

背书不得附有条件。背书时附有条件的,所附条件不具有汇票上的效力。将汇票金额的一部分转让的背书或者将汇票金额分别转让给 2 人以上的背书无效。

4. 委托收款背书和质押背书

背书记载"委托收款"字样的,被背书人有权代背书人行使被委托的汇票权利。但是,被背书人不得再以背书转让汇票权利。汇票可以设定质押;质押时应当以背书记载"质押"字样。被背书人依法实现其质权时,可以行使汇票权利。

5. 背书的责任

以背书转让的汇票,后手应当对其直接前手背书的真实性负责。后手是指在票据签章人之后签章的其他票据债务人。背书人以背书转让汇票后,即承担保证其后手所持汇票承兑和付款的责任。背书人在汇票得不到承兑或者付款时,应当向持票人清偿法定规定的金额和费用。

思考题:禁止背书有哪些?

(三)承兑

承兑是指汇票付款人承诺在汇票到期日支付汇票金额的票据行为。

1. 提示承兑

提示承兑是指持票人向付款人出示汇票,并要求付款人承诺付款的行为。定日付款或者出票后定期付款的汇票,持票人应当在汇票到期日前向付款人提示承兑。见票后定期付款的汇票,持票人应当自出票日起 1 个月内向付款人提示承兑。汇票未按照规定期限提示承兑的,持票人丧失对其前手的追索权。见票即付的汇票无须提示承兑。

2. 承兑或拒绝承兑

付款人对向其提示承兑的汇票,应当自收到提示承兑的汇票之日起 3 日内承兑或者拒绝承兑。付款人收到持票人提示承兑的汇票时,应当向持票人签发收到汇票的回单。回单上应当记明汇票提示承兑日期并签章。付款人承兑汇票的,应当在汇票正面记载"承兑"字样和承兑日期并签章;见票后定期付款的汇票,应当在承兑时记载付款日期。汇票上未记载承兑日期的,以前条规定期限的最后 1 日为承兑日。

3. 附条件的承兑

付款人承兑汇票,不得附有条件;承兑附有条件的,视为拒绝承兑。

4. 承兑人的责任

付款人承兑汇票后,应当承担到期付款的责任。

思考题:承兑的规定有哪些?

（四）保证

汇票的债务可以由保证人承担保证责任。保证，是指票据保证人和票据权利人约定，当票据债务人不履行债务时，保证人按照约定履行票据债务或者承担责任的行为。

1. 保证人

保证人是指具有代为清偿票据债务能力的法人、其他组织或者个人。保证人由汇票债务人以外的他人担当。国家机关、以公益为目的的事业单位、社会团体、企业法人的分支机构和职能部门不得为保证人；但是，法律另有规定的除外。国家机关、以公益为目的的事业单位、社会团体、企业法人的分支机构和职能部门作为票据保证人的，票据保证无效，但经国务院批准为使用外国政府或者国际经济组织贷款进行转贷，国家机关提供票据保证的，以及企业法人的分支机构在法人书面授权范围内提供票据保证的除外。

2. 保证的记载事项

保证人必须在汇票或者粘单上记载下列事项：表明"保证"的字样，保证人名称和住所，被保证人的名称，保证日期，保证人签章。保证人在汇票或者粘单上未记载被保证人的名称的，已承兑的汇票，承兑人为被保证人；未承兑的汇票，出票人为被保证人。保证人在汇票或者粘单上未记载保证日期的，出票日期为保证日期。

3. 附条件的保证

保证不得附有条件；附有条件的，不影响对汇票的保证责任。

4. 保证人的责任

保证人对合法取得汇票的持票人所享有的汇票权利，承担保证责任。但是，被保证人的债务因汇票记载事项欠缺而无效的除外。被保证的汇票，保证人应当与被保证人对持票人承担连带责任。汇票到期后得不到付款的，持票人有权向保证人请求付款，保证人应当足额付款。保证人为 2 人以上的，保证人之间承担连带责任。保证人清偿汇票债务后，可以行使持票人对被保证人及其前手的追索权。

❓ 思考题：可以为票据提供保证的人有哪些？

（五）付款

1. 提示付款

持票人应当按照下列期限提示付款：见票即付的汇票，自出票日起 1 个月内向付款人提示付款；定日付款、出票后定期付款或者见票后定期付款的汇票，自到期日起 10 日内向承兑人提示付款。持票人未按照前款规定期限提示付款的，在作出说明后，承兑人或者付款人仍应当继续对持票人承担付款责任。通过委托收款银行或者通过票据交换系统向付款人提示付款的，视同持票人提示付款。

2. 付款

持票人依照规定提示付款的，付款人必须在当日足额付款。持票人获得付款的，应当在汇票上签收，并将汇票交给付款人。持票人委托银行收款的，受委托的银行将代收的汇票金额转账收入持票人账户，视同签收。持票人委托的收款银行的责任，限于按照汇票上记载事项将汇票金额转入持票人账户。付款人委托的付款银行的责任，限于按照汇票上记载事项从付款人账户支付汇票金额。

3. 付款人的责任

付款人及其代理付款人付款时,应当审查汇票背书的连续,并审查提示付款人的合法身份证明或者有效证件。付款人及其代理付款人以恶意或者有重大过失付款的,应当自行承担责任。对定日付款、出票后定期付款或者见票后定期付款的汇票,付款人在到期日前付款的,由付款人自行承担所产生的责任。付款人依法足额付款后,全体汇票债务人的责任解除。

❓ 思考题:付款人的责任有哪些?

(六)追索权

追索权,是指票据持票人在票据到期未获付款或有其他法定原因时,对出票人、前手等票据债务人请求偿还票据金额、利息及费用的权利。

1. 追索权行使的实质条件

汇票到期被拒绝付款的,持票人可以对背书人、出票人以及汇票的其他债务人行使追索权。汇票到期日前,有下列情形之一的,持票人也可以行使追索权:汇票被拒绝承兑的;承兑人或者付款人死亡、逃匿的;承兑人或者付款人被依法宣告破产的或者因违法被责令终止业务活动的。

2. 追索权行使的形式条件

持票人行使追索权时,应当提供被拒绝承兑或者被拒绝付款的有关证明。持票人提示承兑或者提示付款被拒绝的,承兑人或者付款人必须出具拒绝证明,或者出具退票理由书。未出具拒绝证明或者退票理由书的,应当承担由此产生的民事责任。持票人因承兑人或者付款人死亡、逃匿或者其他原因,不能取得拒绝证明的,可以依法取得其他有关证明。承兑人或者付款人被人民法院依法宣告破产的,人民法院的有关司法文书具有拒绝证明的效力。承兑人或者付款人因违法被责令终止业务活动的,有关行政主管部门的处罚决定具有拒绝证明的效力。持票人不能出示拒绝证明、退票理由书或者未按照规定期限提供其他合法证明的,丧失对其前手的追索权。但是,承兑人或者付款人仍应当对持票人承担责任。

3. 追索通知

持票人应当自收到被拒绝承兑或者被拒绝付款的有关证明之日起 3 日内,将被拒绝事由书面通知其前手;其前手应当自收到通知之日起 3 日内书面通知其再前手。持票人也可以同时向各汇票债务人发出书面通知。未按照前款规定期限通知的,持票人仍可以行使追索权。因延期通知给其前手或者出票人造成损失的,由没有按照规定期限通知的汇票当事人,承担对该损失的赔偿责任,但是所赔偿的金额以汇票金额为限。

4. 被追索人的责任

汇票的出票人、背书人、承兑人和保证人对持票人承担连带责任。持票人可以不按照汇票债务人的先后顺序,对其中任何一人、数人或者全体行使追索权。持票人对汇票债务人中的一人或者数人已经进行追索的,对其他汇票债务人仍可以行使追索权。被追索人清偿债务后,与持票人享有同一权利。持票人为出票人的,对其前手无追索权。持票人为背书人的,对其后手无追索权。

5. 追索金额

持票人行使追索权,可以请求被追索人支付下列金额和费用:被拒绝付款的汇票金额;汇票金额自到期日或者提示付款日起至清偿日止,按照中国人民银行规定的利率计算的利息;取得有关拒绝证明和发出通知书的费用。被追索人清偿债务时,持票人应当交出汇票和有关拒绝证明,并出具所收到利息和费用的收据。

被追索人依照前条规定清偿后,可以向其他汇票债务人行使再追索权,请求其他汇票债务人支付下列金额和费用:已清偿的全部金额;前项金额自清偿日起至再追索清偿日止,按照中国人民银行规定的利率计算的利息;发出通知书的费用。行使再追索权的被追索人获得清偿时,应当交出汇票和有关拒绝证明,并出具所收到利息和费用的收据。

被追索人依照清偿债务后,其责任解除。

🔖 思考题:行使追索权的条件有哪些?追索的金额有哪些?

七、本票

本票是出票人签发的,承诺自己在见票时无条件支付确定的金额给收款人或者持票人的票据。本票,是指银行本票。

(一)出票

1. 出票人

银行本票的出票人,为经中国人民银行当地分支行批准办理银行本票业务的银行机构。本票的出票人必须具有支付本票金额的可靠资金来源,并保证支付。

2. 记载事项

本票必须记载下列事项:表明"本票"的字样,无条件支付的承诺,确定的金额,收款人名称,出票日期,出票人签章。本票上未记载前款规定事项之一的,本票无效。本票上记载付款地、出票地等事项的,应当清楚、明确。本票上未记载付款地的,出票人的营业场所为付款地。本票上未记载出票地的,出票人的营业场所为出票地。

3. 出票人责任

本票的出票人在持票人提示见票时,必须承担付款的责任。

(二)付款时间

本票自出票日起,付款期限最长不得超过 2 个月。

(三)追索权

本票的持票人未按照规定期限提示见票的,丧失对出票人以外的前手的追索权。

(四)准用规定

本票的背书、保证、付款行为和追索权的行使,除票据法对本票有特殊规定外,适用票据法有关汇票的规定。本票的出票行为,除票据法对本票有特殊规定外,适用票据法关于汇票的规定。

🔖 思考题:本票的记载事项有哪些?

八、支票

支票是出票人签发的,委托办理支票存款业务的银行或者其他金融机构在见票时无条件支付确定的金额给收款人或者持票人的票据。

（一）出票

1. 出票人

支票的出票人，为在经中国人民银行当地分支行批准办理支票业务的银行机构开立可以使用支票的存款账户的单位和个人。开立支票存款账户，申请人必须使用其本名，并提交证明其身份的合法证件。开立支票存款账户和领用支票，应当有可靠的资信，并存入一定的资金。开立支票存款账户，申请人应当预留其本名的签名式样和印鉴。出票人必须按照签发的支票金额承担保证向该持票人付款的责任。

2. 记载事项

支票必须记载下列事项：表明"支票"的字样，无条件支付的委托，确定的金额，付款人名称，出票日期，出票人签章。支票上未记载前款规定事项之一的，支票无效。支票上的金额可以由出票人授权补记，未补记前的支票，不得使用。支票上未记载收款人名称的，经出票人授权，可以补记。支票上未记载付款地的，付款人的营业场所为付款地。支票上未记载出票地的，出票人的营业场所、住所或者经常居住地为出票地。出票人可以在支票上记载自己为收款人。

3. 禁止性规定

支票的出票人所签发的支票金额不得超过其付款时在付款人处实有的存款金额。出票人签发的支票金额超过其付款时在付款人处实有的存款金额的，为空头支票。禁止签发空头支票。支票的出票人不得签发与其预留本名的签名式样或者印鉴不符的支票。

（二）付款

1. 付款期限

支票限于见票即付，不得另行记载付款日期。另行记载付款日期的，该记载无效。

2. 提示付款

支票的持票人应当自出票日起 10 日内提示付款；异地使用的支票，其提示付款的期限由中国人民银行另行规定。超过提示付款期限的，付款人可以不予付款；付款人不予付款的，出票人仍应当对持票人承担票据责任。

3. 付款责任

出票人在付款人处的存款足以支付支票金额时，付款人应当在当日足额付款。付款人依法支付支票金额的，对出票人不再承担受委托付款的责任，对持票人不再承担付款的责任。但是，付款人以恶意或者有重大过失付款的除外。

（三）准用规定

支票的背书、付款行为和追索权的行使，除票据法对支票有特殊规定外，适用票据法有关汇票的规定。支票的出票行为，除票据法对支票有特殊规定外，适用票据法关于汇票的规定。

❓ 思考题：支票的记载事项有哪些？

第三节　非票据结算方式

1997 年,中国人民银行发布《支付结算办法》,将支付方式分为现金、票据、信用卡和汇兑、托收承付、委托收款等结算方式。1999 年,中国人民银行发布《银行卡业务管理办法》,对银行卡结算作出规定,废除《信用卡业务管理办法》,将信用卡纳入银行卡管理。2016 年,中国人民银行、中国银行业监督管理委员会共同发布了《国内信用证结算办法》,对国内信用证结算作出了详细规定。本节主要介绍汇兑、托收承付、委托收款、银行卡 4 种计算方式的法律规定。

一、汇兑

（一）汇兑的概念

汇兑是汇款人委托银行将其款项支付给收款人的结算方式。单位和个人的各种款项的结算,均可使用汇兑结算方式。汇兑分为信汇、电汇两种,由汇款人选择使用。

（二）汇兑凭证的记载事项

签发汇兑凭证必须记载下列事项:表明"信汇"或"电汇"的字样;无条件支付的委托,确定的金额,收款人名称,汇款人名称,汇入地点,汇入行名称,汇出地点,汇出行名称,委托日期,汇款人签章。汇兑凭证上欠缺上列记载事项之一的,银行不予受理。汇兑凭证记载的汇款人名称、收款人名称,其在银行开立存款账户的,必须记载其账号。欠缺记载的,银行不予受理。委托日期是指汇款人向汇出银行提交汇兑凭证的当日。

汇兑凭证上记载收款人为个人的,收款人需要到汇入银行领取汇款,汇款人应在汇兑凭证上注明"留行待取"字样;留行待取的汇款,需要指定单位的收款人领取汇款的,应注明收款人的单位名称;信汇凭收款人签章支取的,应在信汇凭证上预留其签章。汇款人确定不得转汇的,应在汇兑凭证备注栏注明"不得转汇"字样。

汇款人和收款人均为个人,需要在汇入银行支取现金的,应在信、电汇凭证的"汇款金额"大写栏,先填写"现金"字样,后填写汇款金额。

> 思考题:汇兑凭证的记载事项有哪些?

（三）汇兑回单

汇出银行受理汇款人签发的汇兑凭证,经审查无误后,应及时向汇入银行办理汇款,并向汇款人签发汇款回单。汇款回单只能作为汇出银行受理汇款的依据,不能作为该笔汇款已转入收款人账户的证明。

（四）收账通知

汇入银行对开立存款账户的收款人,应将汇给其的款项直接转入收款人账户,并向其发出收账通知。收账通知是银行将款项确已收入收款人账户的凭据。

（五）银行审核付款

未在银行开立存款账户的收款人,凭信、电汇的取款通知或"留行待取"的,向汇入银行支取款项,必须交验本人的身份证件。银行审查无误后,以收款人的姓名开立应解汇款及临时存款账户,该账户只付不收,付完清户,不计付利息。

支取现金的,信、电汇凭证上必须有按规定填明的"现金"字样,才能办理。未填明"现金"字样,需要支取现金的,由汇入银行按照国家现金管理规定审查支付。转账支付的,应由原收款人向银行填制支款凭证,并由本人交验其身份证件办理支付款项。该账户的款项只能转入单位或个体工商户的存款账户,严禁转入储蓄和信用卡账户。转汇的,应由原收款人向银行填制信、电汇凭证,并由本人交验其身份证件。转汇的收款人必须是原收款人。原汇入银行必须在信、电汇凭证上加盖"转汇"戳记。

(六)汇兑的撤销与退汇

汇款人对汇出银行尚未汇出的款项可以申请撤销。申请撤销时,应出具正式函件或本人身份证件及原信、电汇回单。汇出银行查明确未汇出款项的,收回原信、电汇回单,方可办理撤销。

汇款人对汇出银行已经汇出的款项可以申请退汇。对在汇入银行开立存款账户的收款人,由汇款人与收款人自行联系退汇;对未在汇入银行开立存款账户的收款人,汇款人应出具正式函件或本人身份证件以及原信、电汇回单,由汇出银行通知汇入银行,经汇入银行核实汇款确未支付,并将款项汇回汇出银行,方可办理退汇。汇入银行对于收款人拒绝接受的汇款,应立即办理退汇。汇入银行对于向收款人发出取款通知,经过 2 个月无法交付的汇款,应主动办理退汇。

转汇银行不得受理汇款人或汇出银行对汇款的撤销或退汇。

思考题:汇兑可退汇的情形有哪些?

二、托收承付

(一)托收承付的概念

托收承付是根据购销合同由收款人发货后委托银行向异地付款人收取款项,由付款人向银行承认付款的结算方式。托收承付结算每笔的金额起点为 1 万元。新华书店系统每笔的金额起点为 1000 元。托收承付结算款项的划回方法,分邮寄和电报两种,由收款人选用。

(二)托收承付的适用

使用托收承付结算方式的收款单位和付款单位,必须是国有企业、供销合作社以及经营管理较好,并经开户银行审查同意的城乡集体所有制工业企业。

办理托收承付结算的款项,必须是商品交易,以及因商品交易而产生的劳务供应的款项。代销、寄销、赊销商品的款项,不得办理托收承付结算。

收付双方使用托收承付结算必须签有符合规定的购销合同,并在合同上订明使用托收承付结算方式。收付双方办理托收承付结算,必须重合同、守信用。收款人对同一付款人发货托收累计 3 次收不回货款的,收款人开户银行应暂停收款人向该付款人办理托收;付款人累计 3 次提出无理拒付的,付款人开户银行应暂停其向外办理托收。

收款人办理托收,必须具有商品确已发运的证件。没有发运证件,可凭法定其他有关证件办理托收。

思考题:托收承付的适用对象有哪些?

（三）托收

收款人按照签订的购销合同发货后,委托银行办理托收。收款人应将托收凭证并附发运证件或其他符合托收承付结算的有关证明和交易单证送交银行。

收款人开户银行接到托收凭证及其附件后,应当按照托收的范围、条件和托收凭证记载的要求认真进行审查,必要时,还应查验收付款人签订的购销合同。凡不符合要求或违反购销合同发货的,不能办理。审查时间最长不得超过次日。

（四）承付

承付货款分为验单付款和验货付款两种,由收付双方商量选用,并在合同中明确规定。

1. 验单付款

验单付款的承付期为 3 天,从付款人开户银行发出承付通知的次日算起(承付期内遇法定休假日顺延)。付款人在承付期内,未向银行表示拒绝付款,银行即视作承付,并在承付期满的次日(法定休假日顺延)上午银行开始营业时,将款项主动从付款人的账户内付出,按照收款人指定的划款方式,划给收款人。

2. 验货付款

验货付款的承付期为 10 天,从运输部门向付款人发出提货通知的次日算起。对收付双方在合同中明确规定,并在托收凭证上注明验货付款期限的,银行从其规定。银行按照规定在承付期限内扣划款项。

3. 拒绝付款

对下列情况,付款人在承付期内,可向银行提出全部或部分拒绝付款:没有签订购销合同或购销合同未订明托收承付结算方式的款项;未经双方事先达成协议,收款人提前交货或因逾期交货付款人不再需要该项货物的款项;未按合同规定的到货地址发货的款项;代销、寄销、赊销商品的款项;验单付款,发现所列货物的品种、规格、数量、价格与合同规定不符,或货物已到,经查验货物与合同规定或发货清单不符的款项;验货付款,经查验货物与合同规定或与发货清单不符的款项;货款已经支付或计算有错误的款项不属于上述情况的,付款人不得向银行提出拒绝付款。

付款人提出的拒绝付款,银行按照规定审查无法判明是非的,应由收付双方自行协商处理,或向仲裁机关、人民法院申请调解或裁决。

❓ 思考题:托收承付可拒绝付款的情形有哪些?

三、委托收款

（一）委托收款的概念

委托收款是收款人委托银行向付款人收取款项的结算方式。单位和个人凭已承兑商业汇票、债券、存单等付款人债务证明办理款项的结算,均可以使用委托收款结算方式。委托收款在同城、异地均可以使用。在同城范围内,收款人收取公用事业费或根据国务院的规定,可以使用同城特约委托收款。委托收款结算款项的划回方式,分邮寄和电报两种,由收款人选用。

（二）委托收款凭证的签发

签发委托收款凭证必须记载下列事项：表明"委托收款"的字样，确定的金额，付款人名称，收款人名称，委托收款凭据名称及附寄单证张数，委托日期，收款人签章。欠缺记载上列事项之一的，银行不予受理。

委托收款以银行以外的单位为付款人的，委托收款凭证必须记载付款人开户银行名称；以银行以外的单位或在银行开立存款账户的个人为收款人的，委托收款凭证必须记载收款人开户银行名称；未在银行开立存款账户的个人为收款人的，委托收款凭证必须记载被委托银行名称。欠缺记载的，银行不予受理。

👉 思考题：委托收款凭证的记载事项有哪些？

（三）委托

收款人办理委托收款应向银行提交委托收款凭证和有关的债务证明。

（四）付款

银行接到寄来的委托收款凭证及债务证明，审查无误办理付款。

（1）以银行为付款人的，银行应在当日将款项主动支付给收款人。

（2）以单位为付款人的，银行应及时通知付款人，按照有关办法规定，需要将有关债务证明交给付款人的应交给付款人，并签收。

付款人应于接到通知的当日书面通知银行付款。按照有关办法规定，付款人未在接到通知日的次日起3日内通知银行付款的，视同付款人同意付款，银行应于付款人接到通知日的次日起第4日上午开始营业时，将款项划给收款人。

付款人提前收到由其付款的债务证明，应通知银行于债务证明的到期日付款。付款人未于接到通知日的次日起3日内通知银行付款，付款人接到通知日的次日起第4日在债务证明到期日之前的，银行应于债务证明到期日将款项划给收款人。

银行在办理划款时，付款人存款账户不足支付的，应通过被委托银行向收款人发出未付款项通知书。按照有关办法规定，债务证明留存付款人开户银行的，应将其债务证明连同未付款项通知书邮寄给被委托银行转交收款人。

（五）拒绝付款

付款人审查有关债务证明后，对收款人委托收取的款项需要拒绝付款的，可以办理拒绝付款。

（1）以银行为付款人的，应自收到委托收款及债务证明的次日起3日内出具拒绝证明连同有关债务证明、凭证寄给被委托银行，转交收款人。

（2）以单位为付款人的，应在付款人接到通知日的次日起3日内出具拒绝证明，持有债务证明的，应将其送交开户银行。银行将拒绝证明、债务证明和有关凭证一并寄给被委托银行，转交收款人。

👉 思考题：委托收款的付款要求有哪些？

四、银行卡

（一）银行卡的定义与分类

1. 银行卡的定义

银行卡是指由商业银行向社会发行的具有消费信用、转账结算、存取现金等全部或部分功能的信用支付工具。商业银行未经中国人民银行批准不得发行银行卡。

2. 银行卡的分类

银行卡根据不同的标准可以分为不同的类别。

（1）银行卡按币种不同分为人民币卡、外币卡。

（2）银行卡按发行对象不同分为单位卡（商务卡）、个人卡；按信息载体不同分为磁条卡、芯片（IC）卡。芯片（IC）卡既可应用于单一的银行卡品种，又可应用于组合的银行卡品种。

（3）银行卡根据是否可以透支分为信用卡和借记卡。借记卡不得透支，信用卡可以透支。

借记卡按功能不同分为转账卡（含储蓄卡，下同）、专用卡、储值卡。借记卡不具备透支功能。转账卡是实时扣账的借记卡，具有转账结算、存取现金和消费功能。专用卡是具有专门用途、在特定区域使用的借记卡，具有转账结算、存取现金功能。专门用途是指在百货、餐饮、饭店、娱乐行业以外的用途。储值卡是发卡银行根据持卡人要求将其资金转至卡内储存，交易时直接从卡内扣款的预付钱包式借记卡。

信用卡按是否向发卡银行交存备用金分为贷记卡、准贷记卡两类。贷记卡是指发卡银行给予持卡人一定的信用额度，持卡人可在信用额度内先消费、后还款的信用卡。准贷记卡是指持卡人须先按发卡银行要求交存一定金额的备用金，当备用金账户余额不足支付时，可在发卡银行规定的信用额度内透支的信用卡。

此外，还有一种银行卡，就是联名/认同卡。联名/认同卡是商业银行与营利性机构/非营利性机构合作发行的银行卡附属产品，其所依附的银行卡品种必须是已经中国人民银行批准的品种，并应当遵守相应品种的业务章程或管理办法。发卡银行和联名单位应当为联名卡持卡人在联名单位用卡提供一定比例的折扣优惠或特殊服务；持卡人领用认同卡表示对认同单位事业的支持。

❓ 思考题：银行卡的分类有哪些？

（二）银行卡业务审批

商业银行开办银行卡业务应当具备法定的条件。符合法定条件的商业银行，可向中国人民银行申请开办银行卡业务。中国人民银行审批后，商业银行可以办理银行卡业务。

（三）计息和收费标准

1. 银行卡的计息

银行卡的计息包括计收利息和计付利息。发卡银行对准贷记卡及借记卡（不含储值卡）账户内的存款，按照中国人民银行规定的同期同档次存款利率及计息办法计付利息。发卡银行对贷记卡账户的存款、储值卡（含 IC 卡的电子钱包）内的币值不计付利息。

贷记卡持卡人非现金交易享受如下优惠条件。

（1）免息还款期待遇

银行记账日至发卡银行规定的到期还款日之间为免息还款期。免息还款期最长为60 天。持卡人在到期还款日前偿还所使用全部银行款项即可享受免息还款期待遇，无须支付非现金交易的利息。

（2）最低还款额待遇

持卡人在到期还款日前偿还所使用全部银行款项有困难的，可按照发卡银行规定的最低还款额还款。

贷记卡持卡人选择最低还款额方式或超过发卡银行批准的信用额度用卡时，不再享受免息还款期待遇，应当支付未偿还部分自银行记账日起，按规定利率计算的透支利息。贷记卡持卡人支取现金、准贷记卡透支，不享受免息还款期和最低还款额待遇，应当支付现金交易额或透支额自银行记账日起，按规定利率计算的透支利息。

发卡银行对贷记卡持卡人未偿还最低还款额和超信用额度用卡的行为，应当分别按最低还款额未还部分、超过信用额度部分的 5% 收取滞纳金和超限费。贷记卡透支按月记收复利，准贷记卡透支按月计收单利，透支利率为日利率 5‰，并根据中国人民银行的此项利率调整而调整。

思考题：银行卡的计息标准如何规定？

2. 银行卡的手续费

国家发展和改革委员会、中国人民银行于 2016 年发布的《关于完善银行卡刷卡手续费定价机制的通知》对银行卡收费标准作出了规定。

（1）发卡行服务费

发卡机构收取的发卡行服务费不区分商户类别，实行政府指导价、上限管理，并对借记卡、贷记卡差别计费。费率为借记卡交易不超过交易金额的 0.35%，贷记卡交易不超过 0.45%。

（2）网络服务费

银行卡清算机构收取的网络服务费不区分商户类别，实行政府指导价、上限管理，分别向收单、发卡机构计收。费率为不超过交易金额的 0.065%，由发卡、收单机构各承担 50%（即分别向发卡、收单机构计收的费率均不超过交易金额的 0.0325%）。

（3）实行发卡行服务费、网络服务费封顶控制

发卡机构收取的发卡行服务费，借记卡交易单笔收费金额不超过 13 元，贷记卡交易不实行单笔收费封顶控制。银行卡清算机构收取的网络服务费不区分借、贷记卡，单笔交易的收费金额不超过 6.5 元（即分别向收单、发卡机构计收时，单笔收费金额均不超过 3.25 元）。

（4）收费优惠

对部分商户实行发卡行服务费、网络服务费优惠。对非营利性的医疗机构、教育机构、社会福利机构、养老机构、慈善机构刷卡交易，实行发卡行服务费、网络服务费全额减免；自《关于完善银行卡刷卡手续费定价机制的通知》规定的刷卡手续费调整措施正式实施起 2 年的过渡期内，按照费率水平保持总体稳定的原则，对超市、大型仓储式卖场、水电煤气缴费、加油、交通运输售票商户刷卡交易实行发卡行服务费、网络服务费优惠。

（5）收单环节服务费

收单机构收取的收单服务费实行市场调节价，由收单机构与商户协商确定具体费率。国家鼓励收单机构积极开展业务创新，根据商户需求提供个性化、差异化增值服务，并按照市场化原则，综合考虑双方合作需要和业务开展状况，与商户协商合理确定服务收费。

思考题：银行卡的收费标准是多少？

（四）银行卡账户及交易管理

1. 银行卡账户管理

个人申领银行卡（储值卡除外），应当向发卡银行提供公安部门规定的本人有效身份证件，经发卡银行审查合格后，为其开立记名账户；凡在中国境内金融机构开立基本存款账户的单位，应当凭中国人民银行核发的开户许可证申领单位卡；银行卡及其账户只限经发卡银行批准的持卡人本人使用，不得出租和转借。

单位人民币卡账户的资金一律从其基本存款账户转账存入，不得存取现金，不得将销货收入存入单位卡账户。单位外币卡账户的资金应从其单位的外汇账户转账存入，不得在境内存取外币现钞。个人人民币卡账户的资金以其持有的现金存入或以其工资性款项、属于个人的合法的劳务报酬、投资回报等收入转账存入。个人外币卡账户的资金以其个人持有的外币现钞存入或从其外汇账户（含外钞账户）转账存入。

持卡人在还清全部交易款项、透支本息和有关费用后，可申请办理销户。销户时，单位人民币卡账户的资金应当转入其基本存款账户，单位外币卡账户的资金应当转回相应的外汇账户，不得提取现金。

2. 银行卡交易

单位人民币卡可办理商品交易和劳务供应款项的结算，但不得透支；超过中国人民银行规定起点的，应当经中国人民银行当地分行办理转汇。

发卡银行对贷记卡的取现应当每笔授权，每卡每日累计取现不得超过 2000 元人民币。发卡银行应当对持卡人在自动柜员机（ATM）取款设定交易上限，每卡每日累计提款不得超过 20000 元人民币。储值卡的面值或卡内币值不得超过 1000 元人民币。商业银行发行认同卡时，不得从其收入中向认同单位支付捐赠等费用。

💭 思考题：银行卡账户管理的具体要求有哪些？

（五）银行卡风险管理

1. 资信审查

发卡银行应当认真审查信用卡申请人的资信状况，根据申请人的资信状况确定有效担保及担保方式。发卡银行应当对信用卡持卡人的资信状况进行定期复查，并应当根据资信状况的变化调整其信用额度。

2. 授权审批

发卡银行应当建立授权审批制度，明确对不同级别内部工作人员的授权权限和授权限额。发卡银行应当加强对止付名单的管理，及时接收和发送止付名单。通过借记卡办理的各项代理业务，发卡银行不得为持卡人或委托单位垫付资金。

3. 风险控制

发卡银行应当遵守下列信用卡业务风险控制指标：同一持卡人单笔透支发生额个人卡不得超过 20000 元（含等值外币）、单位卡不得超过 50000 元（含等值外币）。同一账户月透支余额个人卡不得超过 50000 元（含等值外币），单位卡不得超过发卡银行对该单位综合授信额度的 3%。无综合授信额度可参照的单位，其月透支余额不得超过 10 万元（含等值外币）。外币卡的透支额度不得超过持卡人保证金（含储蓄存单质押金额）的 80%。准贷记卡的透支期限最长为 60 天。贷记卡的首月最低还款额不得低于其当月透支余额的 10%。

4．透支追偿

发卡银行通过下列途径追偿透支款项和诈骗款项：扣减持卡人保证金、依法处理抵押物和质物，向保证人追索透支款项，通过司法机关的诉讼程序进行追偿。

❓ 思考题：银行卡的风险控制规定有哪些？

本章引用法律资源：

1．《中华人民共和国票据法》。

2．《票据管理实施办法》。

3．《最高人民法院关于审理票据纠纷案件若干问题的规定》。

4．《支付结算办法》。

5．《人民币银行结算账户管理办法》。

6．《非金融机构支付服务管理办法》。

7．《非银行支付机构网络支付业务管理办法》。

8．《银行卡业务管理办法》。

9．《国内信用证结算办法》。

本章参考文献：

1．董安生.票据法[M].北京：中国人民大学出版社,2009.

2．刘心稳.票据法[M].北京：中国政法大学出版社,2010.

本章网站资源：

1．中国人民银行网站：www.pbc.gov.cn。

2．中国银行保险监督管理委员会网站：www.cbrc.gov.cn。

第十七章　会计法与审计法

■■■ **本章教学目标**

通过学习,明白会计法与审计法的基本内容。了解会计法的概念、基本原则、内部审计制度;知晓会计核算、会计监督的基本规定,重点掌握会计核算的一般要求、会计年度、会计凭证、会计账簿、财务会计报告、会计档案等内容;掌握会计机构和会计人员的一般规定;掌握审计和审计法的概念,掌握审计机关设立、职责、权限、审计程序,掌握审计人员的资格规定。

第一节　会计法

一、会计法

会计法是调整会计主体之间、监管机关与会计主体之间的涉及会计核算、会计监督、行政监管过程中产生的社会关系的法律规范的总称。制定会计法的目的是为了规范会计行为,保证会计资料真实、完整,加强经济管理和财务管理,提高经济效益,维护社会主义市场经济秩序。

1985年1月21日第六届全国人大常委会通过《中华人民共和国会计法》(以下简称《会计法》),1993年、1999年、2017年全国人大常委会先后三次修订《会计法》。会计法律规范还包括《总会计师条例》《企业会计准则》《企业财务会计报告条例》等行政法规和《企业会计制度》《会计基础工作规范》等部委规章。

❓ 思考题:制定会计法的目的是什么?

二、会计法的基本原则

(一) 会计工作法治化原则

营利性法人、非营利性法人、特别法人都属于会计法调整的对象。会计主体,包括人大、政府、司法等国家机关,学校、医院等事业单位,妇联、工会等社会团体,企业、公司等经营主体,外商投资企业等涉外主体,这些主体都适用会计法。国家机关、事业单位、社会团体、公司、企业和其他组织必须依法办理会计事务。各单位必须依法设置会计账簿并进行会计核算。会计机构、会计人员依法进行会计核算,实行会计监督。

任何单位或者个人不得对依法履行职责、抵制违反会计法规定行为的会计人员实行打击报复。对认真执行本法,忠于职守,坚持原则,作出显著成绩的会计人员,给予精神的或者物质的奖励。

(二) 真实、完整性原则

各单位必须依法设置会计账簿,并保证其真实、完整。会计资料的真实、完整,是会计信息的价值体现,是会计管理真正有效的前提,也是单位正确决策的依据,是国家宏观正确决策的基础。假账、虚构数字、信息失真,企业自己决策失误,给企业自己带来损失,不仅危害税收秩序。《会计法》从法律上要求保证会计资料的真实、完整,会计应是如实记录反映经济活动的实际情况,信息真实、数据准确、内容完整,不能作假账。会计信息也不能是片面的、误导的。

单位负责人是会计第一责任人。单位负责人对本单位的会计工作和会计资料的真实性、完整性负责。任何单位或者个人不得以任何方式授意、指使、强令会计机构、会计人员伪造、变造会计凭证、会计账簿和其他会计资料,提供虚假财务会计报告。在会计资料中造假、瞒报、虚报、误导的行为,往往是单位负责人直接指使或示意造成,明确单位负责人为责任主体,才能有效遏制违法行为的发生。加重单位负责人对会计工作的责任,强化其保证会计信息真实性的责任,加强会计管理,有利于企业的经营管理和国家的经济管理。

(三) 会计制度统一原则

国家实行统一的会计制度。国家统一会计制度,是指由财政部制定,或者财政部与国务院有关部门联合制定,或者经财政部审核批准的在全国范围内统一执行的会计规章、准则、办法等规范性文件。国家统一的会计制度由国务院财政部门根据会计法制定并公布。国务院有关部门可以依照会计法和国家统一的会计制度制定对会计核算和会计监督有特殊要求的行业实施国家统一的会计制度的具体办法或者补充规定,报国务院财政部门审核批准。中国人民解放军总后勤部可以依照会计法和国家统一的会计制度制定军队实施国家统一的会计制度的具体办法,报国务院财政部门备案。

国家实行统一的会计工作管理体制。国务院财政部门主管全国的会计工作。县级以上地方各级人民政府财政部门管理本行政区域内的会计工作。

思考题:会计法的基本原则有哪些?

三、 内部会计管理制度

各单位应当根据会计法和国家统一会计制度的规定,结合单位类型和内容管理的需要,建立健全相应的内部管理制度。

(一) 制定内部会计管理制度的原则

各单位制定内部会计管理制度应当遵循下列原则:应当执行法律、法规和国家统一的财务会计制度;应当体现本单位的生产经营、业务管理的特点和要求;应当全面规范本单位的各项会计工作,建立健全会计基础,保证会计工作的有序进行;应当科学、合理,便于操作和执行;应当定期检查执行情况;应当根据管理需要和执行中的问题不断完善。

(二) 内部会计管理制度的基本内容

1. 内部会计管理体系

各单位应当建立内部会计管理体系。主要内容包括:单位领导人、总会计师对会计工作的领导职责,会计部门及其会计机构负责人、会计主管的职责、权限,会计部门与其他职能部门的关系,会计核算的组织形式等。

2. 会计人员岗位责任制度

各单位应当建立会计人员岗位责任制度。主要内容包括:会计人员的工作岗位设置;各会计工作岗位的职责和标准,各会计工作岗位的人员和具体分工,会计工作岗位轮换办法,对各会计工作岗位的考核办法。

3．账务处理程序制度

各单位应当建立账务处理程序制度。主要内容包括:会计科目及其明细科目的设置和使用,会计凭证的格式、审核要求和传递程序,会计核算方法,会计账簿的设置,编制会计报表的种类和要求,单位会计指标体系。

4．内部牵制制度

各单位应当建立内部牵制制度。主要内容包括:内部牵制制度的原则,组织分工,出纳岗位的职责和限制条件,有关岗位的职责和权限。

5．稽核制度

各单位应当建立稽核制度。主要内容包括:稽核工作的组织形式和具体分工,稽核工作的职责、权限,审核会计凭证和复核会计账簿、会计报表的方法。

6．原始记录管理制度

各单位应当建立原始记录管理制度。主要内容包括:原始记录的内容和填制方法,原始记录的格式,原始记录的审核,原始记录填制人的责任,原始记录签署、传递、汇集要求。

各单位应当建立定额管理制度。主要内容包括:定额管理的范围,制定和修订定额的依据、程序和方法,定额的执行,定额考核和奖惩办法等。

7．计量验收制度

各单位应当建立计量验收制度。主要内容包括:计量检测手段和方法,计量验收管理的要求,计量验收人员的责任和奖惩办法。

8．财产清查制度

各单位应当建立财产清查制度。主要内容包括:财产清查的范围,财产清查的组织,财产清查的期限和方法,对财产清查中发现问题的处理办法,对财产管理人员的奖惩办法。

9．财务收支审批制度

各单位应当建立财务收支审批制度。主要内容包括:财务收支审批人员和审批权限,财务收支审批程序,财务收支审批人员的责任。

10．建立成本核算制度

实行成本核算的单位应当建立成本核算制度。主要内容包括:成本核算的对象,成本核算的方法和程序,成本分析等。

11．财务会计分析制度

各单位应当建立财务会计分析制度。主要内容包括:财务会计分析的主要内容,财务会计分析的基本要求和组织程序,财务会计分析的具体方法,财务会计分析报告的编写要求等。

👀 思考题:内部会计管理制度有哪些?

四、会计核算

会计有两大基本职能,就是会计核算和会计监督。会计核算是会计基础工作,也是会计监督的前提。会计核算是指以货币为计量单位,运用会计规则和方法,对单位经济活动进行连续、系统、全面的记录、计算和报告。

会计凭证、会计账簿、财务会计报告和其他会计资料,必须符合国家统一的会计制度的规定。使用电子计算机进行会计核算的,其软件及其生成的会计凭证、会计账簿、财务会计报告和其他会计资料,也必须符合国家统一的会计制度的规定。任何单位和个人不得伪造、变造会计凭证、会计账簿及其他会计资料,不得提供虚假的财务会计报告。

(一) 会计核算的要求

各单位应当按照《会计法》和国家统一会计制度的规定建立会计账册,进行会计核算,及时提供合法、真实、准确、完整的会计信息。各单位必须根据实际发生的经济业务事项进行会计核算,填制会计凭证,登记会计账簿,编制财务会计报告。各单位的会计核算应当以实际发生的经济业务为依据,按照规定的会计处理方法进行,保证会计指标的口径一致、相互可比和会计处理方法的前后各期一致。任何单位不得以虚假的经济业务事项或者资料进行会计核算。

会计凭证、会计账簿、会计报表和其他会计资料的内容和要求必须符合国家统一会计制度的规定,不得伪造、变造会计凭证和会计账簿,不得设置账外账,不得报送虚假会计报表。单位对外报送的会计报表格式由财政部统一规定。实行会计电算化的单位,对使用的会计软件及其生成的会计凭证、会计账簿、会计报表和其他会计资料的要求,应当符合财政部关于会计电算化的有关规定。

各单位的会计凭证、会计账簿、会计报表和其他会计资料,应当建立档案,妥善保管。会计档案建档要求、保管期限、销毁办法等依据《会计档案管理办法》的规定进行。实行会计电算化的单位,有关电子数据、会计软件资料等应当作为会计档案进行管理。

📖 思考题:会计核算的要求有哪些?

(二) 会计核算的内容

下列经济业务事项,应当办理会计手续,进行会计核算:款项和有价证券的收付,财物的收发、增减和使用,债权债务的发生和结算,资本、基金的增减;收入、支出、费用、成本的计算,财务成果的计算和处理,需要办理会计手续、进行会计核算的其他事项。

(三) 会计年度

会计年度自公历 1 月 1 日起至 12 月 31 日止。

(四) 记账本位币

会计核算以人民币为记账本位币。业务收支以人民币以外的货币为主的单位,可以选定其中一种货币作为记账本位币,但是编报的财务会计报告应当折算为人民币。

(五) 会计记录文字

会计记录的文字应当使用中文。在民族自治地方,会计记录可以同时使用当地通用的一种民族文字。在中国境内的外商投资企业、外国企业和其他外国组织的会计记录可以同时使用一种外国文字。

(六) 会计凭证

办理经济业务事项,必须填制或者取得原始凭证并及时送交会计机构。会计凭证包括原始凭证和记账凭证。

1. 原始凭证

原始凭证的基本要求是：原始凭证的内容必须完备；从外单位取得的原始凭证，必须盖有填制单位的公章；从个人取得的原始凭证，必须有填制人员的签名或者盖章。自制原始凭证必须有经办单位领导人或者其指定的人员签名或者盖章。对外开出的原始凭证，必须加盖本单位公章；凡填有大写和小写金额的原始凭证，大写与小写金额必须相符。购买实物的原始凭证，必须有验收证明。支付款项的原始凭证，必须有收款单位和收款人的收款证明。原始凭证不得涂改、挖补。发现原始凭证有错误的，应当由开出单位重开或者更正，更正处应当加盖开出单位的公章。

会计机构、会计人员必须按照国家统一的会计制度的规定对原始凭证进行审核，对不真实、不合法的原始凭证有权不予接受，并向单位负责人报告；对记载不准确、不完整的原始凭证予以退回，并要求按照国家统一的会计制度的规定更正、补充。

原始凭证记载的各项内容均不得涂改；原始凭证有错误的，应当由出具单位重开或者更正，更正处应当加盖出具单位印章。原始凭证金额有错误的，应当由出具单位重开，不得在原始凭证上更正。

思考题：原始凭证的要求有哪些？

2. 记账凭证

会计机构、会计人员要根据审核无误的原始凭证填制记账凭证。记账凭证可以分为收款凭证、付款凭证和转账凭证，也可以使用通用记账凭证。

记账凭证的基本要求是：记账凭证的内容必须完备、项目齐全。填制记账凭证时，应当对记账凭证进行连续编号。一笔经济业务需要填制两张以上记账凭证的，可以采用分数编号法编号；记账凭证可以根据每一张原始凭证填制，或者根据若干张同类原始凭证汇总填制，也可以根据原始凭证汇总表填制。但不得将不同内容和类别的原始凭证汇总填制在一张记账凭证上；除结账和更正错误的记账凭证可以不附原始凭证外，其他记账凭证必须附有原始凭证；如果在填制记账凭证时发生错误，应当重新填制；填制会计凭证，字迹必须清晰、工整，并符合法定要求。

实行会计电算化的单位，对于机制记账凭证，要认真审核，做到会计科目使用正确，数字准确无误。打印出的机制记账凭证要加盖制单人员、审核人员、记账人员及会计机构负责人、会计主管人员印章或者签字。

记账凭证应当连同所附的原始凭证或者原始凭证汇总表，按照编号顺序，折叠整齐，按期装订成册，并加具封面，注明单位名称、年度、月份和起讫日期、凭证种类、起讫号码，由装订人在装订线封签外签名或者盖章。对于数量过多的原始凭证，可以单独装订保管，在封面上注明记账凭证日期、编号、种类，同时在记账凭证上注明"附件另订"和原始凭证名称及编号。各种经济合同、存出保证金收据以及涉外文件等重要原始凭证，应当另编目录，单独登记保管，并在有关的记账凭证和原始凭证上相互注明日期和编号。

思考题：会计凭证的要求有哪些？

3. 会计凭证的使用与管理

原始凭证不得外借，其他单位如因特殊原因需要使用原始凭证时，经本单位会计机构负责人、会计主管人员批准，可以复制。向外单位提供的原始凭证复制件，应当在专设的登记簿上登记,并由提供人员和收取人员共同签名或者盖章。

从外单位取得的原始凭证如有遗失,应当取得原开出单位盖有公章的证明,并注明原来凭证的号码、金额和内容等,由经办单位会计机构负责人、会计主管人员和单位领导人批准后,才能代作原始凭证。如果确实无法取得证明的,如火车、轮船、飞机票等凭证,由当事人写出详细情况,由经办单位会计机构负责人、会计主管人员和单位领导人批准后,代作原始凭证。

(七)会计账簿

会计账簿登记,必须以经过审核的会计凭证为依据,并符合有关法律、行政法规和国家统一的会计制度的规定。会计账簿包括总账、明细账、日记账和其他辅助性账簿。

会计账簿应当按照连续编号的页码顺序登记。会计账簿记录发生错误或者隔页、缺号、跳行的,应当按照国家统一的会计制度规定的方法更正,并由会计人员和会计机构负责人(会计主管人员)在更正处盖章。使用电子计算机进行会计核算的,其会计账簿的登记、更正,应当符合国家统一的会计制度的规定。

会计账簿登记的具体要求:登记会计账簿时,应当将会计凭证日期、编号、业务内容摘要、金额和其他有关资料逐项记入账内;做到数字准确、摘要清楚、登记及时、字迹工整;登记完毕后,要在记账凭证上签名或者盖章,并注明已经登账的符号,表示已经记账。账簿登记还要符合其他的法定要求。

各单位发生的各项经济业务事项应当在依法设置的会计账簿上统一登记、核算,不得违反会计法和国家统一的会计制度的规定私设会计账簿登记、核算。

各单位应当定期将会计账簿记录与实物、款项及有关资料相互核对,保证会计账簿记录与实物及款项的实有数额相符、会计账簿记录与会计凭证的有关内容相符、会计账簿之间相对应的记录相符、会计账簿记录与会计报表的有关内容相符。

思考题:会计账簿的要求有哪些?

(八)财务会计报告

财务会计报告指单位对外提供的反映单位某一特定日期财务状况和某一会计期间经营成果、现金流量的文件。财务会计报告分为年度、半年度、季度和月度财务会计报告。财务会计报告由会计报表、会计报表附注和财务情况说明书组成。

各单位必须按照国家统一会计制度的规定,定期编制财务报告。财务会计报告应当根据经过审核的会计账簿记录和有关资料编制,并符合会计法和国家统一的会计制度关于财务会计报告的编制要求、提供对象和提供期限的规定;其他法律、行政法规另有规定的,从其规定。各单位采用的会计处理方法,前后各期应当一致,不得随意变更;确有必要变更的,应当按照国家统一的会计制度的规定变更,并将变更的原因、情况及影响在财务会计报告中说明。单位提供的担保、未决诉讼等或有事项,应当按照国家统一的会计制度的规定,在财务会计报告中予以说明。

会计报表应当根据登记完整、核对无误的会计账簿记录和其他有关资料编制,做到数字真实、计算准确、内容完整、说明清楚。任何人不得篡改或者授意、指使、强令他人篡改会计报表的有关数字。会计报表之间、会计报表各项目之间,凡有对应关系的数字,应当相互一致。本期会计报表与上期会计报表之间有关的数字应当相互衔接。如果不同会计年度会计报表中各项目的内容和核算方法有变更的,应当在年度会计报表中加以说明。各单位应当按照国家统一会计制度的规定认真编写会计报表附注及其说明,做到项目齐全,内容完整。

对外提供的财务会计报告反映的会计信息应当真实、完整。各单位应当按照国家规定的期限对外报送财务报告。对外报送的财务报告,应当依次编定页码,加具封面,装订成册,加盖公章。封面上应当注明:单位名称,单位地址,财务报告所属年度、季度、月度,送出日期,并由单位领导人、总会计师、会计机构负责人、会计主管人员签名或者盖章。单位领导人对财务报告的合法性、真实性负法律责任。如果发现对外报送的财务报告有错误,应当及时办理更正手续。除更正本单位留存的财务报告外,并应同时通知接受财务报告的单位更正。错误较多的,应当重新编报。

根据法律和国家有关规定应当对财务报告进行审计的,财务报告编制单位应当先行委托注册会计师进行审计,并将注册会计师出具的审计报告随同财务报告按照规定的期限报送有关部门。

❓ 思考题:财务会计报告的要求有哪些?

(九) 会计档案

会计档案是指会计凭证、会计账簿和财务报告等会计核算专业材料,是记录和反映单位经济业务的重要史料和证据。具体包括:① 会计凭证类:原始凭证,记账凭证,汇总凭证,其他会计凭证。② 会计账簿类:总账,明细账,日记账,固定资产卡片,辅助账簿,其他会计账簿。③ 财务报告类:月度、季度、年度财务报告,包括会计报表、附表、附注及文字说明,其他财务报告。④ 其他类:银行存款余额调节表,银行对账单,其他应当保存的会计核算专业资料,会计档案移交清册,会计档案保管清册,会计档案销毁清册。

各级人民政府财政部门和档案行政管理部门共同负责会计档案工作的指导、监督和检查。各单位必须加强对会计档案管理工作的领导,建立会计档案的立卷、归档、保管、查阅和销毁等管理制度,保证会计档案妥善保管、有序存放、方便查阅,严防毁损、散失和泄密。

各单位对会计凭证、会计账簿、财务会计报告和其他会计资料应当建立档案,妥善保管。会计档案的保管期限分为永久、定期两类。定期保管期限分为 3 年、5 年、10 年、15年、25 年 5 类。

各单位每年形成的会计档案,应当由会计机构按照归档要求,负责整理立卷,装订成册,编制会计档案保管清册。当年形成的会计档案,在会计年度终了后,可暂由会计机构保管 1 年,期满之后,应当由会计机构编制移交清册,移交本单位档案机构统一保管;未设立档案机构的,应当在会计机构内部指定专人保管。出纳人员不得兼管会计档案。移交本单位档案机构保管的会计档案,原则上应当保持原卷册的封装。个别需要拆封重新整理的,档案机构应当会同会计机构和经办人员共同拆封整理,以分清责任。

各单位保存的会计档案不得借出。如有特殊需要,经本单位负责人批准,可以提供查阅或者复制,并办理登记手续。查阅或者复制会计档案的人员,严禁在会计档案上涂画、拆封和抽换。各单位应当建立健全会计档案查阅、复制登记制度。

保管期满的会计档案,除规定的情形外,可以按照以下程序销毁:① 由本单位档案机构会同会计机构提出销毁意见,编制会计档案销毁清册,列明销毁会计档案的名称、卷号、册数、起止年度和档案编号、应保管期限、已保管期限、销毁时间等内容。② 单位负责人在会计档案销毁清册上签署意见。③ 销毁会计档案时,应当由档案机构和会计机构共同派员监销。国家机关销毁会计档案时,应当由同级财政部门、审计部门派员参加监销。财政部门销毁会计档案时,应当由同级审计部门派员参加监销。④ 监销人在销毁会计档案前,应当按照会计档案销毁清册所列内容清点核对所要销毁的会计档案;销毁后,应当在会计档案销毁清册上签名盖章,并将监销情况报告本单位负责人。

保管期满但未结清的债权债务原始凭证和涉及其他未了事项的原始凭证,不得销毁,应当单独抽出立卷,保管到未了事项完结时为止。单独抽出立卷的会计档案,应当在会计档案销毁清册和会计档案保管清册中列明。正在项目建设期间的建设单位,其保管期满的会计档案不得销毁。

采用电子计算机进行会计核算的单位,应当保存打印出的纸质会计档案。具备采用磁带、磁盘、光盘、微缩胶片等磁性介质保存会计档案条件的,由国务院业务主管部门统一规定,并报财政部、国家档案局备案。

单位因撤销、解散、破产或者其他原因而终止的,在终止和办理注销登记手续之前形成的会计档案,应当由终止单位的业务主管部门或财产所有者代管或移交有关档案馆代管。法律、行政法规另有规定的,从其规定。

单位之间交接会计档案的,交接双方应当办理会计档案交接手续。移交会计档案的单位,应当编制会计档案移交清册,列明应当移交的会计档案名称、卷号、册数、起止年度和档案编号、应保管期限、已保管期限等内容。交接会计档案时,交接双方应当按照会计档案移交清册所列内容逐项交接,并由交接双方的单位负责人负责监交。交接完毕后,交接双方经办人和监交人应当在会计档案移交清册上签名或者盖章。

 思考题:会计档案的种类有哪些?

(十) 公司、企业会计核算的特别规定

公司、企业进行会计核算,除应当遵守会计法的一般规定外,还应当遵守一些特殊规定。

公司、企业必须根据实际发生的经济业务事项,按照国家统一的会计制度的规定确认、计量和记录资产、负债、所有者权益、收入、费用、成本和利润。

公司、企业进行会计核算不得有下列行为:随意改变资产、负债、所有者权益的确认标准或者计量方法,虚列、多列、不列或者少列资产、负债、所有者权益;虚列或者隐瞒收入,推迟或者提前确认收入;随意改变费用、成本的确认标准或者计量方法,虚列、多列、不列或者少列费用、成本;随意调整利润的计算、分配方法,编造虚假利润或者隐瞒利润;违反国家统一的会计制度规定的其他行为。

 思考题:公司会计核算有哪些特殊规定?

五、会计监督

狭义的会计监督是指单位内部的会计监督机关对单位的会计活动进行监督的活动。狭义的会计监督是会计的两大基本职能之一。广义的会计监督是指单位内部会计监督机

关、政府机关、社会审计机构、社会公众对单位的会计活动进行监督的行为。广义的会计监督分为内部监督、社会监督、政府监督 3 种。内部监督就是狭义的会计监督。

（一）内部监督

各单位应当建立、健全本单位内部会计监督制度。单位内部会计监督制度应当符合下列要求：记账人员与经济业务事项和会计事项的审批人员、经办人员、财物保管人员的职责权限应当明确，并相互分离、相互制约；重大对外投资、资产处置、资金调度和其他重要经济业务事项的决策和执行的相互监督、相互制约程序应当明确；财产清查的范围、期限和组织程序应当明确；对会计资料定期进行内部审计的办法和程序应当明确。

单位负责人应当保证会计机构、会计人员依法履行职责，不得授意、指使、强令会计机构、会计人员违法办理会计事项。

会计机构、会计人员对违反会计法和国家统一的会计制度规定的会计事项，有权拒绝办理或者按照职权予以纠正。

会计机构、会计人员发现会计账簿记录与实物、款项及有关资料不相符的，按照国家统一的会计制度的规定有权自行处理的，应当及时处理；无权处理的，应当立即向单位负责人报告，请求查明原因，作出处理。

（二）社会监督

任何单位和个人对违反会计法和国家统一的会计制度规定的行为，有权检举。收到检举的部门有权处理的，应当依法按照职责分工及时处理；无权处理的，应当及时移送有权处理的部门处理。收到检举的部门、负责处理的部门应当为检举人保密，不得将检举人姓名和检举材料转给被检举单位和被检举人个人。

有关法律、行政法规规定，须经注册会计师进行审计的单位，应当向受委托的会计师事务所如实提供会计凭证、会计账簿、财务会计报告和其他会计资料以及有关情况。

任何单位或者个人不得以任何方式要求或者示意注册会计师及其所在的会计师事务所出具不实或者不当的审计报告。

财政部门有权对会计师事务所出具审计报告的程序和内容进行监督。

（三）政府监督

财政部门对各单位的下列情况实施监督：是否依法设置会计账簿，会计凭证、会计账簿、财务会计报告和其他会计资料是否真实、完整，会计核算是否符合会计法和国家统一的会计制度的规定，从事会计工作的人员是否具备专业能力、遵守职业道德。

在对会计凭证、会计账簿、财务会计报告和其他会计资料的真实、完整性实施监督，发现重大违法嫌疑时，国务院财政部门及其派出机构可以向与被监督单位有经济业务往来的单位和被监督单位开立账户的金融机构查询有关情况，有关单位和金融机构应当给予支持。

财政、审计、税务、人民银行、证券监管、保险监管等部门应当依照有关法律、行政法规规定的职责，对有关单位的会计资料实施监督检查。前述所列监督检查部门对有关单位的会计资料依法实施监督检查后，应当出具检查结论。有关监督检查部门已经作出的检查结论能够满足其他监督检查部门履行本部门职责需要的，其他监督检查部门应当加以利用，避免重复查账。

依法对有关单位的会计资料实施监督检查的部门及其工作人员对在监督检查中知悉的国家秘密和商业秘密负有保密义务。

各单位必须依照有关法律、行政法规的规定,接受有关监督检查部门依法实施的监督检查,如实提供会计凭证、会计账簿、财务会计报告和其他会计资料以及有关情况,不得拒绝、隐匿、谎报。

？？思考题：会计监督有哪些？

六、 会计机构和会计人员

（一） 会计机构

各单位应当根据会计业务的需要,设置会计机构,或者在有关机构中设置会计人员并指定会计主管人员;不具备设置条件的,应当委托经批准设立从事会计代理记账业务的中介机构代理记账。

国有的和国有资产占控股地位或者主导地位的大、中型企业必须设置总会计师。总会计师的任职资格、任免程序、职责权限由国务院规定。

会计机构内部应当建立稽核制度。出纳人员不得兼任稽核、会计档案保管和收入、支出、费用、债权债务账目的登记工作。

（二） 会计人员

会计人员从事会计工作原来需要参加会计从业资格考试。2017 年修订《会计法》,取消了会计从业资格考试,从此会计人员不再需要参加会计从业资格考试。《会计法》规定,会计人员应当具备从事会计工作所需要的专业能力,即只要能胜任会计工作就可以做会计人员了。

担任单位会计机构负责人（会计主管人员）的,应当具备会计师以上专业技术职务资格或者从事会计工作 3 年以上经历。

会计人员应当遵守职业道德,提高业务素质。对会计人员的教育和培训工作应当加强。

因有提供虚假财务会计报告,作假账,隐匿或者故意销毁会计凭证、会计账簿、财务会计报告,贪污,挪用公款,职务侵占等与会计职务有关的违法行为被依法追究刑事责任的人员,不得再从事会计工作。

会计人员调动工作或者离职,必须与接管人员办清交接手续。一般会计人员办理交接手续,由会计机构负责人（会计主管人员）监交;会计机构负责人（会计主管人员）办理交接手续,由单位负责人监交,必要时主管单位可以派人会同监交。

？？思考题：会计人员被追究刑事责任禁入会计工作的行为有哪些？

第二节　审计法

一、 审计

广义的审计是指单位内部审计机构、政府审计机关、社会审计中介机构对单位的会计活动进行的审计活动,包括内部审计、政府审计、社会审计 3 类。内部审计是单位内部审计机构对本单位的会计活动及其他业务行为进行审计的活动,属于单位内部事务。社会审计,通常是指会计师事务所等社会审计机构接受委托对单位的会计活动及其他行为进行审计的活动。社会审计由《注册会计师法》等法律调整。政府审计是政府专设审计机关对财政收支和法定财务收支活动进行的审计活动。

狭义的审计就是政府审计,我国《审计法》规定的审计是指政府审计。审计是指审计机关依法独立检查被审计单位的会计凭证、会计账簿、财务会计报告以及其他与财政收支、财务收支有关的资料和资产,监督财政收支、财务收支真实、合法和效益的行为。

审计针对的直接对象是单位的财政收支或者财务收支。财政收支,是指依照《中华人民共和国预算法》和国家其他有关规定,纳入预算管理的收入和支出,以及下列财政资金中未纳入预算管理的收入和支出:行政事业性收费,国有资源、国有资产收入,应当上缴的国有资本经营收益,政府举借债务筹措的资金,其他未纳入预算管理的财政资金。财务收支,是指国有的金融机构、企业事业组织以及依法应当接受审计机关审计监督的其他单位,按照国家财务会计制度的规定,实行会计核算的各项收入和支出。

💭 思考题:什么叫审计?

二、审计法

审计法是调整审计关系的法律规范的总称。1994 年 8 月 31 日第八届全国人大常委会第九次会议通过《中华人民共和国审计法》(以下简称《审计法》)。2006 年 2 月 28 日第十届全国人大常委会修订了《审计法》。1997 年 10 月 21 日国务院颁布《审计法实施条例》,并于 2010 年修订《审计法实施条例》。制定审计法的目的是为了加强国家的审计监督,维护国家财政经济秩序,促进廉政建设,保障国民经济健康发展。

💭 思考题:什么叫审计法?

三、审计法的基本原则

(一)审计合法性原则

审计合法原则是指审计机关要依法审计,审计机关依照法律规定的职权和程序,进行审计监督。审计机关依据有关财政收支、财务收支的法律、法规和国家其他有关规定进行审计评价,在法定职权范围内作出审计决定。审计机关对前款所列财政收支或者财务收支的真实、合法和效益,依法进行审计监督。

审计机关依照审计法及其实施条例以及其他有关法律、法规规定的职责、权限和程序进行审计监督。审计机关依照有关财政收支、财务收支的法律、法规,以及国家有关政策、标准、项目目标等方面的规定进行审计评价,对被审计单位违反国家规定的财政收支、财务收支行为,在法定职权范围内作出处理、处罚的决定。

(二)审计独立性原则

审计独立性原则是指审计机关依照法律规定独立行使审计监督权,不受其他行政机关、社会团体和个人的干涉。审计机关独立设置,审计机关是依法成立,组织、人事、经费等方面都独立于其他政府机关,与其他政府机关不具有隶属性。审计机关的审计行为独立,审计机关依法进行审计监督,不受其他行政机关、社会团体和个人的干涉。

（三） 审计客观性原则

审计机关和审计人员办理审计事项,应当客观公正,实事求是,廉洁奉公,保守秘密。审计机关和审计人员要依照法定的要求收集审计资料,保证审计的资料真实可靠,保证证据的真实性,对证据的认定是客观的,整个审计过程客观公正,没有舞弊腐败等现象,作出的审计结论是客观的。

❓思考题：审计法的基本原则有哪些?

四、 审计机关和审计人员

（一） 审计机关

1. 设立

中央组建中央审计委员会。国务院设立审计署,在国务院总理领导下,主管全国的审计工作,履行审计法和国务院规定的职责。审计长是审计署的行政首长。省、自治区、直辖市、设区的市、自治州、县、自治县、不设区的市、市辖区的人民政府的审计机关,分别在省长、自治区主席、市长、州长、县长、区长和上一级审计机关的领导下,负责本行政区域内的审计工作。地方各级审计机关对本级人民政府和上一级审计机关负责并报告工作,审计业务以上级审计机关领导为主。审计机关根据工作需要,经本级人民政府批准,可以在其审计管辖范围内设立派出机构。派出机构根据审计机关的授权,依法进行审计工作。省、自治区人民政府设有派出机关的,派出机关的审计机关对派出机关和省、自治区人民政府审计机关负责并报告工作,审计业务以省、自治区人民政府审计机关领导为主。

2. 报告

国务院和县级以上地方人民政府应当每年向本级人民代表大会常务委员会提出审计机关对预算执行和其他财政收支的审计工作报告。审计工作报告应当重点报告对预算执行的审计情况。必要时,人民代表大会常务委员会可以对审计工作报告作出决议。国务院和县级以上地方人民政府应当将审计工作报告中指出的问题的纠正情况和处理结果向本级人民代表大会常务委员会报告。

3. 经费

审计机关履行职责所必需的经费,应当列入财政预算,由本级人民政府予以保证。审计机关编制年度经费预算草案的依据主要包括：法律、法规,本级人民政府的决定和要求,审计机关的年度审计工作计划,定员定额标准,上一年度经费预算执行情况和本年度的变化因素。

❓思考题：审计机关如何设立?

（二） 审计人员

1. 资格

审计人员应当具备与其从事的审计工作相适应的专业知识和业务能力。审计人员实行审计专业技术资格制度。审计机关根据工作需要,可以聘请具有与审计事项相关专业知识的人员参加审计工作。

2.回避

审计人员办理审计事项,与被审计单位或者审计事项有利害关系的,应当回避。审计人员办理审计事项,有下列情形之一的,应当申请回避,被审计单位也有权申请审计人员回避:被审计单位负责人或者有关主管人员有夫妻关系、直系血亲关系、三代以内旁系血亲或者近姻亲关系的;与被审计单位或者审计事项有经济利益关系的;与被审计单位、审计事项、被审计单位负责人或者有关主管人员有其他利害关系,可能影响公正执行公务的。审计人员的回避,由审计机关负责人决定;审计机关负责人办理审计事项时的回避,由本级人民政府或者上一级审计机关负责人决定。

3.任免

审计机关负责人依照法定程序任免。审计机关负责人没有违法失职或者其他不符合任职条件的情况的,不得随意撤换。地方各级审计机关正职和副职负责人的任免,应当事先征求上一级审计机关的意见。审计机关负责人在任职期间没有下列情形之一的,不得随意撤换:因犯罪被追究刑事责任的;因严重违法、失职受到处分,不适宜继续担任审计机关负责人的;因健康原因不能履行职责 1 年以上的;不符合国家规定的其他任职条件的。

4.保密

审计人员对其在执行职务中知悉的国家秘密和被审计单位的商业秘密,负有保密的义务。

5.保护

审计人员依法执行职务,受法律保护。任何组织和个人不得拒绝、阻碍审计人员依法执行职务,不得打击报复审计人员。

🔖 思考题:审计人员应回避的情形有哪些?

五、 审计机关职责

(一) 财政收支和财务收支审计

1. 财政收支审计

审计机关对本级各部门(含直属单位)和下级政府预算的执行情况和决算以及其他财政收支情况,进行审计监督。审计署在国务院总理领导下,对中央预算执行情况和其他财政收支情况进行审计监督,向国务院总理提出审计结果报告。地方各级审计机关分别在省长、自治区主席、市长、州长、县长、区长和上一级审计机关的领导下,对本级预算执行情况和其他财政收支情况进行审计监督,向本级人民政府和上一级审计机关提出审计结果报告。审计机关对政府投资和以政府投资为主的建设项目的预算执行情况和决算,进行审计监督。

2. 财务收支审计

审计署对中央银行的财务收支,进行审计监督。审计机关对国有金融机构的资产、负债、损益,进行审计监督。审计机关对国家的事业组织和使用财政资金的其他事业组织的财务收支,进行审计监督。审计机关对国有企业的资产、负债、损益,进行审计监督。对国有资本占控股地位或者主导地位的企业、金融机构的审计监督,由国务院规定。审计机关对政府部门管理的和其他单位受政府委托管理的社会保障基金、社会捐赠资金以及其他有关基金、资金的财务收支,进行审计监督。审计机关对国际组织和外国政府援助、贷款项目的财务收支,进行审计监督。

3．负责人审计

审计机关按照国家有关规定,对国家机关和依法属于审计机关审计监督对象的其他单位的主要负责人,在任职期间对本地区、本部门或者本单位的财政收支、财务收支以及有关经济活动应负经济责任的履行情况,进行审计监督。

4．专项审计

审计机关有权对与国家财政收支有关的特定事项,向有关地方、部门、单位进行专项审计调查,并向本级人民政府和上一级审计机关报告审计调查结果。

5．其他审计事项

除本法规定的审计事项外,审计机关对其他法律、行政法规规定应当由审计机关进行审计的事项,依照审计法和有关法律、行政法规的规定进行审计监督。

（二）确定审计管辖范围

审计机关根据被审计单位的财政、财务隶属关系或者国有资产监督管理关系,确定审计管辖范围。审计机关之间对审计管辖范围有争议的,由其共同的上级审计机关确定。上级审计机关可以将其审计管辖范围内的审计事项,授权下级审计机关进行审计;上级审计机关对下级审计机关审计管辖范围内的重大审计事项,可以直接进行审计,但是应当防止不必要的重复审计。

（三）业务指导与监督

依法属于审计机关审计监督对象的单位,应当按照国家有关规定建立健全内部审计制度;其内部审计工作应当接受审计机关的业务指导和监督。社会审计机构审计的单位依法属于审计机关审计监督对象的,审计机关按照国务院的规定,有权对该社会审计机构出具的相关审计报告进行核查。

思考题：审计机关的职责有哪些?

六、审计机关权限

（一）要求提供资料权

审计机关有权要求被审计单位按照审计机关的规定提供预算或者财务收支计划、预算执行情况、决算、财务会计报告,运用电子计算机储存、处理的财政收支、财务收支电子数据和必要的电子计算机技术文档,在金融机构开立账户的情况,社会审计机构出具的审计报告,以及其他与财政收支或者财务收支有关的资料,被审计单位不得拒绝、拖延、谎报。

被审计单位负责人对本单位提供的财务会计资料的真实性和完整性负责。

（二）检查权

审计机关进行审计时,有权检查被审计单位的会计凭证、会计账簿、财务会计报告和运用电子计算机管理财政收支、财务收支电子数据的系统,以及其他与财政收支、财务收支有关的资料和资产,被审计单位不得拒绝。

（三）调查权

审计机关进行审计时,有权就审计事项的有关问题向有关单位和个人进行调查,并取得有关证明材料。有关单位和个人应当支持、协助审计机关工作,如实向审计机关反映情况,提供有关证明材料。

（四）查询权

审计机关经县级以上人民政府审计机关负责人批准,有权查询被审计单位在金融机构的账户。审计机关有证据证明被审计单位以个人名义存储公款的,经县级以上人民政府审计机关主要负责人批准,有权查询被审计单位以个人名义在金融机构的存款。

（五）制止权

审计机关进行审计时,被审计单位不得转移、隐匿、篡改、毁弃会计凭证、会计账簿、财务会计报告以及其他与财政收支或者财务收支有关的资料,不得转移、隐匿所持有的违反国家规定取得的资产。审计机关对被审计单位违反前述规定的行为,有权予以制止;必要时,经县级以上人民政府审计机关负责人批准,有权封存有关资料和违反国家规定取得的资产;对其中在金融机构的有关存款需要予以冻结的,应当向人民法院提出申请。

审计机关对被审计单位正在进行的违反国家规定的财政收支、财务收支行为,有权予以制止;制止无效的,经县级以上人民政府审计机关负责人批准,通知财政部门和有关主管部门暂停拨付与违反国家规定的财政收支、财务收支行为直接有关的款项,已经拨付的,暂停使用。

审计机关采取前制止措施不得影响被审计单位合法的业务活动和生产经营活动。

（六）纠正建议权

审计机关认为被审计单位所执行的上级主管部门有关财政收支、财务收支的规定与法律、行政法规相抵触的,应当建议有关主管部门纠正;有关主管部门不予纠正的,审计机关应当提请有权处理的机关依法处理。

（七）通报权

审计机关可以向政府有关部门通报或者向社会公布审计结果。审计机关通报或者公布审计结果,应当依法保守国家秘密和被审计单位的商业秘密,遵守国务院的有关规定。

（八）协助提请权

审计机关履行审计监督职责,可以提请公安、监察、财政、税务、海关、价格、工商行政管理等机关予以协助。

🐾 思考题：审计机关的权限有哪些?

七、审计程序

（一）组成审计组并通知

审计机关根据审计项目计划确定的审计事项组成审计组,并应当在实施审计3日前,向被审计单位送达审计通知书;遇有特殊情况,经本级人民政府批准,审计机关可以直接持审计通知书实施审计。被审计单位应当配合审计机关的工作,并提供必要的工作配合。审计机关应当提高审计工作效率。

（二）审计调查

审计人员通过审查会计凭证、会计账簿、财务会计报告,查阅与审计事项有关的文件、资料,检查现金、实物、有价证券,向有关单位和个人调查等方式进行审计,并取得证明材料。审计人员向有关单位和个人进行调查时,应当出示审计人员的工作证件和审计通知书副本。

（三）审计组出具审计报告

审计组对审计事项实施审计后,应当向审计机关提出审计组的审计报告。审计组的审计报告报送审计机关前,应当征求被审计对象的意见。被审计对象应当自接到审计组的审计报告之日起 10 日内,将其书面意见送交审计组。审计组应当将被审计对象的书面意见一并报送审计机关。

（四）审计机关作出审计决定

审计机关按照审计署规定的程序对审计组的审计报告进行审议,并对被审计对象对审计组的审计报告提出的意见一并研究后,提出审计机关的审计报告;对违反国家规定的财政收支、财务收支行为,依法应当给予处理、处罚的,在法定职权范围内作出审计决定或者向有关主管机关提出处理、处罚的意见。

（五）送达审计报告和审计决定

审计机关应当将审计机关的审计报告和审计决定送达被审计单位和有关主管机关、单位。审计决定自送达之日起生效。

（六）审计决定的变更与撤销

上级审计机关认为下级审计机关作出的审计决定违反国家有关规定的,可以责成下级审计机关予以变更或者撤销,必要时也可以直接作出变更或者撤销的决定。

思考题：审计程序有哪些?

本章引用法律资源：

1.《中华人民共和国会计法》。

2.《中华人民共和国审计法》。

3.《审计法实施条例》。

4.《会计工作基础规范》。

本章参考文献：

1. 刘燕. 会计法[M]. 北京：北京大学出版社,2009.

2. 全国人大法工委. 中华人民共和国审计法释义[M]. 北京：法律出版社,2006.

本章网站资源：

1. 中华人民共和国财政部网站：www.mof.gov.cn。

2. 中华人民共和国审计署网站：www.audit.gov.cn。

第十八章　知识产权法

■■■■ **本章教学目标**

通过学习，了解知识产权的概念、特征。了解作品的范围，掌握著作权的概念、特征，掌握著作权的主体、内容、客体，掌握邻接权的概念与基本内容，掌握著作权的保护；知晓专利的概念、分类、申请条件，掌握专利权的主体、内容、客体，重点掌握专利的申请、审查、核准等程序，掌握专利侵权行为及其法律责任，掌握专利权的法律保护；了解商标的概念和分类，掌握商标的条件，掌握商标的申请、审查、核准等程序，掌握商标的保护。

第一节　知识产权法概述

一、知识产权

知识产权是对知识拥有的产权，是权利主体对智力成果享有的权利，是一种无形财产权利。

（一）广义的知识产权含义

《保护工业产权巴黎公约》于 1883 年签订，并于 1884 年生效，主要是保护工业产权，包括发明、实用新型、工业品外观设计、商标权、服务标志、厂商名称、货物标志或原产地名称以及制止不正当竞争权等。1886 年《保护文学和艺术作品伯尔尼公约》制定，主要保护著作权。我国先后加入了这两个公约。这两个公约分别建立了国际局，这两个局于 1893 年合并，后来为世界知识产权组织替代。

《建立世界知识产权组织公约》于 1967 年签订，并于 1970 年生效。《建立世界知识产权组织公约》规定，"知识产权"包括有关下列项目的权利：文学、艺术和科学作品，表演艺术家的表演以及唱片和广播节目，人类一切活动领域内的发明，科学发现，工业品外观设计，商标、服务标记以及商业名称和标志，制止不正当竞争，以及在工业、科学、文学或艺术领域内由于智力活动而产生的一切其他权利。

1994 年签订的《与贸易有关的知识产权协议》（即 TRIPS 协议）规定，知识产权的范围包括：版权及相关权利，商标，地理标志，工业设计，专利，集成电路的外观设计（分布图），对未公开信息的保护，在合同性许可中对反竞争行为的控制。

（二）狭义的知识产权含义

狭义的知识产权包括工业产权和文学产权。工业产权包含了专利权和商标权。文学产权包括了作品原创者的权利和作品传播者的权利，就是作者权和邻接权，我国著作权法既规定了作者权，也规定了邻接权。本章仅介绍狭义的知识产权及其法律规定。

❓❓ 思考题：知识产权该如何定义？

二、 知识产权的特征

知识产权具有无形性、专有性、地域性、时间性等特征。

（一） 无形性

知识产权的客体是智力成果。著作权的客体是作品，专利权的客体是发明创造，商标权的客体是商标及其信誉，这些客体是人的智力活动的结果，是人的意识活动的结晶，是无形财产。无形财产的载体是物质的，但其内涵是智力成果，具有无形性。知识产权是一种无形财产权。

（二） 专有性

知识产权是绝对权，法律赋予知识产权以垄断性、独占性、排他性，知识产权人对知识产权拥有专有权。同一项智力成果，只能存在一个知识产权，不允许有两个以上同属性的知识产权存在，当然不排除两人或两人以上共有一项知识产权。除非法律有特别规定，未经知识产权人同意，任何人都不得擅自使用知识产权人的智力成果，否则就构成侵权，要承担侵权的法律责任。

（三） 地域性

这是对知识产权保护的空间限制。除了有国际公约或者国家协定有规定外，知识产权只在授予和确认其权利的国家或地区有法律效力和受到法律保护。随着互联网等科技的发展和世界经济一体化，关于知识产权的国际公约增多，世界范围的知识产权保护机制逐渐建立，知识产权的国际保护逐渐让知识产权保护具有了一定的域外效力。

（四） 时间性

为了均衡智力成果创造者的私人利益和社会公共利益，既鼓励创新的积极性，也有利于公众享受知识的好处，法律规定了知识产权的时间限制。法律对知识产权规定了保护期限，在法定的期限内，知识产权受到国家的保护，一旦超过法定的期限，知识产权就丧失了，智力成果就进入公共领域，变成公共财产，公众都可以使用。

思考题：知识产权的特征有哪些？

三、 知识产权管理

2018 年国务院机构改革方案出台，我国将知识产权局的职责、工商行政管理总局的商标管理职责、质量监督检验检疫总局的原产地地理标志管理职责整合，重组建立国家知识产权局，由国家市场监督管理总局管理。知识产权局负责商标、专利、地理标志等的统一监管。鉴于法律未修改，后文依然以法律规定编写。

第二节　著作权法

1990 年 9 月 7 日，第七届全国人民代表大会常务委员会第十五次会议通过《著作权法》。2001 年 10 月 27 日，第九届全国人民代表大会常务委员会第二十四次会议第一次修正《著作权法》。2010 年 2 月 26 日第十一届全国人民代表大会常务委员会第十三次会议第二次修正《著作权法》。制定著作权法的目的是为保护文学、艺术和科学作品作者的著作权,以及与著作权有关的权益,鼓励有益于社会主义精神文明、物质文明建设的作品的创作和传播,促进社会主义文化和科学事业的发展与繁荣。

一、作品

（一）作品的概念

作品,是指文学、艺术和科学领域内具有独创性并能以某种有形形式复制的智力成果。

（二）作品的范围

作品,包括以下列形式创作的文学、艺术和自然科学、社会科学、工程技术等作品。

（1）文字作品,是指小说、诗词、散文、论文等以文字形式表现的作品。

（2）口述作品,是指即兴的演说、授课、法庭辩论等以口头语言形式表现的作品。

（3）音乐、戏剧、曲艺、舞蹈、杂技艺术作品。音乐作品,是指歌曲、交响乐等能够演唱或者演奏的带词或者不带词的作品。戏剧作品,是指话剧、歌剧、地方戏等供舞台演出的作品。曲艺作品,是指相声、快书、大鼓、评书等以说唱为主要形式表演的作品。舞蹈作品,是指通过连续的动作、姿势、表情等表现思想情感的作品。杂技艺术作品,是指杂技、魔术、马戏等通过形体动作和技巧表现的作品。

（4）美术、建筑作品。美术作品,是指绘画、书法、雕塑等以线条、色彩或者其他方式构成的有审美意义的平面或者立体的造型艺术作品。建筑作品,是指以建筑物或者构筑物形式表现的有审美意义的作品。

（5）摄影作品,是指借助器械在感光材料或者其他介质上记录客观物体形象的艺术作品。

（6）电影作品和以类似摄制电影的方法创作的作品,是指摄制在一定介质上,由一系列有伴音或者无伴音的画面组成,并且借助适当装置放映或者以其他方式传播的作品。

（7）工程设计图、产品设计图、地图、示意图等图形作品和模型作品。图形作品,是指为施工、生产绘制的工程设计图、产品设计图,以及反映地理现象、说明事物原理或者结构的地图、示意图等作品。模型作品,是指为展示、试验或者观测等用途,根据物体的形状和结构,按照一定比例制成的立体作品。

（8）计算机软件。

（9）法律、行政法规规定的其他作品。

（三）著作权法不适用的情形

法律、法规,国家机关的决议、决定、命令和其他具有立法、行政、司法性质的文件,及其官方正式译文。

时事新闻,是指通过报纸、期刊、广播电台、电视台等媒体报道的单纯事实消息。

历法、通用数表、通用表格和公式。

思考题:作品的范围有哪些?

二、著作权人

中国公民、法人或者其他组织的作品,不论是否发表,依照著作权法享有著作权。外国人、无国籍人的作品根据其作者所属国或者经常居住地国同中国签订的协议或者共同参加的国际条约享有的著作权,受著作权法保护。外国人、无国籍人的作品首先在中国境内出版的,依照著作权法享有著作权。未与中国签订协议或者共同参加国际条约的国家的作者以及无国籍人的作品首次在中国参加的国际条约的成员国(地区)出版的,或者在成员国(地区)和非成员国(地区)同时出版的,受著作权法保护。可见,中国公民、法人或者其他组织、外国人、无国籍人都可能成为著作权人。

著作权人包括作者和其他依照著作权法享有著作权的公民、法人或者其他组织。

(一) 作者

创作作品的公民是作者。由法人或者其他组织主持,代表法人或者其他组织意志创作,并由法人或者其他组织承担责任的作品,法人或者其他组织视为作者。创作,是指直接产生文学、艺术和科学作品的智力活动。为他人创作进行组织工作,提供咨询意见、物质条件,或者进行其他辅助工作,均不视为创作。只有创作作品的公民、法人或者其他组织才能成为作者。如无相反证明,在作品上署名的公民、法人或者其他组织为作者。

(二) 其他依照著作权法享有著作权的公民、法人或者其他组织

著作权人和与著作权有关的权利人可以授权著作权集体管理组织行使著作权或者与著作权有关的权利。著作权集体管理组织被授权后,可以以自己的名义为著作权人和与著作权有关的权利人主张权利,并可以作为当事人进行涉及著作权或者与著作权有关的权利的诉讼、仲裁活动。著作权集体管理组织是非营利性组织,其设立方式、权利义务、著作权许可使用费的收取和分配,以及对其监督和管理等由国务院另行规定。

❓ 思考题:著作权人有哪些?

三、 著作权

著作权即版权。著作权包括人身权和财产权。

(一) 著作权的人身权

1. 发表权

即决定作品是否公之于众的权利。

2. 署名权

即表明作者身份,在作品上署名的权利。

3. 修改权

即修改或者授权他人修改作品的权利。

4. 保护作品完整权

即保护作品不受歪曲、篡改的权利。

(二) 著作权的财产权

1. 复制权

即以印刷、复印、拓印、录音、录像、翻录、翻拍等方式将作品制作一份或者多份的权利。

2. 发行权

即以出售或者赠与方式向公众提供作品的原件或者复制件的权利。

3. 出租权

即有偿许可他人临时使用电影作品和以类似摄制电影的方法创作的作品、计算机软件的权利,计算机软件不是出租的主要标的的除外。

4. 展览权

即公开陈列美术作品、摄影作品的原件或者复制件的权利。

5. 表演权

即公开表演作品,以及用各种手段公开播送作品的表演的权利。

6. 放映权

即通过放映机、幻灯机等技术设备公开再现美术、摄影、电影和以类似摄制电影的方法创作的作品等的权利。

7. 广播权

即以无线方式公开广播或者传播作品,以有线传播或者转播的方式向公众传播广播的作品,以及通过扩音器或者其他传送符号、声音、图像的类似工具向公众传播广播的作品的权利。

8. 信息网络传播权

即以有线或者无线方式向公众提供作品,使公众可以在其个人选定的时间和地点获得作品的权利。

9. 摄制权

即以摄制电影或者以类似摄制电影的方法将作品固定在载体上的权利。

10. 改编权

即改变作品,创作出具有独创性的新作品的权利。

11. 翻译权

即将作品从一种语言文字转换成另一种语言文字的权利。

12. 汇编权

即将作品或者作品的片段通过选择或者编排,汇集成新作品的权利。

13. 应当由著作权人享有的其他权利。

著作权人可以许可他人行使前款第(1)项至第(13)项规定的权利,并依照约定或者著作权法有关规定获得报酬。著作权人可以全部或者部分转让第(1)项至第(13)项规定的权利,并依照约定或者著作权法有关规定获得报酬。

❓ 思考题:著作权的内容有哪些?

四、著作权的归属

著作权属于作者,著作权法另有规定的除外。

著作权归属的具体情形。

(一) 编译作品著作权归属

改编、翻译、注释、整理已有作品而产生的作品,其著作权由改编、翻译、注释、整理人享有,但行使著作权时不得侵犯原作品的著作权。

（二）合作作品著作权归属

两人以上合作创作的作品，著作权由合作作者共同享有。没有参加创作的人，不能成为合作作者。合作作品可以分割使用的，作者对各自创作的部分可以单独享有著作权，但行使著作权时不得侵犯合作作品整体的著作权。

（三）汇编作品著作权归属

汇编若干作品、作品的片段或者不构成作品的数据或者其他材料，对其内容的选择或者编排体现独创性的作品，为汇编作品，其著作权由汇编人享有，但行使著作权时，不得侵犯原作品的著作权。

（四）影视作品著作权归属

电影作品和以类似摄制电影的方法创作的作品的著作权由制片者享有，但编剧、导演、摄影、作词、作曲等作者享有署名权，并有权按照与制片者签订的合同获得报酬。电影作品和以类似摄制电影的方法创作的作品中的剧本、音乐等可以单独使用的作品的作者有权单独行使其著作权。

（五）职务作品与非职务作品著作权归属

公民为完成法人或者其他组织工作任务所创作的作品是职务作品，除法律规定的情形外，著作权由作者享有，但法人或者其他组织有权在其业务范围内优先使用。作品完成两年内，未经单位同意，作者不得许可第三人以与单位使用的相同方式使用该作品。

有下列情形之一的职务作品，作者享有署名权，著作权的其他权利由法人或者其他组织享有，法人或者其他组织可以给予作者奖励。

（1）主要是利用法人或者其他组织的物质技术条件创作，并由法人或者其他组织承担责任的工程设计图、产品设计图、地图、计算机软件等职务作品。

（2）法律、行政法规规定或者合同约定著作权由法人或者其他组织享有的职务作品。

（六）委托创作的作品著作权归属

受委托创作的作品，著作权的归属由委托人和受托人通过合同约定。合同未作明确约定或者没有订立合同的，著作权属于受托人。

（七）美术作品著作权归属

美术等作品原件所有权的转移，不视为作品著作权的转移，但美术作品原件的展览权由原件所有人享有。

思考题：职务作品的著作权归属于谁？

五、著作权的保护期

作者的署名权、修改权、保护作品完整权的保护期不受限制。

公民的作品，其发表权、财产权利的保护期为作者终生及其死亡后 50 年，截止于作者死亡后第 50 年的 12 月 31 日；如果是合作作品，截止于最后死亡的作者死亡后第 50 年的 12 月 31 日。

法人或者其他组织的作品、著作权（署名权除外）由法人或者其他组织享有的职务作品，其发表权、财产权利的保护期为 50 年，截止于作品首次发表后第 50 年的 12 月 31 日，但作品自创作完成后 50 年内未发表的，著作权法不再保护。

电影作品和以类似摄制电影的方法创作的作品、摄影作品，其发表权、财产权利的保护期为 50 年，截止于作品首次发表后第 50 年的 12 月 31 日，但作品自创作完成后 50 年内未发表的，著作权法不再保护。

　　⁇ 思考题：著作权的保护期限是多长？

六、著作权的限制

　　著作权人行使著作权，不得违反宪法和法律，不得损害公共利益。国家对作品的出版、传播依法进行监督管理。

（一）合理使用

　　在下列情况下使用作品，可以不经著作权人许可，不向其支付报酬，但应当指明作者姓名、作品名称，并且不得侵犯著作权人依照著作权法享有的其他权利。

　　（1）为个人学习、研究或者欣赏，使用他人已经发表的作品。

　　（2）为介绍、评论某一作品或者说明某一问题，在作品中适当引用他人已经发表的作品。

　　（3）为报道时事新闻，在报纸、期刊、广播电台、电视台等媒体中不可避免地再现或者引用已经发表的作品。

　　（4）报纸、期刊、广播电台、电视台等媒体刊登或者播放其他报纸、期刊、广播电台、电视台等媒体已经发表的关于政治、经济、宗教问题的时事性文章，但作者声明不许刊登、播放的除外。

　　（5）报纸、期刊、广播电台、电视台等媒体刊登或者播放在公众集会上发表的讲话，但作者声明不许刊登、播放的除外。

　　（6）为学校课堂教学或者科学研究，翻译或者少量复制已经发表的作品，供教学或者科研人员使用，但不得出版发行。

　　（7）国家机关为执行公务在合理范围内使用已经发表的作品。

　　（8）图书馆、档案馆、纪念馆、博物馆、美术馆等为陈列或者保存版本的需要，复制本馆收藏的作品。

　　（9）免费表演已经发表的作品，该表演未向公众收取费用，也未向表演者支付报酬。

　　（10）对设置或者陈列在室外公共场所的艺术作品进行临摹、绘画、摄影、录像。

　　（11）将中国公民、法人或者其他组织已经发表的以汉语言文字创作的作品翻译成少数民族语言文字作品在国内出版发行。

　　（12）将已经发表的作品改成盲文出版。

　　前述规定适用于对出版者、表演者、录音录像制作者、广播电台、电视台的权利的限制。

（二）义务教育使用

　　为实施九年制义务教育和国家教育规划而编写出版教科书，除作者事先声明不许使用的外，可以不经著作权人许可，在教科书中汇编已经发表的作品片段或者短小的文字作品、音乐作品或者单幅的美术作品、摄影作品，但应当按照规定支付报酬，指明作者姓名、作品名称，并且不得侵犯著作权人依照著作权法享有的其他权利。

前述规定适用于对出版者、表演者、录音录像制作者、广播电台、电视台的权利的限制。

👉 思考题：著作权的限制有哪些？

七、 著作权许可使用和转让合同

（一） 著作权许可使用合同

使用他人作品应当同著作权人订立许可使用合同，著作权法规定可以不经许可的除外。

许可使用合同包括下列主要内容：许可使用的权利种类，许可使用的权利是专有使用权或者非专有使用权，许可使用的地域范围、期间，付酬标准和办法，违约责任，双方认为需要约定的其他内容。许可使用合同中著作权人未明确许可、转让的权利，未经著作权人同意，另一方当事人不得行使。

使用作品的付酬标准可以由当事人约定，也可以按照国务院著作权行政管理部门会同有关部门制定的付酬标准支付报酬。当事人约定不明确的，按照国务院著作权行政管理部门会同有关部门制定的付酬标准支付报酬。

出版者、表演者、录音录像制作者、广播电台、电视台等依照著作权法有关规定使用他人作品的，不得侵犯作者的署名权、修改权、保护作品完整权和获得报酬的权利。

（二） 著作权转让合同

转让著作权的财产权利，应当订立书面合同。

权利转让合同包括下列主要内容：作品的名称，转让的权利种类、地域范围，转让价金，交付转让价金的日期和方式，违约责任，双方认为需要约定的其他内容。转让合同中著作权人未明确许可、转让的权利，未经著作权人同意，另一方当事人不得行使。

（三） 著作权的质押

以著作权出质的，由出质人和质权人向国务院著作权行政管理部门办理出质登记。

👉 思考题：著作权的许可使用合同内容有哪些？

八、 邻接权

作品可以通过出版、表演、录音录像、播放等方式传播，作品的传播者享有的权利就是邻接权。

（一） 图书、报刊的出版

图书出版者出版图书应当和著作权人订立出版合同，并支付报酬。图书出版者对著作权人交付出版的作品，按照合同约定享有的专有出版权受法律保护，他人不得出版该作品。

著作权人应当按照合同约定期限交付作品。图书出版者应当按照合同约定的出版质量、期限出版图书。图书出版者不按照合同约定期限出版，应当依照著作权法第54条的规定承担民事责任。图书出版者重印、再版作品的，应当通知著作权人，并支付报酬。图书脱销后，图书出版者拒绝重印、再版的，著作权人有权终止合同。

著作权人向报社、期刊社投稿的，自稿件发出之日起15日内未收到报社通知决定刊登的,或者自稿件发出之日起 30 日内未收到期刊社通知决定刊登的,可以将同一作品向其他报社、期刊社投稿。双方另有约定的除外。作品刊登后,除著作权人声明不得转载、摘编的外,其他报刊可以转载或者作为文摘、资料刊登,但应当按照规定向著作权人支付报酬。

图书出版者经作者许可,可以对作品修改、删节。报社、期刊社可以对作品作文字性修改、删节。对内容的修改,应当经作者许可。

出版改编、翻译、注释、整理、汇编已有作品而产生的作品,应当取得改编、翻译、注释、整理、汇编作品的著作权人和原作品的著作权人许可,并支付报酬。

出版者有权许可或者禁止他人使用其出版的图书、期刊的版式设计。前述规定的权利的保护期为 10 年,截止于使用该版式设计的图书、期刊首次出版后第 10 年的 12 月 31 日。

🤔 思考题:图书出版者的权利有哪些?

(二) 表演

使用他人作品演出,表演者(演员、演出单位)应当取得著作权人许可,并支付报酬。演出组织者组织演出,由该组织者取得著作权人许可,并支付报酬。使用改编、翻译、注释、整理已有作品而产生的作品进行演出,应当取得改编、翻译、注释、整理作品的著作权人和原作品的著作权人许可,并支付报酬。

表演者对其表演享有下列权利。

(1) 表明表演者身份。

(2) 保护表演形象不受歪曲。

(3) 许可他人从现场直播和公开传送其现场表演,并获得报酬。

(4) 许可他人录音录像,并获得报酬。

(5) 许可他人复制、发行录有其表演的录音录像制品,并获得报酬。

(6) 许可他人通过信息网络向公众传播其表演,并获得报酬。

被许可人以前述第(3) 项至第(6) 项规定的方式使用作品,还应当取得著作权人许可,并支付报酬。第(1) 项、第(2) 项规定的权利的保护期不受限制。第(3) 项至第(6) 项规定的权利的保护期为 50 年,截止于该表演发生后第 50 年的 12 月 31 日。

🤔 思考题:表演者的权利有哪些?

(三) 录音录像

录音录像制作者使用他人作品制作录音录像制品,应当取得著作权人许可,并支付报酬。录音录像制作者使用改编、翻译、注释、整理已有作品而产生的作品,应当取得改编、翻译、注释、整理作品的著作权人和原作品著作权人许可,并支付报酬。录音制作者使用他人已经合法录制为录音制品的音乐作品制作录音制品,可以不经著作权人许可,但应当按照规定支付报酬;著作权人声明不许使用的不得使用。

录音录像制作者制作录音录像制品,应当同表演者订立合同,并支付报酬。

录音录像制作者对其制作的录音录像制品,享有许可他人复制、发行、出租、通过信息网络向公众传播并获得报酬的权利;权利的保护期为 50 年,截止于该制品首次制作完成后第 50 年的 12 月 31 日。

被许可人复制、发行、通过信息网络向公众传播录音录像制品,还应当取得著作权人、表演者许可,并支付报酬。

思考题:录音录像制作者的权利有哪些?

(四)广播电台、电视台播放

广播电台、电视台播放他人未发表的作品,应当取得著作权人许可,并支付报酬。广播电台、电视台播放他人已发表的作品,可以不经著作权人许可,但应当支付报酬。

广播电台、电视台播放已经出版的录音制品,可以不经著作权人许可,但应当支付报酬。当事人另有约定的除外。具体办法由国务院规定。

广播电台、电视台有权禁止未经其许可的下列行为。

(1)将其播放的广播、电视转播。

(2)将其播放的广播、电视录制在音像载体上以及复制音像载体。

前款规定的权利的保护期为50年,截止于该广播、电视首次播放后第50年的12月31日。

电视台播放他人的电影作品和以类似摄制电影的方法创作的作品、录像制品,应当取得制片者或者录像制作者许可,并支付报酬;播放他人的录像制品,还应当取得著作权人许可,并支付报酬。

思考题:广播电台、电视台播放作品有哪些限制?

九、 侵权行为及其法律责任

有下列侵权行为的,应当根据情况,承担停止侵害、消除影响、赔礼道歉、赔偿损失等民事责任:未经著作权人许可,发表其作品的;未经合作作者许可,将与他人合作创作的作品当作自己单独创作的作品发表的;没有参加创作,为谋取个人名利,在他人作品上署名的;歪曲、篡改他人作品的;剽窃他人作品的;未经著作权人许可,以展览、摄制电影和以类似摄制电影的方法使用作品,或者以改编、翻译、注释等方式使用作品的,著作权法另有规定的除外;使用他人作品,应当支付报酬而未支付的;未经电影作品和以类似摄制电影的方法创作的作品、计算机软件、录音录像制品的著作权人或者与著作权有关的权利人许可,出租其作品或者录音录像制品的,著作权法另有规定的除外;未经出版者许可,使用其出版的图书、期刊的版式设计的;未经表演者许可,从现场直播或者公开传送其现场表演,或者录制其表演的;其他侵犯著作权以及与著作权有关的权益的行为。

有下列侵权行为的,应当根据情况,承担停止侵害、消除影响、赔礼道歉、赔偿损失等民事责任;同时损害公共利益的,可以由著作权行政管理部门责令停止侵权行为,没收违法所得,没收、销毁侵权复制品,并可处以罚款;情节严重的,著作权行政管理部门还可以没收主要用于制作侵权复制品的材料、工具、设备等;构成犯罪的,依法追究刑事责任;未经著作权人许可,复制、发行、表演、放映、广播、汇编、通过信息网络向公众传播其作品的,著作权法另有规定的除外;出版他人享有专有出版权的图书的;未经表演者许可,复制、发行录有其表演的录音录像制品,或者通过信息网络向公众传播其表演的,著作权法另有规定的除外;未经录音录像制作者许可,复制、发行、通过信息网络向公众传播其制作的录音录像制品的,著作权法另有规定的除外;未经许可,播放或者复制广播、电视的,著作权法另有规定的除外;未经著作权人或者与著作权有关的权利人许可,故意避开或者破坏权利人为其作品、录音录像制品等采取的保护著作权或者与著作权有关的权利的技术措施的,法律、行政法规另有规定的除外;未经著作权人或者与著作权有关的权利人许可,故意删除或者改变作品、录音录像制品等的权利管理电子信息的,法律、行政法规另有规定的除外;制作、出售假冒他人署名的作品的。

损失赔偿数额。侵犯著作权或者与著作权有关的权利的,侵权人应当按照权利人的实际损失给予赔偿;实际损失难以计算的,可以按照侵权人的违法所得给予赔偿。赔偿数额还应当包括权利人为制止侵权行为所支付的合理开支。权利人的实际损失或者侵权人的违法所得不能确定的,由人民法院根据侵权行为的情节,判决给予 50 万元以下的赔偿。

当事人不履行合同义务或者履行合同义务不符合约定条件的,应当依照《民法总则》《合同法》等有关法律规定承担民事责任。

复制品的出版者、制作者不能证明其出版、制作有合法授权的,复制品的发行者或者电影作品或者以类似摄制电影的方法创作的作品、计算机软件、录音录像制品的复制品的出租者不能证明其发行、出租的复制品有合法来源的,应当承担法律责任。

❓ 思考题:著作权的侵权行为有哪些? 损失如何赔偿?

十、 司法救济

著作权人或者与著作权有关的权利人可以向法院提起民事诉讼或者行政诉讼,保护其著作权利。当事人对行政处罚不服的,可以自收到行政处罚决定书之日起 3 个月内向人民法院起诉,期满不起诉又不履行的,著作权行政管理部门可以申请人民法院执行。

著作权人或者与著作权有关的权利人有证据证明他人正在实施或者即将实施侵犯其权利的行为,如不及时制止将会使其合法权益受到难以弥补的损害的,可以在起诉前向人民法院申请采取责令停止有关行为和财产保全的措施。

为制止侵权行为,在证据可能灭失或者以后难以取得的情况下,著作权人或者与著作权有关的权利人可以在起诉前向人民法院申请保全证据。人民法院接受申请后,必须在 48 小时内作出裁定;裁定采取保全措施的,应当立即开始执行。人民法院可以责令申请人提供担保,申请人不提供担保的,驳回申请。申请人在人民法院采取保全措施后 15 日内不起诉的,人民法院应当解除保全措施。

人民法院审理案件,对于侵犯著作权或者与著作权有关的权利的,可以没收违法所得、侵权复制品以及进行违法活动的财物。

著作权纠纷可以调解,也可以根据当事人达成的书面仲裁协议或者著作权合同中的仲裁条款,向仲裁机构申请仲裁。当事人没有书面仲裁协议,也没有在著作权合同中订立仲裁条款的,可以直接向人民法院起诉。

第三节　专利法

1984 年 3 月 12 日第六届全国人民代表大会常务委员会第四次会议通过《中华人民共和国专利法》(以下简称《专利法》)。1992 年 9 月 4 日第七届全国人民代表大会常务委员会第二十七次会议第一次修正《专利法》。2000 年 8 月 25 日第九届全国人民代表大会常务委员会第十七次会议第二次修正《专利法》。2008 年 12 月 27 日第十一届全国人民代表大会常务委员会第六次会议第三次修正《专利法》。制定专利法的目的是为了保护专利权人的合法权益,鼓励发明创造,推动发明创造的应用,提高创新能力,促进科学技术进步和经济社会发展。

一、 专利

专利有三种含义。第一种含义,专利就是发明创造,专利就是专利权的客体;第二种含义,专利就是专利权,专利权是权利人对发明创造享有的专有权;第三种含义,专利就是专利文献。我国专利法规定的专利含义指的是专利权。

二、 专利权的客体

（一） 可以授予专利权的发明创造

专利权的客体是指发明创造。发明创造是指发明、实用新型和外观设计。

1. 发明

发明是指对产品、方法或者其改进所提出的新的技术方案。发明分为产品发明和方法发明。产品发明是对产品或其改进提出的新的技术方案。方法发明是对方法或其改进提出的新的技术方案。

2. 实用新型

实用新型是指对产品的形状、构造或者其结合所提出的适于实用的新的技术方案。

3. 外观设计

外观设计是指对产品的形状、图案或者其结合以及色彩与形状、图案的结合所作出的富有美感并适于工业应用的新设计。

（二） 不授予专利权的情形

对下列各项,不授予专利权:科学发现;智力活动的规则和方法;疾病的诊断和治疗方法;动物和植物品种,但动物和植物品种的生产方法,可以授予专利权;用原子核变换方法获得的物质;对平面印刷品的图案、色彩或者二者的结合作出的主要起标识作用的设计。

对违反法律、社会公德或者妨害公共利益的发明创造,不授予专利权。对违反法律、行政法规的规定获取或者利用遗传资源,并依赖该遗传资源完成的发明创造,不授予专利权。

思考题:不授予专利权的情形有哪些?

三、 专利权的主体

国务院专利行政部门负责管理全国的专利工作;统一受理和审查专利申请,依法授予专利权。省、自治区、直辖市人民政府管理专利工作的部门负责本行政区域内的专利管理工作。将技术等智力成果向专利行政部门申请授予专利权的人就是专利申请人,专利行政部门授予专利权后,专利申请人才能成为专利权人。

中国单位或者个人在国内申请专利和办理其他专利事务的,可以委托依法设立的专利代理机构办理。专利代理机构应当遵守法律、行政法规,按照被代理人的委托办理专利申请或者其他专利事务;对被代理人发明创造的内容,除专利申请已经公布或者公告的以外,负有保密责任。

(一) 职务发明创造的专利申请人

执行本单位的任务或者主要是利用本单位的物质技术条件所完成的发明创造为职务发明创造。本单位,包括临时工作单位;本单位的物质技术条件,是指本单位的资金、设备、零部件、原材料或者不对外公开的技术资料等。

执行本单位的任务所完成的职务发明创造,是指:在本职工作中作出的发明创造;履行本单位交付的本职工作之外的任务所作出的发明创造;退休、调离原单位后或者劳动、人事关系终止后1年内作出的,与其在原单位承担的本职工作或者原单位分配的任务有关的发明创造。

职务发明创造申请专利的权利属于该单位;申请被批准后,该单位为专利权人。利用本单位的物质技术条件所完成的发明创造,单位与发明人或者设计人订有合同,对申请专利的权利和专利权的归属作出约定的,从其约定。

被授予专利权的单位应当对职务发明创造的发明人或者设计人给予奖励;发明创造专利实施后,根据其推广应用的范围和取得的经济效益,对发明人或者设计人给予合理的报酬。

(二) 非职务发明创造的专利申请人

非职务发明创造,申请专利的权利属于发明人或者设计人;申请被批准后,该发明人或者设计人为专利权人。发明人或者设计人,是指对发明创造的实质性特点作出创造性贡献的人。在完成发明创造过程中,只负责组织工作的人、为物质技术条件的利用提供方便的人或者从事其他辅助工作的人,不是发明人或者设计人。

对发明人或者设计人的非职务发明创造专利申请,任何单位或者个人不得压制。发明人或者设计人有权在专利文件中写明自己是发明人或者设计人。

(三) 合作完成发明创造的专利申请人

两个以上单位或者个人合作完成的发明创造、一个单位或者个人接受其他单位或者个人委托所完成的发明创造,除另有协议的以外,申请专利的权利属于完成或者共同完成的单位或者个人;申请被批准后,申请的单位或者个人为专利权人。

专利申请权或者专利权的共有人对权利的行使有约定的,从其约定。没有约定的,共有人可以单独实施或者以普通许可方式许可他人实施该专利;许可他人实施该专利的,收取的使用费应当在共有人之间分配。除前述规定的情形外,行使共有的专利申请权或者专利权应当取得全体共有人的同意。

(四) 同样发明创造的专利申请人

同样的发明创造只能授予一项专利权。但是,同一申请人同日对同样的发明创造既申请实用新型专利又申请发明专利,先获得的实用新型专利权尚未终止,且申请人声明放弃该实用新型专利权的,可以授予发明专利权。

两个以上的申请人分别就同样的发明创造申请专利的,专利权授予最先申请的人。

（五）受让取得权利的专利申请人

专利申请权和专利权可以转让。受让取得专利申请权的人申请专利获得授权后即成为专利权人。

转让专利申请权或者专利权的，当事人应当订立书面合同，并向国务院专利行政部门登记，由国务院专利行政部门予以公告。专利申请权或者专利权的转让自登记之日起生效。中国单位或者个人向外国人、外国企业或者外国其他组织转让专利申请权或者专利权的，应当依照有关法律、行政法规的规定办理手续。

（六）外国申请人

在中国没有经常居所或者营业所的外国人、外国企业或者外国其他组织在中国申请专利的，依照其所属国同中国签订的协议或者共同参加的国际条约，或者依照互惠原则，根据专利法办理。

在中国没有经常居所或者营业所的外国人、外国企业或者外国其他组织在中国申请专利和办理其他专利事务的，应当委托依法设立的专利代理机构办理。

（七）向外国申请专利

任何单位或者个人将在中国完成的发明或者实用新型向外国申请专利的，应当事先报经国务院专利行政部门进行保密审查。保密审查的程序、期限等按照国务院的规定执行。

中国单位或者个人可以根据中华人民共和国参加的有关国际条约提出专利国际申请。申请人提出专利国际申请的，应当遵守前款规定。

国务院专利行政部门依照中华人民共和国参加的有关国际条约、专利法和国务院有关规定处理专利国际申请。

未经保密审查向外国申请专利的发明或者实用新型，在中国申请专利的，不授予专利权。

⁇ 思考题：职务发明创造有哪些？

四、专利权人的权利

专利权授予后，专利权人享有了专利专有权。专利专有权包括标记权、制造权、使用权、许诺销售权、销售权、进口权、实施许可权、转让权、收费权等。

专利权人有权在其专利产品或者该产品的包装上标明专利标识。

发明和实用新型专利权被授予后，除著作权法另有规定的以外，任何单位或者个人未经专利权人许可，都不得实施其专利，即不得为生产经营目的制造、使用、许诺销售、销售、进口其专利产品，或者使用其专利方法以及使用、许诺销售、销售、进口依照该专利方法直接获得的产品。

外观设计专利权被授予后，任何单位或者个人未经专利权人许可，都不得实施其专利，即不得为生产经营目的制造、许诺销售、销售、进口其外观设计专利产品。

任何单位或者个人实施他人专利的，应当与专利权人订立实施许可合同，向专利权人支付专利使用费。被许可人无权允许合同规定以外的任何单位或者个人实施该专利。

发明专利申请公布后，申请人可以要求实施其发明的单位或者个人支付适当的费用。

国有企业事业单位的发明专利，对国家利益或者公共利益具有重大意义的，国务院有关主管部门和省、自治区、直辖市人民政府报经国务院批准，可以决定在批准的范围内推广应用，允许指定的单位实施，由实施单位按照国家规定向专利权人支付使用费。

？ 思考题：专利权人的权利内容有哪些？

五、 授予专利权的条件

（一） 发明和实用新型授予专利权的条件
授予专利权的发明和实用新型，应当具备新颖性、创造性和实用性。

1. 新颖性

新颖性，是指该发明或者实用新型不属于现有技术；也没有任何单位或者个人就同样的发明或者实用新型在申请日以前向国务院专利行政部门提出过申请，并记载在申请日以后公布的专利申请文件或者公告的专利文件中。

2. 创造性

创造性，是指与现有技术相比，该发明具有突出的实质性特点和显著的进步，该实用新型具有实质性特点和进步。

3. 实用性

实用性，是指该发明或者实用新型能够制造或者使用，并且能够产生积极效果。

专利法规定的现有技术，是指申请日以前在国内外为公众所知的技术。

（二） 外观设计授予专利权的条件
授予专利权的外观设计，应当不属于现有设计；也没有任何单位或者个人就同样的外观设计在申请日以前向国务院专利行政部门提出过申请，并记载在申请日以后公告的专利文件中。

授予专利权的外观设计与现有设计或者现有设计特征的组合相比，应当具有明显区别。

授予专利权的外观设计不得与他人在申请日以前已经取得的合法权利相冲突。

专利法规定的现有设计，是指申请日以前在国内外为公众所知的设计。

（三） 不丧失新颖性的情形
申请专利的发明创造在申请日以前 6 个月内，有下列情形之一的，不丧失新颖性：在中国政府主办或者承认的国际展览会上首次展出的，在规定的学术会议或者技术会议上首次发表的，他人未经申请人同意而泄露其内容的。

（四） 不授予专利权的情形
对下列各项，不授予专利权：科学发现；智力活动的规则和方法；疾病的诊断和治疗方法；动物和植物品种，但动物和植物产品的生产方法，可以依照专利法规定授予专利权；用原子核变换方法获得的物质；对平面印刷品的图案、色彩或者二者的结合作出的主要起标识作用的设计。

？ 思考题：发明或者实用新型授予专利权的条件有哪些？

六、 专利的申请

专利申请原则是一项发明创造一份申请。一件发明或者实用新型专利申请应当限于一项发明或者实用新型。属于一个总的发明构思的两项以上的发明或者实用新型,可以作为一件申请提出。一件外观设计专利申请应当限于一项外观设计。同一产品两项以上的相似外观设计,或者用于同一类别并且成套出售或者使用的产品的两项以上外观设计,可以作为一件申请提出。

以书面形式申请专利的,应当向国务院专利行政部门提交申请文件一式两份。以国务院专利行政部门规定的其他形式申请专利的,应当符合规定的要求。申请人委托专利代理机构向国务院专利行政部门申请专利和办理其他专利事务的,应当同时提交委托书,写明委托权限。

(一)发明或者实用新型专利的申请文件

申请发明或者实用新型专利的,应当提交请求书、说明书及其摘要和权利要求书等文件。

1. 请求书

请求书应当写明发明或者实用新型的名称,发明人的姓名,申请人姓名或者名称、地址,以及其他事项。

2. 说明书

说明书应当对发明或者实用新型作出清楚、完整的说明,以所属技术领域的技术人员能够实现为准;必要的时候,应当有附图。摘要应当简要说明发明或者实用新型的技术要点。

3. 权利要求书

权利要求书应当以说明书为依据,清楚、简要地限定要求专利保护的范围。

4. 遗传资源来源说明书

依赖遗传资源完成的发明创造,申请人应当在专利申请文件中说明该遗传资源的直接来源和原始来源;申请人无法说明原始来源的,应当陈述理由。

(二)外观设计的申请文件

申请外观设计专利的,应当提交请求书、该外观设计的图片或者照片以及对该外观设计的简要说明等文件。

申请人提交的有关图片或者照片应当清楚地显示要求专利保护的产品的外观设计。

(三)申请日与优先权

国务院专利行政部门收到专利申请文件之日为申请日。如果申请文件是邮寄的,以寄出的邮戳日为申请日。

申请人自发明或者实用新型在外国第一次提出专利申请之日起12个月内,或者自外观设计在外国第一次提出专利申请之日起6个月内,又在中国就相同主题提出专利申请的,依照该外国同中国签订的协议或者共同参加的国际条约,或者依照相互承认优先权的原则,可以享有优先权。

申请人自发明或者实用新型在中国第一次提出专利申请之日起12个月内,又向国务院专利行政部门就相同主题提出专利申请的,可以享有优先权。

申请人要求优先权的,应当在申请的时候提出书面声明,并且在3个月内提交第一次提出的专利申请文件的副本;未提出书面声明或者逾期未提交专利申请文件副本的,视为未要求优先权。

（四）专利申请的撤回与修改

申请人可以在被授予专利权之前随时撤回其专利申请。

申请人可以对其专利申请文件进行修改，但是，对发明和实用新型专利申请文件的修改不得超出原说明书和权利要求书记载的范围，对外观设计专利申请文件的修改不得超出原图片或者照片表示的范围。

思考题：专利申请文件有哪些？

七、专利申请的审查和批准

（一）初步审查

国务院专利行政部门收到发明专利申请后，经初步审查认为符合专利法要求的，自申请日起满18个月，即行公布。国务院专利行政部门可以根据申请人的请求早日公布其申请。

（二）实质审查

发明专利申请自申请日起3年内，国务院专利行政部门可以根据申请人随时提出的请求，对其申请进行实质审查；申请人无正当理由逾期不请求实质审查的，该申请即被视为撤回。国务院专利行政部门认为必要的时候，可以自行对发明专利申请进行实质审查。

发明专利的申请人请求实质审查的时候，应当提交在申请日前与其发明有关的参考资料。

发明专利已经在外国提出过申请的，国务院专利行政部门可以要求申请人在指定期限内提交该国为审查其申请进行检索的资料或者审查结果的资料；无正当理由逾期不提交的，该申请即被视为撤回。

国务院专利行政部门对发明专利申请进行实质审查后，认为不符合专利法规定的，应当通知申请人，要求其在指定的期限内陈述意见，或者对其申请进行修改；无正当理由逾期不答复的，该申请即被视为撤回。

发明专利申请经申请人陈述意见或者进行修改后，国务院专利行政部门仍然认为不符合专利法规定的，应当予以驳回。

（三）授予专利权

发明专利申请经实质审查没有发现驳回理由的，由国务院专利行政部门作出授予发明专利权的决定，发给发明专利证书，同时予以登记和公告。发明专利权自公告之日起生效。

实用新型和外观设计专利申请经初步审查没有发现驳回理由的，由国务院专利行政部门作出授予实用新型专利权或者外观设计专利权的决定，发给相应的专利证书，同时予以登记和公告。实用新型专利权和外观设计专利权自公告之日起生效。

（四）复审与诉讼

国务院专利行政部门设立专利复审委员会。专利申请人对国务院专利行政部门驳回申请的决定不服的，可以自收到通知之日起3个月内，向专利复审委员会请求复审。专利复审委员会复审后，作出决定，并通知专利申请人。

专利申请人对专利复审委员会的复审决定不服的,可以自收到通知之日起 3 个月内向人民法院起诉。

❓ 思考题:实质审查如何进行?

八、 专利权的期限、终止和无效

(一) 专利权的期限

发明专利权的期限为 20 年,实用新型专利权和外观设计专利权的期限为 10 年,均自申请日起计算。专利权人应当自被授予专利权的当年开始缴纳年费。

(二) 专利权的终止

专利权因期限届满而终止。

有下列情形之一的,专利权在期限届满前终止:没有按照规定缴纳年费的,专利权人以书面声明放弃其专利权的。专利权在期限届满前终止的,由国务院专利行政部门登记和公告。

(三) 专利权的无效

自国务院专利行政部门公告授予专利权之日起,任何单位或者个人认为该专利权的授予不符合专利法有关规定的,可以请求专利复审委员会宣告该专利权无效。

专利复审委员会对宣告专利权无效的请求应当及时审查和作出决定,并通知请求人和专利权人。宣告专利权无效的决定,由国务院专利行政部门登记和公告。

对专利复审委员会宣告专利权无效或者维持专利权的决定不服的,可以自收到通知之日起 3 个月内向人民法院起诉。人民法院应当通知无效宣告请求程序的对方当事人作为第 3 人参加诉讼。

宣告无效的专利权视为自始即不存在。

宣告专利权无效的决定,对在宣告专利权无效前人民法院作出并已执行的专利侵权的判决、调解书,已经履行或者强制执行的专利侵权纠纷处理决定,以及已经履行的专利实施许可合同和专利权转让合同,不具有追溯力。但是因专利权人的恶意给他人造成的损失,应当给予赔偿。依照前述规定不返还专利侵权赔偿金、专利使用费、专利权转让费,明显违反公平原则的,应当全部或者部分返还。

❓ 思考题:专利权无效宣告有哪些程序?

九、 专利实施的强制许可

强制许可,是指国务院专利行政部门,不经过专利权人同意,直接依法授权允许其他单位或个人实施其专利权。除了法定的情形外,强制许可的实施应当主要为了供应国内市场。

(一) 单位或者个人申请的强制许可

有下列情形之一的,国务院专利行政部门根据具备实施条件的单位或者个人的申请,可以给予实施发明专利或者实用新型专利的强制许可。

(1)专利权人自专利权被授予之日起满 3 年,且自提出专利申请之日起满 4 年,无正当理由未实施或者未充分实施其专利的。

(2)专利权人行使专利权的行为被依法认定为垄断行为,为消除或者减少该行为对竞争产生的不利影响的。

依照第(1)项情形申请强制许可的单位或者个人应当提供证据,证明其以合理的条件请求专利权人许可其实施专利,但未能在合理的时间内获得许可。

（二）　紧急状态、非常情况、公益目的的强制许可

在国家出现紧急状态或者非常情况时,或者为了公共利益的目的,国务院专利行政部门可以给予实施发明专利或者实用新型专利的强制许可。强制许可涉及的发明创造为半导体技术的,其实施限于公共利益的目的,或者是专利权人行使专利权的行为被依法认定为垄断行为,为消除或者减少该行为对竞争产生的不利影响的。

为了公共健康目的,对取得专利权的药品,国务院专利行政部门可以给予制造并将其出口到符合中华人民共和国参加的有关国际条约规定的国家或者地区的强制许可。药品专利申请强制许可的单位或者个人应当提供证据,证明其以合理的条件请求专利权人许可其实施专利,但未能在合理的时间内获得许可。

（三）　依赖性专利的强制许可

一项取得专利权的发明或者实用新型比前已经取得专利权的发明或者实用新型具有显著经济意义的重大技术进步,其实施又有赖于前一发明或者实用新型的实施的,国务院专利行政部门根据后一专利权人的申请,可以给予实施前一发明或者实用新型的强制许可。在依照前述规定给予实施强制许可的情形下,国务院专利行政部门根据前一专利权人的申请,也可以给予实施后一发明或者实用新型的强制许可。

（四）　强制许可的登记与公告

国务院专利行政部门作出的给予实施强制许可的决定,应当及时通知专利权人,并予以登记和公告。

给予实施强制许可的决定,应当根据强制许可的理由规定实施的范围和时间。强制许可的理由消除并不再发生时,国务院专利行政部门应当根据专利权人的请求,经审查后作出终止实施强制许可的决定。

（五）　强制许可实施权的限制与许可付费

取得实施强制许可的单位或者个人不享有独占的实施权,并且无权允许他人实施。

取得实施强制许可的单位或者个人应当付给专利权人合理的使用费,或者依照中华人民共和国参加的有关国际条约的规定处理使用费问题。付给使用费的,其数额由双方协商;双方不能达成协议的,由国务院专利行政部门裁决。

（六）　诉讼

专利权人对国务院专利行政部门关于实施强制许可的决定不服的,专利权人和取得实施强制许可的单位或者个人对国务院专利行政部门关于实施强制许可的使用费的裁决不服的,可以自收到通知之日起3个月内向人民法院起诉。

思考题:可以给与强制许可的情形有哪些?

十、专利权的保护

（一）专利权的保护范围

发明或者实用新型专利权的保护范围以其权利要求的内容为准,说明书及附图可以用于解释权利要求的内容。

外观设计专利权的保护范围以表示在图片或者照片中的该产品的外观设计为准,简要说明可以用于解释图片或者照片所表示的该产品的外观设计。

(二) 专利侵权行为

未经专利权人许可,实施其专利,即侵犯其专利权,引起纠纷的,由当事人协商解决;不愿协商或者协商不成的,专利权人或者利害关系人可以向人民法院起诉,也可以请求管理专利工作的部门处理。管理专利工作的部门处理时,认定侵权行为成立的,可以责令侵权人立即停止侵权行为,当事人不服的,可以自收到处理通知之日起 15 日内依照《行政诉讼法》向人民法院起诉;侵权人期满不起诉又不停止侵权行为的,管理专利工作的部门可以申请人民法院强制执行。进行处理的管理专利工作的部门应当事人的请求,可以就侵犯专利权的赔偿数额进行调解;调解不成的,当事人可以依照《民事诉讼法》向人民法院起诉。

有下列情形之一的,不视为侵犯专利权:专利产品或者依照专利方法直接获得的产品,由专利权人或者经其许可的单位、个人售出后,使用、许诺销售、销售、进口该产品的;在专利申请日前已经制造相同产品、使用相同方法或者已经作好制造、使用的必要准备,并且仅在原有范围内继续制造、使用的;临时通过中国领陆、领水、领空的外国运输工具,依照其所属国同中国签订的协议或者共同参加的国际条约,或者依照互惠原则,为运输工具自身需要而在其装置和设备中使用有关专利的;专为科学研究和实验而使用有关专利的;为提供行政审批所需要的信息,制造、使用、进口专利药品或者专利医疗器械的,以及专门为其制造、进口专利药品或者专利医疗器械的。

在专利侵权纠纷中,被控侵权人有证据证明其实施的技术或者设计属于现有技术或者现有设计的,不构成侵犯专利权。

为生产经营目的的使用、许诺销售或者销售不知道是未经专利权人许可而制造并售出的专利侵权产品,能证明该产品合法来源的,不承担赔偿责任。

❓ 思考题:不视为侵犯专利权的情形有哪些?

(三) 侵犯专利权的责任

1. 民事责任

侵权人要承担民事责任,造成损失的要赔偿损失。

侵犯专利权的赔偿数额按照权利人因被侵权所受到的实际损失确定;实际损失难以确定的,可以按照侵权人因侵权所获得的利益确定。权利人的损失或者侵权人获得的利益难以确定的,参照该专利许可使用费的倍数合理确定。赔偿数额还应当包括权利人为制止侵权行为所支付的合理开支。

权利人的损失、侵权人获得的利益和专利许可使用费均难以确定的,人民法院可以根据专利权的类型、侵权行为的性质和情节等因素,确定给予 1 万元以上 100 万元以下的赔偿。

2. 行政责任与刑事责任

假冒专利的,除依法承担民事责任外,由管理专利工作的部门责令改正并予公告,没收违法所得,可以并处违法所得四倍以下的罚款;没有违法所得的,可以处 20 万元以下的罚款;构成犯罪的,依法追究刑事责任。

违反专利法规定向外国申请专利,泄露国家秘密的,由所在单位或者上级主管机关给予行政处分;构成犯罪的,依法追究刑事责任。

❓ 思考题:侵犯专利权的法律责任有哪些?

(四) 专利管理部门的监管

1. 专利管理部门的职能

管理专利工作的部门根据已经取得的证据,对涉嫌假冒专利行为进行查处时,可以询问有关当事人,调查与涉嫌违法行为有关的情况;对当事人涉嫌违法行为的场所实施现场检查;查阅、复制与涉嫌违法行为有关的合同、发票、账簿以及其他有关资料;检查与涉嫌违法行为有关的产品,对有证据证明是假冒专利的产品,可以查封或者扣押。管理专利工作的部门依法行使规定的职权时,当事人应当予以协助、配合,不得拒绝、阻挠。

2. 专利管理部门的职责要求

侵夺发明人或者设计人的非职务发明创造专利申请权和专利法规定的其他权益的,由所在单位或者上级主管机关给予行政处分。

管理专利工作的部门不得参与向社会推荐专利产品等经营活动。

管理专利工作的部门违反前款规定的,由其上级机关或者监察机关责令改正,消除影响,有违法收入的予以没收;情节严重的,对直接负责的主管人员和其他直接责任人员依法给予行政处分。

从事专利管理工作的国家机关工作人员以及其他有关国家机关工作人员玩忽职守、滥用职权、徇私舞弊,构成犯罪的,依法追究刑事责任;尚不构成犯罪的,依法给予行政处分。

❓ 思考题:专利管理部门查处假冒专利行为可采取的措施有哪些?

(五) 司法救济

被侵权人可以向人民法院提起诉讼,以维护自己的专利权利。

1. 诉讼时效

侵犯专利权的诉讼时效为 2 年,自专利权人或者利害关系人得知或者应当得知侵权行为之日起计算。发明专利申请公布后至专利权授予前使用该发明未支付适当使用费的,专利权人要求支付使用费的诉讼时效为 2 年,自专利权人得知或者应当得知他人使用其发明之日起计算,但是,专利权人于专利权授予之日前即已得知或者应当得知的,自专利权授予之日起计算。

2. 举证

专利侵权纠纷涉及新产品制造方法的发明专利的,制造同样产品的单位或者个人应当提供其产品制造方法不同于专利方法的证明。这就是举证责任倒置。

专利侵权纠纷涉及实用新型专利或者外观设计专利的,人民法院或者管理专利工作的部门可以要求专利权人或者利害关系人出具由国务院专利行政部门对相关实用新型或者外观设计进行检索、分析和评价后作出的专利权评价报告,作为审理、处理专利侵权纠纷的证据。

3. 证据保全

为了制止专利侵权行为,在证据可能灭失或者以后难以取得的情况下,专利权人或者利害关系人可以在起诉前向人民法院申请保全证据。

人民法院采取保全措施,可以责令申请人提供担保;申请人不提供担保的,驳回申请。

人民法院应当自接受申请之时起 48 小时内作出裁定;裁定采取保全措施的,应当立即执行。

申请人自人民法院采取保全措施之日起 15 日内不起诉的,人民法院应当解除该措施。

4. 责令停止侵权

专利权人或者利害关系人有证据证明他人正在实施或者即将实施侵犯专利权的行为,如不及时制止将会使其合法权益受到难以弥补的损害的,可以在起诉前向人民法院申请采取责令停止有关行为的措施。申请人提出申请时,应当提供担保;不提供担保的,驳回申请。

人民法院应当自接受申请之时起 48 小时内作出裁定;有特殊情况需要延长的,可以延长 48 小时。裁定责令停止有关行为的,应当立即执行。当事人对裁定不服的,可以申请复议一次;复议期间不停止裁定的执行。

申请人自人民法院采取责令停止有关行为的措施之日起 15 日内不起诉的,人民法院应当解除该措施。申请有错误的,申请人应当赔偿被申请人因停止有关行为所遭受的损失。

？？ 思考题：专利侵权纠纷的举证责任有何特殊之处?

第四节　商标法

1982 年 8 月 23 日第五届全国人民代表大会常务委员会第二十四次会议通过《中华人民共和国商标法》(以下简称《商标法》)。1993 年 2 月 22 日第七届全国人民代表大会常务委员会第三十次会议第一次修正《商标法》。2001 年 10 月 27 日第九届全国人民代表大会常务委员会第二十四次会议第二次修正《商标法》。2013 年 8 月 30 日第十二届全国人民代表大会常务委员会第四次会议第三次修正《商标法》。制定商标法的目的是为了加强商标管理,保护商标专用权,促使生产、经营者保证商品和服务质量,维护商标信誉,以保障消费者和生产、经营者的利益,促进社会主义市场经济的发展。

一、 商标

任何能够将自然人、法人或者其他组织的商品与他人的商品区别开的标志,包括文字、图形、字母、数字、三维标志、颜色组合和声音等,以及上述要素的组合,都可以构成商标。商标是由文字、图形、字母、数字、三维标志、颜色组合和声音等,以及上述要素的组合形成的标志。

商标具有识别性功能。商标的识别性功能是指,商标是区分生产者或者服务者生产或提供的商品或服务的标志。商标是商品或者服务的标志,是区别这种商品或服务和那种商品或服务的标志。商标是区别生产者或服务者的标志,是区分此生产者或服务者与彼生产者或服务者的标志。

商标具有表彰性功能。商标对商品或者服务的质量有表彰功能,能反映商品或者服务的质量好坏。生产者或者服务者长期提供的商品或者服务质量良好的话,就会形成良好的声誉和信誉,商标反映了这种声誉和信誉,商标是质量的标志和信誉的标志,商品或服务的购买者或消费者根据商标来选择商品或者服务,其实质是根据商标选择商品或者服务的质量。

?? 思考题:什么叫商标?

二、 商标的分类

根据商标的构成要素分,商标可以分为文字商标、图形商标、字母商标、数字商标、三维标志、声音商标、组合商标等类型。有些国家法律规定,气味也可以申请商标,我国目前不允许将气味申请注册商标。

根据商标用途分,商标可以分为商品商标和服务商标。商品商标是生产者或者销售者在其商品上使用的商标。服务商标,就是服务标志或劳务标志,是服务提供者区分自己提供的服务与其他服务者提供的服务而使用的标志。

根据商标的功能分,可以将商标分为集体商标、证明商标、联合商标、防御商标。集体商标,是指以团体、协会或者其他组织名义注册,供该组织成员在商事活动中使用,以表明使用者在该组织中的成员资格的标志。证明商标,是指由对某种商品或者服务具有监督能力的组织所控制,而由该组织以外的单位或者个人使用于其商品或者服务,用以证明该商品或者服务的原产地、原料、制造方法、质量或者其他特定品质的标志。防御商标是指商标权利人将在非类似商品或服务上注册的同一种商标,以防止其他组织或个人在不同类别商品或服务上注册其商标。联合商标是商标申请者申请在同一种商品或者服务上注册的近似商标。

根据是否注册,商标可以分为注册商标或者未注册商标。注册商标是指经国家商标局核准注册并公告的商标。未注册商标是指未经国家商标局核准注册的商标。未注册商标也可以使用,但一旦被侵权,则不受保护。

根据商标的知名度,可以分为知名商标、著名商标或者驰名商标。知名商标是指地市级工商行政管理部门认定的有较高知名度的商标。著名商标是省级工商行政管理部门认定并颁发著名商标认定证书的商标。驰名商标是由国家工商行政管理部门或者有认定权的法院认定的有很高知名度的商标。

?? 思考题:商标有哪些分类?

三、 商标权人

商标法规定,自然人、法人或者其他组织在生产经营活动中,对其商品或者服务需要取得商标专用权的,应当向商标局申请商标注册。两个以上的自然人、法人或者其他组织可以共同向商标局申请注册同一商标,共同享有和行使该商标专用权。商标注册申请人可以是自然人、法人或者其他组织。商标注册核准后,商标权人可以是自然人、法人或者其他组织。

四、 商标注册申请的条件

任何能够将自然人、法人或者其他组织的商品与他人的商品区别开的标志,包括文字、图形、字母、数字、三维标志、颜色组合和声音等,以及上述要素的组合,均可以作为商标申请注册。

商标注册申请要符合以下要求。

（一） 商标要具有显著特征

申请注册的商标,应当有显著特征,便于识别,并不得与他人在先取得的合法权利相冲突。他人在先取得的合法权利包括肖像权、姓名权、美术作品著作权、实用新型专利权、外观设计专利权等。申请商标注册不得损害他人现有的在先权利,也不得以不正当手段抢先注册他人已经使用并有一定影响的商标。

（二） 禁止作为商标使用的标志

下列标志不得作为商标使用。

（1）同中华人民共和国的国家名称、国旗、国徽、国歌、军旗、军徽、军歌、勋章等相同或者近似的,以及同中央国家机关的名称、标志、所在地特定地点的名称或者标志性建筑物的名称、图形相同的。

（2）同外国的国家名称、国旗、国徽、军旗等相同或者近似的,但经该国政府同意的除外。

（3）同政府间国际组织的名称、旗帜、徽记等相同或者近似的,但经该组织同意或者不易误导公众的除外。

（4）与表明实施控制、予以保证的官方标志、检验印记相同或者近似的,但经授权的除外。

（5）同"红十字""红新月"的名称、标志相同或者近似的。

（6）带有民族歧视性的。

（7）带有欺骗性,容易使公众对商品的质量等特点或者产地产生误认的。

（8）有害于社会主义道德风尚或者有其他不良影响的。

县级以上行政区划的地名或者公众知晓的外国地名,不得作为商标。但是,地名具有其他含义或者作为集体商标、证明商标组成部分的除外;已经注册的使用地名的商标继续有效。

（三） 禁止作为商标注册的标志

下列标志不得作为商标注册。

（1）仅有本商品的通用名称、图形、型号的。

（2）仅直接表示商品的质量、主要原料、功能、用途、重量、数量及其他特点的。

（3）其他缺乏显著特征的。

前述所列标志经过使用取得显著特征,并便于识别的,可以作为商标注册。

（四） 三维标志注册的例外

以三维标志申请注册商标的,仅由商品自身的性质产生的形状、为获得技术效果而需有的商品形状或者使商品具有实质性价值的形状,不得注册。

（五）禁止将他人商标进行注册

未经授权，代理人或者代表人以自己的名义将被代理人或者被代表人的商标进行注册，被代理人或者被代表人提出异议的，不予注册并禁止使用。

就同一种商品或者类似商品申请注册的商标与他人在先使用的未注册商标相同或者近似，申请人与该他人具有前款规定以外的合同、业务往来关系或者其他关系而明知该他人商标存在，该他人提出异议的，不予注册。

❓ 思考题：哪些标志不得申请注册商标？

（六）地理标志注册商标的限制

商标中有商品的地理标志，而该商品并非来源于该标志所标示的地区，误导公众的，不予注册并禁止使用；但是，已经善意取得注册的继续有效。地理标志，是指标示某商品来源于某地区，该商品的特定质量、信誉或者其他特征，主要由该地区的自然因素或者人文因素所决定的标志。

（七）驰名商标的申请与认定

为相关公众所熟知的商标，持有人认为其权利受到侵害时，可以依照商标法规定请求驰名商标保护。

（1）就相同或者类似商品申请注册的商标是复制、摹仿或者翻译他人未在中国注册的驰名商标，容易导致混淆的，不予注册并禁止使用。就不相同或者不相类似商品申请注册的商标是复制、摹仿或者翻译他人已经在中国注册的驰名商标，误导公众，致使该驰名商标注册人的利益可能受到损害的，不予注册并禁止使用。

（2）驰名商标应当根据当事人的请求，作为处理涉及商标案件需要认定的事实进行认定。认定驰名商标应当考虑下列因素：相关公众对该商标的知晓程度；该商标使用的持续时间；该商标的任何宣传工作的持续时间、程度和地理范围；该商标作为驰名商标受保护的记录；该商标驰名的其他因素。

（3）在商标注册审查、工商行政管理部门查处商标违法案件过程中，当事人依照商标法主张权利的，商标局根据审查、处理案件的需要，可以对商标驰名情况作出认定。

在商标争议处理过程中，当事人依照商标法规定主张权利的，商标评审委员会根据处理案件的需要，可以对商标驰名情况作出认定。

在商标民事、行政案件审理过程中，当事人依照商标法主张权利的，最高人民法院指定的人民法院根据审理案件的需要，可以对商标驰名情况作出认定。

（4）生产、经营者不得将"驰名商标"字样用于商品、商品包装或者容器上，或者用于广告宣传、展览以及其他商业活动中。

❓ 思考题：驰名商标该如何认定？

五、商标注册申请的原则

（一）统一注册和管理的原则

国务院工商行政管理部门商标局主管全国商标注册和管理的工作。国务院工商行政管理部门设立商标评审委员会，负责处理商标争议事宜。经商标局核准注册的商标为注册商标，包括商品商标、服务商标和集体商标、证明商标；商标注册人享有商标专用权，受法律保护。

（二）自愿注册与强制注册相结合原则

商标由申请人自愿申请注册。法律、行政法规规定必须使用注册商标的商品，必须申请商标注册，未经核准注册的，不得在市场销售。

（三）诚实信用原则

申请注册和使用商标，应当遵循诚实信用原则。商标使用人应当对其使用商标的商品质量负责。各级工商行政管理部门应当通过商标管理，制止欺骗消费者的行为。

（四）先申请与先使用相结合原则

两个或者两个以上的商标注册申请人，在同一种商品或者类似商品上，以相同或者近似的商标申请注册的，申请在先的申请人获得商标权；同一天申请的，商标权授予使用在先的申请人。

（五）分类申请原则

商标申请实行分类申请原则，即一类商品或服务一份申请原则。作为尼斯联盟成员国，我国也采用《商标注册用商品和服务国际分类》，即尼斯分类，将商品和服务分成 45 个大类，其中商品为 1～34 类，服务为 35～45 类。商标局将尼斯分类的商品和服务项目划分类似群，并结合实际情况增加我国常用商品和服务项目名称，制定《类似商品和服务区分表》，供申请人申报商标注册时使用。

（六）对等原则

外国人或者外国企业在中国申请商标注册的，应当按其所属国和中华人民共和国签订的协议或者共同参加的国际条约办理，或者按对等原则办理。商标国际注册遵循中华人民共和国缔结或者参加的有关国际条约确立的制度，具体办法由国务院规定。

　　思考题：商标申请注册的原则有哪些？

六、 商标注册申请的代理

申请商标注册或者办理其他商标事宜，可以自行办理，也可以委托依法设立的商标代理机构办理。外国人或者外国企业在中国申请商标注册和办理其他商标事宜的，应当委托依法设立的商标代理机构办理。

商标代理机构应当遵循诚实信用原则，遵守法律、行政法规，按照被代理人的委托办理商标注册申请或者其他商标事宜；对在代理过程中知悉的被代理人的商业秘密，负有保密义务。委托人申请注册的商标可能存在商标法规定不得注册情形的，商标代理机构应当明确告知委托人。商标代理机构知道或者应当知道委托人申请注册的商标属于商标法第 15 条和第 32 条规定情形的，不得接受其委托。商标代理机构除对其代理服务申请商标注册外，不得申请注册其他商标。

商标代理行业组织应当按照章程规定，严格执行吸纳会员的条件，对违反行业自律规范的会员实行惩戒。商标代理行业组织对其吸纳的会员和对会员的惩戒情况，应当及时向社会公布。

七、 商标注册的申请

（一）分类申请

商标注册申请人应当按规定的商品分类表填报使用商标的商品类别和商品名称，提出注册申请。商标注册申请人可以通过一份申请就多个类别的商品申请注册同一商标。商标注册申请等有关文件，可以以书面方式或者数据电文方式提出。为申请商标注册所申报的事项和所提供的材料应当真实、准确、完整。

注册商标需要在核定使用范围之外的商品上取得商标专用权的，应当另行提出注册申请。注册商标需要改变其标志的，应当重新提出注册申请。

（二）优先权

商标注册申请人自其商标在外国第一次提出商标注册申请之日起 6 个月内，又在中国就相同商品以同一商标提出商标注册申请的，依照该外国同中国签订的协议或者共同参加的国际条约，或者按照相互承认优先权的原则，可以享有优先权。依照前述要求优先权的，应当在提出商标注册申请的时候提出书面声明，并且在 3 个月内提交第一次提出的商标注册申请文件的副本；未提出书面声明或者逾期未提交商标注册申请文件副本的，视为未要求优先权。

商标在中国政府主办的或者承认的国际展览会展出的商品上首次使用的，自该商品展出之日起 6 个月内，该商标的注册申请人可以享有优先权。依照前述要求优先权的，应当在提出商标注册申请的时候提出书面声明，并且在 3 个月内提交展出其商品的展览会名称、在展出商品上使用该商标的证据、展出日期等证明文件；未提出书面声明或者逾期未提交证明文件的，视为未要求优先权。

❓ 思考题：什么叫优先权？

八、 商标注册的审查和核准

（一）初步审定

商标局对商标注册申请和商标复审申请应当及时进行审查。商标注册申请人或者注册人发现商标申请文件或者注册文件有明显错误的，可以申请更正。商标局依法在其职权范围内作出更正，并通知当事人。前述所称更正错误不涉及商标申请文件或者注册文件的实质性内容。

对申请注册的商标，商标局应当自收到商标注册申请文件之日起 9 个月内审查完毕，符合商标法有关规定的，予以初步审定公告。

在审查过程中，商标局认为商标注册申请内容需要说明或者修正的，可以要求申请人作出说明或者修正。申请人未作出说明或者修正的，不影响商标局作出审查决定。

申请注册的商标，凡不符合商标法有关规定或者同他人在同一种商品或者类似商品上已经注册的或者初步审定的商标相同或者近似的，由商标局驳回申请，不予公告。

两个或者两个以上的商标注册申请人，在同一种商品或者类似商品上，以相同或者近似的商标申请注册的，初步审定并公告申请在先的商标；同一天申请的，初步审定并公告使用在先的商标，驳回其他人的申请，不予公告。

（二）异议

对初步审定公告的商标,自公告之日起 3 个月内,在先权利人、利害关系人认为违反商标第 13 条第 2 款和第 3 款、第 15 条、第 16 条第 1 款、第 30 条、第 31 条、第 32 条规定的,或者任何人认为违反商标法第 10 条、第 11 条、第 12 条规定的,可以向商标局提出异议。公告期满无异议的,予以核准注册,发给商标注册证,并予公告。

经审查异议不成立而准予注册的商标,商标注册申请人取得商标专用权的时间自初步审定公告 3 个月期满之日起计算。自该商标公告期满之日起至准予注册决定作出前,对他人在同一种或者类似商品上使用与该商标相同或者近似的标志的行为不具有追溯力;但是,因该使用人的恶意给商标注册人造成的损失,应当给予赔偿。

💬 思考题：商标异议的理由有哪些?

（三）核准

对初步审定公告的商标提出异议的,商标局应当听取异议人和被异议人陈述事实和理由,经调查核实后,自公告期满之日起 12 个月内作出是否准予注册的决定,并书面通知异议人和被异议人。有特殊情况需要延长的,经国务院工商行政管理部门批准,可以延长 6 个月。

商标局作出准予注册决定的,发给商标注册证,并予公告。异议人不服的,可以依照商标法第 44 条、第 45 条的规定向商标评审委员会请求宣告该注册商标无效。

（四）复审与诉讼

对驳回申请、不予公告的商标,商标局应当书面通知商标注册申请人。商标注册申请人不服的,可以自收到通知之日起 15 日内向商标评审委员会申请复审。商标评审委员会应当自收到申请之日起 9 个月内作出决定,并书面通知申请人。有特殊情况需要延长的,经国务院工商行政管理部门批准,可以延长 3 个月。当事人对商标评审委员会的决定不服的,可以自收到通知之日起 30 日内向人民法院起诉。

商标局作出不予注册决定,被异议人不服的,可以自收到通知之日起 15 日内向商标评审委员会申请复审。商标评审委员会应当自收到申请之日起 12 个月内作出复审决定,并书面通知异议人和被异议人。有特殊情况需要延长的,经国务院工商行政管理部门批准,可以延长 6 个月。被异议人对商标评审委员会的决定不服的,可以自收到通知之日起 30 日内向人民法院起诉。人民法院应当通知异议人作为第三人参加诉讼。

商标评审委员会在依照前款规定进行复审的过程中,所涉及的在先权利的确定必须以人民法院正在审理或者行政机关正在处理的另一案件的结果为依据的,可以中止审查。中止原因消除后,应当恢复审查程序。

法定期限届满,当事人对商标局作出的驳回申请决定、不予注册决定不申请复审或者对商标评审委员会作出的复审决定不向人民法院起诉的,驳回申请决定、不予注册决定或者复审决定生效。

💬 思考题：商标注册的审查和核准程序有哪些?

九、 注册商标的续展、变更、转让和使用许可

注册商标的有效期为 10 年,自核准注册之日起计算。

（一）续展

注册商标有效期满,需要继续使用的,商标注册人应当在期满前 12 个月内按照规定办理续展手续;在此期间未能办理的,可以给予 6 个月的宽展期。每次续展注册的有效期为 10 年,自该商标上一届有效期满次日起计算。期满未办理续展手续的,注销其注册商标。商标局应当对续展注册的商标予以公告。

（二）变更

注册商标需要变更注册人的名义、地址或者其他注册事项的,应当提出变更申请。

（三）转让

转让注册商标的,转让人和受让人应当签订转让协议,并共同向商标局提出申请。受让人应当保证使用该注册商标的商品质量。转让注册商标的,商标注册人对其在同一种商品上注册的近似的商标,或者在类似商品上注册的相同或者近似的商标,应当一并转让。对容易导致混淆或者有其他不良影响的转让,商标局不予核准,书面通知申请人并说明理由。转让注册商标经核准后,予以公告。受让人自公告之日起享有商标专用权。

（四）使用许可

商标注册人可以通过签订商标使用许可合同,许可他人使用其注册商标。许可人应当监督被许可人使用其注册商标的商品质量。被许可人应当保证使用该注册商标的商品质量。经许可使用他人注册商标的,必须在使用该注册商标的商品上标明被许可人的名称和商品产地。许可他人使用其注册商标的,许可人应当将其商标使用许可报商标局备案,由商标局公告。商标使用许可未经备案不得对抗善意第三人。

❓ 思考题：注册商标的转让有哪些规定?

十、 注册商标的无效宣告

（一）无效宣告

已经注册的商标,违反商标法第 10 条、第 11 条、第 12 条规定的,或者是以欺骗手段或者其他不正当手段取得注册的,由商标局宣告该注册商标无效;其他单位或者个人可以请求商标评审委员会宣告该注册商标无效。

（二）复审与诉讼

商标局作出宣告注册商标无效的决定,应当书面通知当事人。当事人对商标局的决定不服的,可以自收到通知之日起 15 日内向商标评审委员会申请复审。商标评审委员会应当自收到申请之日起 9 个月内作出决定,并书面通知当事人。有特殊情况需要延长的,经国务院工商行政管理部门批准,可以延长 3 个月。当事人对商标评审委员会的决定不服的,可以自收到通知之日起 30 日内向人民法院起诉。

其他单位或者个人请求商标评审委员会宣告注册商标无效的,商标评审委员会收到申请后,应当书面通知有关当事人,并限期提出答辩。商标评审委员会应当自收到申请之日起 9 个月内作出维持注册商标或者宣告注册商标无效的裁定,并书面通知当事人。有特殊情况需要延长的,经国务院工商行政管理部门批准,可以延长 3 个月。当事人对商标评审委员会的裁定不服的,可以自收到通知之日起 30 日内向人民法院起诉。人民法院应当通知商标裁定程序的对方当事人作为第三人参加诉讼。

思考题：商标注册的复审程序有哪些具体规定？

（三）无效宣告的程序

已经注册的商标，违反商标法规定的，自商标注册之日起 5 年内，在先权利人或者利害关系人可以请求商标评审委员会宣告该注册商标无效。对恶意注册的，驰名商标所有人不受 5 年的时间限制。

商标评审委员会收到宣告注册商标无效的申请后，应当书面通知有关当事人，并限期提出答辩。商标评审委员会应当自收到申请之日起 12 个月内作出维持注册商标或者宣告注册商标无效的裁定，并书面通知当事人。有特殊情况需要延长的，经国务院工商行政管理部门批准，可以延长 6 个月。当事人对商标评审委员会的裁定不服的，可以自收到通知之日起 30 日内向人民法院起诉。人民法院应当通知商标裁定程序的对方当事人作为第三人参加诉讼。

商标评审委员会在依照前述规定对无效宣告请求进行审查的过程中，所涉及的在先权利的确定必须以人民法院正在审理或者行政机关正在处理的另一案件的结果为依据的，可以中止审查。中止原因消除后，应当恢复审查程序。

法定期限届满，当事人对商标局宣告注册商标无效的决定不申请复审或者对商标评审委员会的复审决定、维持注册商标或者宣告注册商标无效的裁定不向人民法院起诉的，商标局的决定或者商标评审委员会的复审决定、裁定生效。依照商标法规定宣告无效的注册商标，由商标局予以公告，该注册商标专用权视为自始即不存在。

宣告注册商标无效的决定或者裁定，对宣告无效前人民法院作出并已执行的商标侵权案件的判决、裁定、调解书和工商行政管理部门作出并已执行的商标侵权案件的处理决定以及已经履行的商标转让或者使用许可合同不具有追溯力。但是，因商标注册人的恶意给他人造成的损失，应当给予赔偿。依照前述规定不返还商标侵权赔偿金、商标转让费、商标使用费，明显违反公平原则的，应当全部或者部分返还。

思考题：商标宣告无效的程序有哪些？

十一、 商标使用的管理

商标的使用，是指将商标用于商品、商品包装或者容器以及商品交易文书上，或者将商标用于广告宣传、展览以及其他商业活动中，用于识别商品来源的行为。

（一）注册商标的撤销

商标注册人在使用注册商标的过程中，自行改变注册商标、注册人名义、地址或者其他注册事项的，由地方工商行政管理部门责令限期改正；期满不改正的，由商标局撤销其注册商标。

注册商标成为其核定使用的商品的通用名称或者没有正当理由连续 3 年不使用的，任何单位或者个人可以向商标局申请撤销该注册商标。商标局应当自收到申请之日起 9 个月内作出决定。有特殊情况需要延长的，经国务院工商行政管理部门批准，可以延长 3 个月。

注册商标被撤销、被宣告无效或者期满不再续展的，自撤销、宣告无效或者注销之日起 1 年内，商标局对与该商标相同或者近似的商标注册申请，不予核准。

思考题：注册商标的可撤销情形有哪些？

（二） 撤销的复议与诉讼

对商标局撤销或者不予撤销注册商标的决定，当事人不服的，可以自收到通知之日起15 日内向商标评审委员会申请复审。商标评审委员会应当自收到申请之日起 9 个月内作出决定，并书面通知当事人。有特殊情况需要延长的，经国务院工商行政管理部门批准，可以延长 3 个月。当事人对商标评审委员会的决定不服的，可以自收到通知之日起30 日内向人民法院起诉。

法定期限届满，当事人对商标局作出的撤销注册商标的决定不申请复审或者对商标评审委员会作出的复审决定不向人民法院起诉的，撤销注册商标的决定、复审决定生效。被撤销的注册商标，由商标局予以公告，该注册商标专用权自公告之日起终止。

（三） 违法使用商标的处罚

商标法第 6 条规定，法律、行政法规规定必须使用注册商标的商品，必须申请商标注册，未经核准注册的，不得在市场销售。违反商标法第 6 条规定的，由地方工商行政管理部门责令限期申请注册，违法经营额 50000 元以上的，可以处违法经营额 20% 以下的罚款，没有违法经营额或者违法经营额不足 50000 元的，可以处 10000 元以下的罚款。

将未注册商标冒充注册商标使用的，或者使用未注册商标时使用了禁止性标志的，由地方工商行政管理部门予以制止，限期改正，并可以予以通报，违法经营额 50000 以上的，可以处违法经营额 20% 以下的罚款，没有违法经营额或者违法经营额不足 50000 元的，可以处 10000 元以下的罚款。

违反商标法规定的，生产、经营者将"驰名商标"字样用于商品、商品包装或者容器上，或者用于广告宣传、展览以及其他商业活动中，由地方工商行政管理部门责令改正，处 10万元罚款。

未经商标注册人许可，在同一种商品上使用与其注册商标相同的商标，构成犯罪的，除赔偿被侵权人的损失外，依法追究刑事责任。伪造、擅自制造他人注册商标标识或者销售伪造、擅自制造的注册商标标识，构成犯罪的，除赔偿被侵权人的损失外，依法追究刑事责任。销售明知是假冒注册商标的商品，构成犯罪的，除赔偿被侵权人的损失外，依法追究刑事责任。

思考题：违法使用商标该如何处罚？

十二、 注册商标专用权的保护

（一） 注册商标专用权的保护范围
注册商标的专用权，以核准注册的商标和核定使用的商品为限。

（二） 侵犯商标专用权的行为
有下列行为之一的，均属侵犯注册商标专用权：未经商标注册人的许可，在同一种商品上使用与其注册商标相同的商标的；未经商标注册人的许可，在同一种商品上使用与其注册商标近似的商标，或者在类似商品上使用与其注册商标相同或者近似的商标，容易导致混淆的；销售侵犯注册商标专用权的商品的；伪造、擅自制造他人注册商标标识或者销售伪造、擅自制造的注册商标标识的；未经商标注册人同意，更换其注册商标并将该更换商标的商品又投入市场的；故意为侵犯他人商标专用权行为提供便利条件，帮助他人实施侵犯商标专用权行为的;给他人的注册商标专用权造成其他损害的。

将他人注册商标、未注册的驰名商标作为企业名称中的字号使用,误导公众,构成不正当竞争行为的,依照《反不正当竞争法》处理。

注册商标中含有的本商品的通用名称、图形、型号,或者直接表示商品的质量、主要原料、功能、用途、重量、数量及其他特点,或者含有的地名,注册商标专用权人无权禁止他人正当使用。

三维标志注册商标中含有的商品自身的性质产生的形状、为获得技术效果而需有的商品形状或者使商品具有实质性价值的形状,注册商标专用权人无权禁止他人正当使用。

商标注册人申请商标注册前,他人已经在同一种商品或者类似商品上先于商标注册人使用与注册商标相同或者近似并有一定影响的商标的,注册商标专用权人无权禁止该使用人在原使用范围内继续使用该商标,但可以要求其附加适当区别标识。

❓ 思考题:侵犯商标专用权的行为有哪些?

(三) 侵犯商标专用权的赔偿责任

侵犯商标专用权的赔偿数额,按照权利人因被侵权所受到的实际损失确定;实际损失难以确定的,可以按照侵权人因侵权所获得的利益确定;权利人的损失或者侵权人获得的利益难以确定的,参照该商标许可使用费的倍数合理确定。对恶意侵犯商标专用权,情节严重的,可以在按照上述方法确定数额的 1 倍以上 3 倍以下确定赔偿数额。赔偿数额应当包括权利人为制止侵权行为所支付的合理开支。

人民法院为确定赔偿数额,在权利人已经尽力举证,而与侵权行为相关的账簿、资料主要由侵权人掌握的情况下,可以责令侵权人提供与侵权行为相关的账簿、资料;侵权人不提供或者提供虚假的账簿、资料的,人民法院可以参考权利人的主张和提供的证据判定赔偿数额。

权利人因被侵权所受到的实际损失、侵权人因侵权所获得的利益、注册商标许可使用费难以确定的,由人民法院根据侵权行为的情节判决给予 300 万元以下的赔偿。

注册商标专用权人请求赔偿,被控侵权人以注册商标专用权人未使用注册商标提出抗辩的,人民法院可以要求注册商标专用权人提供此前 3 年内实际使用该注册商标的证据。注册商标专用权人不能证明此前 3 年内实际使用过该注册商标,也不能证明因侵权行为受到其他损失的,被控侵权人不承担赔偿责任。

销售不知道是侵犯注册商标专用权的商品,能证明该商品是自己合法取得并说明提供者的,不承担赔偿责任。

商标注册人或者利害关系人有证据证明他人正在实施或者即将实施侵犯其注册商标专用权的行为,如不及时制止将会使其合法权益受到难以弥补的损害的,可以依法在起诉前向人民法院申请采取责令停止有关行为和财产保全的措施。

❓ 思考题:侵犯商标专用权该如何赔偿?

(四) 侵权行为的处理

有商标法规定的侵犯注册商标专用权行为,引起纠纷的,由当事人协商解决;不愿协商或者协商不成的,商标注册人或者利害关系人可以向人民法院起诉,也可以请求工商行政管理部门处理。

工商行政管理部门处理时,认定侵权行为成立的,责令立即停止侵权行为,没收、销毁侵权商品和主要用于制造侵权商品、伪造注册商标标识的工具,违法经营额 50000 元以上的,可以处违法经营额 5 倍以下的罚款,没有违法经营额或者违法经营额不足 50000 元的,可以处 25 万元以下的罚款。对 5 年内实施两次以上商标侵权行为或者有其他严重情节的,应当从重处罚。销售不知道是侵犯注册商标专用权的商品,能证明该商品是自己合法取得并说明提供者的,由工商行政管理部门责令停止销售。

对侵犯商标专用权的赔偿数额的争议,当事人可以请求进行处理的工商行政管理部门调解,也可以依照《中华人民共和国民事诉讼法》向人民法院起诉。经工商行政管理部门调解,当事人未达成协议或者调解书生效后不履行的,当事人可以依照《中华人民共和国民事诉讼法》向人民法院起诉。

对侵犯注册商标专用权的行为,工商行政管理部门有权依法查处;涉嫌犯罪的,应当及时移送司法机关依法处理。

县级以上工商行政管理部门根据已经取得的违法嫌疑证据或者举报,对涉嫌侵犯他人注册商标专用权的行为进行查处时,可以行使下列职权:询问有关当事人,调查与侵犯他人注册商标专用权有关的情况;查阅、复制当事人与侵权活动有关的合同、发票、账簿以及其他有关资料;对当事人涉嫌从事侵犯他人注册商标专用权活动的场所实施现场检查;检查与侵权活动有关的物品;对有证据证明是侵犯他人注册商标专用权的物品,可以查封或者扣押。工商行政管理部门依法行使前款规定的职权时,当事人应当予以协助、配合,不得拒绝、阻挠。

在查处商标侵权案件过程中,对商标权属存在争议或者权利人同时向人民法院提起商标侵权诉讼的,工商行政管理部门可以中止案件的查处。中止原因消除后,应当恢复或者终结案件查处程序。

❓ 思考题:商标监管部门有哪些职权?

(五) 对商标代理机构的监管

商标代理机构有下列行为之一的,由工商行政管理部门责令限期改正,给予警告,处 10000 元以上 10 万元以下的罚款;对直接负责的主管人员和其他直接责任人员给予警告,处 5000 元以上 50000 元以下的罚款;构成犯罪的,依法追究刑事责任:办理商标事宜过程中,伪造、变造或者使用伪造、变造的法律文件、印章、签名的;以诋毁其他商标代理机构等手段招徕商标代理业务或者以其他不正当手段扰乱商标代理市场秩序的;违反商标法第 19 条第 3 款、第 4 款规定的。

商标代理机构有前款规定行为的,由工商行政管理部门记入信用档案;情节严重的,商标局、商标评审委员会并可以决定停止受理其办理商标代理业务,予以公告。

商标代理机构违反诚实信用原则,侵害委托人合法利益的,应当依法承担民事责任,并由商标代理行业组织按照章程规定予以惩戒。

(六) 工商行政管理部门的职责要求

从事商标注册、管理和复审工作的国家机关工作人员必须秉公执法,廉洁自律,忠于职守,文明服务。

商标局、商标评审委员会以及从事商标注册、管理和复审工作的国家机关工作人员不得从事商标代理业务和商品生产经营活动。

工商行政管理部门应当建立健全内部监督制度,对负责商标注册、管理和复审工作的国家机关工作人员执行法律、行政法规和遵守纪律的情况,进行监督检查。

从事商标注册、管理和复审工作的国家机关工作人员玩忽职守、滥用职权、徇私舞弊,违法办理商标注册、管理和复审事项,收受当事人财物,牟取不正当利益,构成犯罪的,依法追究刑事责任;尚不构成犯罪的,依法给予处分。

本章引用法律资源:

1.《中华人民共和国著作权法》。

2.《中华人民共和国专利法》。

3.《中华人民共和国商标法》。

本章参考文献:

1. 王迁. 知识产权法教程[M]. 北京:中国人民大学出版社,2016.

2. 吴汉东. 知识产权法[M]. 北京:法律出版社,2014.

本章网站资源:

1. 中国人大网:www.npc.gov.cn。

2. 中华人民共和国最高人民法院网站:www.court.gov.cn。

3. 中华人民共和国知识产权局网站:www.sipo.gov.cn。

第十九章　经济纠纷的仲裁与诉讼

■■■■本章教学目标

通过学习,明白仲裁法和民事诉讼法的基本内容。了解仲裁的含义和基本原则,掌握仲裁的适用范围,掌握仲裁机构的规定;知晓仲裁协议,重点掌握仲裁程序、仲裁的执行和涉外仲裁的规定;了解民事诉讼的基本原则;重点掌握民事诉讼的管辖,掌握诉讼参加人、诉讼证据的规定、保全的规定,了解调解的规定;重点掌握诉讼的一审普通程序和简易程序,了解二审程序和审判监督程序。

第一节　经济纠纷的仲裁

一、仲裁

广义上的仲裁指依法成立的仲裁机构对当事人按照协议提交的纠纷居中作出裁决的一种争议解决方式,包括了经济仲裁、劳动仲裁等仲裁方式。仲裁是一种意定性、自治性、契约性、民间性、准司法性的纠纷解决方式。狭义上的仲裁是指经济纠纷的当事人根据双方达成的协议,将经济纠纷提交第三者即仲裁机构,由第三者居中作出裁决的一种经济纠纷解决方式。我国仲裁法规定的仲裁指的是狭义上的仲裁。劳动仲裁由《劳动争议调解仲裁法》规定。

？ 思考题：什么是仲裁?

二、仲裁法

仲裁法是调整仲裁关系的法律规范的总称。1994 年 8 月 31 日,第八届全国人民代表大会常务委员会第九次会议通过《中华人民共和国仲裁法》(以下简称《仲裁法》)。2009 年 8 月 27 日第十一届全国人民代表大会常务委员会第十次会议第一次修正《仲裁法》。2017 年 9 月 1 日第十二届全国人民代表大会常务委员会第二十九次会议再次修订了《仲裁法》。《最高人民法院关于适用〈中华人民共和国仲裁法〉若干问题的解释》于 2005 年 12 月 26 日由最高人民法院审判委员会通过,自 2006 年 9 月 8 日起施行。制定仲裁法的目的是为保证公正、及时地仲裁经济纠纷,保护当事人的合法权益,保障社会主义市场经济健康发展。

三、仲裁的基本原则

(一) 自愿原则

仲裁是一种意定行为,贯彻意思自治原则,当事人自愿才能仲裁,任何单位和个人都不能强迫当事人仲裁。当事人采用仲裁方式解决纠纷,应当双方自愿,达成仲裁协议。没有仲裁协议,一方申请仲裁的,仲裁委员会不予受理。

自愿原则,意味着是否仲裁由当事人自己选择,仲裁地点、仲裁委员会、仲裁员都是由当事人自己选择的。仲裁法规定,仲裁不实行级别管辖和地域管辖,仲裁委员会应当由当事人协议选定。仲裁机构置备仲裁员名单,供当事人选择仲裁员。

(二) 协议原则

当事人申请仲裁,需要在争议发生前或者发生后达成仲裁协议,有仲裁协议,仲裁机关才能受理当事人的仲裁申请,对经济纠纷进行仲裁。没有仲裁协议,当事人不能申请仲裁,即便当事人提出仲裁申请,仲裁机关也不能受理。

(三) 独立仲裁原则

仲裁机构依法独立成立,独立选任仲裁员。仲裁依法独立进行,不受行政机关、社会团体和个人的干涉。仲裁机构是民间性组织,独立于行政机关,与行政机关之间没有隶属性,仲裁机构之间也没有隶属性。仲裁机构的裁决活动具有准司法性,却不是司法机关,仲裁机构独立于法院,与法院之间没有隶属性。仲裁机构独立于劳动仲裁机构,与劳动仲裁机构之间业务分别,互不隶属和干预。

(四) 公平合理原则

仲裁应当根据事实,符合法律规定,公平合理地解决纠纷。仲裁活动是准司法活动,仲裁机构对当事人的经济纠纷进行审理裁决,依法裁决当事人的权益纠纷,仲裁裁决具有法律效力,对当事人各方都具有约束力。仲裁强调中立性,要求仲裁机构以事实为根据,以法律为准绳,公平、公正地对当事人之间的经济纠纷作出合理的裁决。

(五) 或裁或审原则

当事人一般对仲裁和诉讼只能二者选一,除非法律另有规定。当事人达成了仲裁协议,就只能到仲裁机构仲裁。当事人达成仲裁协议,一方向人民法院起诉的,人民法院不予受理,但仲裁协议无效的除外。仲裁机构凭仲裁协议受理仲裁申请,没有仲裁协议,仲裁机构不能受理仲裁申请,当事人只能到法院进行诉讼。

(六) 一裁终局原则

仲裁实行一裁终局的制度。裁决作出后,当事人就同一纠纷再申请仲裁或者向人民法院起诉的,仲裁委员会或者人民法院不予受理。一次裁决即生效,程序简便,节省费用,这即是仲裁的经济性,一裁终局是仲裁经济性的体现。当然,仲裁裁决被人民法院依法裁定撤销或者不予执行的,当事人就该纠纷可以根据双方重新达成的仲裁协议申请仲裁,也可以向人民法院起诉。

思考题:仲裁的基本原则有哪些?

四、 仲裁法适用范围

仲裁法规定,平等主体的公民、法人和其他组织之间发生的合同纠纷和其他财产权益纠纷,可以仲裁。

仲裁适用主体的地位具有平等性,不具有平等性的主体之间的经济纠纷不能仲裁,如行政争议主体之间具有隶属性,行政争议因主体地位的不平等,就只能由行政机关处理,仲裁法规定,依法应当由行政机关处理的行政争议不能仲裁。婚姻、收养、监护、扶养、继承纠纷的当事人之间地位平等,这些纠纷并非经济纠纷,而且这些纠纷涉及人身权益,并非完全的财产权益,婚姻法、收养法、继承法等法律对这些纠纷解决作出了详尽规定,这些纠纷由法院解决更稳妥,更有利于纠纷解决,仲裁法规定,婚姻、收养、监护、扶养、继承纠纷不能仲裁。劳动争议涉及劳动者的权益保护,《劳动争议调解仲裁法》对劳动仲裁进行了规定,劳动争议由劳动争议仲裁机构作出裁决,也不适用仲裁法。此外,农村土地承包经营合同涉及农民权益,也不适用仲裁法。仲裁法规定,劳动争议和农业集体经济组织内部的农业承包合同纠纷的仲裁,另行规定。

从业务上看,仲裁法管辖的是各类合同纠纷和其他财产权益纠纷,其他财产权益纠纷是指房地产纠纷、交通事故纠纷等,只要当事人达成仲裁协议,就可以将其他财产权益纠纷向仲裁机构申请仲裁。

思考题:仲裁法的适用范围有哪些?

五、仲裁机构

仲裁机构是负责仲裁事务的组织。仲裁机构的组织形式可以分为仲裁委员会和仲裁协会。中国仲裁协会是行业组织,是社会团体,不负责具体的仲裁事务。仲裁委员会具体负责仲裁事务,仲裁委员会通过当事人选择成立仲裁庭的方式对经济纠纷进行裁决。

(一)仲裁委员会

1. 设立

仲裁委员会独立于行政机关,与行政机关没有隶属关系。仲裁委员会之间也没有隶属关系。仲裁委员会可以在直辖市和省、自治区人民政府所在地的市设立,也可以根据需要在其他设区的市设立,不按行政区划层层设立。仲裁委员会由前款规定的市的人民政府组织有关部门和商会统一组建。设立仲裁委员会,应当经省、自治区、直辖市的司法行政部门登记。

2. 条件

仲裁委员会应当具备下列条件:有自己的名称、住所和章程,有必要的财产,有该委员会的组成人员,有聘任的仲裁员。仲裁委员会的章程应当依照仲裁法制定。

3. 组成

仲裁委员会由主任1人、副主任2~4人和委员7~11人组成。

仲裁委员会的主任、副主任和委员由法律、经济贸易专家和有实际工作经验的人员担任。仲裁委员会的组成人员中,法律、经济贸易专家不得少于2/3。

4. 仲裁员

仲裁委员会按照不同专业设仲裁员名册。仲裁委员会应当从公道正派的人员中聘任仲裁员。仲裁员应当符合下列条件之一:通过国家统一法律职业资格考试取得法律职业资格,从事仲裁工作满8年的;从事律师工作满8年的;曾任法官满8年的;从事法律研究、教学工作并具有高级职称的;具有法律知识、从事经济贸易等专业工作并具有高级职称或者具有同等专业水平的。

（二） 仲裁协会

中国仲裁协会是社会团体法人。仲裁委员会是中国仲裁协会的会员。中国仲裁协会的章程由全国会员大会制定。中国仲裁协会是仲裁委员会的自律性组织,根据章程对仲裁委员会及其组成人员、仲裁员的违纪行为进行监督。中国仲裁协会依照仲裁法和民事诉讼法的有关规定制定仲裁规则。

思考题：仲裁委员会设立的具体条件有哪些？

六、 仲裁协议

（一） 仲裁协议

仲裁协议包括合同中订立的仲裁条款和以其他书面方式在纠纷发生前或者纠纷发生后达成的请求仲裁的协议。"其他书面形式"的仲裁协议,包括以合同书、信件和数据电文(包括电报、电传、传真、电子数据交换和电子邮件)等形式达成的请求仲裁的协议。

（二） 仲裁协议的内容

仲裁协议应当具有下列内容：请求仲裁的意思表示,仲裁事项,选定的仲裁委员会。

当事人概括约定仲裁事项为合同争议的,基于合同成立、效力、变更、转让、履行、违约责任、解释、解除等产生的纠纷都可以认定为仲裁事项。

仲裁协议约定的仲裁机构名称不准确,但能够确定具体的仲裁机构的,应当认定选定了仲裁机构。仲裁协议仅约定纠纷适用的仲裁规则的,视为未约定仲裁机构,但当事人达成补充协议或者按照约定的仲裁规则能够确定仲裁机构的除外。

（三） 仲裁协议的效力

有下列情形之一的,仲裁协议无效：约定的仲裁事项超出法律规定的仲裁范围的;无民事行为能力人或者限制民事行为能力人订立的仲裁协议;一方采取胁迫手段,迫使对方订立仲裁协议的。

仲裁协议对仲裁事项或者仲裁委员会没有约定或者约定不明确的,当事人可以补充协议;达不成补充协议的,仲裁协议无效。

仲裁协议约定两个以上仲裁机构的,当事人可以协议选择其中的一个仲裁机构申请仲裁;当事人不能就仲裁机构选择达成一致的,仲裁协议无效。仲裁协议约定由某地的仲裁机构仲裁且该地仅有一个仲裁机构的,该仲裁机构视为约定的仲裁机构。该地有两个以上仲裁机构的,当事人可以协议选择其中的一个仲裁机构申请仲裁;当事人不能就仲裁机构选择达成一致的,仲裁协议无效。

当事人约定争议可以向仲裁机构申请仲裁也可以向人民法院起诉的,仲裁协议无效。但一方向仲裁机构申请仲裁,另一方未在仲裁法规定的首次开庭前提出异议的除外。"首次开庭"是指答辩期满后人民法院组织的第一次开庭审理,不包括审前程序中的各项活动。

当事人对仲裁协议的效力有异议的,可以请求仲裁委员会作出决定或者请求人民法院作出裁定。当事人向人民法院申请确认仲裁协议效力的案件,由仲裁协议约定的仲裁机构所在地的中级人民法院管辖;仲裁协议约定的仲裁机构不明确的,由仲裁协议签订地或者被申请人住所地的中级人民法院管辖。一方请求仲裁委员会作出决定,另一方请求人民法院作出裁定的,由人民法院裁定。当事人对仲裁协议的效力有异议,应当在仲裁庭首次开庭前提出。当事人在仲裁庭首次开庭前没有对仲裁协议的效力提出异议,而后向人民法院申请确认仲裁协议无效的,人民法院不予受理。仲裁机构对仲裁协议的效力作出决定后,当事人向人民法院申请确认仲裁协议效力或者申请撤销仲裁机构的决定的,人民法院不予受理。

当事人订立仲裁协议后合并、分立的,仲裁协议对其权利义务的继受人有效。当事人订立仲裁协议后死亡的,仲裁协议对承继其仲裁事项中的权利义务的继承人有效。

仲裁协议独立存在,合同的变更、解除、终止或者无效,不影响仲裁协议的效力。仲裁庭有权确认合同的效力。

❓ 思考题:仲裁协议无效的具体情形有哪些?

七、 仲裁程序

(一) 申请和受理

1. 申请

法律对仲裁时效有规定的,适用该规定。法律对仲裁时效没有规定的,适用诉讼时效的规定。

当事人申请仲裁应当符合下列条件:有仲裁协议;有具体的仲裁请求和事实、理由;属于仲裁委员会的受理范围。

当事人申请仲裁,应当向仲裁委员会递交仲裁协议、仲裁申请书及副本。仲裁申请书应当载明下列事项:当事人的姓名、性别、年龄、职业、工作单位和住所,法人或者其他组织的名称、住所和法定代表人或者主要负责人的姓名、职务;仲裁请求和所根据的事实、理由;证据和证据来源、证人姓名和住所。

2. 受理

(1) 立案

仲裁委员会收到仲裁申请书之日起 5 日内,认为符合受理条件的,应当受理,并通知当事人;认为不符合受理条件的,应当书面通知当事人不予受理,并说明理由。当事人应当按照规定交纳仲裁费用。收取仲裁费用的办法,应当报物价管理部门核准。

(2) 通知

仲裁委员会受理仲裁申请后,应当在仲裁规则规定的期限内将仲裁规则和仲裁员名册送达申请人,并将仲裁申请书副本和仲裁规则、仲裁员名册送达被申请人。

被申请人收到仲裁申请书副本后,应当在仲裁规则规定的期限内向仲裁委员会提交答辩书。仲裁委员会收到答辩书后,应当在仲裁规则规定的期限内将答辩书副本送达申请人。被申请人未提交答辩书的,不影响仲裁程序的进行。

(3) 异议

当事人达成仲裁协议,一方向人民法院起诉未声明有仲裁协议,人民法院受理后,另一方在首次开庭前提交仲裁协议的,人民法院应当驳回起诉,但仲裁协议无效的除外;另一方在首次开庭前未对人民法院受理该案提出异议的,视为放弃仲裁协议,人民法院应当继续审理。

（4）变更

申请人可以放弃或者变更仲裁请求。被申请人可以承认或者反驳仲裁请求，有权提出反请求。

（5）保全

一方当事人因另一方当事人的行为或者其他原因，可能使裁决不能执行或者难以执行的，可以申请财产保全。当事人申请财产保全的，仲裁委员会应当将当事人的申请依照民事诉讼法的有关规定提交人民法院。申请有错误的，申请人应当赔偿被申请人因财产保全所遭受的损失。

（6）委托

当事人、法定代理人可以委托律师和其他代理人进行仲裁活动。委托律师和其他代理人进行仲裁活动的，应当向仲裁委员会提交授权委托书。

　　思考题：仲裁受理程序有哪些？

（二）仲裁庭的组成

1. 仲裁庭

仲裁庭可以由 3 名仲裁员或者 1 名仲裁员组成。由 3 名仲裁员组成的，设首席仲裁员。当事人约定由 3 名仲裁员组成仲裁庭的，应当各自选定或者各自委托仲裁委员会主任指定 1 名仲裁员，第 3 名仲裁员由当事人共同选定或者共同委托仲裁委员会主任指定。第 3 名仲裁员是首席仲裁员。当事人约定由 1 名仲裁员成立仲裁庭的，应当由当事人共同选定或者共同委托仲裁委员会主任指定仲裁员。当事人没有在仲裁规则规定的期限内约定仲裁庭的组成方式或者选定仲裁员的，由仲裁委员会主任指定。

2. 通知

仲裁庭组成后，仲裁委员会应当将仲裁庭的组成情况书面通知当事人。

3. 回避

仲裁员有下列情形之一的，必须回避，当事人也有权提出回避申请：是本案当事人或者当事人、代理人的近亲属；与本案有利害关系；与本案当事人、代理人有其他关系，可能影响公正仲裁的；私自会见当事人、代理人，或者接受当事人、代理人的请客送礼的。

当事人提出回避申请，应当说明理由，在首次开庭前提出。回避事由在首次开庭后知道的，可以在最后一次开庭终结前提出。仲裁员是否回避，由仲裁委员会主任决定；仲裁委员会主任担任仲裁员时，由仲裁委员会集体决定。仲裁员因回避或者其他原因不能履行职责的，应当依照仲裁法规定重新选定或者指定仲裁员。

因回避而重新选定或者指定仲裁员后，当事人可以请求已进行的仲裁程序重新进行，是否准许，由仲裁庭决定；仲裁庭也可以自行决定已进行的仲裁程序是否重新进行。

　　思考题：仲裁庭如何组成？

（三）开庭和裁决

1. 审理方式

仲裁应当开庭进行。当事人协议不开庭的，仲裁庭可以根据仲裁申请书、答辩书以及其他材料作出裁决。仲裁不公开进行。当事人协议公开的，可以公开进行，但涉及国家秘密的除外。

2. 通知

仲裁委员会应当在仲裁规则规定的期限内将开庭日期通知双方当事人。当事人有正当理由的,可以在仲裁规则规定的期限内请求延期开庭。是否延期,由仲裁庭决定。

申请人经书面通知,无正当理由不到庭或者未经仲裁庭许可中途退庭的,可以视为撤回仲裁申请。被申请人经书面通知,无正当理由不到庭或者未经仲裁庭许可中途退庭的,可以缺席裁决。

3. 举证和质证

当事人应当对自己的主张提供证据。仲裁庭认为有必要收集的证据,可以自行收集。证据应当在开庭时出示,当事人可以质证。

仲裁庭对专门性问题认为需要鉴定的,可以交由当事人约定的鉴定部门鉴定,也可以由仲裁庭指定的鉴定部门鉴定。根据当事人的请求或者仲裁庭的要求,鉴定部门应当派鉴定人参加开庭。当事人经仲裁庭许可,可以向鉴定人提问。

在证据可能灭失或者以后难以取得的情况下,当事人可以申请证据保全。当事人申请证据保全的,仲裁委员会应当将当事人的申请提交证据所在地的基层人民法院。

4. 辩论

当事人在仲裁过程中有权进行辩论。辩论终结时,首席仲裁员或者独任仲裁员应当征询当事人的最后意见。

5. 记录

仲裁庭应当将开庭情况记入笔录。当事人和其他仲裁参与人认为对自己陈述的记录有遗漏或者差错的,有权申请补正。如果不予补正,应当记录该申请。笔录由仲裁员、记录人员、当事人和其他仲裁参与人签名或者盖章。

6. 和解和调解

当事人申请仲裁后,可以自行和解。达成和解协议的,可以请求仲裁庭根据和解协议作出裁决书,也可以撤回仲裁申请。当事人达成和解协议,撤回仲裁申请后反悔的,可以根据仲裁协议申请仲裁。仲裁庭在作出裁决前,可以先行调解。当事人自愿调解的,仲裁庭应当调解。调解不成的,应当及时作出裁决。调解达成协议的,仲裁庭应当制作调解书或者根据协议的结果制作裁决书。调解书与裁决书具有同等法律效力。调解书应当写明仲裁请求和当事人协议的结果。调解书由仲裁员签名,加盖仲裁委员会印章,送达双方当事人。调解书经双方当事人签收后,即发生法律效力。在调解书签收前当事人反悔的,仲裁庭应当及时作出裁决。

7. 裁决

裁决应当按照多数仲裁员的意见作出,少数仲裁员的不同意见可以记入笔录。仲裁庭不能形成多数意见时,裁决应当按照首席仲裁员的意见作出。

裁决书应当写明仲裁请求、争议事实、裁决理由、裁决结果、仲裁费用的负担和裁决日期。当事人协议不愿写明争议事实和裁决理由的,可以不写。裁决书由仲裁员签名,加盖仲裁委员会印章。对裁决持不同意见的仲裁员,可以签名,也可以不签名。

仲裁庭仲裁纠纷时,其中一部分事实已经清楚,可以就该部分先行裁决。

裁决书自作出之日起发生法律效力。

思考题：仲裁过程中开庭及裁决的具体流程有哪些？

八、 仲裁裁决的撤销

（一）申请

当事人申请撤销裁决的，应当自收到裁决书之日起 6 个月内提出。

当事人提出证据证明裁决有下列情形之一的，可以向仲裁委员会所在地的中级人民法院申请撤销裁决：没有仲裁协议的；裁决的事项不属于仲裁协议的范围或者仲裁委员会无权仲裁的；仲裁庭的组成或者仲裁的程序违反法定程序的；裁决所根据的证据是伪造的；对方当事人隐瞒了足以影响公正裁决的证据的；仲裁员在仲裁该案时有索贿受贿，徇私舞弊，枉法裁决行为的。

（二）审理与裁定

人民法院应当在受理撤销裁决申请之日起 2 个月内作出撤销裁决或者驳回申请的裁定。

人民法院受理撤销裁决的申请后，认为可以由仲裁庭重新仲裁的，通知仲裁庭在一定期限内重新仲裁，并裁定中止撤销程序。仲裁庭拒绝重新仲裁的，人民法院应当裁定恢复撤销程序。

人民法院经组成合议庭审查核实裁决有仲裁法规定情形之一的，应当裁定撤销。人民法院认定该裁决违背社会公共利益的，应当裁定撤销。当事人以仲裁裁决事项超出仲裁协议范围为由申请撤销仲裁裁决，经审查属实的，人民法院应当撤销仲裁裁决中的超裁部分。但超裁部分与其他裁决事项不可分的，人民法院应当撤销仲裁裁决。

思考题：当事人可申请仲裁裁决撤销的具体情形有哪些？

九、 仲裁裁决的执行

仲裁机构并无执行权，当事人如果因为另外一方不履行裁决，只能向人民法院申请执行。仲裁裁决的执行权在法院。

（一）申请

当事人应当履行裁决。一方当事人不履行的，另一方当事人可以依照民事诉讼法的有关规定向人民法院申请执行。受申请的人民法院应当执行。

（二）执行

被申请人提出证据证明裁决有民事诉讼法第 213 条第 2 款规定的情形之一的，经人民法院组成合议庭审查核实，裁定不予执行。

一方当事人申请执行裁决，另一方当事人申请撤销裁决的，人民法院应当裁定中止执行。

人民法院裁定撤销裁决的，应当裁定终结执行。撤销裁决的申请被裁定驳回的，人民法院应当裁定恢复执行。

思考题：仲裁裁决如何执行？

十、涉外仲裁

（一）涉外仲裁的适用范围

涉外经济贸易、运输和海事中发生的纠纷的仲裁，适用仲裁法的规定。

（二）涉外仲裁机构

涉外仲裁委员会可以由中国国际商会组织设立。

涉外仲裁委员会由主任1人、副主任若干人和委员若干人组成。涉外仲裁委员会的主任、副主任和委员可以由中国国际商会聘任。涉外仲裁委员会可以从具有法律、经济贸易、科学技术等专门知识的外籍人士中聘任仲裁员。

涉外仲裁的当事人申请证据保全的，涉外仲裁委员会应当将当事人的申请提交证据所在地的中级人民法院。

（三）涉外仲裁程序的特别规定

涉外仲裁的仲裁庭可以将开庭情况记入笔录，或者作出笔录要点，笔录要点可以由当事人和其他仲裁参与人签字或者盖章。

当事人提出证据证明涉外仲裁裁决有民事诉讼法第258条第1款规定的情形之一的，经人民法院组成合议庭审查核实，裁定撤销。

被申请人提出证据证明涉外仲裁裁决有民事诉讼法第258条第1款规定的情形之一的，经人民法院组成合议庭审查核实，裁定不予执行。

涉外仲裁委员会作出的发生法律效力的仲裁裁决，当事人请求执行的，如果被执行人或者其财产不在中华人民共和国领域内，应当由当事人直接向有管辖权的外国法院申请承认和执行。

涉外仲裁规则可以由中国国际商会依照仲裁法和民事诉讼法的有关规定制定。

🤔 思考题：涉外仲裁的适用范围有哪些？

第二节　经济纠纷的诉讼

一、诉讼

经济纠纷的诉讼，是指人民法院在当事人和其他诉讼参与人的参加下，依法审理和解决经济纠纷案件的全部诉讼活动及由此产生的各种诉讼关系的总和。诉讼可以分为民事诉讼、行政诉讼、刑事诉讼3类，分别适用《民事诉讼法》《行政诉讼法》《刑事诉讼法》。我国没有颁布经济诉讼法，经济纠纷在法院立案时一般列入民商事案件，适用《民事诉讼法》。经济纠纷涉及行政法规定的，如变成行政案件，就适用《行政诉讼法》。经济活动的当事人实施违法行为，触犯刑律，行为性质变成犯罪，则实体法适用刑法的经济犯罪规定，刑事诉讼程序就适用《刑事诉讼法》。经济纠纷大多数是平等主体之间的纠纷，大多数是民商事案件，本节主要介绍经济纠纷的民事诉讼程序。

🤔 思考题：什么是诉讼？

二、 民事诉讼法

（一） 民事诉讼的立法

1991 年 4 月 9 日第七届全国人民代表大会第四次会议通过《民事诉讼法》，自公布之日起施行。全国人民代表大会常务委员会分别于 2007 年 10 月 28 日、2012 年 8 月 31 日、2017 年 6 月 27 日先后修订《民事诉讼法》。最高人民法院发布了《最高人民法院关于适用〈中华人民共和国民事诉讼法〉的解释》。人民法院受理公民之间、法人之间、其他组织之间以及他们相互之间因财产关系和人身关系提起的民事诉讼，适用《民事诉讼法》。经济纠纷的诉讼属于民事诉讼，主要适用《民事诉讼法》及其司法解释。

（二） 民事诉讼法的基本原则

1. 独立审判原则

民事案件的审判权由人民法院行使。人民法院依照法律规定对民事案件独立进行审判，不受行政机关、社会团体和个人的干涉。人民法院审理民事案件，必须以事实为根据，以法律为准绳。

2. 平等和诚实信用原则

民事诉讼当事人有平等的诉讼权利。人民法院审理民事案件，应当保障和便利当事人行使诉讼权利，对当事人在适用法律上一律平等。民事诉讼应当遵循诚实信用原则。当事人有权在法律规定的范围内处分自己的民事权利和诉讼权利。

3. 调解原则

人民法院审理民事案件，应当根据自愿和合法的原则进行调解；调解不成的，应当及时判决。

4. 辩论原则

人民法院审理民事案件时，当事人有权进行辩论。

5. 支持原则

机关、社会团体、企业事业单位对损害国家、集体或者个人民事权益的行为，可以支持受损害的单位或者个人向人民法院起诉。

思考题：民事诉讼法的基本原则有哪些？

三、 管辖

管辖是确定人民法院受理一审案件的权限与分工。管辖可以分为级别管辖、地域管辖、移送管辖和指定管辖。

（一） 级别管辖

级别管辖是确定上下级人民法院受理一审案件的权限与分工。我国法院分为普通法院和特别法院，特别法院是指军事法院、海事法院等专门法院。经济纠纷案件主要是由普通法院管辖。普通法院共有 4 级，分别是基层人民法院、中级人民法院、高级人民法院和最高人民法院。

（1）基层人民法院管辖第一审民事案件，但民事诉讼法另有规定的除外。绝大多数的经济纠纷案件都由基层人民法院管辖。

（2）中级人民法院管辖下列第一审民事案件：重大涉外案件，在本辖区有重大影响的案件，最高人民法院确定由中级人民法院管辖的案件。

（3）高级人民法院管辖在本辖区有重大影响的第一审民事案件。

（4）最高人民法院管辖下列第一审民事案件：在全国有重大影响的案件，认为应当由本院审理的案件。

⁇ 思考题：中级人民法院管辖哪些案件？

（二）地域管辖

地域管辖是确定级别相同的人民法院受理一审案件的权限与分工。地域管辖分为一般地域管辖、特殊地域管辖、专属管辖等。

1. 一般地域管辖

（1）原告就被告原则

一般地域管辖实行原告就被告原则，即原告到被告住所地起诉。对公民提起的民事诉讼，由被告住所地人民法院管辖；被告住所地与经常居住地不一致的，由经常居住地人民法院管辖。对法人或者其他组织提起的民事诉讼，由被告住所地人民法院管辖。同一诉讼的几个被告住所地、经常居住地在两个以上人民法院辖区的，各该人民法院都有管辖权。

（2）原告就被告原则的例外

下列民事诉讼，由原告住所地人民法院管辖；原告住所地与经常居住地不一致的，由原告经常居住地人民法院管辖：对不在中华人民共和国领域内居住的人提起的有关身份关系的诉讼；对下落不明或者宣告失踪的人提起的有关身份关系的诉讼；对被采取强制性教育措施的人提起的诉讼；对被监禁的人提起的诉讼。

2. 特殊地域管辖

（1）因合同纠纷提起的诉讼，由被告住所地或者合同履行地人民法院管辖。

（2）因保险合同纠纷提起的诉讼，由被告住所地或者保险标的物所在地人民法院管辖。

（3）因票据纠纷提起的诉讼，由票据支付地或者被告住所地人民法院管辖。

（4）因公司设立、确认股东资格、分配利润、解散等纠纷提起的诉讼，由公司住所地人民法院管辖。

（5）因铁路、公路、水上、航空运输和联合运输合同纠纷提起的诉讼，由运输始发地、目的地或者被告住所地人民法院管辖。

（6）因侵权行为提起的诉讼，由侵权行为地或者被告住所地人民法院管辖。

（7）因铁路、公路、水上和航空事故请求损害赔偿提起的诉讼，由事故发生地或者车辆、船舶最先到达地、航空器最先降落地或者被告住所地人民法院管辖。

（8）因船舶碰撞或者其他海事损害事故请求损害赔偿提起的诉讼，由碰撞发生地、碰撞船舶最先到达地、加害船舶被扣留地或者被告住所地人民法院管辖。

（9）因海难救助费用提起的诉讼，由救助地或者被救助船舶最先到达地人民法院管辖。

（10）因共同海损提起的诉讼，由船舶最先到达地、共同海损理算地或者航程终止地的人民法院管辖。

⁇ 思考题：特殊地域管辖有哪些？

3．专属管辖

下列案件，由规定的人民法院专属管辖。

（1）因不动产纠纷提起的诉讼，由不动产所在地人民法院管辖。

（2）因港口作业中发生纠纷提起的诉讼，由港口所在地人民法院管辖。

（3）因继承遗产纠纷提起的诉讼，由被继承人死亡时住所地或者主要遗产所在地人民法院管辖。

4．共同管辖的确定

两个以上人民法院都有管辖权的诉讼，原告可以向其中一个人民法院起诉；原告向两个以上有管辖权的人民法院起诉的，由最先立案的人民法院管辖。

5．协方管辖

合同或者其他财产权益纠纷的当事人可以协议选择管辖。合同或者其他财产权益纠纷的当事人可以书面协议选择被告住所地、合同履行地、合同签订地、原告住所地、标的物所在地等与争议有实际联系的地点的人民法院管辖，但不得违反本法对级别管辖和专属管辖的规定。

（三）移送管辖

人民法院发现受理的案件不属于本院管辖的，应当移送有管辖权的人民法院，受移送的人民法院应当受理。受移送的人民法院认为受移送的案件依照规定不属于本院管辖的，应当报请上级人民法院指定管辖，不得再自行移送。

（四）指定管辖

有管辖权的人民法院由于特殊原因，不能行使管辖权的，由上级人民法院指定管辖。人民法院之间因管辖权发生争议，由争议双方协商解决；协商解决不了的，报请它们的共同上级人民法院指定管辖。

上级人民法院有权审理下级人民法院管辖的第一审民事案件；确有必要将本院管辖的第一审民事案件交下级人民法院审理的，应当报请其上级人民法院批准。下级人民法院对它所管辖的第一审民事案件，认为需要由上级人民法院审理的，可以报请上级人民法院审理。

思考题：管辖的具体类型有哪些？

四、审判组织

（一）庭审组织

庭审组织有合议庭和独任庭两种。合议庭由三名以上的审判员或者陪审员组成。独任庭由一名审判员组成。合议庭的审判长由院长或者庭长指定审判员一人担任；院长或者庭长参加审判的，由院长或者庭长担任。

1．一审案件的庭审组织

人民法院审理第一审民事案件，由审判员、陪审员共同组成合议庭或者由审判员组成合议庭。合议庭的成员人数，必须是单数。发回重审的案件，原审人民法院应当按照第一审程序另行组成合议庭。适用简易程序审理的民事案件，由审判员一人独任审理。陪审员在执行陪审职务时，与审判员有同等的权利义务。

2. 二审案件的庭审组织

人民法院审理第二审民事案件,由审判员组成合议庭。合议庭的成员人数,必须是单数。

3. 再审案件的庭审组织

审理再审案件,原来是第一审的,按照第一审程序另行组成合议庭;原来是第二审的或者是上级人民法院提审的,按照第二审程序另行组成合议庭。

4. 合议规则

合议庭评议案件,实行少数服从多数的原则。评议应当制作笔录,由合议庭成员签名。评议中的不同意见,必须如实记入笔录。

5. 审判人员要求

审判人员应当依法秉公办案。审判人员不得接受当事人及其诉讼代理人请客送礼。审判人员有贪污受贿,徇私舞弊,枉法裁判行为的,应当追究法律责任;构成犯罪的,依法追究刑事责任。

思考题:合议庭如何组建?

(二) 回避

1. 法定回避情形

审判人员有下列情形之一的,应当自行回避,当事人有权用口头或者书面方式申请他们回避:是本案当事人或者当事人、诉讼代理人近亲属的;与本案有利害关系的;与本案当事人、诉讼代理人有其他关系,可能影响对案件公正审理的。审判人员接受当事人、诉讼代理人请客送礼,或者违反规定会见当事人、诉讼代理人的,当事人有权要求他们回避。审判人员有前述规定的行为的,应当依法追究法律责任。这些回避的规定,适用于书记员、翻译人员、鉴定人、勘验人。

2. 回避申请

当事人提出回避申请,应当说明理由,在案件开始审理时提出;回避事由在案件开始审理后知道的,也可以在法庭辩论终结前提出。

3. 回避决定

被申请回避的人员在人民法院作出是否回避的决定前,应当暂停参与本案的工作,但案件需要采取紧急措施的除外。院长担任审判长时的回避,由审判委员会决定;审判人员的回避,由院长决定;其他人员的回避,由审判长决定。

人民法院对当事人提出的回避申请,应当在申请提出的 3 日内,以口头或者书面形式作出决定。申请人对决定不服的,可以在接到决定时申请复议一次。复议期间,被申请回避的人员,不停止参与本案的工作。人民法院对复议申请,应当在 3 日内作出复议决定,并通知复议申请人。

思考题:法定的回避有哪些情形?

五、 诉讼参加人

(一) 当事人

1. 当事人的范围

公民、法人和其他组织可以作为民事诉讼的当事人。法人由其法定代表人进行诉讼,其他组织由其主要负责人进行诉讼。

2. 当事人的权利和义务

(1) 当事人有权委托代理人,提出回避申请,收集、提供证据,进行辩论,请求调解,提起上诉,申请执行。

(2) 当事人可以查阅本案有关材料,并可以复制本案有关材料和法律文书。查阅、复制本案有关材料的范围和办法由最高人民法院规定。当事人必须依法行使诉讼权利,遵守诉讼秩序,履行发生法律效力的判决书、裁定书和调解书。

(3) 双方当事人可以自行和解。原告可以放弃或者变更诉讼请求。被告可以承认或者反驳诉讼请求,有权提起反诉。

3. 公益诉讼

对污染环境、侵害众多消费者合法权益等损害社会公共利益的行为,法律规定的机关和有关组织可以向人民法院提起诉讼。人民检察院在履行职责中发现破坏生态环境和资源保护、食品药品安全领域侵害众多消费者合法权益等损害社会公共利益的行为,在没有前款规定的机关和组织或者前款规定的机关和组织不提起诉讼的情况下,可以向人民法院提起诉讼。前述规定的机关或者组织提起诉讼的,人民检察院可以支持起诉。

❓ 思考题:什么叫公益诉讼?

(二) 诉讼代理人

1. 法定代理人

无诉讼行为能力人由他的监护人作为法定代理人代为诉讼。法定代理人之间互相推诿代理责任的,由人民法院指定其中一人代为诉讼。当事人、法定代理人可以委托 1～2 人作为诉讼代理人。

2. 委托代理人

下列人员可以被委托为诉讼代理人:律师、基层法律服务工作者,当事人的近亲属或者工作人员,当事人所在社区、单位以及有关社会团体推荐的公民。代理诉讼的律师和其他诉讼代理人有权调查收集证据,可以查阅本案有关材料。查阅本案有关材料的范围和办法由最高人民法院规定。

委托他人代为诉讼,必须向人民法院提交由委托人签名或者盖章的授权委托书。授权委托书必须记明委托事项和权限。诉讼代理人代为承认、放弃、变更诉讼请求,进行和解,提起反诉或者上诉,必须有委托人的特别授权。诉讼代理人的权限如果变更或者解除,当事人应当书面告知人民法院,并由人民法院通知对方当事人。

❓ 思考题:诉讼代理人的具体类型及权限?

六、 证据

(一) 证据的类型

证据包括:当事人的陈述,书证,物证,视听资料,电子数据,证人证言,鉴定意见,勘验笔录。证据必须查证属实,才能作为认定事实的根据。

(二) 举证和调查取证

当事人对自己提出的主张,有责任提供证据。当事人对自己提出的主张应当及时提供证据。当事人及其诉讼代理人因客观原因不能自行收集的证据,或者人民法院认为审理案件需要的证据,人民法院应当调查收集。人民法院应当按照法定程序,全面地、客观地审查核实证据。

人民法院根据当事人的主张和案件审理情况,确定当事人应当提供的证据及其期限。当事人在该期限内提供证据确有困难的,可以向人民法院申请延长期限,人民法院根据当事人的申请适当延长。当事人逾期提供证据的,人民法院应当责令其说明理由;拒不说明理由或者理由不成立的,人民法院根据不同情形可以不予采纳该证据,或者采纳该证据但予以训诫、罚款。人民法院有权向有关单位和个人调查取证,有关单位和个人不得拒绝。人民法院对有关单位和个人提出的证明文书,应当辨别真伪,审查确定其效力。

(三) 质证

证据应当在法庭上出示,并由当事人互相质证。对涉及国家秘密、商业秘密和个人隐私的证据应当保密,需要在法庭出示的,不得在公开开庭时出示。

(四) 审查

1. 法律事实与文书的审查

经过法定程序公证证明的法律事实和文书,人民法院应当作为认定事实的根据,但有相反证据足以推翻公证证明的除外。

2. 书证的审查

书证应当提交原件。物证应当提交原物。提交原件或者原物确有困难的,可以提交复制品、照片、副本、节录本。

3. 试听资料的审查

人民法院对视听资料,应当辨别真伪,并结合本案的其他证据,审查确定能否作为认定事实的根据。

4. 证人的出庭

凡是知道案件情况的单位和个人,都有义务出庭作证。有关单位的负责人应当支持证人作证。不能正确表达意思的人,不能作证。经人民法院通知,证人应当出庭作证。有下列情形之一的,经人民法院许可,可以通过书面证言、视听传输技术或者视听资料等方式作证:因健康原因不能出庭的;因路途遥远,交通不便不能出庭的;因自然灾害等不可抗力不能出庭的;其他有正当理由不能出庭的。证人因履行出庭作证义务而支出的交通、住宿、就餐等必要费用以及误工损失,由败诉一方当事人负担。当事人申请证人作证的,由该当事人先行垫付;当事人没有申请,人民法院通知证人作证的,由人民法院先行垫付。

人民法院对当事人的陈述,应当结合本案的其他证据,审查确定能否作为认定事实的根据。当事人拒绝陈述的,不影响人民法院根据证据认定案件事实。

5. 鉴定意见的审查

当事人可以就查明事实的专门性问题向人民法院申请鉴定。当事人申请鉴定的,由双方当事人协商确定具备资格的鉴定人;协商不成的,由人民法院指定。当事人未申请鉴定,人民法院对专门性问题认为需要鉴定的,应当委托具备资格的鉴定人进行鉴定。当事人对鉴定意见有异议或者人民法院认为鉴定人有必要出庭的,鉴定人应当出庭作证。经人民法院通知,鉴定人拒不出庭作证的,鉴定意见不得作为认定事实的根据;支付鉴定费用的当事人可以要求返还鉴定费用。当事人可以申请人民法院通知有专门知识的人出庭,就鉴定人作出的鉴定意见或者专业问题提出意见。

6. 勘验笔录的审查

勘验物证或者现场,勘验人必须出示人民法院的证件,并邀请当地基层组织或者当事人所在单位派人参加。当事人或者当事人的成年家属应当到场,拒不到场的,不影响勘验的进行。勘验人应当将勘验情况和结果制作笔录,由勘验人、当事人和被邀参加人签名或者盖章。

（五）证据保全

在证据可能灭失或者以后难以取得的情况下,当事人可以在诉讼过程中向人民法院申请保全证据,人民法院也可以主动采取保全措施。因情况紧急,在证据可能灭失或者以后难以取得的情况下,利害关系人可以在提起诉讼或者申请仲裁前向证据所在地、被申请人住所地或者对案件有管辖权的人民法院申请保全证据。

思考题：针对不同证据审查的具体规则有哪些?

七、 调解

人民法院审理民事案件,根据当事人自愿的原则,在事实清楚的基础上,分清是非,进行调解。

人民法院进行调解,可以由审判员一人主持,也可以由合议庭主持,并尽可能就地进行。人民法院进行调解,可以用简便方式通知当事人、证人到庭。人民法院进行调解,可以邀请有关单位和个人协助。被邀请的单位和个人,应当协助人民法院进行调解。

调解达成协议,必须双方自愿,不得强迫。调解协议的内容不得违反法律规定。调解达成协议,人民法院应当制作调解书。调解书应当写明诉讼请求、案件的事实和调解结果。调解书由审判人员、书记员署名,加盖人民法院印章,送达双方当事人。调解书经双方当事人签收后,即具有法律效力。

调解未达成协议或者调解书送达前一方反悔的,人民法院应当及时判决。

思考题：调解有哪些规则?

八、 保全和先予执行

（一）财产保全

1. 申请与裁定

人民法院对于可能因当事人一方的行为或者其他原因,使判决难以执行或者造成当事人其他损害的案件,根据对方当事人的申请,可以裁定对其财产进行保全、责令其作出一定行为或者禁止其作出一定行为;当事人没有提出申请的,人民法院在必要时也可以裁定采取保全措施。人民法院采取保全措施,可以责令申请人提供担保,申请人不提供担保的,裁定驳回申请。人民法院接受申请后,对情况紧急的,必须在48小时内作出裁定;裁定采取保全措施的,应当立即开始执行。

利害关系人因情况紧急,不立即申请保全将会使其合法权益受到难以弥补的损害的,可以在提起诉讼或者申请仲裁前向被保全财产所在地、被申请人住所地或者对案件有管辖权的人民法院申请采取保全措施。申请人应当提供担保,不提供担保的,裁定驳回申请。人民法院接受申请后,必须在 48 小时内作出裁定;裁定采取保全措施的,应当立即开始执行。

2. 保全范围

保全限于请求的范围,或者与本案有关的财物。财产保全采取查封、扣押、冻结或者法律规定的其他方法。人民法院保全财产后,应当立即通知被保全财产的人。财产已被查封、冻结的,不得重复查封、冻结。

3. 保全的解除

申请人在人民法院采取保全措施后 30 日内不依法提起诉讼或者申请仲裁的,人民法院应当解除保全。财产纠纷案件,被申请人提供担保的,人民法院应当裁定解除保全。

4. 损失赔偿

申请有错误的,申请人应当赔偿被申请人因保全所遭受的损失。

思考题:什么叫财产保全?

（二）先予执行

人民法院对下列案件,根据当事人的申请,可以裁定先予执行:追索赡养费、扶养费、抚育费、抚恤金、医疗费用的,追索劳动报酬的,因情况紧急需要先予执行的。

人民法院裁定先予执行的,应当符合下列条件:当事人之间权利义务关系明确,不先予执行将严重影响申请人的生活或者生产经营的;被申请人有履行能力。

人民法院可以责令申请人提供担保,申请人不提供担保的,驳回申请。申请人败诉的,应当赔偿被申请人因先予执行遭受的财产损失。

当事人对保全或者先予执行的裁定不服的,可以申请复议一次。复议期间不停止裁定的执行。

思考题：先予执行的具体条件有哪些?

九、一审程序

（一）一审普通程序

人民法院适用普通程序审理的案件,应当在立案之日起 6 个月内审结。有特殊情况需要延长的,由本院院长批准,可以延长 6 个月;还需要延长的,报请上级人民法院批准。

1. 起诉和受理

（1）起诉

起诉必须符合下列条件:原告是与本案有直接利害关系的公民、法人和其他组织,有明确的被告,有具体的诉讼请求和事实、理由,属于人民法院受理民事诉讼的范围和受诉人民法院管辖。起诉应当向人民法院递交起诉状,并按照被告人数提出副本。

（2）先行调解

当事人起诉到人民法院的民事纠纷,适宜调解的,先行调解,但当事人拒绝调解的除外。

（3）立案

人民法院应当保障当事人依照法律规定享有的起诉权利。对符合民事诉讼法规定的起诉,必须受理。符合起诉条件的,应当在 7 日内立案,并通知当事人;不符合起诉条件的,应当在 7 日内作出裁定书,不予受理;原告对裁定不服的,可以提起上诉。

思考题:起诉的条件有哪些?

2. 审理前的准备

(1)通知与答辩

人民法院应当在立案之日起 5 日内将起诉状副本发送被告,被告应当在收到之日起 15 日内提出答辩状。人民法院应当在收到答辩状之日起 5 日内将答辩状副本发送原告。被告不提出答辩状的,不影响人民法院审理。

(2)诉讼权利义务的告知

人民法院对决定受理的案件,应当在受理案件通知书和应诉通知书中向当事人告知有关的诉讼权利义务,或者口头告知。

(3)管辖权异议

人民法院受理案件后,当事人对管辖权有异议的,应当在提交答辩状期间提出。人民法院对当事人提出的异议,应当审查。异议成立的,裁定将案件移送有管辖权的人民法院;异议不成立的,裁定驳回。当事人未提出管辖异议,并应诉答辩的,视为受诉人民法院有管辖权,但违反级别管辖和专属管辖规定的除外。

(4)受理案件的处理

人民法院对受理的案件,分别情形,予以处理:当事人没有争议,符合督促程序规定条件的,可以转入督促程序;开庭前可以调解的,采取调解方式及时解决纠纷;根据案件情况,确定适用简易程序或者普通程序;需要开庭审理的,通过要求当事人交换证据等方式,明确争议焦点。

3. 开庭审理

人民法院审理民事案件,除涉及国家秘密、个人隐私或者法律另有规定的以外,应当公开进行。离婚案件、涉及商业秘密的案件,当事人申请不公开审理的,可以不公开审理。

(1)开庭通知

人民法院审理民事案件,应当在开庭 3 日前通知当事人和其他诉讼参与人。公开审理的,应当公告当事人姓名、案由和开庭的时间、地点。

(2)开庭准备

开庭审理前,书记员应当查明当事人和其他诉讼参与人是否到庭,宣布法庭纪律。开庭审理时,由审判长核对当事人,宣布案由,宣布审判人员、书记员名单,告知当事人有关的诉讼权利义务,询问当事人是否提出回避申请。

(3)法庭调查

法庭调查按照下列顺序进行:当事人陈述;告知证人的权利义务,证人作证,宣读未到庭的证人证言;出示书证、物证、视听资料和电子数据;宣读鉴定意见;宣读勘验笔录。当事人在法庭上可以提出新的证据。当事人经法庭许可,可以向证人、鉴定人、勘验人发问。当事人要求重新进行调查、鉴定或者勘验的,是否准许,由人民法院决定。

(4)法庭辩论

法庭辩论按照下列顺序进行:原告及其诉讼代理人发言,被告及其诉讼代理人答辩,第三人及其诉讼代理人发言或者答辩,互相辩论。法庭辩论终结,由审判长按照原告、被告、第三人的先后顺序征询各方最后意见。

（5）调解与判决

法庭辩论终结,应当依法作出判决。判决前能够调解的,还可以进行调解,调解不成的,应当及时判决。原告经传票传唤,无正当理由拒不到庭的,或者未经法庭许可中途退庭的,可以按撤诉处理;被告反诉的,可以缺席判决。被告经传票传唤,无正当理由拒不到庭的,或者未经法庭许可中途退庭的,可以缺席判决。

人民法院对公开审理或者不公开审理的案件,一律公开宣告判决。当庭宣判的,应当在 10 日内发送判决书;定期宣判的,宣判后立即发给判决书。宣告判决时,必须告知当事人上诉权利、上诉期限和上诉的法院。

（6）一审判决、裁定的效力

最高人民法院的判决、裁定,以及依法不准上诉或者超过上诉期没有上诉的判决、裁定,是发生法律效力的判决、裁定。公众可以查阅发生法律效力的判决书、裁定书,但涉及国家秘密、商业秘密和个人隐私的内容除外。

❓ 思考题:开庭审理的程序有哪些?

（二）一审简易程序

简单的民事案件由审判员一人独任审理。人民法院适用简易程序审理案件,应当在立案之日起 3 个月内审结。人民法院在审理过程中,发现案件不宜适用简易程序的,裁定转为普通程序。

1. 适用法院

基层人民法院和它派出的法庭审理事实清楚、权利义务关系明确、争议不大的简单的民事案件,适用简易程序。基层人民法院和它派出的法庭审理前述规定以外的民事案件,当事人双方也可以约定适用简易程序。

2. 起诉

对简单的民事案件,原告可以口头起诉。

3. 审理

当事人双方可以同时到基层人民法院或者它派出的法庭,请求解决纠纷。基层人民法院或者它派出的法庭可以当即审理,也可以另定日期审理。基层人民法院和它派出的法庭审理简单的民事案件,可以用简便方式传唤当事人和证人、送达诉讼文书、审理案件,但应当保障当事人陈述意见的权利。

❓ 思考题:阐述开庭审理的具体程序。

十、二审程序

人民法院审理对判决的上诉案件,应当在第二审立案之日起 3 个月内审结。有特殊情况需要延长的,由本院院长批准。人民法院审理对裁定的上诉案件,应当在第二审立案之日起 30 日内作出终审裁定。

（一）上诉

当事人不服地方人民法院第一审判决的,有权在判决书送达之日起 15 日内向上一级人民法院提起上诉。当事人不服地方人民法院第一审裁定的，有权在裁定书送达之日起10日内向上一级人民法院提起上诉。

上诉应当递交上诉状。上诉状应当通过原审人民法院提出，并按照对方当事人或者代表人的人数提出副本。当事人直接向第二审人民法院上诉的，第二审人民法院应当在5日内将上诉状移交原审人民法院。

（二）答辩

原审人民法院收到上诉状，应当在5日内将上诉状副本送达对方当事人，对方当事人在收到之日起15日内提出答辩状。人民法院应当在收到答辩状之日起5日内将副本送达上诉人。对方当事人不提出答辩状的，不影响人民法院审理。原审人民法院收到上诉状、答辩状，应当在5日内连同全部案卷和证据，报送第二审人民法院。

（三）审理

第二审人民法院应当对上诉请求的有关事实和适用法律进行审查。

第二审人民法院对上诉案件，应当组成合议庭，开庭审理。经过阅卷、调查和询问当事人，对没有提出新的事实、证据或者理由，合议庭认为不需要开庭审理的，可以不开庭审理。

第二审人民法院审理上诉案件，可以在本院进行，也可以到案件发生地或者原审人民法院所在地进行。

（四）处理

第二审人民法院对上诉案件，经过审理，按照下列情形，分别处理。

（1）原判决、裁定认定事实清楚，适用法律正确的，以判决、裁定方式驳回上诉，维持原判决、裁定。

（2）原判决、裁定认定事实错误或者适用法律错误的，以判决、裁定方式依法改判、撤销或者变更。

（3）原判决认定基本事实不清的，裁定撤销原判决，发回原审人民法院重审，或者查清事实后改判。

（4）原判决遗漏当事人或者违法缺席判决等严重违反法定程序的，裁定撤销原判决，发回原审人民法院重审。

原审人民法院对发回重审的案件作出判决后，当事人提起上诉的，第二审人民法院不得再次发回重审。

（五）调解和判决

第二审人民法院审理上诉案件，可以进行调解。调解达成协议，应当制作调解书，由审判人员、书记员署名，加盖人民法院印章。调解书送达后，原审人民法院的判决即视为撤销。

第二审人民法院的判决、裁定，是终审的判决、裁定。

思考题：上诉案件具体的处理情形有哪些？

十一、审判监督程序

审判监督程序又称再审程序，是纠正已经生效的判决、裁定、调解书中存在的错误的一种程序。

（一）提起

1. 法院提起再审

各级人民法院院长对本院已经发生法律效力的判决、裁定、调解书，发现确有错误，认为需要再审的，应当提交审判委员会讨论决定。最高人民法院对地方各级人民法院已经发生法律效力的判决、裁定、调解书，上级人民法院对下级人民法院已经发生法律效力的判决、裁定、调解书，发现确有错误的，有权提审或者指令下级人民法院再审。

2. 当事人申请再审

当事人申请再审，应当在判决、裁定发生法律效力后 6 个月内提出；有民事诉讼法第 200 条第 1 项、第 3 项、第 12 项、第 13 项规定情形的，自知道或者应当知道之日起 6 个月内提出。

当事人对已经发生法律效力的判决、裁定，认为有错误的，可以向上一级人民法院申请再审；当事人一方人数众多或者当事人双方为公民的案件，也可以向原审人民法院申请再审。当事人申请再审的，不停止判决、裁定的执行。

当事人的申请符合下列情形之一的，人民法院应当再审：有新的证据，足以推翻原判决、裁定的；原判决、裁定认定的基本事实缺乏证据证明的；原判决、裁定认定事实的主要证据是伪造的；原判决、裁定认定事实的主要证据未经质证的；对审理案件需要的主要证据，当事人因客观原因不能自行收集，书面申请人民法院调查收集，人民法院未调查收集的；原判决、裁定适用法律确有错误的；审判组织的组成不合法或者依法应当回避的审判人员没有回避的；无诉讼行为能力人未经法定代理人代为诉讼或者应当参加诉讼的当事人，因不能归责于本人或者其诉讼代理人的事由，未参加诉讼的；违反法律规定，剥夺当事人辩论权利的；未经传票传唤，缺席判决的；原判决、裁定遗漏或者超出诉讼请求的；据以作出原判决、裁定的法律文书被撤销或者变更的；审判人员审理该案件时有贪污受贿，徇私舞弊，枉法裁判行为的。

当事人对已经发生法律效力的调解书，提出证据证明调解违反自愿原则或者调解协议的内容违反法律的，可以申请再审。经人民法院审查属实的，应当再审。

3. 检察院抗诉

最高人民检察院对各级人民法院已经发生法律效力的判决、裁定，上级人民检察院对下级人民法院已经发生法律效力的判决、裁定，发现有法律规定情形之一的，或者发现调解书损害国家利益、社会公共利益的，应当提出抗诉。

地方各级人民检察院对同级人民法院已经发生法律效力的判决、裁定，发现有法律规定情形之一的，或者发现调解书损害国家利益、社会公共利益的，可以向同级人民法院提出检察建议，并报上级人民检察院备案；也可以提请上级人民检察院向同级人民法院提出抗诉。

各级人民检察院对审判监督程序以外的其他审判程序中审判人员的违法行为，有权向同级人民法院提出检察建议。

有下列情形之一的，当事人可以向人民检察院申请检察建议或者抗诉：人民法院驳回再审申请的，人民法院逾期未对再审申请作出裁定的，再审判决、裁定有明显错误的。

人民检察院对当事人的申请应当在 3 个月内进行审查,作出提出或者不予提出检察建议或者抗诉的决定。当事人不得再次向人民检察院申请检察建议或者抗诉。

思考题:哪些人可以提起再审?

(二)审查

当事人申请再审的,应当提交再审申请书等材料。人民法院应当自收到再审申请书之日起 5 日内将再审申请书副本发送对方当事人。对方当事人应当自收到再审申请书副本之日起 15 日内提交书面意见;不提交书面意见的,不影响人民法院审查。人民法院可以要求申请人和对方当事人补充有关材料,询问有关事项。

人民法院应当自收到再审申请书之日起 3 个月内审查,符合民事诉讼法规定的,裁定再审;不符合民事诉讼法规定的,裁定驳回申请。有特殊情况需要延长的,由本院院长批准。

(三)审理

人民法院审理再审案件,应当另行组成合议庭。

因当事人申请裁定再审的案件由中级人民法院以上的人民法院审理,但当事人依照民事诉讼法法第 199 条的规定选择向基层人民法院申请再审的除外。最高人民法院、高级人民法院裁定再审的案件,由本院再审或者交其他人民法院再审;也可以交原审人民法院再审。

按照审判监督程序决定再审的案件,裁定中止原判决、裁定、调解书的执行,但追索赡养费、扶养费、抚育费、抚恤金、医疗费用、劳动报酬等案件,可以不中止执行。

人民法院按照审判监督程序再审的案件,发生法律效力的判决、裁定是由第一审法院作出的,按照第一审程序审理,所作的判决、裁定,当事人可以上诉;发生法律效力的判决、裁定是由第二审法院作出的,按照第二审程序审理,所作的判决、裁定,是发生法律效力的判决、裁定;上级人民法院按照审判监督程序提审的,按照第二审程序审理,所作的判决、裁定是发生法律效力的判决、裁定。

思考题:哪些情形之下当事人可以申请再审?

本章引用法律资源:

1.《中华人民共和国仲裁法》。

2.《中华人民共和国民事诉讼法》。

本章参考文献:

1. 江伟. 仲裁法[M]. 北京:中国人民大学出版社,2012.

2. 江伟,肖建国. 民事诉讼法[M]. 北京:中国人民大学出版社,2015.

本章网站资源:

1. 中国人大网:www.npc.gov.cn。

2. 中华人民共和国最高人民法院网站:www.court.gov.cn。